Reinhard Thöle (Hg.)

Zugänge zur Orthodoxie

mit 41 Abbildungen

3., neubearbeitete Auflage

V&R

VANDENHOECK & RUPRECHT
IN GÖTTINGEN

BENSHEIMER HEFTE
Herausgegeben vom Evangelischen Bund
Heft 68

Die Deutsche Bibliothek – CIP-Einheitsaufnahme

Zugänge zur Orthodoxie / Reinhard Thöle (Hg.). – 3., neu-
bearb. Aufl. – Göttingen: Vandenhoeck & Ruprecht, 1998
(Bensheimer Hefte; H. 68)
ISBN 3-525-87176-7

Göttingen · Vandenhoeck & Ruprecht · 1989
Umschlaggestaltung: Reinhard Thöle
Herstellung: Ph. Reinheimer, Darmstadt
ISSN-Nr. 0522-9014
ISBN 3-525-87176-7

KIRCHENRAT EUGEN HÄMMERLE
DEM KENNER UND FREUND
DER ORTHODOXIE

INHALT

Geleitwort (Bischof Dr. h.c. Rolf Koppe)   7

Vorwort des Herausgebers   9

1.0.	*Frömmigkeitsformen und Geistliches Leben*	11
1.1.	Leben aus der Liturgie	11
1.2.	Glut des Glaubens: Das Mönchtum	14
1.3.	Das Fasten	27
1.4.	„Betet ohne Unterlaß": Das immerwährende Herzensgebet	29
1.5.	Der Osterjubel der orthodoxen Kirche	32
1.6.	Gnade zuerst und zuletzt	36
2.0.	*Der orthodoxe Gottesdienst*	38
2.1.	Gottesdienst als Theophanie	38
2.2.	Der Aufbau der Göttlichen Liturgie	40
2.3.	Das Stundengebet	55
2.4.	Die Sinnenhaftigkeit des orth. Gottesdienstes	57
2.5.	Die Gesten der Frömmigkeit	59
2.6.	Die gottesdienstlichen Gewänder	61
2.7.	Liturgische Geräte	63
2.8.	Liturgische Bücher	65
3.0.	*Die Sakramente*	68
3.1.	Taufe	70
3.2.	Myronsalbung	73
3.3.	Eucharistie	74
3.4.	Buße und Beichte	80
3.5.	Krankensalbung	83
3.6.	Ehe	84
3.7.	Ordination zum Amt des Diakons, Priesters und Bischofs	87
4.0.	*Das orthodoxe Kirchenjahr*	92
4.1.	Ein Gang durchs Kirchenjahr	92
4.2.	Kalenderfragen	96

5.0.	*Das Geheimnis des dreieinigen Gottes*	100
6.0.	*Das Geheimnis der Person Jesu Christi*	109
6.1.	Christus, die Ikone Gottes	109
6.2.	Die Verehrung der Gottesgebärerin Maria	115
6.3.	Die Verehrung der Heiligen	118
7.0.	*Die Heilige Schrift – Zeugnis der Kirche – Verkündigung*	121
8.0.	*Der Raum gottesdienstlicher Versammlung*	129
8.1.	Die Bedeutung der Ikonen	138
8.2.	Bildprogramme in orthodoxen Kirchen	153
9.0.	*Das orthodoxe Verständnis von Diakonie*	160
10.0.	*Zur Geschichte der orthodoxen Kirchen*	176
10.01.	Das Ökumenische Patriarchat von Konstantinopel	176
10.02.	Das Patriarchat von Alexandrien	178
10.03.	Das Patriarchat von Antiochien	179
10.04.	Das Patriarchat von Jerusalem	181
10.05.	Die Russische Orthodoxe Kirche	183
10.06.	Die Russische Orthodoxe Kirche im Ausland	192
10.07.	Die Japanische Orthodoxe Kirche	194
10.08.	Die Serbische Orthodoxe Kirche	195
10.09.	Die Rumänische Orthodoxe Kirche	199
10.10.	Die Bulgarische Orthodoxe Kirche	202
10.11.	Die Orthodoxe Kirche von Georgien	206
10.12.	Die Orthodoxe Kirche von Zypern	209
10.13.	Die Griechische Orthodoxe Kirche	210
10.14.	Die Polnische Orthodoxe Kirche	212
10.15.	Die Orthodoxe Autokephale Kirche von Albanien	214
10.16.	Die Orthodoxe Kirche in den Tschechischen Ländern und in der Slowakei	216
10.17.	Die Finnische Orthodoxe Kirche	219
10.18.	Das Erzbistum Sinai	222
10.19.	Orthodoxe Kirchen in den USA	222
10.20.	Das Problem der unkanonischen orthodoxen Kirchen	226

11.0. *Orthodoxie in ökumenischer Verantwortung*   229
11.1. Das Heilige und Große Konzil der Orthodoxen
       Kirche   229
11.2. Orthodoxe Kirchen im ökumenischen Dialog   251
11.3. Die Dialoge der EKD mit den orthodoxen
       Patriarchaten   261
11.4. Die katholischen Ostkirchen und das Problem
       des Uniatismus   278
11.5. Die orthodoxen Kirchen im Dialog mit dem
       Islam   288

12.0. *Die Orientalischen Orthodoxen Kirchen*   295
12.1. Die Syrische Orthodoxe Kirche   296
12.2. Die Indische Orthodoxe Syrische Kirche   299
12.3. Die Koptische Orthodoxe Kirche   300
12.4. Die Armenische Apostolische Kirche   305
12.5. Die Äthiopische Orthodoxe Kirche   307
12.6. Die Heilige Apostolische und Katholische
       Assyrische Kirche des Ostens   311
12.7. Die Orientalisch Orthodoxen Kirchen und die
       Ökumene   314

13.0. *Fremdwörterverzeichnis*   319

14.0. *Literaturverzeichnis, Publikationen*   324

15.0. *Institutionen und Anschriften*   326

16.0. *Bildquellennachweis*   328

17.0. *Mitarbeiterverzeichnis*   330

Zum Geleit

Erste Kontakte zwischen Orthodoxie und Reformation wurden schon im 16. Jahrhundert durch einen Briefwechsel der Tübinger Theologen Martin Crusius und Jakob Andreae mit dem Patriarchen von Konstantinopel, Jeremias II., aufgenommen. Beide Kirchenfamilien entwickelten sich aber in kulturell und politisch getrennten Räumen. Die Kirchen der Reformation blieben in Theologie und Frömmigkeit und in ihrer Kirchengestalt vom westlichen theologischen Denken geprägt. Bis heute sind viel zu geringe Kenntnisse von der Welt der Orthodoxie vorhanden, die oft zu verzerrten Darstellungen vom Wesen der Orthodoxie führten.

Die Gründung des Ökumenischen Rates der Kirchen im Jahr 1948 führte zu einer Erweiterung des Horizontes der christlichen Kirchen. Martin Niemöller als Präsident des Kirchlichen Außenamtes der Evangelischen Kirche in Deutschland (EKD), bemühte sich um einen Brückenschlag zwischen Ost und West, und nahm die Kontakte zur Orthodoxie wieder auf. Die EKD trat in offizielle Dialoge mit den Patriarchaten Moskau, Konstantinopel und Bukarest. Der ehemalige Bund Evangelischer Kirchen in der DDR führte seinerseits Dialoge mit den Patriarchaten Moskau und Sofia. In für Osteuropa politisch schwierigen Zeiten entstanden vertrauensvolle und verläßliche Beziehungen zwischen den Kirchen. Sie werden auch unter neuen historischen Bedingungen von der EKD intensiv weitergeführt.

Ein weiteres Feld der Begegnung mit der Orthodoxie ergab sich in Deutschland selbst. Zu den bestehenden orthodoxen Exilkirchen kamen durch ausländische Arbeitnehmer gegründete mitgliedstarke neue Diözesen hinzu. Die schwierige Situation der Kirchen im Mittleren Osten führte dazu, daß auch die orientalischen orthodoxen Kirchen bei uns Gemeinden gründeten. Die Orthodoxie ist in Deutschland zur drittgrößten Konfessionsfamilie geworden. Ihr Beitrag zum gemeinsamen christlichen Zeugnis ist für unser Land und auch für Europa unverzichtbar.

Das in 3. Auflage neu bearbeitete Bensheimer Heft 68 „Zugänge zur Orthodoxie" hilft - wie die beiden vergriffenen vorherigen Auflagen - zur Entdeckung einer großen Nähe und Zusammengehörigkeit im Glauben, auch wenn eine Kirchengemeinschaft zwischen orthodoxen und evangelischen Kirchen derzeit noch nicht möglich ist. Unseren Kirchengemeinden und allen Interessenten wird ein Arbeitsbuch zur Hand gegeben, das eine Brücke des Verstehens zu den vielfältigen Aspekten orthodoxen Glaubens und Lebens schlägt.

Hannover, September 1998

Bischof Dr. h.c. Rolf Koppe
Leiter der Ökumene- und Auslandsarbeit
im Kirchenamt der Evangelischen Kirche in Deutschland

VORWORT DES HERAUSGEBERS

„Das vorliegende Bensheimer Heft möchte Zugänge zu jenem Wissen eröffnen, das notwendig ist, um für die persönliche Begegnung mit orthodoxen Christen und zum Verständnis ihres geistlichen Lebens die wichtigsten Vorkenntnisse zu haben." So heißt es im Vorwort des im Jahr 1988 von Eugen Hämmerle, Heinz Ohme und Klaus Schwarz herausgegebenen Bensheimer Heftes 68 „Zugänge zur Orthodoxie". Die erste Auflage war binnen weniger Monate vergriffen, und so konnte im April 1989 die zweite Auflage erscheinen.

Das Konzept dieses Buches war von Kirchenrat Eugen Hämmerle, der von 1982 bis 1991 als erster Wissenschaftlicher Referent für Fragen der Orthodoxie und Ostkirchen im Konfessionskundlichen Institut in Bensheim tätig war, entwickelt worden. Ihm selbst hatte sich das Leben der Orthodoxie in den Jahren des Zweiten Weltkrieges und in den Zeiten seiner Kriegsgefangenschaft in persönlicher Erfahrung erschlossen, und er war seitdem bemüht, durch Publikationen, Studienreisen und Vortragstätigkeit eine Brücke zu schaffen zwischen den Konfessionen, die jahrhundertelang in Distanz und Unkenntnis nebeneinander her lebten. Orthodoxie sollte vom geistlichen Ansatz evangelischer Frömmigkeit her erklärt werden, um dem evangelischen Christen die ihm fremden Seiten der Orthodoxie nahezubringen. Die völlig neu überarbeitete 3. Auflage der „Zugänge zur Orthodoxie" bleibt diesem Ansatz treu.

Die letzten zehn Jahre führten durch den Zusammenbruch des Kommunismus in Osteuropa und durch Konflikte im Vorderen Orient zu Situationen, die in den orthodoxen Kirchen Umbrüche, Aufbrüche und Neubesinnungen ausgelöst haben. Davon sind auch die ökumenischen Beziehungen mitbetroffen. Das vorliegende Buch bezieht diese Entwicklungen mit ein und erweitert so auch das Spektrum der beiden ersten Auflagen.

Dank gebührt allen Mitarbeiterinnen und Mitarbeitern dieses Bensheimer Heftes, besonders meinem verehrten Amtsvorgänger, KR Eugen Hämmerle, der mit mir die Neuüberarbeitung konzipierte und Pfarrer z. A. Roland Fritsch, der die Korrekturen vornahm und die technische Herstellung mitbetreute.

Bensheim, am Fest des Erzengels Michael
und aller Engel 1998

Reinhard Thöle

1.0. FRÖMMIGKEITSFORMEN UND GEISTLICHES LEBEN

1.1. Leben aus der Liturgie

Orthodoxe Frömmigkeit ist viel stärker als evangelisches Glaubensleben mit dem Aufsuchen der Kirche, mit Gottesdienstbeteiligung und Vollzug der Sakramente verbunden. Leben aus den Mysterien, insbesondere aus der Eucharistie, ermöglicht und erschließt nach orthodoxem Glaubensverständnis wirkliche Teilhabe am Heilswerke Christi. So erhalten die Teilnahme an der Göttlichen Liturgie und der Kommunionsempfang für den gläubigen orthodoxen Christen besonderes Gewicht. Die Liturgie gilt dabei sowohl als Fest der Zuwendung der Gnadenwirkungen Gottes zur Heiligung von Mensch und Kreatur, sie erweist sich aber auch als der Weg, auf dem der Getaufte fortschreitet, um sich diese Gaben immer neu anzueignen, sie immer bewußter zu ergreifen und sie immer tiefer zu verstehen. Indem die orthodoxe Kirche in der Öffentlichkeit ihrer Gotteshäuser die Göttliche Liturgie vollzieht, lädt sie jedermann ein, Christus und die Geheimnisse des dreieinigen Gottes zu erkennen. Gleichzeitig ruft sie damit das Gottesvolk auf, sich durch Teilnahme an der Liturgie zum Herrn aller Herren zu bekennen und im Gottesdienst sein Lob vor aller Welt laut werden zu lassen.

Leben aus der Liturgie heißt, wie ein heutiger orthodoxer Theologe sagen kann, „aus der Freude leben". Wer sich auf die „Reise in die Dimension des Königreichs" mitnehmen läßt, wird feststellen können: „Ein Christ ist einer, der, wohin er auch schaut, überall Christus findet und in ihm sich erfreut. Die Freude verwandelt alle seine Entscheidungen."[1]

---

[1] Schmemann, Alexander: Aus der Freude leben. Ein Glaubensbuch für orthodoxe Christen, Olten 1974, 26 und 143.

Religiöse Kindererziehung

Die häusliche Frömmigkeit ist traditionellerweise auf die „schöne Ecke" in der Wohnung mit den dort meist vorhandenen, oft über Generationen in der Familie weitergereichten Ikonen ausgerichtet. Auch beim persönlichen Beten bedient sich der orthodoxe Christ weitgehend geprägter, in der Liturgie vorkommender Gebetsworte, die zu Gebetsregeln zusammengestellt werden. Immer aber kommt dem anbetenden Gotteslob, der Doxologie, eine große Bedeutung zu. Nach Neigung, Tageszeit und Kirchenjahr können solche Gebetsregeln verschieden sein. Vor dem Essen spricht die orthodoxe Familie das Vaterunser. Es gibt feststehende Gebete und Psalmen für Andachten, so etwa beim Beginn der Arbeit, zur Fürbitte für Kranke, für die Zurüstung zu Gottesdienst und Kommunionsempfang, wie auch zum Dank für empfangene Gabe und Erkenntnis. In orthodoxen Gebetsbüchlein finden sich Gebetsfolgen zum Beistand in Todesnot. Das Gebet leitet den orthodoxen Gläubigen an, über den jeweiligen Anlaß des Gebetes hinaus sich selbst zu prüfen und in seinen Neigungen immer besser zu erkennen. Im Beten lernt er, bußfertige Gedanken zu denken und zu übernehmen. Ein frühes Beispiel solch demütiger Gebetshaltung ist das Gebet Ephraems des Syrers († 373):

> „Herr und Meister meines Lebens,
> überlaß mich nicht dem Geist der Trägheit,
> der Mutlosigkeit, der Herrschsucht
> oder eitler Worte.
> Gib mir, Deinem Diener,
> die Gnade des Geistes der Unbescholtenheit
> und der Demut,
> der Geduld und der Liebe.
> Ja, Herr,
> gewähre mir,
> meine Fehler zu sehen
> und nicht über meinen Bruder zu urteilen.
> O Du, hochgelobt von Ewigkeit zu Ewigkeit."[2]

Zum orthodoxen Frömmigkeitsleben gehören wesentlich der leibhafte Vollzug sowie die Einbeziehung aller menschlichen Sinne. Dies wird deutlich durch Bekreuzigen, Verbeugen

---

[2] Leloup, Jean-Yves: Worte vom Berg Athos, München 1981, 57.

und Niederknien; durch das Vollziehen von sogenannten Metanien (kleine Metanie: Verbeugung und dabei Berührung des Bodens mit der Hand; große Metanie, auch Prostration genannt: Niederwerfen auf den Boden mit ausgestreckten Armen, die Stirn liegt auf dem Boden); durch Küssen der heiligen Bilder und des Kreuzes; schließlich durch Gesang, durch Entzünden von Kerzen und Weihrauchduft. Alle im Gotteshaus vorhandene Schönheit ruft zur Anbetung. Der orthodoxe Christ sucht nach einer im Habitus des Menschen sichtbar werdenden Gestalt christlichen Glaubens, die der Apostel Paulus in die Aufforderung faßt: „Ziehet den neuen Menschen an" (Eph 4,24). Das Bildwort vom Anziehen des neuen Menschen findet sich häufig im Neuen Testament (Röm 13,14; 1.Kor 15,53; Gal 3,27; Kol 3, 10). Es ist ein Teil evangelischer Liedüberlieferung; so findet es sich in einem Lied von Bartholomäus Helder (um 1585-1635), EG 349, oder im Lied EG 350 von Nikolaus Graf von Zinzendorf (1700-1760). An Sonntagen, an denen früher in der Orthodoxie vorzugsweise die Taufe gespendet wurde, singt man statt des Dreimalheilig: Alle, die ihr auf Christus getauft seid, habt Christus angezogen (Gal 3,27). Auch das Anlegen der prächtigen gottesdienstlichen Gewänder will das Anziehen des neuen Menschen und das Hineintreten in die neue, geistliche Seinsweise des Glaubens symbolisieren (vgl. dazu den Abschnitt: Die gottesdienstlichen Gewänder).

Orthodoxer Glaube ist biblischer Glaube. Er ist von der Schöpfung bis zur Erlösung biblisch gedacht. Darum gilt dem Evangelienbuch besondere, liturgisch-kultische, öffentliche Verehrung. In den großen Dogmen der Alten Kirche, die die Menschwerdung Gottes und die Dreifaltigkeit denkerisch durchdringen wollen, wird Gottes Ökonomie enthüllt, der Heilsplan seiner Liebe, auf den die Gemeinde mit Vertrauen, Dank und Lobpreis antwortet.

1.2. Glut des Glaubens: Das Mönchtum

Geschichte und Gegenwart

Das Mönchtum ist im christlichen Orient entstanden. Östliches Mönchtum begreift sich als entschiedene Nachfolge Jesu Christi. Es begann am Rande der ägyptischen Wüste und in

Syrien als eine Bewegung von Eremiten, die zu einer verwelt-lichten Kirche bewußt auf Distanz gehen wollten. Die ur-christlichen Ideale von Armut und Ehelosigkeit sollten gelebt und der Kampf gegen Sünde und Dämonen aufgenommen werden. Früh entwickelten sich auch gemeinschaftliche Le-bensformen von Asketen und Asketinnen.[3]

Schon bald wurde der Einsiedler Antonius († 356) als Mönchsvater angesehen. Pachom von Tabennese (zwischen 290 und 348) lebte zunächst in einer Eremitenkolonie. Um 320 gründete er in Tabennese ein eigenes Kloster. Die von ihm geschaffene Regel ordnete das Zusammenleben der Mönche in dem noch zu seinen Lebzeiten in der Nachbarschaft entstan-denen Klosterverband.

Seine Regel wirkte in späteren Ordnungen klösterlichen Le-bens weiter und gilt im übrigen als erstes Denkmal koptischer Literatur. Da die Ordnung des Pachom überwiegend der Rah-menregelung des klösterlichen Zusammenlebens diente und dadurch ihren Schöpfer als bedeutenden Organisator erwies, ließ sie Raum für die Eigengestaltung spirituellen Lebens. Seine späteren Schriften zeigen ihn als geistlichen Menschen von tiefer Frömmigkeit und Bibelerfahrung.

Der Alexandriner Origenes (185-254) gilt als geschichtli-ches Bindeglied zwischen den Geistträgern der christlichen Urzeit und dem entstehenden Mönchtum. Origenes selbst war Asket und Theologe. Bis heute hat sich im östlichen Mönch-tum das Nebeneinander von Einsiedlertum und bewußter Ge-meinschaft erhalten. Selbst in den Klöstern, die in der Regel „koinobitisch" das gemeinsame Leben betonen, gibt es mitun-ter die Möglichkeit der Idiorrhythmie, eines eigenen geistli-chen Lebensrhythmus der einzelnen Mönche.[4] Adolf von Harnack, ansonsten der Orthodoxie und dem christlichen Osten gegenüber eher kritisch, sah im Mönchtum des Ostens

---

[3] Albrecht, Ruth: Das Leben der Hl. Marina auf dem Hintergrund der Theklatraditionen. Studien zu den Ursprüngen des weiblichen Mönch-tums, Göttingen 1986, siehe bes. 96-99 und 111-115.
[4] Kolta, Kamal Sabri: Christentum im Lande der Pharaonen. Geschichte und Gegenwart der Kopten in Ägypten, München 1985, 26-90 und 93; Brunner-Traut, Emma: Die Kopten. Leben und Lehre der frühen Chri-sten in Ägypten, Köln ²1984, 35.

ein belebendes, Merkmale des Anfangs bewahrendes, evangelisches Element.[5]

In allen orthodoxen Kirchen gehört, auch in der Gegenwart, das Mönchtum zu den wesentlichen Ausdrucksformen des Glaubens. So gibt es in der Rumänischen Orthodoxen Kirche z. B. Frauenklöster mit mehr als 300 Nonnen. In allen orthodoxen Kirchen gilt freilich die Mönchsrepublik auf dem Heiligen Berg Athos im Norden Griechenlands als Zentrum allen Klosterlebens. Über Jahrhunderte bis in die Gegenwart wurden dort die Traditionen des östlichen Mönchtums in einzigartiger Weise bewahrt. Seit mehr als tausend Jahren ist diese Ansammlung von zwanzig Großklöstern mit z. Z. mehr als 1000 Mönchen Anziehungspunkt frommer Pilger aus der vielsprachigen und multinationalen Orthodoxie. Dort auf dem Athos existiert nach übereinstimmendem Urteil der orthodoxen Gläubigen das orthodoxe Mönchtum in seiner reinsten Form. Das „engelgleiche Leben",[6] wie Mönchsleben orthodox genannt werden kann, wird von den Gemeinden hoch geschätzt. Johannes Chrysostomos (ca. 344-407) sagt von den verschiedenen Stufen, die im Mönchsleben erreicht werden können, im Anschluß an 1. Korinther 15,41: Die einen werden leuchten wie die Sonne, die andern wie der Mond, die andern wie die Sterne.[7]

Wirkungen

Die geschichtliche Wirkung des Mönchtums ist groß. Die Lebensordnungen der frühen Anfänge hatten und haben gesamtchristliche Bedeutung. In den Klosterregeln des Hl. Basilius von Cäsarea im Osten wie in denen des Hl. Benedikt von Nursia im Westen und in anderen Ordnungen sind sie bis heute wirksam geblieben und haben auch die Neubegründung gemeinschaftlichen Lebens evangelischer Bruderschaften und

---

[5] Harnack, Adolf von: Das Wesen des Christentums, Leipzig [2]1901, bes. 156.
[6] Heiler, Friedrich: Die Ostkirchen, Basel/München 1971, 275. Aus einer Predigt Basilius des Großen.
[7] Johannes Chrysostomos: Adversus Oppugnatores Vitae Monasticae III, 5, zitiert nach Timiadis, Emilianos: Le monachisme orthodoxe Hier – Demain, Paris 1981, 214.

Kommunitäten nachhaltig beeinflußt. Bei meist kleiner Zahl der Glieder sind diese weithin bekannt geworden. Auf neue und unterschiedliche Weise wollen diese Gemeinschaften Arbeit in und an der Welt und meditatives Leben miteinander verbinden. Die Reformation hatte das Mönchtum damals wegen der im westlichen Mittelalter aufgekommenen Fehlentwicklungen in Lebensführung und theologischer Grundlegung abgelehnt. Heute entsprechen solche Bruderschaften einem verbreiteten Verlangen nach verbindlicher Lebensgemeinschaft und strukturierten Frömmigkeitsformen. Diese Kommunitäten haben inzwischen ihren Platz in der evangelischen Kirche gefunden.

Alternative der Freiheit: Der Weg der Mönche

Vielerorts nimmt das orthodoxe Mönchtum neuen Aufschwung. Neben dem alten Ziel östlicher Mönche, mit dem Bösen zu ringen und die Tugend einzupflanzen, dürfte Mönchsein heute vielfach als gegenwärtige Alternative zum Leben in der modernen Welt verstanden werden. Der Mönch wird durch seine Entscheidung für die Askese der Welt gegenüber nicht etwa gleichgültig oder fremd. Er betet für sie, er versteht ihre Triebkräfte. Metropolit Emilianos (Timiadis) stellt fest, der wahre Asket leide mehr als andere am Unfrieden in der Welt, an der Eigensucht, am Übel rücksichtsloser Gewaltanwendung. Aus eigener Erfahrung verstünde, wer Reichtum, Ruhm und Bequemlichkeit verlassen habe, was Geiz, Habgier und Zügellosigkeit auszurichten vermöchten. Der Mönch predige das einfache Leben, Trennung von den irdischen Dingen, den Sieg über die Leidenschaft und damit die wahre Freiheit. Die Mönche führten so zu Selbsterkenntnis und geistlichem Fortschritt.[8]

Der Mönch – der wahre Christ

Grundsätzlich sollen die Normen des Mönchslebens auch für jene gelten, die „draußen" sind. Diese Überzeugung entspricht dem reformatorischen Protest gegen eine Aufteilung

---

[8] Timiadis, Emilianos: a.a.O., Kapitel VIII, Actualité et Dimension Missionaire du Monachisme, 211-246, bes. 216.

Athosmönche

18

19

der christlichen Ethik in Gebote (praecepta), die für alle Christen gelten, und Räte (consilia), deren Erfüllung den Mönchen vorbehalten bleiben sollte. „Der Mönchsstand ist normativ für jede Seele" (Evdokimov). Johannes Chrysostomos sagt: „Die, welche in der Welt leben, müssen, obgleich verheiratet, in allem übrigen den Mönchen gleichen." Privateigentum wird im Grunde als ein in der Welt „unvermeidbares Übel" angesehen. Auf dem Hintergrund einer solchen asketischen Ethik lehrt und lebt die Orthodoxie allumfassende Menschenfreundlichkeit und Liebe. Diese Menschenfreundlichkeit wird in der Göttlichen Liturgie erfahren, in der Osternacht bezeugt und möchte jedermann, auch dem Elenden, zugewendet werden, ja schließlich die ganze Kreatur einschließen.[9] Jede orthodoxe Landeskirche kann in ihrer eigenen Geschichte die missionarische, inkulturierende, kulturelle und gemeindepädagogische Bedeutung des Mönchtums aufweisen.

Gnade und freier Wille

Die Einübung in den geistlichen Kampf des Mönchtums ist exemplarisch in den Schriften von Johannnes Klimakos (von Klimax, griech. die Leiter, russ. lestniza, daher: lestvennik), etwa 570-649, dargestellt. Er war zunächst 40 Jahre Einsiedler und hernach Abt des Sinaiklosters. Seine geistlichen Erfahrungen beschrieb er in Gestalt einer Himmelsleiter (vgl. 1. Mose 28 – Jakobsleiter), die in 30 Sprossen den Abstand zwischen Erde und Himmel überwindet. In der Beschreibung dieser Sprossen und in der Darstellung der Bemühung, diese zum Aufstieg zu benutzen, sind Anweisungen, Belehrungen und geistliche Hilfen enthalten. Diese stellen, beginnend mit der Absage an die Welt, über die Bekämpfung der Leidenschaften und das Suchen nach rechter Bußgesinnung, bis zur Apathia (Gelassenheit), Hesychia (Stille) und Theoria (Schau) den praktischen Weg christlicher Vollkommenheit dar. Dieser Erkenntnisweg ist aus dem Mönchsleben und seiner Erfahrung erwachsen. Johannes Klimakos schrieb für Mönche. Über Jahrhunderte haben auch gläubige Laien diese Beschreibung

---

[9] Heiler, Friedrich: a.a.O., Abschnitt X. Die Ethik der Ostkirche. 294-296.

des Heilsweges gelesen. Demnach ist der Glaube ein schwieriger, stets gefährdeter Weg, den man aber durch die Gnade Gottes zu Ende gehen kann.[10]

Johannes Klimakos stellt jenes Zusammenwirken des freien menschlichen Willens mit der zuvorkommenden und helfenden Gnade Gottes dar, das unter dem Begriff Synergeia oder Synergismos für orthodoxes Denken über die Aneignung des Heils kennzeichnend ist. Dieser Begriff darf freilich nicht zu einer Verwechslung mit dem unter demselben Namen bekannten Streit der Reformationszeit führen. Die Vorrangstellung und Unvergleichlichkeit der alles menschliche Handeln auslösenden und ermöglichenden Gnade hat für orthodoxe Theologie nie in Frage gestanden.[11] Basilius der Große, um 330-379, beschreibt dies Zusammenwirken in seiner Klosterregel so: „Die von oben kommende Gnade wird dem nicht zuteil, der sich nicht bemüht, sondern es muß beides sich vermischen: die menschliche Anstrengung und der durch den Glauben von oben kommende Beistand (Symmachia) zur Vollendung der Tugend." „Die Theosis ist die letzte Konsequenz der Menschwerdung Christi." Sie ist „die letzte Bestimmung des Menschen und wird mit der Kommunion des Leibes und Blutes in der Eucharistie antizipatorisch erlebt".[12] Dieser Weg führt zur Vergottung (Theosis); sie ist das Ziel aller Frömmigkeit.

Stufen und Riten

Eine zwei- bis dreimonatige Einführungszeit bereitet die Anwärter (Postulanten) auf das Klosterleben vor. Dabei können die Kandidaten schon das Rhason tragen. Die folgende

---

[10] Heiler, Friedrich: a.a.O., IX. Mystik, 280; Dietz, Matthias/Smolitsch, Igor: Kleine Philokalie. Belehrungen der Mönchsväter der Ostkirche über das Gebet, Reihe: Klassiker der Meditation, Zürich/Einsiedeln/Köln 1976, 87.
[11] Zur Frage von Synergismus und Willensfreiheit: Fairy v. Lilienfeld und Ekkehard Mühlenberg: Gnadenwahl und Entscheidungsfreiheit, Oikonomia, Band 9, Erlangen 1980.
[12] Heiler, Friedrich: a.a.O., 130. Ferner im Abschnitt I./6. Rechtfertigung und Heiligung, 129-132 bzw. 487/488; Panagopoulos, Johannes: Die ökumenische Relevanz der orthodoxen Spiritualität, Una Sancta 38, 1983, 43.

Bewährungszeit (Dokimasia – Noviziat) kann bis zu drei Jahren dauern. Die Aufnahme in den Mönchsstand kann während des Noviziats geschehen; der Abt kann die Aufnahme auch schon in der Einführungszeit gestatten. Dabei werden Tonsurierung und Einkleidung vollzogen.

Der Abt (gr. Igumenos, russ. Igumen) schneidet dem Aufzunehmenden in Kreuzform das Haupthaar und bekleidet ihn mit dem Hut und dem Rhason, einem bis an den Knöchel reichenden, faltigen schwarzen Gewand mit weiten Ärmeln. Vor dem Abt oder dem Bischof legt der neue Mönchsbruder die Gelübde der Treue zu der jeweiligen Klostergemeinschaft, des Gehorsams, der Keuschheit und der Armut ab. Der Abt erfleht Kraft für den Kampf zur Vollbringung des „Engelswandels". Verliehen werden ferner Sandalen, Evangelienbuch und Kreuz sowie zum Zeichen der Erwartung eines an sichtbaren Glaubensfrüchten reichen Lebenswandels eine brennnende Kerze (vgl. Mt 5,14-16).

Im zweiten Gebet bei der großen Einkleidung in das Mönchsgewand heißt es: „... Stärke ihn, daß er allezeit die Wundmale und das Kreuzzeichen Jesu Christi an seinem Leibe trage, durch welche ihm die Welt gekreuzigt ist und er der Welt ... Gib, daß er, möge er wachen, arbeiten, schlafen oder aufstehen, in Psalmen und geistlichen Liedern gleich den Engeln zu dir aufschaue in reinem Herzen und dich anbete, den allein lebenden und wahren Gott, zu seiner unaussprechlichen Freude ..."[13]

Mönche und Nonnen können das „große Schema" (gr. megalo schema, russ. s'chima) erlangen; eine Auszeichnung für einen außergewöhnlichen geistlichen Lebenswandel. Unter Wiederholung des ursprünglichen Gelübdes kann dies nach 30jährigem Mönchsleben geschehen. Der Abt darf auch anders verfügen. Er kann den Vollzug früher gewähren.

Nach kanonischen Vorschriften sollte die Mönchsweihe nicht vor dem 25., die Nonnenweihe nicht vor dem 40. Lebensjahr stattfinden. Tatsächlich werden beide Weihen zumeist sehr viel früher vollzogen. Der Abt entscheidet darüber. Das Klosterleben wird wesentlich vom Stundengebet sowie von der Feier der Liturgie bestimmt. Die Fastenordnungen

---

[13] Heiler, Friedrich: a.a.O., Das mönchische Leben, 275.

Mönch im Gewand des „großen Schemas"

werden genau eingehalten. Xerophagie, das heißt Nahrung aus Brot, Gemüse und Früchten, ohne Milchspeisen, Fisch, Eier, Öl und Wein, ist für jeden Mittwoch und Freitag streng vorgeschrieben.

Der Mönch: Prophet und Missionar

Der Mönch wird zu Recht als prophetische und missionarische Gestalt gesehen. Wie zu Zeiten der Häretiker und des Verfalls könne es Aufgabe orthodoxen Mönchtums sein, beim Bau einer neuen Welt voranzugehen. Nerses Schnorkali (1102-1173), Katholikos der Armenischen Kirche, nennt die Mönche „Säulen der Welt und Wall gegen den Feind, durch ihre Gebete und ihre gute Lebensführung, Engel in leiblicher Gestalt und die Erde erhellende Sterne".[14] Das Mönchtum ist für orthodoxe und altorientalische Kirchen unverzichtbar. Bischöfe entstammen seit dem 6. Jahrhundert dem Mönchtum. Immer wieder gingen vom orthodoxen Mönchtum Anstöße der Erneuerung aus.

Der Mönch: Lehrer der Einfalt

Mönchtum zielt auf Eingliederung in eine ganzheitliche, einfältige Lebensform; wie ja auch der evangelische Christ beten kann: Mache mich einfältig.[15] Leben aus dem Geist und nach der Ordnung klösterlicher Existenz leitet hin zur Fürbitte für einzelne und für die Welt. Gebet wird als höchste Aktivität verstanden und erfahren. Fürbitte bewegt Menschenherzen und verändert die Welt. Kallistos Ware kann daher feststellen: „Was die Welt vor allem braucht, sind nicht Menschen, die mit mehr oder weniger großer Regelmäßigkeit Gebete sprechen, sondern Menschen, die Gebet geworden sind."[16] Konzentration, Stille und Gebet sind Zuwendung zur Welt.

---

[14] Julius Aßfalg/Paul Krüger: Kleines Wörterbuch des christlichen Orients, Wiesbaden 1975, 52.
[15] EG (Evangelisches Gesangbuch), Lied 165, Vers 7 von Gerhard Tersteegen (1697-1769).
[16] Ware, Kallistos/Jungclaussen, Emmanuel: Hinführung zum Herzensgebet, Freiburg im Breisgau 1982, 48.

Der Mönch: Seelsorger und Ratgeber

Der Mönch als Seelsorger genießt einen unbegrenzten Vertrauensvorschuß. Man erwartet von ihm, daß er sich Zeit nimmt. Man erhofft von ihm die Gabe guten Rates und klarer Weisung. Man läßt sich von ihm anleiten und tadeln. Das orthodoxe Mönchtum wirkt auf diese Weise erzieherisch. Begnadete Seelsorger aus den Reihen der Mönche werden Altväter, Starzen genannt (gr. Geron, sl. starez). Ihre Worte prägen sich ein, werden überliefert (Apophthegmata) und seit den ersten Tagen des Mönchtums gesammelt. Auch in deutscher Übersetzung ist die Weite ihres evangelischen Geistes und die Weisheit ihrer seelsorgerlichen Ratschläge tief beeindruckend.[17]

Askese und Heiligung

Auch evangelische Kirchen und Gemeinschaften können den Glauben als einen Weg der Heiligung beschreiben. Die Mahnung des Hebräerbriefs lautet: Jaget nach der Heiligung, ohne welche wird niemand den Herrn sehen (Hebr 12,14). In 1. Korinther 9,24 vergleicht der Apostel Paulus den Glaubensweg mit einem Wettlauf, der um einen Siegespreis in der Kampfbahn ausgetragen wird. Seine Mahnung lautet: „Laufet so, daß ihr ihn erlanget!" Um des Siegespreises willen nimmt der Apostel Askese auf sich: „Ich züchtige meinen Leib und zähme ihn, daß ich nicht den andern predige und selbst verwerflich werde" (l. Kor 9,27). Auch in der neueren evangelischen Theologie wird die Bedeutung der Askese wieder neu betont. Eindrücklich wird dies in einem Gedicht von Dietrich Bonhoeffer, das er am 24. Juli 1944 schrieb und dem er die Überschrift „Stationen auf dem Wege zur Freiheit" gab.[18]

---

[17] Vgl. dazu: Weisung der Väter (Apophthegmata patrum), Trier 1980 und Alla Selawry: Das immerwährende Herzensgebet, München 1973.
[18] Bonhoeffer, Dietrich: Widerstand und Ergebung, München und Hamburg 1970, 6. Aufl., 184, Gedicht: Stationen auf dem Weg der Freiheit. Vgl. hierzu Eberhard Bethge: Dietrich Bonhoeffer, München 1967, Abschnitt: Literarische Versuche, 942-944.

Stationen auf dem Wege zur Freiheit

Zucht

Ziehst du aus, die Freiheit zu suchen, so lerne vor allem
Zucht der Sinne und deiner Seele, daß die Begierden
und deine Glieder dich nicht bald hierhin, bald dorthin
führen. Keusch sei dein Geist und dein Leib, gänzlich dir
    selbst unterworfen
und gehorsam, das Ziel zu suchen, das ihm gesetzt ist.
Niemand erfährt das Geheimnis der Freiheit, es sei denn
    durch Zucht.

Tat

Nicht das Beliebige, sondern das Rechte tun und wagen
nicht im Möglichen schweben, das Wirkliche tapfer ergreifen,
nicht in der Flucht der Gedanken, allein in der Tat ist die
    Freiheit.
Tritt aus ängstlichem Zögern heraus in den Sturm des
    Geschehens,
nur von Gottes Gebot und deinem Glauben getragen,
und die Freiheit wird deinen Geist jauchzend empfangen.

Leiden

Wunderbare Verwandlung. Die starken, tätigen Hände
sind dir gebunden. Ohnmächtig, einsam siehst du das Ende deiner Tat. Doch atmest du auf und legst das Rechte
still und getrost in stärkere Hand und bist zufrieden.
Nur einen Augenblick berührtest du selig die Freiheit
dann übergabst du sie Gott, damit er sie herrlich vollende.

Tod

Komm nun, höchstes Fest auf dem Wege zur ewigen Freiheit,
Tod, leg nieder beschwerliche Ketten und Mauern
unsres vergänglichen Leibes und unsrer verblendeten Seele,
daß wir endlich erblicken, was hier uns zu sehen mißgönnt ist.
Freiheit, dich suchten wir lange in Zucht und in Tat und in
    Leiden.
Sterbend erkennen wir nun im Angesicht Gottes dich selbst.[19]

---

[19] Für das Selbstverständnis des Mönchtums sind u. a. folgende Bi-
belstellen wichtig: Mt 5,48; Mt 7,13-14; Mt 19,16-30; Gal 2,20; Gal
2,24 u. 25; Phil 2,12b u. 13; Eph 6,10 ff; Kol 3,2-4; Tit 2,11-14.

1.3. Das Fasten

Fastenzeiten und Fasttage sind Mönchen wie Laienchristen geboten. Sie werden verstanden als Mittel zur inneren Reinigung, zur Sammlung und als Hilfe geistlicher Erneuerung. Zu Beginn der ersten Fastenwoche im Großen Fasten der vorösterlichen Zeit singt die Liturgie.[20]

> „Lasset uns ein Fasten halten,
> welches dem Herrn angenehm und wohlgefällig ist:
> Entfremdung von bösen Taten,
> Beherrschung der Zunge,
> Enthaltung von Zorn,
> Fernhalten von Begierde, Verleumdung, Lüge und Meineid.
> Die Freiheit von diesen Dingen
> ist ein wahres und wohlgefälliges Fasten."

Fastenzeiten

Der Mittwoch und der Freitag sind Fasttage, wie es bereits in der sog. „Apostellehre" (Didache) am Beginn des 2. Jahrhunderts überliefert ist. Die orthodoxe Kirche kennt vier große Fastenzeiten:

1. Die große Fastenzeit vor Ostern 40 Tage vor Ostern).
2. Das Apostelfasten (von Montag nach unserem Trinitatisfest bis zum 29. Juni, dem Tag der hl. Apostel Petrus und Paulus), das sind 14 Tage.
3. Das Marienfasten (vom 1. bis 15. August, dem Tag des Entschlafens der Gottesmutter), 14 Tage.
4. Das Weihnachtsfasten (vom 15. November bis zum Vortag des Weihnachtsfestes), 40 Tage.

Besonders streng wird die vorösterliche, große Fastenzeit eingehalten.

Fasten als Übung

Die großen Fastenzeiten vor Weihnachten und vor Ostern prägen orthodoxes Bewußtsein und orthodoxen Lebensrhyth-

---

[20] Heiler, Friedrich: a.a.O., 234, Übersetzung nach Propst Alexei von Maltzew.

mus. Fasten ist somit kein entbehrliches, äußerliches Gesetz, sondern ein Mittel der Selbsterziehung, eine Methode zur Sammlung der Sinne. Fasten möchte als Mittel der Einübung ins geistliche Leben angesehen werden. Die orthodoxe Kirche ist sich durch ihren Fastenbrauch immer der Zusammengehörigkeit und der Wechselwirkung von Seele und Leib bewußt geblieben.

Heutige Probleme

In der weltweiten orthodoxen Diaspora, überall da, wo orthodoxe Christen unter den Bedingungen des industriellen Zeitalters zu leben und zu arbeiten haben, sind die Fastenvorschriften neuerdings ein Problem geworden. Für Sonderberufe, Schichtarbeiter, Reisende und Kranke sind aus diesem Grund nach dem orthodoxen Prinzip angewandter Menschenfreundlichkeit (Ökonomie) stets Befreiungen von der Fastenordnung gewährt worden. Die Vorbereitungskommission für das in Aussicht genommene Große und Heilige Konzil der Orthodoxen Kirche hat unter ihre zehn Hauptthemen auch das Fasten aufgenommen. Es soll im Konzil der Frage nachgegangen werden, wie das Fasten in einer säkularen Welt durchgehalten werden kann. Nach einem Beschluß der III. Panorthodoxen Präkonziliaren Konferenz von Chambesy 1986 haben die orthodoxen Lokalkirchen die Freiheit bekommen, solche Fragen für ihren Bereich nach der Ökonomie zu entscheiden.

Auf säkular-medizinische Weise wird heutzutage in den westlichen Wohlstandsgesellschaften viel gefastet. Viele Menschen bringen dafür große Opfer. Solches Fasten wird jedoch vielfach als Körper- und Gesundheitspflege verstanden und betrieben.

Gerade in säkularer Umwelt ist es schwer, die Bedeutung eines religiös begründeten Fastens verständlich zu machen. Um ein solches aber geht es der Orthodoxie.

Wo es heute nicht leicht ist, in Haus und Familie die gesamten Fastenvorschriften durchzuhalten, versucht man es wenigstens in der Karwoche zu tun. Auch evangelische Christen können sich fragen lassen, wieso sie sich über die biblische Weisung Christi vom Fasten der Brautleute nach dem Weggang des Bräutigams hinwegsetzen.[21]

Martin Luther sprach vom Fasten und leiblich sich bereiten als von einer feinen äußerlichen Zucht.[22]

Den Bußcharakter der Fasten betonen die Bußstrafen (Epitimia). Dabei kann als fromme Übung ein über das allgemeine Maß hinausgehendes Fasten auferlegt werden mit dem Ziel, das Gewissen des Sünders zu reinigen und ihm den Frieden wiederzugeben. Das Fasten ist eine wichtige Brücke zwischen klösterlicher Frömmigkeit und dem Frömmigkeitsleben der orthodoxen Gemeinden geblieben.

1.4. „Betet ohne Unterlaß !" – Das immerwährende Herzensgebet

Die orthodoxe Kirche ist eine Kirche des Gebets. Sie lehrt im Gottesdienst beten. Sie unterweist im persönlichen, privaten Gebet. Dabei spielt das sog. Herzensgebet eine besondere Rolle. Eine Einführung dazu mag ein Priester geben oder sonst ein Christenmensch, der dies Gebet selber übt. Erfahrene Mönchsväter sind dazu auch bereit. Oft werden sie gerade darum aufgesucht, um Rat und Weisung gefragt und um Belehrung zum rechten Beten und Leben gebeten.[23] Die bis heute überlieferte Gebetsform des Herzensgebets, das auch Jesusgebet genannt wird, ist von orthodoxen Christen vom 4. bis zum 15. Jahrhundert gelebt, geübt und weitergereicht worden. Schließlich hat es im 19. und 20. Jahrhundert weltweite, kirchenübergreifende Verbreitung gefunden. Das knappe, „monologische" Gebet lautet: „Herr Jesus Christus,

---

[21] Mk 2,18 par.

[22] Zur Frage Luther und das Fasten siehe Bekenntnisschriften der ev.-luth. Kirche, 5. Aufl., Göttingen 1963, 521. Dies Wort wird freilich dem Glauben gegenübergestellt, um im Kleinen Katechismus den Würdigen vom Unwürdigen beim Empfang des Abendmahls zu unterscheiden. Luthers Würdigung des Fastens als Mittel der Selbsterziehung siehe: WA 15, 450, 29-32, Wozu fasten? – ... darum, daß man gerüstet und geschickt bleibe, Gottes Wort zu handeln. Weitere Stellen sind: WA 32, 431, 30; 432, 3; WA 14, 20, 15ff; ferner ein Lob der Mäßigkeit: Wer sich nicht befleißigt, nüchtern und mäßig seines Amtes oder Standes zu warten, sondern eine volle Sau und täglich ein Trunkenbold ist, der kann auch weder zum Gebet, noch zu anderen christlichen Sachen geschickt sein. WA 47, 758, 40f.

[23] Smolitsch, Igor: Leben und Lehre der Starzen, Köln/Olten ²1952.

Sohn Gottes, erbarme Dich über mich Sünder." Es wird auch in leicht variierter Form gesprochen. Solches Beten, das an die Bitte des Zöllners (Lukas 19,8-14) oder des Blinden am Wege (Lukas 18,35) anknüpft, möchte in ein ununterbrochenes, unaufhörliches Anrufen des göttlichen Namens Jesu Christi mit den Lippen, mit dem Geist und mit dem Herzen einmünden. So strebt es nach Erfüllung der apostolischen Weisung: Betet ohne Unterlaß.[24] Beginnend mit den Gebetserfahrungen der Wüstenväter, bis zum Heiligen Gregorios Palamas (1296/97-1359), der dem Gebet einen hohen Rang einräumte und Erzbischof von Thessaloniki war, hat das immerwährende Gebet über den Heiligen Nil Sorski (1433-1508), der den Athos besucht hatte, schließlich in Rußland Eingang gefunden.

Zur weiteren Ausbreitung des immerwährenden Herzensgebetes trug das Erscheinen der Philokalia (Tugendliebe), einer Sammlung von Väterworten, bei, von Nikodemus Hagiorites in Venedig (auf griechisch) 1792 herausgegeben sowie etwa ein Jahr später durch Paisi Velitschkowskij in altslawischer Version unter dem Namen „Dobrotoljubie". Theophan der Klausner sorgte in Rußland für weitere Verbreitung des Werkes.[25] Das vor 100 Jahren in Kasan an der Wolga erschienene Büchlein „Aufrichtige Erzählungen eines Pilgers", das später durch einen zweiten Teil erweitert wurde, hat rasch einen hervorragenden Platz im geistlichen Schrifttum der Christenheit erlangt und wird heute weit über die orthodoxe Kirche hinaus auch in evangelischen Kreisen gelesen. Das Buch wird angenommen als ein Erfahrungsweg geistlicher Vertiefung. Vergleichbar für Evangelische ist dieser Vorgang mit dem Weg, den einstmals Johann Arndts (1555-1621) „Paradiesgärtlein" und sein „Wahres Christentum" auch unter Katholiken und bis hinein nach Rußland genommen hatte. Die aufrichtigen Erzählungen beschreiben Lebensweg und Erfahrung eines „Pilgers", der früh über einen Starzen mit Jesusgebet und Phi-

---

[24] 1. Thess 5,17: Betet ohne Unterlaß. Siehe auch Lk 18,1, Rö 12,12; Kol 4,1.
[25] Sudbrack, Josef: Schule des Herzensgebetes. Die Weisheit des Starez Theophan, Salzburg 1986. Zur Frage der Verbreitung der Werke von Johann Arndt in Rußland vgl. Archimandrit Augustin (Nikitin): Wegweisungen für Generationen gläubiger Christen. Johann Arndt und die Russische Orthodoxe Kirche, Stimme der Orth. 9/1985, 43ff.

lokalie in Berührung kommt. Die „Erzählungen" bezeugen und erläutern, was das Herzensgebet sein und wie christliche Gebetshaltung einen Menschen wandeln kann. Auch der „Pilger" des Büchleins wollte mit Gebet und Leben der apostolischen Weisung: „Betet ohne Unterlaß" gehorsam sein. Herzensgebet, Beichte, Schriftlesung und Suchen nach gottesdienstlicher Gemeinschaft gehören in den Erzählungen zusammen. Auf dem Weg über das Herzensgebet öffnet sich dem Gläubigen ein weiter Raum spirituellen Lebens.

In einer Zeit, in der viele nach Führern und religiöser Lebenshilfe bis ins ferne Asien Ausschau halten, könnte uns diese Gestalt der Spiritualität des christlichen Ostens nähergerückt sein.[26]

Belehrung über das Gebet

„Vermeidet in eurem Gebet viele Worte. Ein einziges Wort genügte, um den Zöllner und dem verlorenen Sohne die göttliche Verzeihung zu schenken. Stellt keine langen Überlegungen in eurem Gebete an. Wie oft rührt den Vater das einfache und immer wiederholte Stammeln des unmündigen Kindes. Laßt euch deshalb nicht auf lange Gedankengänge ein, damit ihr euren Geist nicht mit dem Suchen nach Worten zerstreut. Ein Wort des Zöllners hat die Barmherzigkeit Gottes getroffen. Ein Wort voll des Glaubens hat den Schächer am Kreuz gerettet. Gedankenfülle im Gebet erzeugt Bildfülle und läßt den Geist zerfließen, während oft ein immer wiederholtes Wort den Geist sammelt ... Solange wir noch nicht das wahre Gebet erlangt haben, gleichen wir den kleinen Kindern, die ihre ersten Schritte machen. Bemüht euch, eure Gebete zu vereinfachen." (Johannes Klimakos)[27]

Kallistos Ware schätzt angesichts der heute vielerorts in aller Stille weitergehenden Verbreitung des Jesusgebetes dessen Bedeutung so ein: „Die richtig praktizierte Anrufung des Na-

---

[26] Ware, Kallistos/Jungclaussen, Emmanuel: a.a.O., 28-31 und 114ff; Jungclaussen, Emmanuel: Aufrichtige Erzählungen eines russischen Pilgers, Freiburg im Breisgau 1984.
[27] Dietz, Matthias/Smolitsch, Igor: Kleine Philokalie. Belehrungen der Mönchsväter der Ostkirche über das Gebet, Zürich/Einsiedeln/Köln 1976, 91.

mens führt jeden tiefer an seine Arbeit heran; jeder wird tüch-
tiger in seinem Handeln und dabei nicht isoliert von den andern, sondern mit ihnen verbunden. Er ist feinfühliger für ihre
Ängste und Sorgen wie niemals zuvor. Das Jesusgebet macht
jeden zu einem ‚Menschen für andere‘, zu einem lebendigen
Werkzeug für den Frieden Gottes, zu einem schöpferischen
Ort der Versöhnung." „Ob wir mit Eremiten oder Koinobiten,
mit Narren in Christo oder Styliten, mit Hesychasten oder
einem Laien, der das monologische Jesus-Gebet anwendet, zu
tun haben, es geht eigentlich ständig um die Realisierung des
neuen Menschen in Christus, die durch den Bezug auf gewisse
theologische Grundwahrheiten bestimmt wird."[28]

1.5. Der Osterjubel der orthodoxen Kirche

Das Ostergeschehen wird als zentrales Heilsereignis verstanden. „Hier ist der innerste Kern, der Mittelpunkt, das alles
durchströmende Lebensprinzip, der Inbegriff des gesamten
Glaubens und Trachtens, der ganzen Zuversicht, der ganzen
Sehnsucht, der ganzen Weltanschauung der morgenländischen
Kirche – die Botschaft von dem Auferstandenen! ... Aus diesem Erlebnis der Auferstehung Jesu ist ja die ganze Urverkün-
digung herausgeboren. Ohne diesen Glauben hätte es ja keine
‚frohe Botschaft‘ gegeben."[29]

Der Kosmos und die Auferstehung

Die Freude über die Erlösung betrifft Menschen und Kosmos. „Es verknüpft sich mit der Freude über unser Auferste-
hen auch die Freude über die Verklärung der ganzen Welt,
über die Aufhebung des Reiches der Verwesung, über die Erlösung der ganzen Kreatur und den Anbruch des Reiches des
Lebens."[30] Beredter und einladender Ausdruck dessen sind die

---

[28] Ware, Kallistos/Jungclaussen, Emmanuel: a.a.O., 74; Panagopoulos,
Johannes: a.a.O., 40 u. 41.
[29] Arseniew, Nikolai von: Die Kirche des Morgenlandes, Weltanschauung
und Frömmigkeitsleben, Berlin und Leipzig 1926. Das ganze Buch geht
aus von der Freude über die Auferstehung und den Auferstandenen, von
„Jesus als Sieger", 14.
[30] Arseniew, Nikolai von: a.a.O., 16.

32

Gottesdienste der Karwoche und die Osternacht selbst, in der gesungen wird: „Des Todes Tötung feiern wir, die Zerstörung der Hölle; eines anderen Lebens, des ewigen Anbruchs ...“[31] Aus solcher Freude, die das einst zum Heil Geschehene gegenwärtig erfährt, den schon errungenen Sieg Christi zum eigenen Glaubensbewußtsein erhebt und gerade so danach ausschaut, in einer vollkommeneren Weise Christi teilhaftig zu werden „in dem nie dämmernden Lichte deines Reiches“,[32] erwächst jener sprichwörtliche Osterjubel, den man freilich wohl erst dann richtig versteht, wenn man in Kenntnis, Ehrfurcht und Dank selber in ihn einstimmt.

In diesem Sinne ist der Osterjubel der orthodoxen Kirche „gläubige Zuversicht, das jubelnde – mystische Besitzergreifen des schon errungenen Sieges des ewigen Lebens, verbunden mit dem freudigen Harren auf die vollkommene Offenbarung der Herrlichkeit, wie dies dem gesamten Kultus und dem Glauben der Väter sein Gepräge gibt.“ „Dies ist der Grundton des Lebens und der Weltanschau der morgenländischen Kirche.“[33]

Jubel des Osterfestes in Hymnen

Der Osterkanon des Johannes von Damaskus für den Ostersonntag beginnt mit den Worten:

> Wohlan! Neuen Trank laßt uns trinken,
> nicht Wundertrank aus dürrem Felsen, nein,
> der aus dem Grab Christi strömenden Unvergänglichkeit
>   Born,
> in welchem Kraft wir erlangen.

In den Oster-Stichera heißt es:

> Lasset das Schauen, ihr Frauen,
> Heilsbotinnen, gebt Sion die Kunde:
> Nimm entgegen von uns die Freudenbotschaft
> von Christi Erstehung.
> Freue dich, tanze im Reigen und jauchze, Jerusalem,
> Christus schauend, den König:
> Wie ein Bräutigam tritt er hervor aus dem Grab.

---

[31] Arseniew, Nikolai von: a.a.O., 21.
[32] Arseniew, Nicolai von: a.a.O., 22.
[33] Arseniew, Nicolai von: a.a.O., 29.

Biblische Motive klingen an in einem anderen Vers des Johannes von Damaskus:

> Eilen laßt uns, Lichter tragend, Christus entgegen,
> der wie ein Bräutigam aus dem Grabe hervorgeht,
> und mit den Scharen der die Feste Liebenden
> lasset uns feiern Gottes errettendes Pascha.

In den folgenden Versen hat sich noch stammelnder Jubel der Urgemeinde im Stil des Gesanges festgehalten:

> Das heilige Pascha ist heute gezeigt uns.
> Das neue, heilige Pascha.
> Das mystische Pascha.
> Das ganz ehrwürdige Pascha.
> Das Pascha, Christus, der Heiland.
> Das untadelige Pascha.
> Das große Pascha.
> Der Gläubigen Pascha.
> Das Pascha, das uns eröffnet zum Paradies die Pforten.
> Das Pascha, das alle Gläubigen heiligt ...
> Denn aus dem Grabe erstrahlte heute Christus
> wie aus einem Gemache.
> Die Frauen erfüllte mit Freude er,
> da er sagte: Tragt zu den Aposteln die Kunde.[34]

Was die Gemeinde bei der Fortsetzung des von ihm selbst begonnenen messianischen Hochzeitsmahles über dem Brotbrechen erfährt, ist die Fortsetzung der Erscheinungen des Auferstandenen in ihrer Mitte. Dies bezeichnet Ernst Benz als den eigentlichen, schöpferischen Mittelpunkt der ostkirchlichen Liturgie.[35]

Der Osterglaube und die Toten

Die orientalische Kirche bringt in Totenhymnen „Gebet und Opfer dar für die Seelen der Hingeschiedenen". Zwar weiß die Kirche die Seelen der gläubig Hingeschiedenen in

---

[34] Zitiert nach Benz, Ernst: Geist und Leben der Ostkirche, München 1971, 2. Aufl., 23/24.
[35] Benz, Ernst: a.a.O., 25/26.

Gottes Hand. Aber sie nimmt den Tod zum Anlaß, um zu beten „für die Hingeschiedenen, um der Fehler Vergebung, um das große Erbarmen, um Rechtfertigung durch Glaube und Gnade, um Entfernung allen Schmutzes der Sünde".

Christi Werk wird beim Abschied von den Toten gepriesen: „Du wardst uns Rechtfertigung und Heiligung und unserer Seelen Erlösung. Denn Du hast uns dem Vater als Gerechtfertigte und Erlöste vorgeführt und auf Dich genommen unsere schuldige Strafe. Und jetzt flehen wir zu Dir: Die Hinübergegangenen, erquicke sie in Freude und Heiterkeit, gnädiger Herr, unser Retter."[36]

In die Totenfeier gehen alle natürlichen Gefühle ein: Trauer über Trennung von einem geliebten Menschen, Erschauern vor der Nichtigkeit alles Irdischen, aber auch freudiger Ausblick auf Ruhe, Erquickung, Frieden und Gemeinschaft mit den Heiligen. Ergreifenden Ausdruck findet das Wissen um Erlösung und das gleichzeitige Bekenntnis eigener Sündhaftigkeit. In dem Augenblick der Feier, wo der Chor die anwesenden Gläubigen auffordert, den im offenen Sarg liegenden Toten noch einmal zu küssen, erhebt dieser nun selbst im Gesang des Chores seine Stimme zu Belehrung, Trost und Bitte:

> So kommt denn alle, die ihr mich geliebt,
> und schenket mir den letzten Kuß!
> Zum Richter gehe ich nun hin,
> wo es kein Ansehn der Personen gibt.
> Denn Knecht und Herr, sie stehen dort zugleich.
> Der Fürst, der Krieger, reich und arm, im Range gleich.
> Denn jeder wird nach eigener Tat Ruhm oder Schande ernten.
> So bitte und beschwöre ich euch nun,
> für mich zu beten ohne Unterlaß
> zu Christus, unserm Gott,
> daß ich ob meiner Sünden an den Ort der Qual
> hinabversetzt nicht werden möge.
> Nein, dorthin möge er mich bringen,
> wo hell das Licht des Lebens strahlt...

Über die Leiche im Grabe schüttet der Priester eine Schaufel Erde in Kreuzform und spricht dabei die Worte, die durch solchen Vollzug den Charakter des Zuspruchs erlangen: „Die

---

[36] Kirchhoff, Kilian: Dreifaltigkeits-, Marien- und Totenhymnen, München ²1979, 16, 18 und 239.

Erde ist des Herrn, und was darinnen ist, der Erdboden, und was darauf wohnt" (Psalm 24,1). Größer also als alle Schrecken des Todes ist die österliche, allumfassende Siegeskraft des Todesüberwinders[37].

1.6. Gnade zuerst und zuletzt

Ein westlicher Christ, vor allem ein protestantisch erzogener, braucht Zeit, bis er hinter fremden und meist fremdsprachlichen Formen und hinter scheinbar nur äußerlichem Tun innere Bewegung erkennt. Man muß hierbei Geduld üben, den Versuch, zu verstehen, nicht zu früh abbrechen und seine eigenen Meinungen und Maßstäbe zurücknehmen.

Immer wird man aber schließlich erkennen, daß orthodoxe Frömmigkeit streng auf Christus und sein Heilswerk ausgerichtet ist. Freilich, so unendlich barmherzig und menschenfreundlich Gott ist, er will, daß das Heil bewußt angenommen wird. Wo aber sündhafte Menschen in ihrer Schwäche sich auf dem Weg der Nachfolge um Heiligung mühen, da wird gewiß die Liebe des gnädigen Gottes erst recht herausgefordert. So ist das vielfach wiederholte Kyrie eleison (sl. gospodi pomilui, Herr, erbarme dich) der liturgischen Gebete nicht etwa ein Zeichen dafür, daß nach orthodoxer Meinung der Mensch nie seines Heils gewiß sein oder werden könne. Es erinnert vielmehr daran, daß alles Gnade bleibt, auch wenn der Mensch sich müht.

Dies bezeugen auch die Heiligen und mit ihnen die Gottesmutter. In ihnen ist das Gottesreich schon Realität geworden. Sie, denen man im slavischen Bereich den Ehrenrang besonderer Gottähnlichkeit gab (prepodobnij), haben zu Lebzeiten stets ihre Sündhaftigkeit betont und alles menschliche Rühmen von sich gewiesen. Der orthodoxe Fromme kennt sie, spricht mit ihnen, liebt sie, verehrt sie; – gerade auch darum,

---

[37] Heiler, Friedrich: Der Gottesdienst der orthodoxen Kirchen, in: Stupperich, Robert (Hg.): Die Russische Orthodoxe Kirche in Leben und Lehre, hg. in Verbindung mit dem Studienausschuß der Evangelischen Kirche der Union für Fragen der Orthodoxen Kirche und einer Reihe von Fachgelehrten. Schriftenreihe des Studienausschusses der EKU für Fragen der Orthodoxen Kirche, Witten 1966, 118-138, bes. 124/125.

weil er von ihrer Demut überzeugt ist und weiß, daß er ihnen gleich von der Gnade lebt (siehe Abschnitt: Heilige und Heiligenverehrung).

Die Predigt des Hl. Johannes Chrysostomos über das Gleichnis von den Arbeitern im Weinberg (Mt 20,1-16), die in der Osternacht in der orthodoxen Kirche verlesen wird, ist eine Bestärkung in der Gewißheit des Glaubens. Sie ist ein Ruf zum Glaubenseifer, ein ergreifendes Dokument der Universalität des Heils, die Verkündigung der frohmachenden Botschaft grenzenloser Versöhnung. Sie ist die orthodoxe Proklamation des Triumphs der Gnade. Hier daraus einige Sätze:

> Erste und Letzte, empfanget den Lohn!
> Reiche und Arme, freuet euch miteinander!
> Ausdauernde und Nachlässige, ehret den Tag!
> Die ihr gefastet habt und die ihr nicht gefastet habt,
> freuet euch heute!
> Der Tisch ist beladen, genießet alle!
> Das Kalb ist geschlachtet, niemand gehe hungrig hinaus!
> Alle genießet vom Gastmahl des Glaubens!
> Alle genießet vom Reichtum der Güte!
> Niemand beklage sich über Armut,
> denn es ist erschienen das gemeinsame Reich!
> Niemand betraure seine Übertretungen,
> denn die Vergebung ist aus dem Grabe aufgestrahlt!
> Niemand fürchte den Tod,
> denn des Erlösers Tod hat uns befreit![38]

Eugen Hämmerle

---

[38] Benz, Ernst: a.a.O., 48.

2.0. DER ORTHODOXE GOTTESDIENST

2.1. Gottesdienst als Theophanie

„Wir wußten nicht, ob wir im Himmel oder auf der Erde waren!", so berichtet die altrussische Nestor-Chronik von dem überwältigenden Eindruck der Gesandten des Großfürsten Vladimir von Kiew, als sie ihren ersten orthodoxen Gottesdienst in der Hagia Sophia in Konstantinopel erlebt hatten. Und sie fuhren fort: „Auf Erden gibt es einen solchen Anblick nicht oder eine solche Schönheit; und wir vermögen es nicht zu beschreiben. Nur das wissen wir, daß dort Gott bei den Menschen weilt. Und ihr Gottesdienst ist besser als der aller (anderen) Länder. Wir aber können jene Schönheit nicht vergessen."[1]

Nach der Nestor-Chronik war dies der entscheidende Eindruck, der den Großfürsten und damit dann das Volk der Rus zur Annahme der Orthodoxie brachte.

„Nur das wissen wir, daß dort Gott bei den Menschen weilt": Besser als die Gesandten des 10. Jahrhunderts kann man wohl kaum erkennen, was Zentrum, Inhalt, Geheimnis und anbetend glaubende Gewißheit alles gottesdienstlichen Handelns der Orthodoxie ist.

Der orthodoxe Theologe Stefan Zankow drückt dies in unserem Jahrhundert so aus: „In der Liturgie der orthodoxen Kirche ... sind Lehre und Erlebnis, Symbol und Wirklichkeit, Geschichte (Menschwerdung) und Gegenwart (neue Erscheinung), Gott und Mensch vereinigt."

Und er fährt fort: „Die Liturgie ist das erhabenste Geheimnis des immer neuen Wiederkommens Christi zu den Seinen und die wahre und innigste Vereinigung mit ihnen." „In die-

---

[1] Müller, Ludolf: Helden und Heilige aus russischer Frühzeit. Dreißig Erzählungen aus der altrussischen Nestorchronik, München 1984, 38.

sem Mysterium sieht die orthodoxe Kirche ... die Zusammenfassung ihres eigenen gesamten Lebens."[2]

Der orthodoxe Gottesdienst ist nach orthodoxem Verständnis Theophanie, also ein jetzt und hier gegenwärtiges Offen-
barungsgeschehen. Im Gottesdienst wird die Trennung zwischen Mensch und Gott von Christus mit seiner Gegenwart
im Heiligen Geist durchbrochen. Er bringt für die Gläubigen
jetzt und hier „das ewige Leben", Glück und die nicht enden
wollende Freude des Himmels.

Diese Erfahrung im Gottesdienst im Angesicht Gottes
zu stehen, kommt eindrücklich im sogenannten *Cherubim-
Hymnus*[3] zum Ausdruck, der im Abendmahlsgottesdienst nach
den Schriftlesungen gesungen wird:

> Die wir die Cherubim geheimnisvoll abbilden und die lebenschaf-
> fende Dreieinigkeit mit dem Hymnus „Dreimal Heilig" besingen –
> laßt uns nun jegliche Sorge des Alltagslebens ablegen, auf daß wir
> den König des Alls empfangen, der unsichtbar von den himmli-
> schen Heerscharen im Triumph geleitet wird. Halleluja, Halleluja,
> Halleluja.[4]

Der Gläubige steht vor dem dreimal-heiligen Gott. Dem
soll er nach orthodoxem Verständnis mit seinem ganzen
Wesen, seinem Inneren und Äußeren Ausdruck verleihen. So
wie alle menschlichen Sinne von der Gegenwart Gottes angesprochen werden, so wird der Mensch auch mit seinen Sinnen,
seinem Herzen und seinem Leib in den Gesten der Frömmigkeit diese Begegnung zum Ausdruck bringen. Tut er dies nicht,
so legt sich nach orthodoxem Empfinden die Frage nahe, ob
er der Gegenwart Gottes glaubend begegnet. Von daher kann

---

[2] Zankow, Stefan: Das orthodoxe Christentum des Ostens, Berlin 1928,
104.
[3] Cherubim sind neben den Seraphim die zweite Hauptgruppe der Engel
in der Bibel (vgl. z. B. Hes 10; Ps 80,2; 99,1). Nach der Offenbarung des
Johannes vollziehen die Engel im Rahmen des himmlischen Gottesdienstes den Lobpreis vor Gott bzw. Christus (vgl. Off 5,11f ; 7,11f).
[4] Deutsche Übersetzung nach: Fairy v. Lilienfeld, Die Göttliche Liturgie
des hl. Johannes Chrysostomos, Heft A, Griechisch-Deutsch, Erlangen
1979. Die deutschen Texte aus der Chrysostomosliturgie im weiteren
Verlauf folgen – sofern nicht anders angegeben – dieser Ausgabe. Man hat
den Cherubim-Hymnus mit dem evangelischen Lied „Gott ist gegenwärtig" (EG 165, bes. Strophen 1-3) verglichen.

der orthodoxe Gläubige den Gottesdienst auch nicht als Experimentierfeld, Werkstatt, Informationsveranstaltung und dergleichen mehr verstehen.

2.2. Der Aufbau der Göttlichen Liturgie

Die gebräuchlichste Form des eucharistischen Gottesdienstes in der Orthodoxie trägt den Namen „Die Göttliche Liturgie unseres heiligen Vaters Johannes Chrysostomos". Sie geht auf die Stadtliturgie von Konstantinopel zurück, ist benannt nach dem Heiligen, Kirchenvater und Patriarchen von Konstantinopel, Johannes Chrysostomos, und wurde im christlichen Osten in vergleichbarer Weise zur Normalliturgie wie die römische Stadtliturgie im Abendland. Seit mehr als tausend Jahren wird dieses Gottesdienstformular weitgehend unverändert von allen orthodoxen Kirchen benutzt. Diese gleichmäßige Verwendung ermöglicht die Konzelebration von Priestern verschiedener orthodoxer Kirchen in ihrer Liturgiesprache, ohne daß einer der Sprache des anderen mächtig sein bräuchte. Zwei weitere Liturgieformulare stehen ebenfalls in Gebrauch. Zum einen „Die Göttliche Liturgie unseres heiligen Vaters Basilius", die wohl auf den Heiligen und Kirchenvater Basilius von Caesarea zurückgeht. Sie unterscheidet sich vor allem durch die Stillgebete des Priesters von der ersten und wird heute nur zehn Mal im Jahr – insbesondere an den Sonntagen der Fastenzeit – gefeiert. Zum anderen ist noch „Die Liturgie der Vorgeweihten Gaben" zu nennen, die an den Wochentagen der Fastenzeit (außer Samstag) gefeiert wird. Bei ihr handelt es sich um einen Wortgottesdienst mit Kommunion der am Sonntag davor „vorgeweihten Gaben".[5]

---

[5] Zum näheren *Studium* der Göttlichen Liturgie empfehlen sich bes. folgende Ausgaben:
1. Ausführlich und weiterführend ist: Die Göttliche Liturgie des hl. Johannes Chrysostomos, hg. v. Fairy von Lilienfeld, Erlangen 1979
Heft A: Griechisch-Deutsch
Heft B: Russisch-Kirchenslawisch – Deutsch
Heft C: Einführung in den Gottesdienst der orthodoxen Kirche mit besonderer Berücksichtigung des eucharistischen Gottesdienstes (Göttliche Liturgie), von Fairy v. Lilienfeld.
2. Für den praktischen Gebrauch: A.Kallis (Hg.): Liturgie. Die Göttliche Liturgie der Orthodoxen Kirche, Mainz 1989 u. ö.

Der Ablauf des Gottesdienstes unterliegt örtlichen Bräuchen entsprechend leichten Variationen und Abweichungen. Den hier typisierten Ablauf wird man aber als Grundstruktur der Chrysostomosliturgie immer wiederfinden:

I. *Rüsthandlungen – Proskomidie*

1. Zurüstung der Liturgen
2. Zurüstung der Gaben

II. *Liturgie der Katechumenen*

1. Eingangssegen
2. Friedensektenie (Fürbittgebet)
3. Antiphonen (Psalmgebete)
   a) 1. Antiphon mit Stillgebet des Priesters und Kleiner Ektenie
   b) 2. Antiphon mit Stillgebet, dem Hymnus „Eingeborener Sohn" und Kleiner Ektenie
   c) 3. Antiphon/Seligpreisungen und Stillgebet

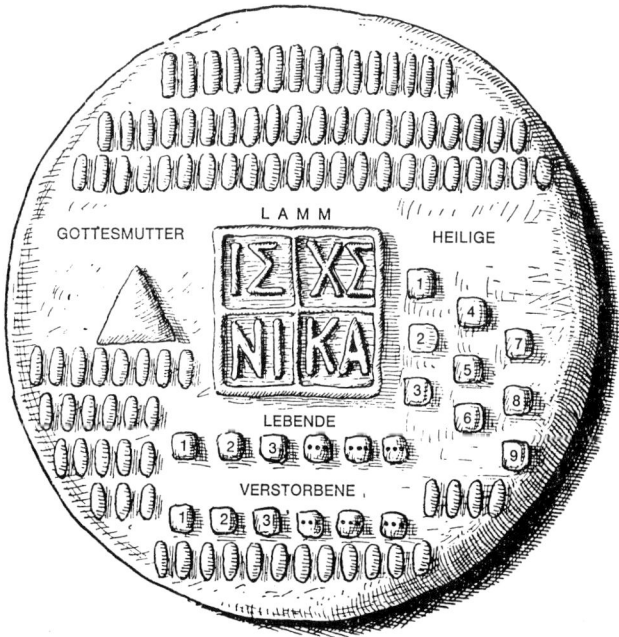

Bereitung der Opfergaben (Prothesis oder Proskomidie)

4. „Kleiner" Einzug mit dem Evangelienbuch.
5. Trishagion und Stillgebete des Priesters
6. Schriftlesungen
 a) Prokimenon
 b) Epistel
 c) Halleluja
 d) Evangelium
7. Inständige Ektenie (Großes Fürbittengebet und Entlassung der Katechumenen)

III. *Liturgie der Gläubigen*

1. Kleine Ektenie und Stillgebete des Priesters
2. Cherubim-Hymnus und „Großer" Einzug mit den hl. Gaben
3. Großes Bittgebet
4. Opfergebet (Stillgebet)
5. Friedenskuß
6. Glaubensbekenntnis
7. Anaphora (Darbringung: Eucharistisches Hochgebet)
 a) Praefation und Sanctus
 b) Einsetzungworte
 c) Anamnese
 d) Epiklese
 e) Fürbitten für die Heiligen, Maria, Verstorbene und Lebende
8. Vorbereitung auf die Kommunion
 a) Bitt-Ektenie
 b) Vaterunser
 c) Gebet mit gebeugtem Haupt
9. Vor der Kommunion
 a) Elevation
 b) Brotbrechung
 c) Vermischung der Elemente
 d) Hinzuführung heißen Wassers
10. Kommunion
 a) Kommunion des Klerus
 b) Kommunion der Gläubigen
11. Danksagungsgebete, Entlassung, Segen
12. Küssen des Kreuzes und Empfang des Antidorons

Dieses Schema kann uns selbstverständlich nur einige Anhaltspunkte für die Struktur der Göttlichen Liturgie liefern. Das Eindringen in den inneren Ablauf der Liturgie erschließt sich freilich nur dem, der sich mitfeiernd in das gottesdienstliche Geschehen hineinnehmen läßt.

Trotzdem in aller Knappheit einige erklärende Worte zum Ablauf:

Zu I.:

Vor den eigentlichen Gemeindegottesdienst ist der *Prosko-midie* genannte Rüstakt der Priester und Diakone gestellt. Die Liturgen bereiten sich auf die Feier vor durch Gebet, Verehrung der Ikonen, Gebet beim Betreten des Altarraums, Anlegen der liturgischen Gewänder unter Gebet und Waschen der Hände.

Danach beginnt an dem *Prothesis* genannten Rüsttisch in der nördlichen Ecke des Altarraums die Bereitung der Abendmahlsgaben Brot und Wein. Der Priester schneidet mit der „Lanze"[6] aus dem gesäuerten Weizenbrot *(Prosphora)* das quadratische Mittelteil heraus, in das die griechischen Anfangsbuchstaben für *die Worte* „Jesus Christus siegt" eingebacken sind. Dieser Teil des Brotes wird „das heilige Lamm" genannt. Die ganze Handlung mit dem Dialog zwischen Diakon und Priester wird als bildliche Darstellung des Opfertodes Christi verstanden.[7] Danach wird zu Ehren der Gottesmutter ein größeres Stück von einer weiteren Prosphora abgeschnitten und neun kleinere Stücke zu Ehren der Engel, Propheten, Apostel, Kirchenväter, Märtyrer und Heiligen; schließlich eine Anzahl von Brotstückchen für die Lebenden und Verstorbenen, derer bei diesem Gottesdienst gedacht werden soll. Alle Teile der insgesamt 5 Prosophoren werden auf dem *Diskos*[8] um das „Lamm" gruppiert.

In diesem Ritus wird eine symbolische Darstellung der Gemeinschaft der ganzen Kirche erblickt als Versammlung der Lebenden und Vollendeten um ihr Haupt Christus zum mystischen Mahl.

Wenn der Wein mit etwas Wasser vermischt wurde, werden die Abendmahlsgaben beweihräuchert und mit dem „Stern"[9] und einem Tuch bedeckt. Danach werden Altar, die ganze Kirche und nochmals der Altar beräuchert, währenddessen der Priester Psalm 51 betet.

---

[6] Siehe Abbildung auf Seite 64.
[7] Vgl. dazu: Hans-Joachim Schulz, Die byzantinische Liturgie. Vom Werden ihrer Symbolgestalt, Freiburg 1964, 113ff.
[8] Siehe Abbildung auf Seite 64.
[9] Siehe Abbildung auf Seite 64.

DIE GÖTTLICHE LITURGIE	DER EVANGELISCH-LUTHERISCHE SAKRAMENTSGOTTESDIENST
Proskomidie	**Abendmahlsgaben**
Vorbereitung der eucharistischen Gaben	Die Vorbereitung der Abendmahlsgaben ist im evangelisch-lutherischen Sakramentsgottesdienst nicht schon wie im Osten Bestandteil des Gottesdienstes
Vorbereitungsgebete der Liturgien	Vorbereitungsgebet von Pfarrer und Gemeinde
■ **Psalmen und Antiphonen**	■ **Eingangslied und Introitus**
Drei Psalmen mit Antiphonen bzw. zwei Psalmen und Seligpreisungen im Wechsel mit Ektenien, die in den Ruf »Herr, erbarme Dich« (Kyrie eleison) münden	(Eingangspsalm)
	Kyrie eleison, Gloria und Salutation
■ **Gebetsrufe** (Ektenien) des Diakons	■ **Kollekten-Gebet**
Nach dem Kleinen Einzug folgen	
■ **Schriftlesungen**	■ **Schriftlesungen**
Epistel Halleluja und Hallelujavers Ankündigung des Evangeliums Ehre sei Dir, Herr, Ehre sei Dir Evangeliums-Lesung Ehre sei Dir, Herr, Ehre sei Dir	Epistel Halleluja und Hallelujavers Ankündigung des Evangeliums Ehre sei Dir, Herre Evangeliums-Lesung Lob sei Dir, o Christe
Nach den Ektenien, den Gebeten und dem Großen Einzug folgt das	
■ **Glaubensbekenntnis**	■ **Glaubensbekenntnis**

Gemeinsamkeiten im Aufbau der Göttlichen Liturgie und des Evangelisch-Lutherischen Abendmahlsgottesdienstes

DIE GÖTTLICHE LITURGIE	DER EVANGELISCH-LUTHERISCHE SAKRAMENTSGOTTESDIENST

■ **Präfation** ■ **Präfation**

Priester:	Die Gnade unseres Herrn Jesu Christi und die Liebe Gottes und die Gemeinschaft des Heiligen Geistes sei mit Euch allen	*Pfarrer:*	Der Herr sei mit Euch
Chor:	Und mit deinem Geiste	*Gemeinde:*	Und mit deinem Geiste
Priester:	Erheben wir die Herzen	*Pfarrer:*	Die Herzen in die Höhe
Chor:	Wir haben sie beim Herrn	*Gemeinde:*	Wir erheben sie zum Herrn
Priester:	Lasset uns danken dem Herrn	*Pfarrer:*	Lasset uns danksagen dem Herrn, unserem Gott
Chor:	Würdig und recht ist es, anzubeten den Vater und den Sohn und den Heiligen Geist, die wesenseine und unteilbare Dreieinigkeit	*Gemeinde:*	Das ist würdig und recht

Priester:	■ **Präfationsgebet** beginnend mit: Würdig und recht ist es ...	*Pfarrer:*	■ **Präfationsgebet** beginnend mit: Wahrhaftig würdig und recht ist es ...
Chor:	Heilig, heilig, heilig ist der Herr Zebaoth	*Gemeinde:*	Heilig, heilig, heilig ist der Herr Zebaoth
Priester:	Fortsetzung des Gebets	*Pfarrer:*	Abendmahlsgebet

■ **Einsetzungsworte**	■ **Einsetzungsworte**
Fortsetzung des Gebets Eingedenk dieses heilsamen Gebotes ...	Fortsetztung des Gebets Also gedenken wir, Herr, himmlischer Vater ...
Bitte um den Heiligen Geist (Epiklese) – nach orthodoxem Verständnis konstitutiver Bestandteil der Liturgie	Bitte um den Heiligen Geist (Epiklese) – kann nach vorherrschendem lutherischem Verständnis entfallen

■ **Vaterunser**	■ **Vaterunser**
Kommunionspendung Dankgebet nach der Kommunion	Austeilung des hl. Abendmahls Dankgebet nach dem hl. Abendmahl

■ **Segen und Entlassung**	■ **Segen**

Gemeinsamkeiten im Aufbau der Göttlichen Liturgie und des Evangelisch-Lutherischen Abendmahlsgottesdienstes

Zu II.:

1. Der eigentliche Gemeindegottesdienst mit seinem ersten Teil, der *Liturgie der Katechumenen,* beginnt mit dem Segen des Priesters. Auf die Aufforderung des Diakons: „Segne, Gebieter!" antwortet der Priester:

> „Gepriesen sei das Reich des Vaters und des Sohnes und Heiligen Geistes, jetzt und immerdar und von Ewigkeit zu Ewigkeit."

2. Es folgt ein großes Fürbittengebet, das nach seiner Eingangsaufforderung: „In Frieden lasset uns beten zum Herrn" auch *Friedensektenie* genannt wird. Jede seiner Aufforderungen wird mit dem Ruf „Kyrie eleison" (Ksl. Gospodi, pomiluj) beantwortet.

> „Lasset uns in Frieden zum Herrn beten.
>
> Chor:
> Herr, erbarme dich.
>
> Diakon:
> Um den Frieden, der von oben kommt, und das Heil unserer Seelen lasset uns zum Herrn beten.
>
> Chor:
> Herr, erbarme dich.
>
> Diakon:
> Für den Frieden der ganzen Welt, den guten Zustand der heiligen Kirchen Gottes und für die Vereinigung aller lasset uns zum Herrn beten.
>
> Chor:
> Herr, erbarme dich.
>
> Diakon:
> Für dieses heilige Haus und die, die mit Glauben, Ehrerbietung und Gottesfurcht in es hineingehen, lasset uns zum Herrn beten.
>
> Chor:
> Herr, erbarme dich.
>
> Diakon:
> Für die frommen und orthodoxen Christen lasset uns zum Herrn beten.

Chor:
Herr, erbarme dich.

Diakon:
Für unseren Erzbischof (oder Bischof) (es folgt der Name), die ehrwürdige Priesterschaft, den Diakonat in Christus, für den ganzen Klerus und das Kirchenvolk lasset uns zum Herrn beten.

Chor:
Herr, erbarme dich.

Diakon:
Für diese Stadt (oder: für dieses Kloster, oder: für dieses Dorf oder für diese Insel), für jede Stadt und jedes Land und die, die im Glauben darinnen wohnen, lasset uns zum Herrn beten.

Chor:
Herr, erbarme dich.

Diakon:
Für eine gute Beschaffenheit der Luft, für Fruchtbarkeit der Erde und friedliche Zeiten lasset uns zum Herrn beten.

Chor:
Herr, erbarme dich.

Diakon:
Für die Seefahrenden und Reisenden, Kranken und Notleidenden, für die Gefangenen und ihr Heil, lasset uns zum Herrn beten.

Chor:
Herr, erbarme dich.

Diakon:
Daß wir von allem Kummer, Zorn und Not befreit werden, lasset uns zum Herrn beten.

Chor:
Herr, erbarme dich

Diakon:
Nimm dich unser an, rette uns, erbarme dich unser und bewahre uns, Gott, durch deine Gnade.

Chor:
Herr, erbarme dich.

Diakon:
Unserer hochheiligen, reinen, hochgelobten, ruhmreichen Herrin, der Gottesmutter und ewigen Jungfrau Maria, und aller Heiligen eingedenk, überantworten wir uns selbst und einander und unser ganzes Leben Christus unserm Gott.

Chor:
Dir, Herr."

3. Die drei *Antiphonen,* die nun gesungen werden, sind Psalmverse. Sie wechseln nach dem Kirchenjahr. An gewöhnlichen Sonntagen wird häufig Psalm 103 und 146 gesungen. Nach der zweiten Antiphon erklingt folgender Hymnus:

„Eingeborener Sohn und Wort Gottes, das unsterblich ist, und der um unseres Heiles willen auf sich genommen hat, Fleisch zu werden aus der heiligen Gottesmutter und ewigen Jungfrau Maria, der du Mensch geworden bist, ohne dich zu verändern, und der du gekreuzigt wurdest, Christus Gott, der du durch den Tod den Tod vernichtest hast, der du einer bist in der heiligen Dreieinigkeit, zugleich verherrlicht mit dem Vater und dem Heiligen Geist, rette uns."

Nach der dritten Antiphon werden die *Seligpreisungen* gesungen (Mt 5,3-12).

4. Der sich anschließende feierliche Einzug aller Liturgen unter Gesang und Gebet mit dem Evangelienbuch *("Kleiner Einzug")* durch die nördliche Tür und die Gemeinde zum Altar symbolisiert das Kommen des erhöhten Christus in seinem Wort. Vor der Ikonostase bleiben alle stehen, während der Diakon oder Priester das Evangelienbuch hoch emporhebt mit den Worten: „Weisheit! Stehet aufrecht!"

Wenn das Evangelienbuch auf den Altar gelegt wird, singt der Chor:

„Kommt, laßt uns anbeten und niederfallen vor Christus. Rette uns, Sohn Gottes, der du auferstanden bist von den Toten, die wir dir das Halleluja singen."

5. Nach verschiedenen kurzen Gesängen singt der Chor nun dreimal das *Trishagion:*[10]

„Heiliger Gott, Heiliger Starker, Heiliger Unsterblicher, erbarme dich unser."

---

[10] Vgl. dazu das evangelische Lied, EG 518.

*Der kleine
Einzug*

6. Darauf werden einige nach dem Kirchenjahr wechselnde Psalmen als Responsorium gesungen *(Prokimenon),* worauf der Lektor aus dem „Apostolos"[11]) die *Epistel* verliest. Es schließt sich das dreifache *Halleluja* an, das während des ganzen Kirchenjahres gesungen wird. Nach erneuter Beweihräucherung der Kirche erfolgt die Lesung des *Evangeliums,* die eingerahmt ist von der Segensbitte des Priesters: „Friede allen!" und dem Lobpreis der Gemeinde: „Ehre sei dir, Herr, Ehre sei Dir!". Die meist das Evangelium auslegende *Predigt* erfolgt entweder hier oder nach dem Schlußsegen.

7. Der Wortteil des Gottesdienstes wird beschlossen durch das Große Fürbittengebet, die *„Inständige Ektenie",* deren Bitten mit einem dreifachen „Herr, erbarme dich!" beantwortet werden, sowie Gebeten für die Taufbewerber, die Katechume-

---

[11] Siehe Abschnitt: Liturgische Bücher.

49

nen, und deren *Entlassung*. Nach altkirchlicher Arkandisziplin sollten Ungetaufte nicht Zeugen des Mysteriums der Eucharistie sein.

Zu III.:

1. Der Abendmahlsteil des Gottesdienstes *(Liturgie der Gläubigen)* beginnt mit der Aufforderung speziell an die Gläubigen zum Gebet und den Vorbereitungsgebeten der Priester.
2. Während der Chor nun den *Cherubim-Hymnus*[12] anstimmt, bereitet sich der Priester, indem er Gott bittet:

> „Niemand von denen, die durch fleischliche Begierden und Lüste gefesselt sind, ist würdig, zu dir zu treten oder dir zu nahen oder dir zu dienen, König der Herrlichkeit; denn dir zu dienen ist etwas Großes und Furchtbares ...
>
> Zu dir trete ich und flehe dich mit gebeugtem Nacken an: wende dein Angesicht nicht von mir, verstoße mich nicht aus der Zahl deiner Kinder, sondern gestatte, daß dir von mir, deinem sündigen und unwürdigen Knecht, diese Gaben dargebracht werden, denn du bist der Opfernde und der Geopferte, der Empfangende und der Austeilende, Christus, unser Gott."

In diesem Gebet – stellvertretend für viele andere – wird ein wichtiger Zug orthodoxer Gottesdiensterfahrung deutlich. Die Gewißheit der Nähe und Gegenwart Gottes ist verbunden mit dem Bewußtsein und immer wieder neu Bewußtwerden des Abstandes, der unendlichen Differenz zwischen Mensch und Gott, der Unwürdigkeit des Menschen, kurz mit dem, was man das „tremendum" genannt hat. Es ist die Erfahrung der Propheten wie der Apostel. Jesaja: „Weh mir, ich vergehe! Denn ich bin unreiner Lippen" (6,5); Petrus: „Herr, geh weg von mir! Ich bin ein sündiger Mensch" (Lk 5,8).

Nach erneuter Beweihräucherung des Altarraumes werden im *„Großen Einzug"* die Abendmahlsgaben in feierlicher Prozession vom Rüsttisch durch die Gemeinde zum Altar gebracht. Dabei singen Priester und Diakon:

> „Euer aller gedenke der Herr, Gott, in seinem Reich, allezeit, jetzt und immerdar, und von Ewigkeit zu Ewigkeit."

---

[12] Vgl. S. 39.

*Der große
Einzug*

Der Große Einzug symbolisiert das Kommen des Herrn zu seiner Gemeinde im Sakrament.

Wenn die heiligen Gaben auf dem Altar niedergelegt sind, folgt 3. das *Große Bittgebet* der Gemeinde und 4. das *Darbringungsgebet* des Priesters.

Nach dem Friedensgruß an die Gemeinde: „Friede allen!", dem *Friedenskuß* (5.) der Liturgen und der Aufforderung des Diakons: „Lasset uns einander lieben, damit wir eines Sinnes bekennen mögen", die der Chor beantwortet: „Den Vater, den Sohn und den Heiligen Geist, die wesenseine und unteilbare Dreieinigkeit", bekennt die Gemeinde das Nizänische Glaubensbekenntnis[13] (6.). Es ist das einzige *Glaubensbekenntnis,* das in der Orthodoxie in gottesdienstlichem Gebrauch steht.

---

[13] Natürlich ohne „filioque".

Dem Credo unmittelbar voraus geht der Ruf des Diakons. „Die Türen, die Türen!" Er erinnert ebenfalls an die Arkandisziplin der Alten Kirche und den Brauch, von nun an bis zum Ende des Gottesdienstes die Kirche für Ungläubige, Katechumenen und Zuspätkommende geschlossen zu halten. Während des Bekenntnisses wird das Kelchtuch über den Gaben wedelnd bewegt, um das Wehen des Heiligen Geistes anzudeuten, unter dessen Beistand die Kirche ihren Glauben bekennt.

7. Die *Anaphora,* die eigentliche Darbringung – das eucharistische Hochgebet –, beginnt wie in der abendländischen Tradition mit der *Praefation* und dem *Sanctus,* nachdem Priester und Gemeinde sich wechselseitig aufgefordert haben: „Erheben wir die Herzen!", „Wir haben sie beim Herrn", „Lasset uns danken dem Herrn!", „Würdig und recht ist es".
Das Sanctus wird auch „Siegeshymnus" genannt:

> „Heilig, heilig, heilig, ist der Herr Zebaoth, voll sind Himmel und Erde deiner Herrlichkeit. Hosianna in der Höhe. Gelobt sei der da kommt im Namen des Herrn. Hosianna in der Höhe."

Die Einsetzungsworte werden vom Chor mit einem lauten „Amen!" beantwortet. Zusammen mit der *Anamnese,* dem Gedächtnis des Heilswerkes Christi, erfolgt die Darbringung mit den Worten:

> „Das Deine von dem Deinigen bringen wir dir dar, überall und für alles."

In der *Epiklese* wird der Heilige Geist auf die Gemeinde und die heiligen Gaben herabgefleht mit den Worten:

> „Sende deinen Heiligen Geist auf uns und auf diese vorliegenden Gaben herab ... Und mache dieses Brot zum kostbaren Leib deines Christus ... Und, was in diesem Kelch ist, zum kostbaren Blut deines Christus ... Sie verwandelnd durch deinen Heiligen Geist."

Die zur Anaphora gehörenden Momente des Gottesdienstes werden von den orthodoxen Christen am intensivsten erlebt. Kniend oder tief gebeugt stehend in betender Sammlung begegnen sie dem gegenwärtigen Herrn.

Abgeschlossen wird die Anaphora mit dem Gedächtnis aller und der Fürbitte für alle im Glauben entschlafenen Heiligen und alle Lebenden, die der Reihe nach aufgezählt werden (die sog. *Diptychen*), „vor allem aber" für die Gottesgebärerin Maria. Bei ihrer Erwähnung singt der Chor:

> „Wahrhaft würdig ist es, dich, die Gottesgebärerin, selig zu preisen, die ewig Seligste und ganz Unbefleckte und Mutter unseres Gottes. Die du verehrungswürdiger bist als Cherubim und unvergleichlich herrlicher als Seraphim, die du unversehrt Gott, das Wort, geboren hast, wahrhaftig eine Gottesgebärerin, dich preisen wir hoch."

8. Es folgen die Gebete zur *Vorbereitung auf die Kommunion*. Dazu gehört die Bitt-Ektenie, in der „für die dargebrachten und geheiligten kostbaren Gaben" und die, die sich auf ihren Empfang vorbereiten, gebetet wird, und die mit der Bitte schließt:

> „Die Einheit des Glaubens und die Gemeinschaft des Heiligen Geistes erbittend, überantworten wir uns selbst und einander und unser ganzes Leben, Christus, unserem Gott."

Auf das *Vaterunser* folgt schließlich das „Gebet mit gebeugtem Haupt".

9. *Vor der Kommunion* wird nun das Brot über dem Diskos erhoben (Elevation), während der Priester ruft: „Das Heilige den Heiligen!" und der Chor antwortet:

> „Einer ist heilig, einer der Herr, Jesus Christus, in der Herrlichkeit Gottes, des Vaters. Amen."

Nach der *Brotbrechung* in vier Teile wird ein Teil des Heiligen Brotes in den Kelch getan, so daß es zur *Vermischung der Elemente* kommt. Weiterhin wird heißes Wasser dem Kelch zugefügt (Zeon). Dann kann (10.) die *Kommunion* beginnen.
Unmittelbar zuvor wird – häufig von der ganzen Gemeinde gemeinsam – das Kommunionsgebet gebetet.[14] Dann kommuniziert zuerst der Klerus Leib und Blut Christi in getrennter

---

[14] Vgl. S. 76.

Gestalt. Es folgt die Kommunion der Gläubigen stehend an den Altarstufen,[15] zu der sie mit dem Ruf aufgefordert werden: „Mit Gottesfurcht, Glauben und Liebe tretet herzu!"

11. Wenn die Kommunion beendet ist, werden die übriggebliebenen Gaben unter Dankgebeten wieder zum Rüsttisch gebracht. Dabei singt der Chor:

> „Wir haben das wahre Licht gesehen, wir haben den himmlischen Geist empfangen, wir haben den wahren Glauben gefunden, die unteilbare Dreieinigkeit beten wir an, denn sie hat uns gerettet."

Nach einer Dankektenie spricht der Priester vom Ambon vor der Ikonostase das Gebet zur *Entlassung:*

> „Der du diejenigen segnest, die dich preisen, Herr, und diejenigen heiligst, die auf dich vertrauen, rette dein Volk und segne dein Erbe. Bewahre die Fülle deiner Kirche, heilige, die die Zierde deines Hauses lieben. Verherrliche du sie durch deine göttliche Macht und verlaß uns nicht, die wir auf dich hoffen. Schenke Frieden deiner Welt, deinen Kirchen, den Priestern, ... dem Heer und deinem ganzen Volk, denn jede gute Gabe und jedes vollkommene Geschenk kommt von oben, steigt von Dir, dem Vater des Lichts, herab. So senden wir dir Ehre, Dank und Anbetung empor, dem Vater und dem Sohne und dem Heiligen Geiste, jetzt und immerdar und von Ewigkeit zu Ewigkeit."

Der Schlußsegen mit dem Segenskreuz wird nach folgenden Worten erteilt:

> „Der von den Toten auferstanden ist (wenn es Sonntag ist, sonst fehlt dieser erste Satz), Christus, unser wahrer Gott, erbarme sich unser und errette uns, durch die Fürbitte seiner allerreinsten und ganz makellosen Mutter, durch die Kraft des verehrungswürdigen und lebenschaffenden Kreuzes, durch die Fürsorge der verehrungswürdigen himmlischen unkörperlichen Kräfte, durch die Fürbitten des verehrungswürdigen ruhmreichen Propheten, Vorläufers und Täufers Johannes, der heiligen, ruhmreichen und hochberühmten Apostel, der heiligen, ruhmreichen und siegreichen Märtyrer, unserer heiligen und gottragenden Väter, unseres Vaters unter den Heiligen Johannes, des Erzbischofs von Konstantinopel, des Chrysostomus, (des Heiligen der Kirche), der heiligen und ge-

---

[15] Vgl. dazu S. 79.

rechten Vorväter Gottes, Joachim und Anna, (des Heiligen des Tages, dessen Gedenken wir feiern), und aller Heiligen, – denn er ist ein gütiger und menschenfreundlicher und barmherziger Gott. Durch die Gebete unserer heiligen Väter, Herr Jesus Christus, unser Gott, erbarme dich unser."

12. Der Gottesdienst schließt mit dem Küssen des Kreuzes, das der Priester zur Verehrung bereithält, und mit der Verteilung des Antidorons.[16]

Man hat von einer „dogmatischen Dimension" der Göttlichen Liturgie gesprochen. Denn „hier wird der Bezug des Dogmas zur Doxologie (dem Lobpreis Gottes) und Homologie (dem einmütigen Glaubensbekenntnis der Gemeinde) ständig neu vollzogen, hat das Dogma noch seinen gottesdienstlichen Ort, ist es Wortgestalt tatsächlich vollzogener Anbetung".[17] Nur wer sich mit dem orthodoxen Gottesdienst vertraut macht, wird die „über die rein rational(e) Spekulation hinausgehende Bindung des Orthodoxen an sein Dogma besser verstehen".[18] Von daher erklärt sich auch, daß zu der von J. Karmiris zusammengefaßten Sammlung orthodoxer Symbole, Definitionen und Bekenntnisschriften auch der Text der Göttlichen Liturgie gehört.[19]

2.3. Das Stundengebet

Große Bedeutung kommt in der Orthodoxie den zahlreichen Wort- und Gebetsgottesdiensten zu. Sie sind nicht allein den Klöstern vorbehalten. Insbesondere das Morgengebet und das Abendgebet prägen stark das gottesdienstliche Leben in den Pfarrgemeinden und werden gern besucht. Vor allem die Vespern vor Sonntagen und großen Festtagen werden häufig gefeiert.

---

[16] Vgl. S. 58.
[17] Lilienfeld, Fairy von: Einführung in den Gottesdienst der orthodoxen Kirche, a.a.O., 36.
[18] A.a.O., S. 37.
[19] Karmiris, Johannes: Ta Dogmatika kai Symbolika Mnemeia tes Orthodoxou Katholikes Ekklesias, Bd. I, Athen ²1960, 289ff.

Zu den Tagzeitengebeten gehören folgende Gottesdienste:

1. Der liturgische Tag beginnt – wie im Westen – am Vorabend. Das erste Stundengebet im Tageslauf ist daher die Vesper (gr.: Esperinós; ksl.: večernja).
2. Den Abend beschließt die Komplet (gr.: Apódeipnon; ksl. povečérie).
3. Der Mitternachtsgottesdienst, die Mette, heißt gr. Mesonyktikón; ksl.: polunóščnica.
4. Der Morgengottesdienst, die Laudes, ist der Órthros; ksl.: Útrenja.
5. Schließlich sind die kleinen Horen: Prim, Terz, Sext, Non zu nennen.

In der Praxis werden verschiedene Stundengebete zu einem Gottesdienst zusammengezogen. Für das Abendgebet sind dies: Non, Esperinós, Apódeipnon; beim Morgengebet: Mesonyktikón, Órthros und Prim. Bei größeren Festen werden auch Esperinós, Mesonyktikón, Órthros und Prim zusammengezogen und als Vigil-Nachtwache gefeiert (gr.: Agrypnia; ksl.: Vsénoščnaja).

Auf Ablauf und innere Ordnung der Stundengebete kann hier nicht eingegangen werden.[20] Nur soviel sei gesagt: Grundlage des orthodoxen Stundengebets ist das Gebet der Psalmen. Dazu treten Hymnen, Ektenien und Lesungen.

Im Abendgebet hat vor den Lesungen der „Hymnus vom heiteren Licht" seinen festen Ort. Es ist einer der ältesten Abendhymnen der Christenheit. Jeder orthodoxe Christ kann ihn auswendig:

„Heiteres Licht der heiligen Glorie
des unsterblichen Vaters im Himmel,
des heiligen, seligen Jesu Christe;

Angelangt am Sonnenuntergang,
schauend das Abendlicht
preisen wir den Vater und den Sohn
und Gott, den Heiligen Geist.

---

[20] Vgl. hier z.B.: Schulz, Hans Joachim: Liturgie, Tagzeiten und Kirchenjahr des byzantinischen Ritus, in: Handbuch der Ostkirchenkunde Bd. II, hg. v. W. Nyssen u. a., Düsseldorf 1989, 30-100.

Es ziemt sich dich zu aller Zeit
zu preisen mit heiliger Stimme,
Du Sohn Gottes,
der Du das Leben schenkst;
darum verherrlicht Dich der Kosmos."[21]

Gottesdienste für besondere Gruppen der Gemeinde, zum Beispiel Familiengottesdienste oder Kindergottesdienste gibt es in der Orthodoxie nicht. Die ganze Familie versammelt sich als Volk Gottes gemeinsam zum Gottesdienst. Aber der einzelne geht dabei nicht verloren; es gibt keine massenhaft-gleichförmigen Frömmigkeitsäußerungen der Gemeinde, sondern der einzelne bewegt sich ungezwungen in seinem Gottesdienst.

2.4. Die Sinnenhaftigkeit des orthodoxen Gottesdienstes

Im orthodoxen Gottesdienst werden bewußt alle menschlichen Sinne angesprochen. Die Augen erblicken den Glanz der Lichter, der Kerzen und der Leuchter vor den Ikonen, die Gewänder und das Geschehen der Liturgie. Die Kerzen sind Sinnbilder des leuchtenden Glaubens und der warmen und strahlenden Liebe sowie des ewigen Lebens.

Der Gottesdienst wirkt dramatisch durch „Sprecherrollen" von Priester, Diakon, Lektoren, Chören und Volk sowie durch die Bewegung von Priester und Diakon durch den gesamten Kirchenraum, z. B. bei den beiden Einzügen. Die Göttliche Liturgie ist ja als Ganze „eine symbolisch-dramatische Abbildung des Lebensweges Christi, der in ihr abbildhaft gegenwärtig wird".[22]

Die Ohren hören die Worte der Heiligen Schrift, die Gebete, den Gesang des Chores und den Wechsel zwischen dem Ruf des Diakons und dem Lobpreis des Priesters.

---

[21] Übersetzung nach F. Heiler, Die Ostkirchen, München/Basel 1971, 200.
[22] Lilienfeld, Fairy von: Einführung in den Gottesdienst der orthodoxen Kirche mit besonderer Berücksichtigung des eucharistischen Gottesdienstes (Göttliche Liturgie), a.a.O., 31. Vgl. dazu bes.: Hans-Joachim Schulz, Die byzantinische Liturgie. Vom Werden ihrer Symbolgestalt, a.a.O.; Karl Christian Felmy, Die Deutung der Göttlichen Liturgie in der russischen Theologie, Berlin/New York 1984.

Der Geruchssinn wird vom *Weihrauch* in Anspruch genommen, mit dem als Zeichen der Ehrerbietung Altar und Ikonen beräuchert werden und die Gemeinde begrüßt wird. Wenn Priester oder Diakon als Zeichen des Segensgrußes die Gemeinde beräuchern, neigt diese das Haupt als Gegengruß. Außerdem ist der Weihrauch auch ein Sinnbild des Gebetes, das zum Himmel emporsteigt (Ps 141,2), und der alles erfüllenden Gegenwart Gottes (vgl. Jes 6; Offb 8,3).

Der Tast- und Geschmackssinn wird angesprochen bei der Kommunion, der Verteilung des *Antidoron* bei der Entlassung nach dem Gottesdienst und bei verschiedenen Segens- und Weihehandlungen. Das Antidoron besteht aus den Teilen des Abendmahlsbrotes, die nicht für die Eucharistie gebraucht werden, und gilt als gesegnetes Brot. Auch die, die nicht kommuniziert haben, nehmen es als Segensgabe entgegen. Es handelt sich dabei also nicht um das Altarsakrament. Christen anderer Kirchen können das Segensbrot, das an den Brauch des urchristlichen Liebesmahles (Agape) anknüpft, auch empfangen. Der orthodoxe Christ geht in der Regel nüchtern zum Gottesdienst, das Antidoron ist die erste Mahlzeit am Sonntag, falls er nicht an der Kommunion teilgenommen hat.

Manchen evangelischen Christen ist diese Betonung der Sinne im Gottesdienst anstößig, da sie in Konzentration auf die Botschaft des Evangeliums die Begegnung mit Gott vor allem im Hören auf sein Wort suchen. Für orthodoxe Christen ist der Grund für die Inanspruchnahme aller Sinne die Menschwerdung des Wortes Gottes. Das ewige Wort des Vaters kam „in die sinnlich wahrnehmbare Welt der Menschen, setzte sich den Wahrnehmungsorganen der Menschen aus. Warum sollte die Begegnung mit Gott im Gottesdienst dies nicht auch tun?"[23] Warum sollte der Mensch nicht mit all seinen Sinnen Gott loben, der ihm doch „Leib und Seele, Augen, Ohren und alle Glieder, Vernunft und alle Sinne gegeben hat und noch erhält"?

---

[23] F. v. Lilienfeld, a.a.O., 52.

2.5. Die Gesten der Frömmigkeit

Die orthodoxe Kirche ist reich an liturgischen Gesten. Man hat sie auch „nichtsprachliche Grundformen orthodoxer Glaubensäußerungen" genannt.[24]

Der evangelische Brauch, auf Stühlen oder Bänken sitzend zu Gott zu beten, ist einem orthodoxen Christen fremd. Der orthodoxe Christ steht im Gottesdienst. An der Wand befinden sich in der Kirche meist ein paar Sitzgelegenheiten, die für Alte und Gebrechliche gedacht sind. Bei allen besonders feierlichen Augenblicken des Gottesdienstes ist das Sitzen nicht erlaubt.[25] Man würde schweren Anstoß erregen. Es empfiehlt sich, hier darauf zu achten, was die anderen tun.

Die Forderung zu stehen wird im Gottesdienst wiederholt laut. Vor der Evangelienlesung ruft z.B. der Priester den Gläubigen zu: „Weisheit! Lasset uns aufrecht stehen!"

Man betet, indem man sich immer wieder bekreuzigt. Die Gebetsgeste der gefalteten Hände ist in der Orthodoxie nicht weit verbreitet. Sie entstammt wahrscheinlich einer altgermanischen Tradition und bedeutet die Fesselung der Schwerthand durch die linke Hand. Auch die römisch-katholische Gebetsgeste der flach aneinandergelegten Hände wird nicht praktiziert. Dafür findet sich in der Orthodoxie das *Bekreuzigen,* die *Verneigung,* das *Niederknien,* das Berühren der Erde mit der Hand, das Sich-Ausstrecken auf dem Boden mit ausgestreckten Armen und die Stirn auf den Boden gepreßt (vgl. z.B. Mt 2,11; 8,2; 15,25).

Die beiden zuletzt genannten Gesten heißen *Kleine Metanie* und *Große Metanie.* Die Metanie ist ein „Gestus, der sowohl die Bitte um Verzeihung als auch Verehrung zum Ausdruck bringt, aber ebenso Demut bezeugt".[26] Sie wird vor allem bei den Slawen praktiziert und „– meist mit einem vorangehenden Kreuzzeichen – bei der Begrüßung und Verehrung des Leibes und Blutes Christi, des hl. Evangeliums, des hl. Kreuzes, von Reliquien und Ikonen vollzogen sowie an festgesetzten Stellen des Gottesdienstes".[27]

---

[24] Heitz, Sergius: Mysterium der Anbetung. Göttliche Liturgie und Stundengebet in der Orthodoxen Kirche, Köln 1986, 4.
[25] Z. B. bei den Teilen: II, 4.5., III, 2.6.7.8.11. (s. o.).
[26] Heitz, Sergius: a.a.O.
[27] Ebd.

Zum *Kreuzzeichen* faltet man die drei ersten Finger der rechten Hand zusammen und drückt die zwei letzten zur Handfläche. Dann berührt man nacheinander die Stirn, die Brust, die rechte Schulter und dann die linke. Das Kreuzzeichen heißt auch „Das kleine Glaubensbekenntnis", denn die drei zusammengefalteten Finger besagen: „Ich glaube an den dreieinigen Gott", und die zwei zur Handfläche gedrückten Finger besagen: „Ich bekenne, daß Christus zwei Naturen hat, eine göttliche und eine menschliche." Das damit bezeichnete Kreuz besagt: „Ich bekenne mich zu Christus, der für uns gekreuzigt wurde." Von einem orthodoxen Christen wird erwartet, daß er sich auch vor anderen Menschen bekreuzigt und so seinen Glauben bekennt, denn Christus hat gesagt: „Wer sich aber mein und meiner Worte schämt ... dessen wird sich auch des Menschen Sohn schämen, wenn er kommen wird in der Herrlichkeit seines Vaters mit den heiligen Engeln." (Mk 8,38). Das häufige Sich-Bekreuzigen ist ein Zeichen dafür, daß man am Gebet innerlich beteiligt ist. Auch evangelischen Christen war das Sich-Bekreuzigen durch viele Jahrhunderte eine vertraute Praxis.[28]

Beim orthodoxen Kreuzeszeichen wird die rechte und linke Schulter in anderer Reihenfolge berührt als dies in der westlichen Tradition bei römischen Katholiken, Anglikanern und Lutheranern üblich ist. Wenn man davon ausgeht, daß der Priester beim Segnen das Kreuz immer von links nach rechts schlägt, dann soll „mit der spiegelbildlichen Form des Kreuzzeichens ... deutlich gemacht (werden), daß wir uns nicht selbst segnen, sondern den Segen als Geschenk empfangen. Nach der Berührung der linken Schulter folgt eine leichte Verneigung, bei der meist die Hände offen mit den Handflächen nach vorn parallel zum Körper gehalten werden (in empfangender Haltung also), manchmal jedoch ... wird die rechte Hand auf die Brust gelegt. Während bei den Slawen meist nur *ein* Kreuzzeichen mit nachfolgender Verneigung gemacht wird, pflegen die Griechen eine Mehrzahl von Kreuzeszeichen ... hintereinander zu zeichnen und gleichzeitig den Körper leicht nach vorn zu neigen."[29]

---

[28] Vgl. z. B. Martin Luthers Morgen- und Abendsegen.
[29] Heitz, Sergius: a.a.O., 4.

Die Priester beten stehend, manchmal mit über der Brust gekreuzten Armen oder indem beide Arme mit aufwärts gewandten Handflächen nach oben gerichtet werden wie schon im Volk Israel und in der Alten Kirche (vgl. Ps 141,2).

Andere Gesten der Verehrung sind: das Küssen des Altares, des Evangeliums, des Kreuzes, mit dem der Priester den Schlußsegen spendet, das Küssen der Hand des Priesters oder auch des Saumes des priesterlichen Gewandes. Bei letzterem erinnert sich der orthodoxe Gläubige an die blutflüssige Frau, die den Saum des Kleides Jesu anrührte, und zu der Jesus sprach: „Sei getrost, meine Tochter, dein Glauben hat dir geholfen" (Mt 9,22; 36).

Anstoß erweckt man, wenn man in der Kirche die Hände auf den Rücken hält. Dies wird als Zeichen bewußter Nicht-Teilnahme verstanden.

Dem nicht-orthodoxen Teilnehmer am Gottesdienst mag die Vielzahl der Gebete, Fürbitten und die häufige Wiederholung vieler Wendungen, Wörter und Gesten zunächst befremdlich erscheinen. Diese Art des Betens ist aber von dem Grundgefühl bestimmt, daß man Gottes Erbarmen und Erlösung in jeder Minute seines Lebens braucht und die Bitte darum gar nicht oft genug ausgesprochen werden kann. So ist Gebet, Dank, Fürbitte, Hören und Antwort in jedem Moment des oft stundenlangen Gottesdienstes vorhanden.

2.6. Die gottesdienstlichen Gewänder

Die Vielfalt der liturgischen Gewänder hat eine symbolische, geistliche Bedeutung. Diese wird beim Anlegen der Gewänder deutlich, das ein Symbol ist für das Anlegen einer neuen geistlichen Seinsweise und das Überkleidetwerden mit der himmlischen Leiblichkeit. Beim Anziehen des langen Unterkleides *(Sticharion),* das von allen Vertretern des Klerus getragen wird, betet man: „Es frohlockt meine Seele in dem Herrn, er hat mich umkleidet mit dem Gewand des Heils und das Kleid der Freude angelegt." Beim Anlegen der *Stola* (Epitrachilion) spricht der Priester: „Gelobet sei Gott, der da ausgießt seine Gnade über seine Priester ..." Das Anlegen des großen priesterlichen Übergewandes *(Phelonion),* das wie der Rock des Herrn (Joh 19,23) aus einem einzigen Stück gefer-

Gewandung eines Priesters

1. Sticharion (entspricht der Albe)
2. Epitrachilion
3. Gürtel
4. Epimanikien (Armstulpen)
5. Das Phelonion
6. Das Epigonation

Gewandung eines Diakons

1. Sticharion
2. Epimanikien
3. Orarion

tigt ist, nimmt Bezug auf das Kleid der Gerechtigkeit, mit dem
die Heiligen überkleidet werden (Ps 132,9). Die Diakone tragen über dem Sticharion nur ein langes Stoffband *(Orarion)*
auf der linken Schulter. Die Bischöfe tragen über dem Sticharion den *Sakkos,* ein engeres Obergewand, und über beide
Schultern das dem westlichen Pallium entsprechende *Omophorion.* Die liturgische Kopfbedeckung des Bischofs ist die
Mitra in Gestalt einer Krone.

So wird an der Kleidung die unterschiedliche Funktion der
Zelebranten sichtbar.[30]

---

[30] Hierzu s. bes.: F. v. Lilienfeld, a.a.O., 16.

Bischof in Kirchlicher Gewandung

1. *Der Mandyas*
2. *Der Bischofsstab*
3. *Das Brustkreuz (nicht bei den russischen Bischöfen)*
4. *Das Enkolpion – auch mehrere sind möglich*
5. *Das Kamelauchion (sl. die Kamilavka)*

Pontifikalornat

1. *Der Sakkos*
2. *Das Omophorion*
3. *Das Brustkreuz*
4. *Die Enkolpia*
5. *Die Krone*
6. *Die Dikirotrikira*
7. *Das Epigonation*

2.7. Liturgische Geräte

Zur Ausstattung einer orthodoxen Kirche gehören bestimmte liturgische Geräte und Gefäße.

Der häufig quadratische Altartisch aus Holz oder Stein ist
mit zwei Decken, einer dünneren und einer dickeren, bedeckt,
die bis zum Boden reichen und den Tisch von allen Seiten um-
schließen. Auf dem Altar liegt das *Antimension,* das zur Eucharistie ausgebreitet wird. Es handelt sich dabei um ein dün-
nes Tuch, auf dem die Grablegung Christi dargestellt ist und
in das ein Reliquienpartikel eingenäht ist. Es muß auch die
Unterschrift des Bischofs tragen, der es geweiht hat. Dadurch
wird deutlich, daß die Liturgie an diesem Altar im Zusam-

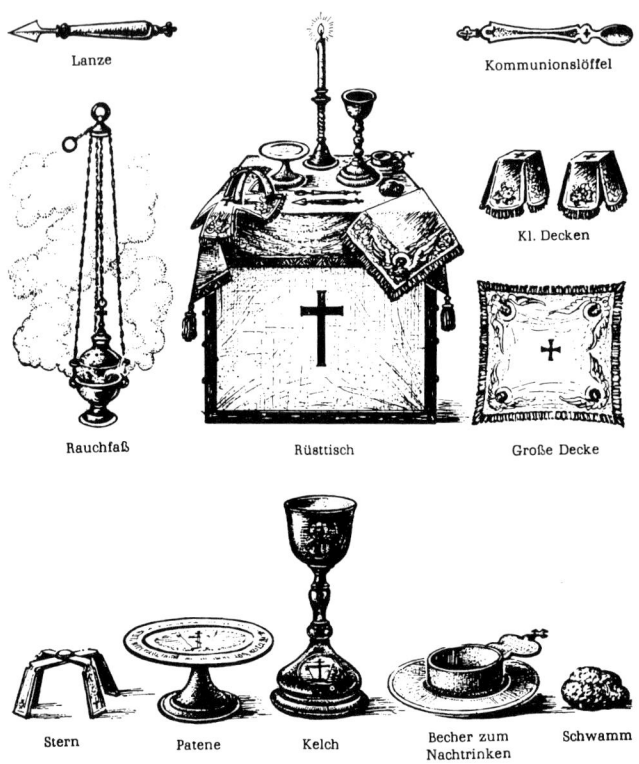

Lanze

Kommunionslöffel

Kl. Decken

Rauchfaß

Rüsttisch

Große Decke

Stern

Patene

Kelch

Becher zum
Nachtrinken

Schwamm

Der Rüsttisch zur Gabenbereitung und Geräte

menhang des Bischofsamtes und der Gesamtkirche steht. Wie der Name sagt, kann es auch „anstatt" eines – nicht vorhandenen – „Altartisches" auf jeden beliebigen Tisch gelegt werden, um die Göttliche Liturgie daran zu zelebrieren. Dies ist die gängige Praxis orthodoxer Gemeinden in der Diaspora, die über keine eigene Kirche verfügen.

Auf dem Altar liegen oder stehen das Hand- oder *Segenskreuz* des Priesters, das Evangelienbuch und das *Artophorion* (ksl.: kovčeg), ein Gefäß – häufig in Gestalt einer Kirche – für die gewandelten heiligen Gaben zum Zweck der Krankenkommunion oder deren Aufbewahrung für die Liturgie der Vorgeweihten Gaben (s. o.).

Hinter dem Altar stehen meist ein siebenarmiger Leuchter und ein Vortragekreuz, dessen Kruzifixus gemalt ist.

Auf dem Rüsttisch *(Prothesis)* finden sich alle Geräte für den Vollzug der Proskomidie (s. o.) und der Eucharistie:

Auf dem *Diskos,* der Patene entsprechend, werden die mit der Lanze herausgeschnittenen Teile der Prosphora (s. o.) gelegt und mit dem *Stern* (Asterı′skos; ksl.: zvezdá) bedeckt, auf den eine der kleinen Decken gelegt wird.

Der Kelch wird ebenfalls mit einer kleinen *Decke* zugedeckt; Kelch und Diskos zusammen werden in die große Decke eingehüllt.

Die Kommunion wird mit einem *Löffel* ausgeteilt. Verschiedene – auch tragbare – Leuchter, Rauchfaß und ein Becher zum Trinken von Weihwasser nach der Kommunion kommen hinzu.

Eine Profanisierung der durch Segnung zum gottesdienstlichen Gebrauch ausgesonderten Geräte durch Mißbrauch ist für orthodoxes Empfinden Frevel. Seit dem 4. Jahrhundert (Kanon 73 der Apostolischen Kanones) ist diese Haltung kirchenrechtlich fixiert und hat das Bewußtsein der orthodoxen Völker geprägt, das bis heute lebendig ist.

Im Wissen darum suchte z. B. die kommunistische Herrschaft gezielt die Konfrontation mit der Russischen Orthodoxen Kirche, als sie unter dem Vorwand der Hungersnot des durch Krieg und Bürgerkrieg erschöpften russischen Volkes am 23.2.1922 die Konfiszierung der kirchlichen Wertgegenstände – auch der geweihten – befahl. Der Widerstand der Gläubigen gegen den „Gottesraub" in diesem sog. „Streit um die Kirchenschätze" war der gesuchte Anlaß, nun propagandistisch massiv gegen die Kirche vorzugehen, was schließlich zur ersten großen Verfolgungswelle und zur Kirchenspaltung führte.[31]

---

[31] Vgl. hierzu: Johannes Chrysostomos, Kirchengeschichte Rußlands der neuesten Zeit I, München/Salzburg 1965, 149ff.

Kruzifix Hl. Thron Siebenarmiger
Kerzenträger

Gaben-
träger

Gaben- Thron-
behälter Kreuz Antimension Evangelienbuch

Der heilige Altar

2.8. Liturgische Bücher

Für den Vollzug des Gottesdienstes werden eine Anzahl liturgischer Bücher benötigt. Die wichtigsten seien hier genannt:

1. Das *Euchológion* enthält die Formulare der Göttlichen Liturgien, der Tagzeitengebete und der Kasualien. (Das Hieratikón, ksl.: služebnik, ist ein Auszug daraus mit den Texten des Priesters und des Diakons.)

2. Das *Horológion* (ksl.: časoslóv) umfaßt die feststehenden Teile des Stundengebetes.

3. Für die Lesungen braucht man das *Evangélion* (ksl.: evángelie), meist mit den Lektionsperikopen des Kirchenjahres; den *Apóstolos* mit Apostelgeschichte und Episteln und das *Psaltérion* mit den Psalmen in Septuaginta-Zählung und den neun biblischen Cantica.

4. Das meist zwölfbändige *Menaíon* (ksl.: minéja) enthält besondere Gesänge, Gebete und Lesungen der feststehenden Feste des Kirchenjahres.

5. Das Sondergut der beweglichen Feste findet sich im *Triódion* und im *Oktoïchos:* für die Fastenzeit vor Ostern im ‚Fastentriodion‘ (gr.: triódion katanyktikón; ksl.: triod postnája); für die Zeit von Ostern bis Pfingsten im ‚Blumentriodion‘ (triódion chamósynon oder pentekostárion; ksl.: triod cvetnája); für die restliche Zeit im Oktoïchos.

6. Das *Typikón* regelt den Ablauf aller Gottesdienste im Kirchenjahr.

Heinz Ohme

3.0. DIE SAKRAMENTE

„Die *Mysterien*"[1] – wie die Sakramente in der Ostkirche genannt werden – „sind ... der Pulsschlag des Kultus und der Frömmigkeit der orthodoxen Kirche", sagt der orthodoxe Theologe Stefan Zankow[2]. Und er fährt fort: „Ihr allgemeiner Sinn ist die Durchdringung des Kreatürlichen durch den Geist Gottes. Für den Gläubigen selbst sind sie nicht bloß Bekenntniszeichen oder Signal der Wirksamkeit des Heiligen Geistes, sondern die äußeren Mittel der unergründlichen geheimnisvollen Gnadenwirkung des Heiligen Geistes, durch welche wiederum die Heiligung des Menschen vollendet wird."[3]

Während in der evangelischen Kirche vorrangig[4] die Taufe und das Heilige Abendmahl als Sakramente bezeichnet werden, zählt man in der Orthodoxie üblicherweise noch fünf weitere kirchliche Handlungen zu den *Mysterien.* Alle gehen nach ihrem Verständnis auf eine Einsetzung durch Jesus Christus zurück:

1. Taufe
2. Myronsalbung
3. Eucharistie
4. Buße
5. Krankensalbung
6. Ehe
7. Ordination zum Amt des Diakons, Priesters und Bischofs

---

[1] Das griechische Wort „mysterion" bedeutet „Geheimnis".
[2] Zankow, Stefan: Das orthodoxe Christentum des Ostens, Berlin 1928, 102.
[3] Ebd.
[4] Nach Art. XIII Apol. CA gehören zu den Sakramenten auch Beichte (XIII,4), und Ordination (XIII,10); in einem weiteren Sinn auch Gebet (XIII,16) und Almosen (Xlll,17). Vgl.: Die Bekenntnisschriften der evangelisch-lutherischen Kirche, 292 ff.

Die orthodoxe Kirche hat ihr Verständnis der Mysterien nicht dogmatisch definiert. So hat auch diese Zählung keinen „förmlich dogmatischen Charakter".[5]

Bis heute ist vielmehr das Wissen darum lebendig, daß die Festlegung auf die *Siebenzahl* jüngeren Datums ist und im ersten Jahrtausend noch offen war. Namhafte Theologen der Alten Kirche zählen entweder weniger Sakramente oder rechnen z.B. auch die Wasserweihe am Fest der Theophanie, die Kirchweihe, die Mönchsweihe oder die Bestattungsriten zu den Mysterien.[6]

Erstmals anerkannt wurde die Siebenzahl von der Ostkirche auf dem Unionskonzil von Lyon (1274). Sie war hier „beeinflußt von der abendländischen scholastischen Manier des Kategorisierens und Zählens".[7] Dieses Zugeständnis – eher aus politischen Gründen motiviert – war mit dem Fehlschlag des Konzils hinfällig. „Eigentlich steht die Zahl sieben erst seit dem 16./17. Jahrhundert für die orthodoxen Kirchen fest, als man ... die Loci der Lehre in Entsprechung und im Widerspruch zum Abendland festlegte."[8] Auch in den heute gängigen orthodoxen Dogmatiken werden die sog. Segenshandlungen durchgängig zusammen mit den Sakramenten behandelt. Die Gnade Gottes wird nach orthodoxem Verständnis nur dann wirksam in den Mysterien vermittelt, wenn sie durch einen Bischof oder Priester in der vorgeschriebenen Art und Weise gespendet werden. Allein die Taufe kann im Notfall durch jeden getauften Christen vollzogen werden.

Der Empfangende muß das Mysterium mit Glauben, Liebe und Ehrfurcht in Anspruch nehmen und sich vor dem Empfang entsprechend vorbereitet haben. Vor dem unwürdigen Empfang der Mysterien ohne Glauben und Gebet wird unter Berufung auf den Apostel Paulus (l. Kor 11,27ff.) gewarnt.[9]

[5] So: Heiler, Friedrich: Die Ostkirchen, München/Basel 1971, 153.
[6] Vgl. dazu F Heiler, a. a.0.
[7] Lilienfeld, Fairy v.: EULOGIA und EULOGEIN im gottesdienstlichen Handeln der orthodoxen Kirchen. Archiv für Liturgiewissenschaft (XX/XXI) [2]1978/79, Regensburg, 9ff., Zitat: S.11.
[8] A.a.O., 11f.
[9] Zum Ganzen s. : Karmiris, Johannes N.: Abriß der dogmatischen Lehre der orthodoxen katholischen Kirche, in: Die orthodoxe Kirche in griechischer Sicht, hrsg. v. P. Bratsiotis, Stuttgart [2]1970, 15-120, bes. 101ff.; Schemann, Alexander: Aus der Freude leben. Ein Glaubensbuch der orthodoxen Christen, Olten/Freiburg i. B. 1974.

3.1. Taufe

Die Taufe ist das Eingangstor in das sakramentale Leben der Kirche.[10] In ihr wird der Mensch geistlich wiedergeboren, indem ihm die Erbsünde vergeben wird. Er ist nun ein Kind Gottes, zum geistlichen Leben befähigt und ein Glied am Leibe Christi. Die Taufe ist somit die Voraussetzung für den Empfang aller anderen Mysterien. Sie wird „nicht wiederholt, und die Wiedertaufe (wird) abgelehnt".[11] Ohne Taufe ist die Rettung des Menschen ausgeschlossen (vgl. Joh. 3,5; Mk 16,16). Dies alles ist für den orthodoxen Christen im 10. Artikel des Nizänischen Glaubensbekenntnisses beschlossen: „Wir bekennen die eine Taufe zur Vergebung der Sünden."

Die Taufe wird folgendermaßen vollzogen: Der Täufling wird dreimal im Wasser untergetaucht und dabei wird gesagt: „Es wird getauft der Knecht/die Magd Gottes N. N. im Namen des Vaters, Amen; und des Sohnes, Amen; und des Heiligen Geistes, Amen." Durch die passive Formulierung im Unterschied zur aktiven abendländischen Formel: „Ich taufe dich" wird betont, daß der eigentlich Handelnde immer Gott selbst ist.

Großen Wert legt die Ostkirche auf das dreimalige Untertauchen des Täuflings.[12] Sie hat damit eine altkirchliche Taufpraxis beibehalten, die sich aus den Worten des Apostels Paulus, daß wir mit Christus begraben sind „durch die Taufe in den Tod" (Röm 6,4), sinnvoll ergibt. Auch das deutsche Wort „taufen" erinnert mit seiner Herkunft von „tauchen" an diese Praxis. Die abendländische Praxis der Besprengungstaufe hat im Osten immer wieder zu Anfragen geführt und wird auch heute nur als Möglichkeit für den Notfall betrachtet.

Der Wassertaufe gehen mehrere *vorbereitende Riten* voraus:

1. Die Taufhandlung wird eingeleitet durch ein dreimaliges Anhauchen und Bekreuzigen des nur mit dem Hemd beklei-

---

[10] Vgl. S. Seitz (Hg.): Christus in euch. Hoffnung auf Herrlichkeit. Orthodoxes Glaubensbuch, Göttingen 1994, 115-120.

[11] Kokkinakis, Athenagoras: Gebet und Glaube des Volkes Gottes. Eine Darlegung des orthodoxen Glaubens, Meitingen/Freising 1977, 52.

[12] „Zum Wesen des Sakraments der Taufe gehört notwendigerweise das von einem Bischof oder Priester zu vollziehende dreimalige Untertauchen des Täuflings in geheiligtem Wasser." = J. N. Karmiris, Abriß ..., a.a.O., 105.

Taufe eines Kindes

deten Täuflings. Der Teufel wird direkt angeredet und Gott um seine Vertreibung angerufen (Exorzismus).

2. Der Täufling schwört dem Teufel dreimal ab und bekräftigt sein „Ich widersage!", indem er zeichenhaft den Teufel anbläst und anspeit. Bei Säuglingen treten hier stellvertretend die Paten ein.

3. Ebenso bei der dreimaligen Selbstübergabe an Christus, wobei sich der Täufling nach Osten, der Richtung der aufgehenden Sonne, wendet, dreimal das Glaubensbekenntnis spricht und vor Gott anbetend niederfällt.

4. Das Taufwasser wird geweiht, indem der heilige Geist herabgerufen wird.

5. Ebenso wird das Katechumenenöl geweiht, und der Täufling wird damit am ganzen Körper gesalbt.

Bei der Taufe wird dem Täufling ein Leibkreuz an einer Kette um den Hals gelegt. Durch das Tragen dieses Kreuzes soll der Christ sich zu Christus bekennen.

Täufer ist der Bischof oder der Priester. „Nur die Nottaufe kann auch von einem Diakon oder getauften Laien beiderlei Geschlechts vollzogen werden."[13]

Über die Gültigkeit des außerhalb der orthodoxen Kirche gespendeten Taufsakramentes gab es in der Orthodoxie lange keine einheitliche Auffassung und Praxis.[14] In der abendländischen Tradition wurde von alters her vor allem unter dem Einfluß Augustins eine außerhalb der Kirche gespendete Taufe – sofern sie im Namen des Vaters, des Sohnes und des Heiligen Geistes vollzogen wurde – nicht wiederholt. Der Osten behielt sich unter Berufung auf Cyprian von Karthago immer vor, Häretiker entweder neu zu taufen oder nur durch Myronsalbung (vgl. 2) oder Abschwörung der Irrtümer und Ablegen des rechten Glaubensbekenntnisses in die Kirche aufzunehmen.

---

[13] J. N. Karmiris, Abriß ..., a.a.O., 105.
[14] Vgl. dazu: Wendebourg, Dorothea: Taufe und Oikonomia. Zur Frage der Wiedertaufe in der orthodoxen Kirche, in: Kirchengemeinschaft – Anspruch und Wirklichkeit. Festschrift f. G. Kretschmar, Stuttgart 1986, 93ff.

Heute lehnen alle autokephalen orthodoxen Kirchen offiziell die Wiedertaufe nicht-orthodoxer Christen im Fall des Übertritts zur orthodoxen Kirche ab. Es kommt jedoch vor, daß einzelne Priester – durchaus auch auf Drängen des Konvertiten – nicht in Übereinstimmung mit dieser offiziellen Position handeln. Eine rigorose Praxis der Wiedertaufe findet sich bei der Russischen Orthodoxen Kirche im Exil, deren Stellung innerhalb der Familie der orthodoxen Kirchen freilich umstritten ist.

Auch in der orthodoxen Kirche umgibt die Geburt und die Taufe eines Kindes eine Vielzahl von regional unterschiedlichen Bräuchen. Gewöhnlich bringt man das Kind nach 40 Tagen zur Kirche. Die Knaben werden vor die Christusikone gebracht und im Altarraum dreimal um den Altar herumgetragen; Mädchen werden vor die Ikone der Gottesmutter gebracht. Bei der Taufe spielt der Pate eine große Rolle. Er ist von nun an ein geistlicher Verwandter des Täuflings. Zum Paten berufen zu werden, ist eine hohe Ehre. Neben seinen Funktionen bei der Taufe ist der Pate für die Ausrichtung der Taufe und die damit verbundenen Kosten zuständig.

3.2. Myronsalbung

Unmittelbar mit der Taufe ist das Sakrament der Myronsalbung verbunden. Sie war schon in der Alten Kirche üblich und entspricht der abendländischen *Firmung (confirmatio),* die im Abendland seit dem 9. Jh. erst Jahre später vollzogen wird. Taufe und Myronsalbung haben nach orthodoxem Verständnis untereinander einen engen Bezug. Durch die Salbung mit Myron/Chrisma werden den Getauften die Gaben des Heiligen Geistes vermittelt. „Und wie die neutestamentliche Kirche, obschon durch das Kreuz und die Auferstehung begründet, erst durch Pfingsten charismatisch mobilisiert wurde, so wird auch der einzelne erst durch die Firmung die Früchte des Heiligen Geistes tragen, obwohl er schon durch die Taufe in die Heilsgemeinde eingegliedert wurde."[15] So ist die My-

---

[15] Harkianakis, Stylianos: Die ekklesiologische Bedeutung von Taufe und Firmung, in: Taufe und Firmung, Regensburg 1971, 71.

ronsalbung „Bestätigung und Vollendung der Taufe"[16] und gilt als Abbild jener Geistsalbung, die Christus bei der Taufe im Jordan empfing. Der Getaufte wird nun selbst zu einem „Christos", d. h. Gesalbten. Die mit Myron Gesalbten werden, wie es im Gebet heißt, „in das auserwählte Geschlecht, das königliche Priestertum, das heilige Volk Gottes aufgenommen" (1. Petr 2,9).

Man findet dieses Sakrament bezeugt u. a. in den Worten des 1. Johannesbriefes von der „Salbung, die ihr von Christus empfangen habt" (1. Joh 2,20); ebenso in den Worten des Apostels Paulus: „Gott ist es, der ... uns gesalbt hat, versiegelt und in unsere Herzen das Pfand, den Geist gegeben hat" (2.Kor 1,22).

Das Myron besteht aus feinstem Olivenöl, das ebenso wie das Salböl des Alten Testamentes (2. Mose 30,23) mit vielen aromatischen Stoffen vermischt wird. Sie symbolisieren die Mannigfaltigkeit der Gaben des Heiligen Geistes. Der Täufling wird damit an Stirn, Augen, Nasenflügel, Ohren, Mund, Brust, Händen und Füßen gesalbt, während der Priester spricht: „Das Siegel der Gabe des Heiligen Geistes. Amen." Dadurch soll die Ganzheit des Menschen betont werden.

Das Myron wird von den Oberhäuptern der autokephalen Kirche jedes Jahr am Gründonnerstag zubereitet und unter Anrufung des Heiligen Geistes geweiht. Die Myronsalbung wird vom Priester vollzogen. Sie ist der heute meist übliche Ritus beim Übertritt zur Orthodoxie.

3.3. Eucharistie

Die Göttliche oder Heilige Eucharistie, wie das Heilige Abendmahl seit den ersten Tagen der Kirche im Osten heißt, hat im Frömmigkeitsleben der orthodoxen Christen die höchste Bedeutung. Sie ist das Zentrum des ganzen sakramentalen Lebens.[17] Der sonntägliche Hauptgottesdienst ist immer ein eucharistischer Gottesdienst.

---

[16] J. N. Karmiris, Abriß ..., a.a.O., 106.
[17] Zum Ganzen s.: Nissiotis, Nikos N.: Die Theologie der Ostkirche im ökumenischen Dialog, Stuttgart 1968, 105-140 (= Gottesdienst, Eucharistie und „Interkommunion").

Viele Bezeichnungen sind für das Heilige Abendmahl in Gebrauch. Zum Beipiel: „Herrenmahl", „Mystisches Mahl", „Tisch des Herrn", „Heiliger Tisch", „Kommunion" oder den Opfercharakter betonend: „Unblutiges Opfer".

Die orthodoxe Kirche hat zu den Fragen der Eucharistie keine dogmatisch fixierte Lehre entwickelt. Die neuere orthodoxe Theologie sieht darin gerade einen Ausdruck des „theologischen Ethos der patristischen Zeit", wäre es doch für die Väter „unmöglich gewesen ..., die Eucharistie zu isolieren, zu objektivieren und zu einem selbständigen Thema zu erheben". Denn „das Mysterium der Eucharistie (wurde) als Ausdruck des Mysteriums des Heils in seiner ganzen Fülle und nicht als ein gesondertes ‚Kapitel' der Dogmatik gesehen".[18]

In der Kommunion vereinigt sich der orthodoxe Christ mit Christus, indem er seinen Leib und sein Blut empfängt. Nach orthodoxem Verständnis werden bei der Heiligen Eucharistie „die Elemente gänzlich zum Leib des auferstandenen Christus. Wie Christus Gottmensch war und ist, so werden bei der Eucharistie Brot und Wein in den Gottmenschen Christus gewandelt. Und wie Christus nicht in Gott und Mensch getrennt werden kann, so können auch Brot und Wein bei der Eucharistie nicht in Substanz und ihre Eigenschaften unterteilt werden, weil sie durch den Heiligen Geist als Ganzes zum Leib Christi werden".[19]

Deshalb hat die sog. *„Epiklese"* (Anrufung des Heiligen Geistes) besondere Bedeutung. In ihr wird nach den Einsetzungsworten zum Heiligen Abendmahl durch den Priester mit ausgebreiteten Armen und erhobenen Händen der Heilige Geist auf die Gemeinde und auf Brot und Wein herabgefleht, und alle Gläubigen flehen mit.

Neben dem Bekenntnis zur wirklichen Gegenwart Jesu Christi im Heiligen Abendmahl durch den Heiligen Geist gehört zum orthodoxen Verständnis der Eucharistie, „daß sie

---

[18] So: Zizioulas, Ioannis: Die Eucharistie in der neuzeitlichen orthodoxen Theologie, in: Die Anrufung des Heiligen Geistes im Abendmahl. Viertes Theologisches Gespräch zwischen dem Ökumenischen Patriarchat und der EKD 1975, hg. v. Kirchlichen Außenamt der EKD, Bh ÖR 31, Frankfurt/M. 1977, 164f.
[19] A. Kokkinakis, a.a.O., 53; Zum Problem des Begriffs „Wandlung" vgl.: I, Zizioulas, a.a.O., 166ff.

eben dasselbe Opfer wie auf Golgatha unblutig und im Mysterium darbringt; und durch die Teilnahme der Gläubigen und ihre Vereinigung mit Christus – und durch ihn auch miteinander – wird dieses auch ein Opfer des gesamten Leibes der Kirche ... mit der Erinnerung an den Tod des Herrn, und durch unsere Vereinigung mit dem einen Brot und dem einen Kelch bringen wir auch uns selbst als gemeinschaftliches Opfer dar, das heißt, den ganzen vereinten Leib der Kirche". „So läuft der orthodoxe christliche Gottesdienst auf ein Hauptziel hinaus: die Gläubigen zu leiten, daß sie einmütig sich selbst mitopfern ,zum Opfer', „das da lebendig, heilig und Gott wohlgefällig sei (Röm 12,1)."[20]

Die tiefe Christusliebe und Ehrfurcht vor der Begegnung mit dem Heiligen, die den orthodoxen Gläubigen beim Empfang des Heiligen Abendmahls erfüllt, wird eindrücklich deutlich in dem Gebet, das vor der Kommunion gemeinsam gebetet wird:

> „An deinem mystischen Abendmahl, Gottes Sohn, nimm mich heute als Teilnehmer an; denn ich werde deinen Feinden nicht das Geheimnis verraten, ich werde dir nicht einen Kuß geben wie Judas, sondern wie der Schächer bekenne ich dir: gedenke meiner, Herr, in deinem Reich.

> Ich glaube, Herr, und bekenne, daß du in Wahrheit Christus bist, der Sohn des lebendigen Gottes, der in die Welt gekommen ist, die Sünder zu retten, deren ich der erste bin. Auch glaube ich, daß dies dein makelloser Leib ist und dies dein kostbares Blut ist. Ich bitte dich nun: erbarme dich meiner und vergib mir meine Übertretungen, die ich absichtlich und unabsichtlich begangen habe, wissentlich und unwissentlich, und würdige mich, nicht zur Verdammnis an deinen makellosen Mysterien teilzuhaben, sondern zur Vergebung der Sünden und zum ewigen Leben. Amen."

Zur Feier des Heiligen Abendmahls werden Brot, Wein und Wasser benötigt. Das Brot soll aus reinem Weizen gebacken sein. Meist wird diese Aufgabe von einigen Frauen in der Gemeinde übernommen, die es mit normalem Sauerteig backen sollen. Der im Abendland seit dem 9. Jahrhundert aufgekommene Brauch, das Heilige Abendmahl mit ungesäuertem Brot zu feiern, wird von den Orthodoxen für unerlaubt gehalten.

---

[20] Trembelas, Panagiotis: Der orthodoxe christliche Gottesdienst, in: Die orthodoxe Kirche in griechischer Sicht, a.a.O., 157-169. 167f.

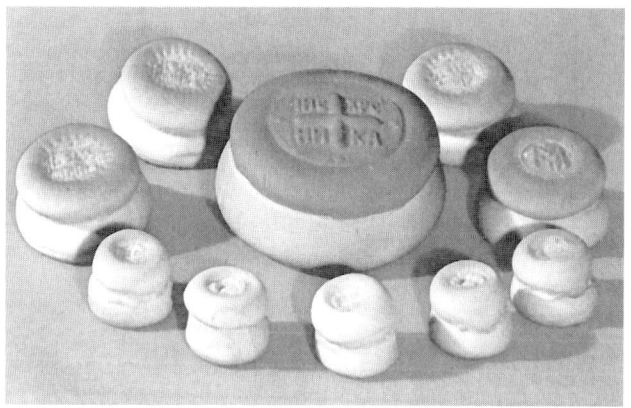

Prosphoren

Diese Frage der „*Azymen*" war seit dem Mittelalter einer der Hauptkontroverspunkte zwischen dem christlichen Osten und dem Westen. Sie spielt bis in dieses Jahrhundert in der orthodoxen Polemik eine Rolle und ist mit dem Vorwurf des „Judaismus" verbunden. Das Problem hat seinen Ursprung in der Frage, ob das letzte Abendmahl Jesu ein Passahmahl war.

Der mittlere Teil des Brotlaibes (Prosphora) wird in einem besonderen Ritus (Proskomidie) vor Beginn des Gemeindegottesdienstes herausgeschnitten und für die Eucharistie zubereitet.[21] Die Reste des Laibes werden kleingeschnitten und am Ende des Gottesdienstes als Segensbrot (Antidoron) an die gesamte Gemeinde – oft auch an nicht-orthodoxe Gäste – verteilt. Es ist nicht mit der Kommunion zu verwechseln.

Dem Wein wird *heißes Wasser* beigemischt, um an das Wasser zu erinnern, das aus der Seitenwunde des Gekreuzigten floß (Joh 19,34). Den Gläubigen wird die Kommunion heute mit einem Löffel aus dem Kelch gereicht, in dem Brot und Wein vermischt wurden. Dieser Brauch hat sich relativ spät wohl aus Sorge um Verschütten oder unwürdigen Gebrauch des Abendmahlsbrotes durchgesetzt. Die abendländische Pra-

---

[21] Vgl. S. 43.

Abendmahlsgeräte

xis des Mittelalters, den Laien nur das Brot zu reichen, wurde im Osten immer verworfen. Die Reste des Heiligen Abendmahls werden nach dem Gottesdienst vom Priester oder Diakon verzehrt. Für orthodoxes Verständnis ist dies der einzig mögliche sachgerechte Umgang mit den Resten der Kommunion.[22]

---

[22] Die von manchen evangelischen Pfarrern geübte Praxis des Wegschüttens der Kelchreste macht für orthodoxes Empfinden jedes Bekenntnis zur Realpräsenz unglaubwürdig. In der evangelischen Praxis sollte sich der Verzehr der Reste als einzig angemessener Umgang mit dem Hl. Abendmahl endgültig durchsetzen. Vgl. dazu: Taufe, Eucharistie und Amt, Konvergenzerklärung der Kommission für Glauben und Kirchenverfassung des ÖRK; Frankfurt/M.-Paderborn 1982, Eucharistie 32.

Kinder empfangen die Eucharistie

Ein Teil der am Gründonnerstag gewandelten Gaben wird auf dem Altar für den Fall der Krankenkommunion aufbewahrt. Jede Verehrung einer konsekrierten „Hostie" außerhalb der Eucharistie oder bei Prozessionen ist der Orthodoxie fremd.

Die Gemeinde gehört wesentlich zur Abendmahlsfeier dazu. Sie bringt die eucharistischen Gaben und sich selbst Christus dar, und er kommt zu ihr. Eucharistiefeiern ohne Gemeinde („Stille Messen") sind nicht üblich.

In ihrer Abendmahlsfrömmigkeit sind die orthodoxen Christen stark von der Sorge erfüllt, sich nicht durch mangelhafte Vorbereitung gegen den Leib und das Blut Christi zu versündigen (vgl. 1. Kor 11,27ff). Deshalb ist der Abendmahlsempfang ein relativ seltenes und intensiv vorbereitetes Ereignis. Ein ein- oder mehrtägiges Fasten unter Gebet sowie die Beichte gehen der Kommunion voraus. Der orthodoxe Christ soll zumindest viermal im Jahr in der großen Fastenzeit vor Ostern und an hohen Festtagen zum Heiligen Abendmahl gehen. An vielen Sonntagen des Jahres kann man beobachten, daß es kaum Kommunikanten gibt. Da der orthodoxe Christ es gewohnt ist, die Göttliche Eucharistie betend mitzufeiern, auch wenn er nicht an der Kommunion teilnimmt, ist ihm das

Gefühl fremd, ohne Abendmahlsempfang nur halb dabeige-
wesen zu sein.

So ist der Orthodoxie auch das Drängen vieler Nichtortho-
doxer zur Teilnahme an der orthodoxen Kommunion oder gar
nach offener Interkommunion zwischen den getrennten Kirchen nicht einleuchtend. Christen anderer Kirchen sind zur
Teilnahme an der Kommunion in der Göttlichen Liturgie
nicht eingeladen. Vor allem deshalb, weil es noch keine Einheit im Glauben gibt und die gemeinsame Feier des heiligsten
aller Mysterien und die gemeinsame Kommunion als tiefste
und letzte Besiegelung der Einheit in Christus betrachtet wird,
auf keinen Fall aber als Mittel oder Weg zu dieser Einheit.[23]

3.4. Buße und Beichte

Die Beichte ist seit vielen Jahrhunderten für die orthodoxen
Christen meist eine Voraussetzung für den Empfang des Heiligen Abendmahls. In ihr wird der bußfertige Mensch vom
Priester oder Bischof von den nach der Taufe begangenen Sünden entbunden. Voraussetzung für die Lossprechung sind:
– eine intensive Gewissenserforschung
– die vorherige Versöhnung mit Menschen, denen man Unrecht getan hat
– Reue über die Verfehlungen und die feste Absicht, sie nicht
  zu wiederholen
– das Sündenbekenntnis vor Jesus Christus, bei dem der Priester Zeuge ist.

Bei der Gewissenserforschung und der Beichte nehmen die
Mönche und Klöster bis heute eine wichtige Stelle ein. Viele
orthodoxe Christen suchen den geistlichen Rat und die seelsorgerliche Weisheit der Mönche. Diese Praxis geht auf eine
frühchristliche Tradition des Ostens zurück, in der die bis
heute im Volk lebendige Vorstellung zum Ausdruck kommt,
daß der Seelenarzt durch persönliche Heiligkeit ausgezeichnet
sein müsse. Die charismatische Bußverwaltung auch durch
Laienmönche scheint sich bis etwa zum 14. Jh. gehalten zu

---

[23] Vgl. dazu: Konstantinidis, Chrysostomos: Interkommunion aus der
Sicht der Orthodoxie, in: Eucharistie – Zeichen der Einheit, Regensburg
1970, 86-98.

haben. Seitdem aber wird die Lossprechung von den Sünden nur vom Priester, dem Priestermönch (gr.: Ieromónachos, ksl.: Ieromonách) oder dem Bischof vollzogen, denn sie werden als die alleinigen Nachfolger der Apostel betrachtet, denen Christus die Vollmacht des Lösens und Bindens erteilt hat (Mt 16,19; Joh 20,23).

Ausführliche seelsorgerliche Gespräche vor und nach der Beichte sind häufig. Priester und Mönche werden dabei als geistliche Väter betrachtet und deshalb auch so angeredet.

Der Beichtvater weiß sich als Sünder freilich immer mit dem Beichtenden solidarisch. Der eigentlich Handelnde bei der Lossprechung ist Gott selbst. Sehr deutlich wird dies in der Lossprechungsformel:

> „Mein geistliches Kind, das du meiner Niedrigkeit beichtest, ich geringer und sündiger Mensch kann auf Erden keine Sünde nachlassen; nur Gott kann es. Aber um jenes göttlichen Wortes willen, das unser Herr Jesus Christus nach seiner Auferstehung zu den Aposteln gesagt hat: ‚Welchen ihr die Sünden nachlasset' usw., im Vertrauen auf jenes Wort wagen auch wir zu sagen: was du meiner geringsten Niedrigkeit gesagt und was du nicht von dir aus gesagt hast, sei es aus Unwissenheit oder aus Vergeßlichkeit, das verzeihe dir Gott in dieser Welt und in der kommenden. Der Gott, der dem David seine Sünden durch den Propheten Nathan vergeben hat, nachdem er sie bekannt, und der dem Petrus die Verleugnung verziehen hat, als er bitterlich geweint, und welcher der Dirne, die seine Füße mit Tränen benetzt, und dem Zöllner und Prasser vergeben hat, derselbe Gott vergebe dir alles durch mich sündigen Menschen jetzt in dieser Welt und in der kommenden und lasse dich schuldlos treten vor seinen furchtbaren Richterstuhl."[24]

Im Unterschied zur späteren abendländischen Tradition behielt die Lossprechung im Osten eine fürbittende Formulierung (deprekativ) bei.

Wichtiger Bestandteil der Buße sind die sog. „Bußstrafen" *(Epitimien)*. Dies können Gebete, Verbeugungen vor Christus (Metanien), Wallfahrten, gute Werke oder Fasten sein – in schweren Fällen auch Ausschluß vom Heiligen Abendmahl auf Zeit. Die Epitimien werden vom Beichtvater dem Beichtenden auferlegt und sollen teilweise auch die Lossprechung vor-

---

[24] Deutsche Übersetzung nach Heiler. a.a.O., 174f.

bereiten. Sie haben jedoch keine genugtuende (satisfaktorische) Bedeutung, sondern sollen therapeutisch den Menschen bei der Überwindung konkreter Sünden schulen und bessern. Die Annahme solcher Epitimien durch den Büßenden wird als Zeichen ehrlicher Reue verstanden.

Dieses therapeutische Verständnis der Buße, deren Ziel es immer bleibt, den Sünder zum Heil in Christus zurückzuführen, stellt hohe Anforderungen an die seelsorgerliche Weisheit des Beichtvaters. Er wird bildlich ganz als Arzt verstanden, dessen Therapie den Leidenden zur Gesundung führen soll. Eindrücklich beschrieben wird dies im *Kanon 102* des *Concilium Quinisextum (692 n. Chr.)*:

> „Wer von Gott die Vollmacht des Lösens und Bindens empfangen hat, muß die Beschaffenheit der Sünde und die Bereitschaft des Sünders zur Umkehr in Betracht ziehen und so auf geeignete Art und Weise die Therapie der Krankheit vornehmen, damit nicht durch ein unangemessenes Vorgehen in die eine oder andere Richtung das Heil des Leidenden verfehlt wird.
>
> Denn die Sünde ist keine einfache Krankheit, sondern mannigfaltig und verschiedenartig, und sie bringt viele Auswüchse hervor. So verteilt sich das Übel immer mehr und schreitet fort, bis es Widerstand erfährt durch die Kraft des Therapierenden.
>
> Wer also die geistliche Heilkunst beweisen will, der muß zuerst den Zustand des Sünders beobachten, also ob er mehr zur Gesundheit tendiert oder ganz im Gegenteil durch eigenes Verhalten die Erkrankung bei sich selbst hervorruft, und darauf achten, daß er sich dabei vor einem Rückfall vorsieht; ebenso ob der Patient dem Fachmann Widerstand entgegensetzt und ob die Wunde der Seele durch die Anwendung der auferlegten Medizin größer wird und so nach dieser Maßgabe die Barmherzigkeit zumessen. Denn alles kommt Gott darauf an – und dem, der die pastorale Führung übernommen hat –, das verirrte Schaf zurückzuführen und den von der Schlange Verwundeten zu heilen.
>
> So soll er weder an den Abgrund der Verzweiflung drängen noch die Zügel in Richtung Resignation und Lebensverachtung lockern, sondern immer auf eine Art und Weise dem Leiden entgegenwirken – sei es durch strengere und härtere oder durch sanftere und mildere Medikamente – und so zur Heilung der Wunde kämpfen für den, der die Früchte der Buße probiert, und den zum himmlischen Glanz berufenen Menschen weise anleiten. Wir müssen uns deshalb auf beides verstehen, auf die Erfordernisse der strengen Disziplin wie auf die Erfordernisse der Praxis.“[25]

---

[25] Deutsche Übersetzung: H. Ohme.

Das therapeutische Verständnis der Buße verhinderte im christlichen Osten die Entstehung eines ausgeformten Ablaßwesens und der damit verbundenen Mißbräuche der Buße, die im lateinischen Westen zum auslösenden Faktor der Reformation wurden. Der Protest gegen das römisch-katholische Ablaßwesen und die damit verbundene Lehre vom geistlichen Schatz der Kirche (thesaurus ecclesiae) gehört bis in die Neuzeit zur antilateinischen orthodoxen Polemik.

In der orthodoxen Kirche gibt es keine Beichtstühle. Der Beichtende steht dem Priester in der Kirche frei gegenüber, eine Hand meist auf ein danebenstehendes Pult mit einer Ikone gelegt. Der Priester spricht das Lossprechungsgebet unter Handauflegung und Auflegung seiner Stola (Epitrachilion).

Neben der Einzelbeichte gibt es auch noch öffentliche Buß- und Beichtgottesdienste. Den orthodoxen Christen wird die häufige Beichte empfohlen.

3.5. Krankensalbung

Die Krankensalbung ist das Sakrament zur Heilung und Gesundung der Seele und des Körpers. Es wird *„Euchelaion"*, „Öl des Gebetes", genannt und in einem ausgedehnten Gebetsgottesdienst nach Möglichkeit von sieben Priestern erteilt. Die Siebenzahl soll an die sieben Gaben des Heiligen Geistes erinnern.[26] Die Orthodoxie hat in diesem Sakrament nie ein Sterbesakrament gesehen („letzte Ölung"), sondern eine Wirkung der Gnade Gottes zur Heilung von seelischen und körperlichen Krankheiten. Es wird „allen Getauften, den Großen und Kleinen, den Kranken und den Gesunden, gewährt und in Dringlichkeitsfällen wiederholt".[27]

Die biblische Begründung für diese Praxis sieht man in dem Bericht über die Aussendung der Zwölf durch Christus, von denen es dann heißt: „und sie trieben viele böse Geister aus und salbten viele Kranke mit Öl und machten sie gesund" (Mk 6,13).

---

[26] Vgl. Jes 11,2 in der Übersetzung der LXX.
[27] J. N. Karmiris, Abriß ..., a.a.O., 112.

Die Aufforderung des Jakobus: „Ist jemand unter euch krank, der rufe zu sich die Ältesten der Gemeinde, daß sie über ihn beten und ihn salben mit Öl im Namen des Herrn" (Jak 5,14), legt ebenfalls den Schluß nahe, daß die Praxis der Krankensalbung bis in die ältesten Zeiten der Christenheit zurückreicht.

Die Priester salben dabei Stirn, Nase, Wangen, Mund, Brust und beide Seiten der Hände kreuzförmig mit einem Pinsel, der in Öl getaucht wird. Dabei wird folgendes Gebet gesprochen:

> „Oh heiliger Vater, Arzt der Seelen und der Leiber, der du deinen eingeborenen Sohn, unseren Herrn Jesum Christum gesandt hast, daß er alle Krankheit heile und uns vom Tode erlöse, heile diesen deinen Diener von der ihn umfangenden leiblichen und geistlichen Schwäche und belebe ihn durch die Gnade deines Christus auf die Fürbitte der hochheiligen Herrin, der Gottesgebärerin und immer-während Jungfrau Maria, durch den Schutz der erhabenen, kör-perlosen Himmelsmächte, des hehren, ruhmvollen Propheten, Vor-läufers und Täufers Johannes, der heiligen, ruhmvollen und glor-reichen Apostel, der heiligen, ruhmvollen und siegreichen Märty-rer, der heiligen und gotterfüllten Väter, der heiligen und unei-gennützigen Ärzte Kosmas und Damian usw. (folgen weitere Namen), der heiligen und gerechten Vorfahren Gottes Joachim und Anna und aller Heiligen; denn du bist die Quelle der Heiligungen, oh Gott, unser Gott, und dir senden wir empor Lob und Preis, dem Vater und dem Sohne und dem Heiligen Geist jetzt und immerdar und von Ewigkeit zu Ewigkeit."[28]

In vielen orthodoxen Gemeinden wird an einem bestimm-ten Tag in der Fastenzeit – meist am Mittwoch der Karwoche – das „Euchelaion" für alle an Leib und Seele Erkrankten ge-spendet.

3.6. Ehe

Im Epheserbrief wird die Ehe als ein Abbild des „Großen Mysteriums", der Vereinigung von Christus und der Kirche, geschildert (Eph 5,13ff). Die Orthodoxie sieht mit der rö-misch-katholischen Kirche in Epheser 5 den Grund, auch die

---

[28] Übersetzung nach F Heiler, a.a.O., 187.

Ehe zu den Sakramenten zu zählen. Nach orthodoxem Verständnis sind es freilich nicht die Brautleute, die sich durch ihr Jawort das Sakrament selber spenden. Vielmehr nimmt man ein schrittweises Zustandekommen der sakramentalen Ehe an. Dazu gehören: das Schließen eines Verlöbnisses, das Eheversprechen und der Ritus des Sakramentes selbst.

Deshalb fragt der Priester zu Beginn den Bräutigam und dann entsprechend die Braut: „Hast du, N. N., den guten und ungezwungenen Willen und die feste Absicht, diese N. N., die hier bei dir steht, zur Frau zu nehmen?" Der Bräutigam antwortet mit „Ja". Dann fragt der Priester: „Hast du auch keinem anderen Mädchen die Ehe versprochen?" Der Bräutigam antwortet: „Nein!"

Das in diesem Zusammenhang gesprochene „Ja" gilt nur als Einleitung zur eigentlichen Trauung, bei der die Brautleute mit besonderen Kronen oder Kränzen gekrönt werden.[29] Die Hochzeit wird deshalb auch einfach „Krönung" genannt. Wenn den Brautleuten die Kronen aufgesetzt sind, segnet der Priester sie mit den Worten: „Es wird gekrönt der Knecht Gottes N. für die Magd Gottes N.; es wird gekrönt die Magd Gottes N. für den Knecht Gottes N. Im Namen des Vater und des Sohnes und des Heiligen Geistes." Dreimal bittet er Gott: „Herr, unser Gott, kröne sie mit Herrlichkeit und Ehre." Dann schreitet das Paar in der Mitte der Kirche um das Ikonenpult herum, wobei der Priester mit dem Kreuz vorangeht. Mancherorts werden auch die Hände der Brautleute zusammengebunden. Diese und andere Riten sollen die Zusammengehörigkeit der neuen Ehe darstellen, die unter dem Segen und der Leitung Gottes steht und deren Unauflöslichkeit betont wird.

In allen orthodoxen Kirchen wurden und werden Ehen auch geschieden. Eine ganze Reihe von Gründen[30] macht die Auflösung einer Ehe und dann auch eine zweite und dritte kirchliche Eheschließung möglich. Diese ist jedoch mit einem Bußritus verbunden und wird liturgisch schlichter gefeiert.

---

[29] In Griechenland wird derselbe Ritus mit einem Blütenkranz vollzogen.
[30] Vgl. F. Heiler, a.a.O., 497.

Trauung: Krönung der Brautleute

86

Bei „*Mischehen*" zwischen evangelischen und orthodoxen Christen kommt es vor, daß die von einem evangelischen Pfarrer gehaltene Trauung vom orthodoxen Ehepartner – und seiner Familie – als nicht ausreichend betrachtet wird, und es dann häufig zu einer zweiten orthodoxen Trauung kommt. Dies hängt damit zusammen, daß die Orthodoxie nur die von einem in ihrem Sinn sakramental geweihten Priester gesegnete Ehe als gültige sakramentale Ehe betrachtet.

3.7. Ordination zum Amt des Diakons, Priesters und Bischofs

Die Ordination wird in der Ostkirche „Handauflegung" *(Cheirotonia)* genannt, ein Begriff, der schon im Neuen Testament (Apg 14,23) für die Einsetzung der Ältesten durch die Apostel Paulus und Barnabas benutzt wird. „In diesem Sakrament wird durch Gebet und Handauflegung der Heilige Geist auf den zu weihenden Kandidaten herabgerufen, der ihn zum Diakon, Presbyter oder Bischof macht. Durch dieses Sakrament, vollzogen durch einen rechtmäßig gewählten und geweihten Bischof, werden die drei Ämter, des Diakons, des Presbyters und des Bischofs, von den Aposteln bis heute fortgesetzt. Der Bischof ist der Nachfolger der Apostel."[31]

Für die Orthodoxie ist also das „System einer dreistufigen *Hierarchie*"[32] bindend. Gleichzeitig wird aber betont, „daß eine grundlegende gegenseitige Abhängigkeit zwischen dem Priesteramt und der konkreten Gemeinschaft der Kirche besteht." „Der beziehungshafte Charakter des Priesteramtes" erfordere, „daß es nichts Derartiges wie ‚un-geweihte' Personen in der Kirche gibt". Die zur Taufe und Myronsalbung gehörende Handauflegung enthülle deren Wesen als „das einer Weihe" und mache klar, daß der Getaufte „Glied eines bestimmten ‚ordo' in der eucharistischen Gemeinschaft" ist. So ist auch die hierarchische Struktur der Kirche in dem Sinne zu verstehen „wie die Heilige Dreifaltigkeit selber hierarchisch ist: aufgrund der Eigentümlichkeit der Beziehungshaftigkeit und nicht als

---

[31] A. Kokkinakis, a.a.O., 55.
[32] J. N. Karmiris, Abriß ..., a.a.O., 111.

Ergebnis eines ontologischen oder moralischen Bewertens und Richtens".[33]

Bei den „besonderen geweihten Ständen" wird nun aber die „besondere(n) Bedeutung des Hauptes jeder lokalen Gemeinschaft, des Bischofs", betont. „Gerade die Rolle des Bischofs als des sichtbaren Mittelpunktes der Einheit der eucharistischen Gemeinschaft hat ihn für die Einheit der Kirchen ... lebenswichtig und geradezu einzigartig gemacht. Das ist unter zwei Formen geschehen: der Apostolischen Sukzession und der Konziliarität."[34]

So hat diese Konzeption des kirchlichen Amtes unmittelbare Bedeutung für das Problem der Einheit der Kirche. Denn „die bischöfliche Nachfolge von den Aposteln her stellt in Leben und Bau der Kirche ... eine der Voraussetzungen ihrer Einheit dar".[35] So kann die Orthodoxie die Einheit der Kirche „nur als die vollständige Wiederherstellung des gesamten Glaubens und des gesamten bischöflichen Aufbaus der Kirche ins Auge fassen, der die Grundlage des sakramentalen Lebens der Kirche darstellt".[36]

Der Unterschied zwischen den drei Ämtern wird darin gesehen, daß der Priester die Sakramente in Abhängigkeit vom Bischof vollzieht, der Diakon ihm dabei hilft und der Bischof die Vollmacht hat, andere zu einem der drei Ämter zu weihen. Der Diakonat hat sich in der Orthodoxie als eigenständiges Amt erhalten. Diakone leiten z.B. die Gläubigen im gottesdienstlichen Gebet und sind häufig dem Bischof in seinen Aufgaben zugeordnet.

Titel wie *Patriarch, Metropolit, Erzbischof* für Bischöfe sowie *Archimandrit* und *Erzpriester* u. a. mehr für Priester bezeichnen lediglich kirchenrechtlich geordnete Leitungsfunktionen, oder es sind Ehrentitel.

---

[33] So: Zizioulas, Joannes D.: Priesteramt und Priesterweihe im Licht der östlichen orthodoxen Theologie, in: Der priesterliche Dienst V., Amt und Ordination in ökumenischer Sicht (Quaestiones Disputatae 50), hg. v. H. Vorgrimler, Freiburg u. a. 1973, 72-113, hier: 76.78.80.88.

[34] A.a.O., 103.

[35] So erklärten die orthodoxen Delegierten auf der 2. Vollversammlung des Ökumenischen Rates der Kirchen in Evanston 1954. Zitiert nach: Hans-Ludwig Althaus (Hg.), Ökumenische Dokumente. Quellenstücke über die Einheit der Kirche, Göttingen 1962, 150f.

[36] H.-L. Althaus, Ökumenische Dokumente, a.a.O., 151.

Die Handauflegung durch den Bischof bei der Ordination

Die Weihe selbst, die während der Eucharistie erteilt wird, ist von großer Schlichtheit. Zur zentralen Handlung der Handauflegung, bei der der Heilige Geist herabgerufen wird, treten vor allem die Versiegelung mit dem Kreuzzeichen und die Bekleidung mit den entsprechenden Gewändern. Bei der Bischofsweihe wird dem Kandidaten darüber hinaus das Evangelienbuch auf das Haupt gelegt, ein Hirtenstab überreicht und der neue Bischof inthronisiert. Es sollen mehrere Bischöfe sein – mindestens aber drei –, die einen Priester zum Bischof weihen.

Bei der Überreichung der Gewänder ruft der Bischof mehrfach laut „Axios" (Er ist würdig!). Die Gemeinde muß in diesen Ruf einstimmen, sonst gilt die Weihe als nicht gültig.

Diakone und Priester dürfen vor der Weihe heiraten. Eine zweite Ehe ist ihnen nicht erlaubt. Bischöfe müssen seit dem 7. Jahrhundert unverheiratet sein; sie sind Mönche.

Der Frage des *Priesteramtes der Frau* steht die Orthodoxie ablehnend gegenüber, denn die Frau sei zum hierarchischen Dienst nicht berufen.

Die theologische Begründung für diese Haltung haben die Vertreter aller orthodoxen Kirchen auf einer eigens zu diesem Thema durchgeführten *Konferenz im Jahre 1988 auf Rhodos* zusammengefaßt.[37] Es sind insgesamt 5 Gründe, die dort genannt werden:

1. Das Beispiel Christi, der keine Frauen in den Kreis der Zwölf berufen habe.

2. Die apostolische Lehre und Praxis, die keine Frauen ins Bischofsamt berufen habe.

3. Die paulinische Lehre über das Verhältnis von Frauen und Männern (1. Kor 11).

4. Das Beispiel der Gottesgebärerin, die in der Kirche keine sakramentale priesterliche Funktion ausgeübt habe, und dementsprechend das Kriterium der Analogie, wonach die Gottesgebärerin das Priesteramt zuerst hätte ausüben müssen, wenn es den Frauen bestimmt sei. Von grundlegender Bedeutung für diese Argumentation ist die Lehre einer „typologischen" Verhältnisbestimmung von Eva und Maria in Entsprechung zur

---

[37] Vgl. dazu. H. Ohme, Die orthodoxe Kirche und die Ordination von Frauen – zur Konferenz von Rhodos vom 30.10. bis 7.11.1988, in: ÖR 42 (1993), 52-65.

Adam-Christus-Typologie von Röm 5. Danach ist in Maria der „Typus" der in Christus erlösten Frau Wirklichkeit geworden. In ihr und ihrem Lebensvollzug sei Rolle, Aufgabe und Amt der Frau verwirklicht worden, und das Priestertum gehöre eben nicht dazu! Während die ersten drei Gründe auch in der westlichen theologischen Debatte eine Rolle spielen, handelt es sich hier um das Argument, das von der Orthodoxie als das wichtigste betrachtet wird.

5. Die Überzeugung, daß das Priesteramt in der bildhaften Erfahrung des Gottesdienstes und der Seelsorge Christus als das Haupt des Leibes bildhaft und personal vergegenwärtigt. Diese Realität des Priesteramtes könne von keiner Frau dargestellt werden.

Die Frage des Priesteramtes der Frau ist insgesamt für die orthodoxen Kirchen von so grundlegender Bedeutung, daß die Praxis der Frauenordination in anderen Kirchen als ein wesentliches Hindernis für die erstrebte Einheit der Kirche betrachtet wird.

Abschließend soll noch einmal auf die eingangs gemachte Beobachtung zur Anzahl der Mysterien hingewiesen werden. Die Gegenwart des Heiligen Geistes in der Kirche ist nicht auf die sieben Mysterien beschränkt, sondern bezieht auch die Weihe- und Segenshandlungen der Kirche mit ein. So sagt S. Bulgakov, daß auch diese Weihehandlungen „ihrer Wirkung nach die Gnade des Heiligen Geistes vermitteln ... und ... sich daher nicht von den sieben Sakramenten unterscheiden. Letztere sind nur die wichtigsten Erscheinungen der Kraft der Sakramentenhandlung, die der Kirche zueigen ist."[38] Zu den Weihehandlungen gehören alle priesterlichen Handlungen und die Gebete, Segnungen und Reinigungshandlungen über Personen, Orte, Elemente und Kultgegenstände. Die Formulare dafür finden sich im sog. „Großen Euchologion". Sie prägen das gesamte Leben des orthodoxen Christen auch außerhalb der Feier der Göttlichen Liturgie und der Mysterien.

Heinz Ohme

---

[38] Ders.: Die Orthodoxie, Trier 1996, 173, (L´Orthodoxie, Paris 1935, 156f).

4.0. DAS ORTHODOXE KIRCHENJAHR

4.1. Ein Gang durchs Kirchenjahr

Das orthodoxe Kirchenjahr „ist eine Predigt vom göttlichen Liebesgeheimnis, wie sie gewaltiger und herrlicher nicht aus dem Munde eines Predigers kommen könnte". „Was Vergangenheit scheint, wird unmittelbare Gegenwart; ein unaufhörliches ‚heute' erklingt in den liturgischen Texten."[1]

Im Zentrum steht der Festzyklus der *beweglichen Feste,* der ganz um das Osterfest kreist. Zu seiner Vorbereitung dient neben der vierzigtägigen Fastenzeit *(Tessarakoste)* die dreiwöchige Vorfastenzeit, insgesamt also zehn Wochen. Die achtwöchige österliche Freudenzeit bis zum Sonntag nach Pfingsten, dem orthodoxen Allerheiligensonntag, ist die Pentekoste.

Hinzu tritt der Jahreszyklus der *unbeweglichen,* an ein festes Datum gebundenen *Feste.*

Von diesen werden neben Ostern, dem Fest aller Feste, zwölf Hochfeste besonders hervorgehoben: 1. Christi Geburt, 2. Theophanie, 3. Begegnung des Herrn mit Simeon und Anna, 4. Palmsonntag, 5. Himmelfahrt, 6. Pfingsten, 7. Christi Verklärung, 8. Kreuzerhöhung, 9. Mariä Geburt, 10. Ein-

---

[1] Heiler, Friedrich: Die Ostkirchen, München/Basel 1971, 252. 251; vgl. zum Ganzen: H.-J. Schulz, Liturgie, Tageszeiten und Kirchenjahr ..., in: W. Nyssen (Hg.), Handbuch der Ostkirchenkunde, Bd. II, Düsseldorf 1989, 30-100.
An deutschen Textausgaben seien genannt:
1. Mysterium der Anbetung. Göttliche Liturgie und Stundengebet der Orthodoxen Kirche, hg. von Sergius Heitz, Köln 1986.
2. Liturgikon. „Meßbuch der byzantinischen Kirche", von Neophytos Edelby, Recklinghausen 1967.
3. K. Kirchhoff, Die Ostkirche betet. Hymnen aus den Tagzeiten der byzantinischen Kirche, Bd. I: Die Vorfastenzeit. 1.-3. Fastenwoche, Münster [2]1962; Bd. II: 4.-6. Fastenwoche. Die Heilige Woche, Münster [2]1963.
4. K. Kirchhoff, Osterjubel der Ostkirche, Hymnen aus der fünfzigtägigen Osterfeier der byzantinischen Kirche, Münster [2]1961.

führung der Gottesmutter in den Tempel, 11. Mariä Verkündigung, 12. Entschlafen Mariens.[2]

Neben die Christus- und Marienfeste treten die Feste der Apostel und der Heiligen, so daß jeder Tag dem Gedächtnis eines Heilsereignisses und/oder eines oder mehrerer Heiliger gewidmet ist. Das Kirchenjahr beginnt nach altrömischer Zählung am *1. September.* Im folgenden soll ein kurzer Gang durch seine wichtigsten Stationen versucht werden:

Unserer *Adventszeit* entspricht eine vierzigtägige Fastenzeit (vom 15. November bis 24. Dezember), die der Vorbereitung auf das Weihnachtsfest dient.

An den Samstagen vor und zu Beginn der Fastenzeiten[3] wird in besonderer Weise der *Verstorbenen* gedacht. Man besucht die Gräber der Verwandten und trägt eine Schüssel mit gesegnetem „Kolyva" (kut´ja), in Wasser gekochte Weizenkörner, die mit Rosinen, Mandeln, Zucker und Nüssen vermischt sind, wie andere Speisen und Getränke aufs Grab, ißt sie dort gemeinsam, zündet Lichter an und brennt Weihrauch ab.

Das Fest der *Geburt Christi* (25. Dezember) hat im Volksbrauchtum nicht die gleiche Bedeutung wie bei uns. Nach den Wochen des Weihnachtsfastens kommt vor allem dem Weihnachtsmahl Bedeutung zu. Der Weihnachtsbaum ist in der orthodoxen Kirche eigentlich unbekannt, aber in einigen Kirchen ins Brauchtum vorgedrungen. In Griechenland z.B. wird er meist aber erst am Vorabend des Neujahrsfestes geschmückt, der auch der Termin für das Austauschen von Geschenken ist. Der Neujahrstag ist dem Hl. Basilius gewidmet.

Eines der höchsten Feste im Kirchenjahr ist im christlichen Osten das Fest der *Theophanie* am 6. Januar, das Gedächtnis der Taufe Christi, in der sich seine Gottessohnschaft und die Heilige Dreifaltigkeit offenbaren (vgl. Mk 1,11). Im Gedenken daran erfolgt an diesem Tag die Wasserweihe, die am Meer, an einem Fluß, einem See, einer Quelle oder auch einem großen Wasserbecken stattfindet. Der Priester besucht mit geweihtem Wasser die Häuser und segnet damit alle Räume. Bei einer zweiten Wasserweihe am Festtag wird z.B. in Griechenland ein Kreuz in das Wasser geworfen als Andenken

---

[2] Für diese Feste ist auch in den meisten Ikonostasen die sog. „Festtagsreihe" reserviert. Vgl. S. 131f.
[3] Vgl S. 27.

an das Untertauchen Christi im Jordan. Sofort danach stürzt sich eine Anzahl von jungen Männern ins Wasser, um das Kreuz zu finden.

Am 2. Februar – also, dem biblischen Bericht (Lk 2,22ff) entsprechend, vierzig Tage nach Weihnachten – wird das *Fest der Begegnung* des Herrn mit Simeon und Anna gefeiert. Es schließt den Festkreis um Menschwerdung und Erscheinung des Gottessohnes ab.

Die dreiwöchige *Vorfastenzeit* umfaßt die vier Sonntage: des Zöllners und Pharisäers (nach dem Evangelium Lk 18,10-14), des verlorenen Sohnes (Lk 15,11-32), des Fleischverzichts (weil nun das Fleischessen aufhört) und des „Käseessens" (weil an diesem Tag auch das Essen von Milcherzeugnissen und Eiern zu Ende geht). Durch das Evangelium des Sonntags (Mt 6,14-21) angeleitet, bitten orthodoxe Christen an diesem Tag gegenseitig um Vergebung für Verfehlungen. Mit dem folgenden Montag beginnt die fünfwöchige Fastenzeit, in der die Göttliche Eucharistie nur samstags und sonntags gefeiert wird, während am Mittwoch und Freitag in Verbindung mit dem Esperinos die „Liturgie der Vorgeweihten Gaben" an ihre Stelle tritt.[4]

Der erste Fastensonntag heißt *„Sonntag der Orthodoxie"* und ist dem Gedächtnis des endgültigen Sieges der Bilderverehrung im Jahre 843 n. Chr. gewidmet.

Am dritten Fastensonntag, dem *„Fest der Kreuzesverehrung",* trägt der Priester ein blumengeschmücktes Kreuz in die Mitte der Kirche. Nachdem er damit die Gläubigen gesegnet hat, wird es verehrt und das Kreuz Christi mit Lobgesängen gepriesen.

Die Woche zwischen Palmsonntag und Ostern, die *„Heilige Woche",* ist die am intensivsten geprägte Zeit des orthodoxen Kirchenjahres. Das Fasten wird an diesen Tagen mit größter Gewissenhaftigkeit eingehalten, und am Karfreitag wird in den meisten Familien nichts gegessen, getrunken, geraucht oder auch in Erinnerung an den Trank des Herrn am Kreuz Essig getrunken.

Am Montag der Karwoche wird vor allem in Griechenland die Ikone Christi mit der Dornenkrone in die Mitte der Kirche

---

[4] Vgl S. 40f.

getragen, wo sie während der Woche stehen bleibt. Am Dienstag der Karwoche wird im Abendgottesdienst das Evangelium der Nardenträgerin Maria Magdalena gelesen; hier mögen vor allem die orthodoxen Frauen nicht fehlen. Am Mittwoch empfängt man nach dem Gottesdienst das Euchelaion,[5] wobei Stirn, Wangen und Hände mit Öl bestrichen werden. Am Gründonnerstag findet neben der Liturgiefeier am Vormittag zum Gedächtnis der Einsetzung des Abendmahles mit großer Beteiligung an der Kommunion am Abend der „Gottesdienst der zwölf Evangelien" statt, die vom Leiden Christi handeln. Nach dem fünften Evangelium trägt der Priester ein großes Kreuz in die Mitte der Kirche, auf dem Kerzen entzündet werden und das die Gläubigen verehren und mit Kränzen und Blumen schmücken. Die Nacht vom Gründonnerstag auf den Karfreitag verbringen viele orthodoxe Christen mit einem nächtlichen Gebet in der Kirche. Am Karfreitag wird im Gottesdienst die Grablegung Christi dargestellt. Während der Verlesung des Evangeliums von der Kreuzabnahme und Grablegung Christi wird besonders in Griechenland der als Ikone gemalte Körper Christi vom Kreuz gelöst, in ein Leinentuch gelegt und in der Kirche aufgebahrt. Im Anschluß an den Gottesdienst wird das reichgeschmückte „Grab Christi" in der Kirche von den Gläubigen geküßt und mit Blütenblättern überhäuft. Zum Abschluß des Abendgottesdienstes wird dieses „Grab Christi" in Form eines Tuches, auf das der Leichnam Christi und die ihn beweinenden Frauen gestickt sind, in einer großen Prozession durch die Gemeinde getragen.

Der Karsamstag ist besonders dem Gedächtnis des Abstiegs Christi zu den Toten gewidmet. In der Osternacht versammelt man sich festlich geschmückt zur Auferstehungsfeier in der Kirche. Wenn der Priester das Evangelium von der Auferstehung verkündet hat und der Ostergesang erschallt: „Christus erstand von den Toten, besiegte den Tod im Tode und schenkte das Leben", werden die Glocken geläutet. Die Gläubigen begrüßen sich mit dem Gruß: „Christus ist auferstanden",[6] der beantwortet wird: „Er ist wahrhaftig auferstanden",[7]

---

[5] Vgl S. 83.
[6] Gr. Christós anésti; ksl.: Christós voskrése.
[7] Gr. Alithós anésti; ksl.: Voístinú voskrése.

und tauschen den Osterkuß aus. Dazu soll man mit allen versöhnt sein, und bestehende Feindschaften sollen vorher beendet werden. Danach wird im Familienkreis die Fastenzeit mit einem großen Festessen beendet.

Die ganze Woche nach Ostern, die den Namen „Weiße Woche" trägt, dauern die Osterfeierlichkeiten an.

Vierzig Tage nach Ostern wird das *Himmelfahrtsfest* gefeiert. Mit dem Pfingstfest, zu dem Häuser und Kirchen mit Zweigen und Blumen reich geschmückt werden, und dem Sonntag nach Pfingsten (Allerheiligen) schließt das Pentekostarion.

Zu den zwölf Hochfesten zählt die Orthodoxie das „Fest der *Verklärung Christi*" am 6. August (Evangelium: Mt 17,1-9) und das „Fest der *Kreuzerhöhung*" am 14. September, das an die Auffindung des Kreuzes Christi durch die Kaisermutter Helena im Jahre 326 n. Chr. und seine Zurückeroberung aus der Hand der Perser durch Kaiser Herakleios (628 n. Chr.) erinnert.

Schließlich gehören vier Marienfeste zu den zwölf Hochfesten: Das „Fest der *Geburt Mariens*" wird am 8. September gefeiert, das „Fest der *Einführung Mariens in den Tempel*" am 21. November. Die Festlegende beider Feste sind Berichte aus dem apokryphen Protevangelium des Jakobus.

Das „Fest *Mariä Verkündigung*" am 25. März hat das Evangelium Lukas 1,24-38 zur Grundlage; die Festlegende des „Festes des *Entschlafens Mariens*" am 15. August geht auf apokryphe Evangelienberichte zurück, die vom Heimgang der Gottesgebärerin inmitten der Apostel berichten.

4.2. Kalenderfragen

Weit verbreitet ist bei uns die Meinung, daß orthodoxe Christen das Weihnachtsfest am 6. Januar feiern. Dies trifft jedoch nicht zu. Für die Orthodoxie ist genauso wie für das abendländische Christentum seit dem 4. Jahrhundert der 25. Dezember das Datum des Weihnachtsfestes. Dennoch feiert ein Teil der orthodoxen Kirchen das Christfest am selben Tag wie wir (z.B. das Ökumenische Patriarchat von Konstantinopel, die Griechische Orthodoxe Kirche, die Rumänische Orthodoxe Kirche), während andere es erst dreizehn Tage später am 7. Januar und dessen Vorabend begehen (z. B. Russische Orthodoxe Kirche, Serbische Orthodoxe Kirche).

Das Osterfest und die von ihm abhängigen Zeiten und Feste, also der Zeitraum unserer Passions- oder Fastenzeit bis zum Pfingstfest, wird jedoch von allen orthodoxen Kirchen gemeinsam begangen. Aber nur selten fällt das orthodoxe Osterfest – und damit auch die von ihm abhängigen Feste und Zeiten – mit dem „westlichen" Ostertermin zusammen. Wie ist dies alles zu erklären?

Die Unterschiede im christlichen Festkalender zwischen Ost und West bestehen seit dem 24.2.1582, als Papst Gregor XIII. durch seine Bulle „Inter gravissimas" eine Reform des seit Julius Cäsar in Geltung stehenden sog. „Julianischen Kalenders" beschloß. Diese war sachlich gerechtfertigt und erforderlich; jedoch kam es bei ihrer Vorbereitung und Durchführung zu keiner Beteiligung der Orthodoxen und der Protestanten. So blieb nicht nur der christliche Osten dem Julianischen Kalender treu. Der neue Kalender stieß auch „bei Protestanten lange auf Widerstand, so daß nun ein prot. ‚alter' und ein kath. ‚neuer' Kalender ... nebeneinander bestanden. Erst im Laufe des 18. Jh.s nahmen nach und nach alle prot. Staaten den neuen Kalender an."[8]

Die orthodoxen Kirchen bewahrten ihre ablehnende Haltung bis ins 20. Jahrhundert hinein. Als dann einige orthodoxe Kirchen damit begannen, den „neuen" Kalender einzuführen (Ökumenisches Patriarchat und Kirche von Griechenland: 1923; Rumänische Orthodoxe Kirche: 1924), stand dieses Vorhaben unter keinem guten Stern. In einigen Diözesen des Ökumenischen Patriarchates und der Kirche von Griechenland regte sich beträchtlicher Widerstand, der zur Verweigerung der Reform und sogar zum Schisma führte. So hat etwa der heilige Berg Athos den „alten" Kalender beibehalten, und in der Kirche von Griechenland bildete sich eine bis heute bestehende schismatische Gruppe von sog. „Altkalenderianern" (Paläohemerologiten), die nach Hunderttausenden zählen und auch in der griechischen Diaspora weltweit vertreten sind.[9] Diese Erfahrung läßt andere orthodoxe Kir-

[8] Meyer, E.: Art. Chronologie IV. Christliche Zeitrechnung, in: Die Religion in Geschichte und Gegenwart³ I, 1814ff.
[9] Näheres dazu: Spuler, B.: Gegenwartslage der Ostkirchen, Frankfurt 1968, 210f.

chen bis heute zögern, einer Anpassung des Kalenders näherzutreten.

Hinzu kamen noch andere Probleme: bei der Russischen Orthodoxen Kirche etwa die Erfahrung, daß die Einführung des „neuen" Kalenders durch Lenin im Jahre 1918 eine Folge des Umsturzes war, der die Russische Orthodoxe Kirche aus ihrer Rolle als Staatskirche verdrängte. Eine päpstliche Reform, die von Kommunisten zwangsweise eingeführt wird: das waren Faktoren, die der sachlich durchaus erkannten Notwendigkeit einer Kalenderreform nicht unbedingt dienlich waren!

Heute finden sich orthodoxe Kirchen nun in einer Situation vor, in der sie etwa das Weihnachtsfest nicht mehr gemeinsam feiern können. Das führt – zumal in der Diaspora – zu beträchtlichen Schwierigkeiten. Alle orthodoxen Kirchen – samt denen, die die Kalenderreform durchführten – waren aber entschlossen, daß dies beim wichtigsten und ältesten Fest des Kirchenjahres, dem Osterfest, nicht passieren durfte. So entschieden sich auch die orthodoxen Kirchen mit „neuem" Kalender, bei der Berechnung des Osterfestes dem „alten" Kalender treu zu bleiben (eine Ausnahme macht hier nur die Finnische Orthodoxe Kirche, die auch Ostern nach „westlichem" Termin feiert). Dies freilich bedeutet nun in der Terminbestimmung des orthodoxen Osterfestes gegenüber dem „neuen" Kalender nicht nur die heute übliche Differenz von etwa dreizehn Tagen zwischen beiden Kalendern, sondern eine sich jährlich verschieden darstellende Differenz, wobei die Möglichkeit des Zusammenfallens beider Ostertermine durchaus gegeben ist. Der Grund dafür ist darin zu suchen, daß bei der Berechnung des Ostertermins der vom Sonnenjahr bestimmte Julianische und genauso der Gregorianische Kalender mit dem Mondjahr in Beziehung gebracht werden muß. Denn seit dem 1. Ökumenischen Konzil von Nizäa (325 n. Chr.) gilt – in Abhängigkeit und bei gleichzeitiger Abgrenzung von der Berechnung des jüdischen Passahfestes (14. Nisan) – für die Christenheit, daß der Ostertag auf den Sonntag nach dem ersten Vollmond nach Frühlingsanfang fällt. Frühlingsanfang ist zwar in beiden Kalendern der 21. März. Nachdem dieser Tag aber für beide Kalender dreizehn Tage auseinander liegt, kann dies für das Eintreten der Mondphasen eine viel größere Differenz in der Berechnung der Sonntage nach dem ersten Vollmond bedeuten.

Die orthodoxen Kirchen sind sich der Notwendigkeit einer Kalenderreform durchaus bewußt. Oft ist zu hören, daß eine Reform des christlichen Festkalenders mit einer umfassenden Reform des Gregorianischen Kalenders einhergehen müßte, über deren Notwendigkeit bei allen Fachleuten Einigkeit besteht. Ein panorthodoxer Kongreß hatte sich z.B. schon im Jahre 1923 in Istanbul dazu bereit erklärt, den Ostertermin auf ein festes Datum zu fixieren, „falls die anderen christlichen Kirchen zustimmten".

Die Kalenderfrage ist deshalb auch bei der I. Vorkonziliaren Panorthodoxen Konferenz 1976 in Chambésy als einer von zehn Punkten in die Tagesordnung des sich in Vorbereitung befindenden „Heiligen und Großen Konzils der Orthodoxen Kirche" aufgenommen worden. Bei der II. Vorkonziliaren Panorthodoxen Konferenz 1982 – ebenfalls in Chambésy – beschlossen die Vertreter der orthodoxen Kirchen freilich, „jegliche Prüfung dieser Frage auf eine günstigere Zeit ... aufzuschieben". In der Begründung für diesen Aufschub spiegelt sich die bei aller Einsicht in die wissenschaftlichen Erfordernisse mit dieser Frage verbundene innerkirchliche Problematik: „Abgesehen von einer wissenschaftlichen Genauigkeit betrifft diese Frage das kirchliche Bewußtsein der einen und ungeteilten Orthodoxie, deren Einheit durch nichts erschüttert werden darf." „Aufgrund der aktuellen Situation, in der sich die Kirche befindet, ist das Volk Gottes nicht vorbereitet oder jedenfalls nicht genügend informiert, um sich mit einer Änderung in der Frage der Festsetzung des Osterdatums auseinanderzusetzen oder eine solche anzunehmen." „Weder ein Kalender noch Meinungsverschiedenheiten darüber noch außerordentliche Situationen, die ein solcher hervorrufen kann, dürfen zu Trennungen, Verschiedenheiten oder gar Schismen führen."[10]

Heinz Ohme

---

[10] Metropolit Prof. Dr. Damaskinos Papandreou, Das panorthodoxe Konzil. Der aktuelle Stand der Vorbereitung. Überlegungen zu den Ergebnissen der zweiten Praekonziliaren Panorthodoxen Konferenz, aus: KNA – Ökumenische Information Nr. 48 und 49 vom 24.11.1982 und 1. 12.1982 jeweils S. 5-9 = Informationen aus der orthodoxen Kirche (IOK) N.F. Nr. 12, Frankfurt/M. 1982/2, 3-12.6f.

5.0. DAS GEHEIMNIS
DES DREIEINIGEN GOTTES

Der Glaube an den Dreieinigen Gott und das Bekenntnis zu ihm verbindet die christlichen Kirchen über alle Trennungen hinweg.

> „Um die Wahrheit des Evangeliums zu bezeugen und die Liebe des Dreieinigen Gottes zu preisen, hat die Kirche vor 1600 Jahren mit feierlichen Worten den christlichen Glauben bekannt ..., wir glauben an den einen Gott, den Vater, den Allmächtigen ... und an den einen Herrn Jesus Christus, Gottes eingeborenen Sohn, ... Gott von Gott, Licht vom Licht, wahrer Gott vom wahren Gott ... wir glauben an den Heiligen Geist, der Herr ist und lebendig macht' / ... / Dieses Bekenntnis zum Dreieinigen Gott ist das einzige ökumenische Glaubensbekenntnis, das die östliche und die westliche, die römisch-katholische und reformatorische Christenheit durch alle Trennungen hindurch verbindet. / ... / So wie Gott als Vater, Sohn und Geist in sich selbst kein einsames Wesen ist, so überläßt er uns auch nicht unserer sei es frommen, sei es gottlosen Selbstbezogenheit und Einsamkeit. / ... / Wie vor 1600 Jahren das Nizänische Bekenntnis die zerstrittene Christenheit einte, so sollte auch für uns Anlaß sein, dafür zu beten und zu arbeiten, daß die noch vorhandenen Kirchentrennungen überwunden werden."[1]

So formulierten im Jahr 1981 die leitenden Bischöfe der evangelischen, orthodoxen und römisch-katholischen Kirchen in der Bundesrepublik Deutschland in gemeinsamem Gedenken an das zweite Ökumenische Konzil von 381 in Konstantinopel, das das grundlegende Bekenntnis des ersten Ökumenischen Konzils in Nizäa (325) aufnahm, bestätigte und ergänzte.

---

[1] Erklärung zur 1600-Jahr-Feier des Glaubensbekenntnisses von Nizäa-Konstantinopel, Pfingsten 1981, Hg.: Sekretariat der Deutschen Bischofskonferenz, Bonn; Kirchenkanzlei der Evangelischen Kirche in Deutschland (EKD), Hannover.

Anders als in der reformatorischen gottesdienstlichen Tradition, wo dieses Bekenntnis, obwohl durch das Augsburger Bekenntnis von 1530 und das Konkordienbuch von 1580 als gültiges Bekenntnis und bleibende Norm der evangelisch-lutherischen Kirchen bestätigt, oft nur an hohen kirchlichen Festtagen Verwendung findet, ist es in der orthodoxen Tradition die einzige gebräuchliche Form des Glaubensbekenntnisses. Bei der Feier der Göttlichen Liturgie bekennen die orthodoxen Christen mit den Worten des Nizänums bis heute ihren Glauben.

Der Lobpreis und das Bekenntnis zum Dreieinigen Gott bildet für einen orthodoxen Christen die zentrale Mitte seines Glaubens und seiner Frömmigkeit. „Das unsagbare und unbegreifliche Geheimnis der Heiligen Dreieinigkeit ist das Fundament des christlichen Glaubens und seine einzige Quelle ... Die Offenbarung Gottes ist eine Offenbarung des Vaters, des Sohnes und des Heiligen Geistes, ..."[2]

Von dieser Mitte her und auf diese Mitte hin ist der Glaube und alle Hoffnung des orthodoxen Christen ausgerichtet, weil aus dem Handeln des Dreieinigen Gottes alles Geschaffene seine Herkunft hat. So entspringt auch die Vorstellung vom Aufbau und vom Leben der Kirche als der Gemeinschaft der getauften Gläubigen diesem Glauben an den Dreieinigen Gott. „In der Kirche widerspiegelt sich eindrucksvoll das Mysterium der göttlichen Dreifaltigkeit: die geheimnisvolle Identität und Verschiedenheit zugleich der drei wesensgleichen unterschiedlichen Personen, die nach der Vorstellung der Griechen in sich die Einheit und Verschiedenheit vereinen."[3]

An der ikonographisch weit verbreiteten Darstellung des Besuches der drei Männer bei Abraham im Hain Mamre wird dies deutlich sichtbar: „Und der Herr erschien ihm (Abraham) im Hain Mamre ... Und als er seine Augen aufhob und sah, siehe, das standen drei Männer vor ihm ..." (1 Mose 18,1+2) Dieser Besuch wird in der orthodoxen Tradition als eine Erscheinung der Dreieinigkeit Gottes schon im Alten Testament angesehen. In der Darstellung dieses Ereignisses durch den russischen Ikonenmaler Andrej Rubljov (frühes 15. Jahrhun-

---

[2] Radovic, Amphilochije: Das Geheimnis der Heiligen Dreieinigkeit, Thessaloniki 1973 (griechisch), 15.
[3] Kallis, Anastasios: Orthodoxie: Was ist das?, Mainz 1979, 31.

dert) werden die verschiedenen Elemente orthodoxer Trinitätstheologie veranschaulicht: Gott offenbart sich nicht in der Gestalt ewiger Einsamkeit, sondern ewiger Gemeinschaft. Der orthodoxe Gläubige erfährt in diesem Bild den Dreieinigen Gott als einen Gott der Liebe, dessen Wesen die Einheit und die Gemeinschaft in sich vereint. Die drei Männer, in deren Gestalt Gott Abraham erscheint, sind nicht voneinander zu trennen; keiner ist einem der anderen über- oder untergeordnet. Im Bild wird dies deutlich durch das allen dreien gemeinsame blaue Gewand, die Zepter und den Heiligenschein. In der orthodoxen Lehre vom Dreieinigen Gott wird durch dieses Bild zum Ausdruck gebracht, daß der Vater von Ewigkeit her ist und dem Sohn und dem Geist von Ewigkeit her das Leben schenkt. Der Sohn und der Heilige Geist sind von Ewigkeit her, weil der Vater sich ihnen durch alle Ewigkeit gegeben hat. Der Sohn (in der Mitte des Bildes) und der Heilige Geist (ganz rechts) leben, weil sie sich in der Hinwendung zum Vater (links) selbst hingeben. Jede der göttlichen Personen lebt nur für die andere; keine der göttlichen Personen kann getrennt von der anderen gedacht werden. Jede lebt das Leben der anderen Personen und gibt sich den anderen in seiner Gesamtheit, so daß die göttlichen Personen wesensgleich sind, sich gegenseitig durchdringen (Perichorese) und in alle Ewigkeit miteinander verbunden bleiben.

Die drei Personen der einen Gottheit sind durch ein immerwährendes Band der Liebe miteinander verbunden. Diese ewige Liebe innerhalb der Trinität wirkt in der Heilsgeschichte nach außen in die Schöpfung. Der Vater sendet den Sohn und den Geist aus Liebe in die geschaffene Welt, wie seine Handhaltung andeutet, damit die Welt gerettet und geheiligt werde und durch die göttliche Liebe Vollendung finde. Das Heilswerk gipfelt im Opfer des Sohnes, das in der Eucharistie der Welt vermittelt wird. Deshalb ist auf der Ikone der eucharistische Kelch das Zentrum, um das die drei göttlichen Personen versammelt sind. Nach orthodoxer Tradition sind Brot und Wein im Kelch miteinander vermengt.

Die Antwort eines orthodoxen Christen auf die Erfahrung der Gegenwart von Gottes unerschöpflicher Liebe als dem Spiegel der Liebe zwischen den Personen der Gottheit ist die Anbetung und der Lobpreis des Dreieinigen Gottes. So versteht die Orthodoxie das Glaubensbekenntnis nicht als einen

Troiza – Die hl. Dreifaltigkeit von Andrei Rubljow

dogmatischen Lehrsatz, in dem der Glaube an den Dreieinigen Gott definiert wäre. – Das Glaubensbekenntnis wird vielmehr selbst zu einem Stück des Lobpreises und der Anbetung, in dem zum Ausdruck kommt, daß das Geheimnis Gottes nur im Glauben erfaßt werden kann. Dieser Lobpreis des Dreieinigen Gottes bestimmt die Gebete und Hymnen des orthodoxen Gottesdienstes (s. S. 40ff.).

So beginnt der Gottesdienst mit dem Lobpreis des Dreieinigen Gottes: „Gepriesen sei das Reich des Vaters und des Sohnes und des Heiligen Geistes: jetzt und alle Zeit und von

103

Ewigkeit zu Ewigkeit." Die Gebete münden in eine Doxologie zu Ehren des Dreieinigen , dieser Lobpreis wird während des Gottesdienstes und zu allen Gebeten auch außerhalb der gottesdienstlichen Zeiten während des ganzen Tages ständig erneuert und wiederholt. Das Bekenntnis zum Dreieinigen Gott umschließt durch den Lobpreis das ganze Leben und alle Frömmigkeit des orthodoxen Gläubigen; es wird damit zur Mitte seines Glaubens. Die Hymnographie der Orthodoxen Kirche kennt viele poetische Formen dieses Bekenntnisses. Ein eindrückliches Beispiel bietet das Idiomelon des Kaisers Leon Vl. (886-912) aus der großen Vesper von Pfingsten (Pfingsten ist in der orthodoxen Tradition zugleich das Trinitatisfest, das in der evangelischen Kirche am Sonntag nach Pfingsten gefeiert wird):

> Die wesensgleiche Dreifaltigkeit laßt uns besingen!
> ... Kommt, Völker,
> laßt uns die dreipersönliche Gottheit anbeten,
> den Sohn im Vater mit dem Heiligen Geist.
> Denn zeitlos zeugte der Vater
> den gleichewigen, mitherrschenden Sohn.
> Und der Heilige Geist wird im Vater
> mit dem Sohn verherrlicht:
> eine einzige Macht, eine einzige Wesenheit,
> eine einzige Gottheit.
> Diese beten wir an, wobei wir sprechen:
> „Heiliger Gott,
> der durch den Sohn unter Mitwirkung des heiligen Geistes
> alles geschaffen hat.
> Heiliger, Starker,
> durch den wir den Vater erkannt haben
> und durch den der Heilige Geist in die Welt kam.
> Heiliger, unsterblicher Parakletos,
> der aus dem Vater hervorgeht und im Sohn ruht.
> Heilige Dreifaltigkeit, Ehre sei Dir."
> (aus: Robert Hotz, Gebete aus der Orthodoxen Kirche, Benziger Verlag, Zürich 1982, 97).

Aller gottesdienstliche Lobpreis bringt zum Ausdruck, daß die Heilige Dreieinigkeit die Grundlage des Heils der Gläubigen ist. „Nur weil ein dreieiniger Gott existiert, konnte eine der göttlichen Personen Mensch werden ... Durch den menschgewordenen Sohn treten wir zum Vater und sprechen mit ihm wie Kinder und Söhne ... Ein Gott, der nur als Einzelperson bestünde, hätte nicht die ewige Liebe und Gemeinschaft in sich, in die er auch die Menschen einbeziehen wollte."[4]

Aus diesem Grunde wird verständlich, wieso das eingangs genannte Glaubenssymbol von 381 in der Orthodoxen Kirche eine so zentrale Stellung einnimmt. Mit den Worten dieses Bekenntnisses ist ausgesagt, daß die göttlichen Personen eines Wesens sind (homoousios) und miteinander und ohne Unterschied in gleicher Weise angebetet werden. In das Glaubenssymbol von 381 wurde allerdings im Westen als Zusatz beim dritten Artikel über den Heiligen Geist das ‚filioque‘ eingefügt. Dies bedeutet, daß die Christen im Westen nun bekannten: Der Heilige Geist geht vom Vater und vom Sohn aus (filioque). Die Entwicklung zur Einfügung dieses Zusatzes hatte im Westen schon früh begonnen. Der Satz war aus der Theologie Augustins abgeleitet und hatte in Spanien zunächst in private Glaubensformeln Eingang gefunden. Auf dem 3. Konzil von Toledo (589) erlangte das ‚filioque‘ für die spanische Kirche offizielle Gültigkeit. Von dort aus wurde dieser Zusatz unter der Regierung Karls des Großen in der fränkischen Kirche übernommen. In Rom wurde das ‚filioque‘ erst unter Papst Benedikt VIII. (1012-1024) zusammen mit dem gesungenen Glaubensbekenntnis in die Messe eingefügt.[5]

Die Einfügung des ‚filioque‘ ins Nizänische Glaubensbekenntnis zeigt, daß man im Westen das Geheimnis der Dreieinigkeit Gottes von einer anderen Seite aus betrachtete. „Im Osten tendierte man dazu, von der Dreiheit Vater (Schöpfer), Sohn und Geist auszugehen und nach der Einheit Gottes zu fragen, im Westen dagegen setzt man eher die Einheit voraus und fragt nach dem Sinn der Auffächerung in drei Personen."[6]

Dies führte dazu, daß man im Westen oftmals in der Gefahr stand, Vater, Sohn und Heiligen Geist nicht als Personen der göttlichen Dreieinigkeit, sondern als Seinsweisen des einen Gottes (modal) zu verstehen. Der Heilige Geist insbesondere wurde entpersonalisiert und teilweise nur noch als das ‚Band

---

[4] Staniloae, Dumitru: Orthodoxe Dogmatik, Gütersloh 1985, 259f.
[5] Vgl. zum Ganzen: Link, Hans-Georg: Gemeinsam glauben und bekennen, Handbuch zum Apostolischen Glauben, Neukirchen-Vluyn/Paderborn 1987.
[6] Ritschl, Dietrich: Ökumenelexikon, Frankfurt 1983, Artikel „Trinität", Spalte 1179.

der Liebe' zwischen Vater und Sohn aufgefaßt. Damit bestand die Tendenz, innerhalb der göttlichen Trinität eine Reihe von Ober- und Unterordnungen zwischen den Personen einzutragen. Diese Anschauung geht letztlich auf einen Analogieschluß zurück. Demzufolge spiegele sich in der Offenbarung Gottes in der Geschichte der Welt (ökonomische Trinität) das interne ewige Verhältnis der göttlichen Personen zueinander, wie es bereits vor aller Zeit war (immanente Trinität).

Der orthodoxe Christ dagegen geht zwar von dem allein erfahrbaren Handeln der drei göttlichen Personen in der Zeit aus, zieht aber aus dieser Erfahrung keinen Rückschluß auf das ewige Wesen, die Natur (Ousia) Gottes. Die Ousia Gottes bleibt für die menschliche Erkenntnis unzugänglich und ist ihr unerreichbar. Gott offenbart sich jedoch dem Menschen als seinem Geschöpf in der Zeit und vollendet im Prozeß der Heilsgeschichte sein Erlösungswerk. Aus der liebenden Zuwendung des Dreieinigen Gottes zu seiner Schöpfung ist die Existenz Gottes offenbar; sein Wesen bleibt jedoch unbekannt. „Was Gott also ist, ist offenbar; was er aber dem Wesen und der Natur nach ist, dies ist gänzlich unbegreiflich und unbekannt."[7]

> „Gott ist und bleibt der unerschaffene Schöpfer, während der Mensch ein Geschöpf ist und bleibt ... Das unerschaffene Wesen Gottes, das sein Anderssein bedingt, bleibt für den Menschen unzugänglich und unerreichbar. Gleichzeitig offenbart sich aber der seinem Wesen nach unzugängliche und unerreichbare Gott der Welt und wird den Menschen durch seine Wirkungen (die orthodoxe Theologie sagt Energien) kenntlich und zugänglich."
> (Galitis, Mantzaridis, Wiertz: Glauben aus dem Herzen, München 1987, 88)

Diese göttlichen Energien sind nicht geschaffen, weil Gott selbst ungeschaffen ist. Da der Mensch jedoch nach dem Bilde Gottes geschaffen ist (1 Mose 1,26f) und dieses Bildnis in sich trägt, kann er Gott in der Offenbarung seines Wirkens (seiner Energien) in der Heilsgeschichte erkennen. Alles Vollkommene in der Schöpfung wird auf diese Weise auf Gott bezogen: das Gute, die Weisheit, das Leben, die Liebe .... Diese Energien erfährt der orthodoxe Christ nicht als namenlose, abstrakte Wirkungsweisen Gottes, sondern immer in der perso-

---

[7] Johannes von Damaskus, Expos. Fid. Orth. 1,8. M.P.G. 94, col 797.

nalen Beziehung zu den Personen des Dreieinigen Gottes. Die göttlichen Personen sind das Subjekt der dem Menschen gebrachten ungeschaffenen Energien. Gott wird „durch seine Gnade für den Menschen zugänglich, obwohl er seinem Wesen nach unzugänglich bleibt".[8]

Das Wirken (die Energien) der drei göttlichen Personen kann nicht voneinander getrennt werden. Eine Person bewirkt nichts ohne die beiden anderen; der Wille und die Werke des Dreieinigen Gottes sind unteilbar, weil dieses Wirken in der Wesensgleichheit (Homoousie) und der gegenseitigen Durchdringung (Perichorese) der drei Personen der Trinität ihren Ursprung hat.

Gregorios Palamas (1296-1358) nennt dies das Geheimnis der „Heilsökonomie", daß Gott als einer und drei geglaubt wird; der Vater allein ist die Ursache des Sohnes und des Geistes. Deshalb sind ihnen alle Macht und alle Gaben gemeinsam. Sie teilen sich im Prozeß der Heilsgeschichte die Zeit auf; jede einzelne göttliche Person erscheint für sich in der Zeit und bringt mit sich auch die beiden übrigen zum Vorschein.[9]

> „Die Offenbarung des Dreieinigen Gottes wird in der Bibel als allmähliche Entfaltung des Heilswerkes Gottes in der Geschichte dargestellt ... Diese Geschehnisse sind nicht als voneinander losgelöste Taten der drei Personen zu verstehen; jede der göttlichen Hypostasen hat an der ganzen Heilsökonomie vollen Anteil."
> (Nikos A. Nissiotis: Die Theologie der Ostkirche im ökumenischen Dialog, Stuttgart 1968, 52)

Evangelisches und orthodoxes Denken und glaubende Erfahrung treffen sich hier. Es ist eine Frucht der theologischen Dialoge zwischen evangelischen und orthodoxen Kirchen, daß in den liturgischen Texten, den Gebeten und Liedern beider Traditionen die große Nähe und sogar Übereinstimmung neu entdeckt wurde.

Auch evangelische Christen wissen, daß die Werke Gottes nicht getrennt werden können; auch evangelische Christen erfahren aus dem Wort der Schrift und der Erfahrung der Kirche, daß der Vater Schöpfer aller Kreatur ist, der Sohn uns er-

---

[8] Galitis, Mantzaridis, Wiertz: Glauben aus dem Herzen, München 1987, 90.
[9] Palamas, Gregorios: Syngrammata. Band 1, Thessaloniki 1962, 95 (griechisch).

löst und der Heilige Geist das Werk der Erlösung vollendet. In den Gottesdiensten am Trinitatisfest kommt dies zum Ausdruck, wenn die evangelische Gemeinde im Lied den Dreieinigen Gott preist und ehrt.

Ein Beispiel für die Untrennbarkeit der Werke Gottes in der Zeit finden wir in der von Martin Luther im Jahre 1524 nach einer deutschen Litanei aus dem 15. Jahrhundert nachgedichteten Litanei auf den Dreieinigen Gott.

> Gott der Vater steh uns bei / und laß uns nicht verderben,
> mach uns aller Sünden frei / und helf uns selig sterben.
> „Vor dem Teufel uns bewahr, / halt uns bei festem Glauben
> und auf dich laß uns bauen, / aus Herzensgrund vertrauen,
> dir uns lassen ganz und gar, / mit allen rechten Christen
> entfliehen Teufels Listen, / mit Gotteskraft uns rüsten.
> Amen, Amen, das sei wahr, / so singen wir Halleluja. (EG 138)

Mit den gleichen Worten wird in dieser Litanei Christus, der Heilige Geist angerufen.

In einem Kirchenlied Gerhard Tersteegens aus dem Jahre 1745 kommt zum Ausdruck, daß der Dreieinige Gott durch die Offenbarung seiner Personen in der Heilsgeschichte erfahren wird, diese in der Zeit gewirkten Werke der göttlichen Personen jedoch nicht voneinander getrennt werden können.

> Brunn alles Heils, dich ehren wir / und öffnen unsern Mund
> vor dir;
> aus deiner Gottheit Heiligtum / dein hoher Segen auf uns
> komm.
>
> Der Herr, der Schöpfer, bei uns bleib, / er segne uns nach Seel
> und Leib,
> und uns behüte seine Macht / vor allem Übel Tag und Nacht.
>
> Der Herr, der Heiland, unser Licht, / uns leuchten laß sein Angesicht,
> daß wir ihn schaun und glauben frei, daß er uns ewig gnädig sei.
>
> Der Herr, der Tröster, ob uns schweb, sein Anlitz über uns erheb,
> daß uns sein Bild werd eingedrückt, / und geb uns Frieden unverrückt.
>
> Gott Vater, Sohn und Heilger Geist, / o Segensbrunn, der ewig
> fleußt:
> durchfließ Herz, Sinn und Wandel wohl, / mach uns deins Lobs
> und Segens voll!
> (EG 140)

Klaus Schwarz

6.0. DAS GEHEIMNIS
DER PERSON JESU CHRISTI

6.1. Christus, die Ikone Gottes

Orthodoxe Christen sprechen von Christus als der „Ikone Gottes" (Kol 1,15). Sie vergessen dabei jedoch nicht, daß Christus gleichzeitig seiner menschlichen Natur nach auch die „Ikone des vollendeten Menschen" ist. In ihm ist wiederhergestellt, was durch den Fall Adams verlorengegangen war. Der Blick auf Jesus Christus und die in seiner Person vollendete neue Schöpfung lenkt den Blick des Betrachters auf den Menschen selbst, der von Gott – als Mann und Frau – nach seinem Bilde geschaffen worden ist (1 Mose 1,26f). Von Anfang an trägt der Mensch deshalb das Bildnis Gottes unverlierbar in sich.

Die Schöpfung des Menschen nach dem Bildnis (griech.: eikon) Gottes bezieht sich nach orthodoxer Lehre nicht auf die körperliche Gestalt des Menschen, sondern auf die dem Menschen geschenkte Freiheit des Willens, auf die Vernunft und vor allem auf die Fähigkeit zu lieben.

Der Mensch ist von Gott gut geschaffen. Ihm war deshalb im ursprünglichen Zustand der Schöpfung die Sünde und alles Schlechte fremd. Ursprünglich sollte die Liebe zu Gott den Menschen beim Gebrauch seiner Freiheit und seiner Vernunft bestimmen. Adam nutzte die ihm von Gott geschenkte Freiheit seines Willens jedoch nicht dazu, nach der Gemeinschaft mit Gott zu streben. Er nutzte sie vielmehr, um sich der Gemeinschaft mit Gott zu entziehen. Adam erhoffte, durch die Übertretung des göttlichen Gebotes eine noch umfassendere Freiheit zu erlangen. Er verlor dabei jedoch seine Freiheit gänzlich, weil die Liebe zu Gott, aus der die Liebe zum Nächsten erwächst, der menschlichen Eigenliebe gewichen war. Die Folge des Verlustes der Liebe zu Gott ist die Unfähigkeit, den Mitmenschen zu lieben. Daraus erwachsen Verbrechen und Mord. Alle und alles werden der persönlichen Willkür und den Leidenschaften unterworfen. Die Gemeinschaft zerfällt, Willkür und Leiden-

Kuppel der Klosterkirche in Kaisariani bei Athen: Pantokrator

110

schaften veranlassen den Menschen, alle Werte zu verdrehen: Das Geschöpf setzt sich an die Stelle des Schöpfers.

Der Sündenfall wird so nicht als Bruch einer Rechtsordnung, sondern als eine grundlegende Veränderung im inneren Zustand der menschlichen Natur verstanden. Weil der Mensch nun nicht mehr danach strebt, Gott ähnlich zu werden, verliert er seine Unsterblichkeit: „Nach dem Fall ist der Mensch ein Abbild des gefallenen Menschen."[1]

Vergänglichkeit und Tod gelten deshalb nicht als Zeichen von Gottes Zorn, sondern als Anzeichen für die Gottesferne des Menschen. Gott ist Leben. Der Tod wird als Ferne von Gott beschrieben.[2] Doch auch nach dem Fall und nach der Abwendung von Gott geht dem Menschen die mit der Schöpfung geschenkte Gottesebenbildlichkeit nicht völlig verloren, sie ist nur verdunkelt. Erlösung und Heiligung des Menschen werden als Wiederherstellung seines ursprünglichen Zustandes beschrieben.

So konzentriert sich gleichsam alles Seufzen und alle Hoffnung der gefallenen Kreatur auf die Menschwerdung des Sohnes, der als zweiter Adam den Fall des ersten Adams wieder rückgängig macht. Die Menschwerdung Christi hat deshalb universale Bedeutung. In ihr verwirklicht Gott die neue Schöpfung. Am Sonntag vor Weihnachten preist die orthodoxe Christenheit dieses Geschehen im Troparion der Vorfeier:

> „Bereite dich Bethlehem, denn offen ist Eden allen.
> Rüste dich Ephrata, denn das Holz des Lebens
> sproßt in der Höhle aus der Jungfrau hervor.
> Denn zu einem geistlichen Paradies wurde ihr Schoß,
> darin der göttliche Sprößling erwächst.
> Essen wir davon, so werden wir leben
> und nicht wie Adam sterben.
> Christus wird geboren, um wieder aufzurichten
> das Abbild Gottes, das einst gefallene."
> (Sergius Heitz, Mysterium der Anbetung, Düsseldorf 1986, 656)

---

[1] Anagnostopoulos, Basileios: Das Zeugnis der Väter vom Menschen; in: Kirchliches Außenamt (Hg.), Das Bild vom Menschen in Orthodoxie und Protestantismus, Beiheft zur Ökumenischen Rundschau Nr. 26, Stuttgart 1974, S. 23 (Drittes Theologisches Gespräch zwischen dem Ökumenischen Patriarchat und der Evangelischen Kirche in Deutschland).
[2] Mantzaridis: Palamika (griech.), Thessaloniki 1973, 49.

Gottes Liebe zu der aus seiner Gnade herausgefallenen Schöpfung ruht keinen Augenblick. Sie fand den Weg, um den in die Tiefe der Sünde gefallenen Menschen zu befreien und ihn in seinen ursprünglichen Stand bei Gott wieder einzusetzen. Dies war sein Wille von Ewigkeit her.[3] Die Ausführung des göttlichen Heilsplanes in der Zeit vollendet der Sohn und Logos Gottes, der ganzer und vollendeter Mensch wurde.

> „Denn Er blieb, was Er war: der wahre Gott,
> und nahm an, was Er nicht war:
> Mensch geworden aus Menschenliebe."
> (Sergius Heitz, a.a.O., 659)

In der Person Jesu Christi sind die göttliche und die menschliche Natur vereint. Gemeinsam mit den orthodoxen Christen bekennen auch evangelische Christen in Übereinstimmung mit den Vätern des 4. Ökumenischen Konzils (Chalzedon 451):

> „Herr Jesu Christ / wahr Mensch und Gott,
> hast uns erlöst / vom ew´gen Tod
> und uns verdient das Himmelreich:
> Mach uns dein´ lieben Engeln gleich."
> (EKG [bisheriges Gesangbuch] 110,2)

Martin Luther schreibt in der Erklärung zum zweiten Artikel des Glaubensbekenntnisses im Kleinen Katechismus:

> „Ich glaube, daß Jesus Christus,
> wahrhaftiger Gott
> vom Vater in Ewigkeit geboren
> und auch wahrhaftiger Mensch
> von der Jungfrau Maria geboren,
> sei mein Herr,
> der mich verlornen und verdammten Menschen erlöset hat,
> erworben, gewonnen von allen Sünden,
> vom Tode und von der Gewalt des Teufels;
> nicht mit Gold oder Silber,
> sondern mit seinem heiligen, teuren Blut
> und mit seinem unschuldigen Leiden und Sterben; ..."

---

[3] Anagnostopoulos, Basileios: a.a.O., 26f.

Für die orthodoxe Christologie und Soteriologie liegt die Betonung auf der Neuschöpfung und Erneuerung des Menschen. Leiden und Sterben Jesu Christi wird dadurch jedoch nicht in den Hintergrund gedrückt. Ohne das Opfer am Kreuz bliebe die Fleischwerdung des Logos unvollendet.

> „Das Zentrum des Lebens und des theologischen Denkens der Orthodoxie ist die Auferstehung. Das entspricht ihrer ganzen Einstellung, die einer Bewegung von unten nach oben unterliegt ... Jeder Sonntag ist das Fest der Auferstehung ... Durch die Auferstehung hat ,Christus Adam samt der ganzen Schöpfung mit auferwecken lassen'... In der Auferstehung ,kleidet Christus durch Leiden das Sterbliche in den Schmuck der Unvergänglichkeit' ..."
> (Galitis, Mantzaridis, Wiertz: Glauben aus dem Herzen, München 1987, S. 112/113)

Die Vollendung des Heilswerkes feiert die orthodoxe Christenheit mit dem Hymnus:

„Christus ist auferstanden von den Toten; er hat im Tod den Tod überwunden und schenkte denen in den Gräbern das Leben."

So kommen sich orthodoxe und evangelische Christen im Osterjubel ganz nahe:

> „Christ ist erstanden von der Marter alle;
> des soll'n wir alle froh sein,
> Christ will unser Trost sein.
> Wär er nicht erstanden,
> so wär die Welt vergangen;
> seit daß er erstanden ist,
> so loben wir den Vater Jesu Christ.
> Kyrieleis.
> Hallleluja ..."
> (EG 99)

Evangelische Christen betonen mit dem Apostel Paulus die „R e c h t f e r t i g u n g d e s S ü n d e r s ": Christus hat durch sein Leiden und Sterben in universaler Weise für alle, die im Glauben mit ihm verbunden sind, die Gemeinschaft mit Gott wiederhergestellt. Wer in der Gemeinschaft mit Christus in die Gemeinschaft Gottes mit aufgenommen ist, wird von Gott in dieser Gemeinschaft als Teil der neuen Schöpfung geheiligt.

Für einen orthodoxen Christen klingt der Begriff „Rechtfertigung des Sünders" fremd. Orthodoxe Theologie beschreibt das Werk der Erlösung und Heiligung mit dem Begriff „ T h e o s i s" (Vergottung/Heiligung). „Nach dem heiligen Petrus (2 Petr. 1,4) bezeichnet Vergottung nur die gnadenhafte Teilhabe an den Bedingungen des göttlichen Lebens: Unsterblichkeit und Unversehrtheit. Sie ist nicht moralisch, sondern ontologisch zu verstehen."[4]

Da in Christus göttliche und menschliche Natur vereint sind, wirkt in ihm sowohl der freie göttliche als auch der menschliche Wille. In der Person Christi stehen beide Willen jedoch nicht gegeneinander. Der göttliche Wille in Christus hebt den menschlichen Willen nicht auf, aber der schwache menschliche Wille unterwirft sich dem göttlichen Willen. So gelangt der menschliche Wille in Christus wieder zu seiner ursprünglichen Freiheit, die ihm durch den Fall verlorengegangen war. In Christus ist die schöpfungsgemäße Gottesebenbildlichkeit des Menschen in ihrer ursprünglichen Reinheit mit allen Attributen und Auswirkungen wiederhergestellt. Die Frage des menschlichen und göttlichen Willens war das Thema des 6. Ökumenischen Konzils (680/81).

Die Wiederherstellung des ursprünglichen Zustandes der Gottesebenbildlichkeit in ihrer Reinheit und die Vergöttlichung und Erhöhung der menschlichen Natur durch die Verbindung mit der göttlichen Natur in der Person Jesu Christi hat universale Bedeutung für alle Menschen. Gregor von Nyssa (ca. 330-395) spricht von zwei Schöpfungen der menschlichen Natur. Die erste, in der die menschliche Natur erschaffen wurde; die zweite, in der die menschliche Natur durch Christus neu geschaffen worden ist. So ist der Mensch nun neu geschaffen und folglich auch nicht mehr dem ersten Adam, sondern dem zweiten (Christus) verbunden und hängt geistlich und leiblich von diesem ab, weil dieser zweite Adam mit dem fleischgewordenen Logos verbunden ist. Der neugeschaffenen und erneuerten Natur des Menschen wird das Kleid der Unsterblichkeit und Unvergänglichkeit übergestreift, wie ihr beim Sündenfall das Kleid der Finsternis übergestreift worden war.

Athanasios der Große (ca. 295-373) faßt die Bedeutung der Menschwerdung mit folgenden Worten zusammen:

---

[4] Metropolit Damaskinos (Papandreou) von Tranoupolis: Das orthodoxe Verständnis vom Menschen in der neuzeitlichen Theologie; in: Kirchl. Außenamt (Hg.), a.a.O., 49.

„... Das Menschengeschlecht wäre vollständig umgekommen, wenn der Sohn Gottes, Herr und Heiland der Welt, nicht gekommen wäre, um dem Tod ein Ende zu setzen .... Was mußte Gott also tun? Ja, was war zu tun, es sei denn, das zu erneuern, was in dem Menschen nach dem Ebenbild Gottes geformt war, damit die Menschen dadurch Gott wieder erkennen können? Und wie konnte dies geschehen, es sei denn durch die Gegenwart des Abbildes Gottes selbst, unseres Heilandes Jesus Christus? ... Daher ist das Wort Gottes selbst gekommen, ... Es mußte auch einen sterblichen Körper annehmen, um den Tod in ihm auszumerzen und die Menschen nach dem Ebenbild erneuern zu können."[5]

6.2. Die Verehrung der Gottesgebärerin Maria

In einem um das Jahr 700 entstandenen Hymnus des Bischofs Andreas von Kreta zum Christfest heißt es:

> „Der Vater hatte Wohlgefallen,
> das Wort ward Fleisch,
> und die Jungfrau gebar;
> Gott wurde Mensch.
> Gottesgebärerin, Jungfrau,
> die du den Retter geboren hast,
> du hast den Sündenfall der Eva
> zum Guten gewendet,
> weil du Mutter geworden bist
> durch die Huld des Vaters,
> und unter dem Herzen trugst
> das fleischgewordene Wort Gottes.
> Keiner versuche, das Geheimnis zu ergründen,
> nur im Glauben sollen alle es rühmen ..."

In diesem Hymnus kommen drei Bestandteile der orthodoxen Marienverehrung zum Ausdruck: Maria ist immerwährende Jungfrau, sie wird als Gottesgebärerin (Theotokos) verehrt; sie war dem Willen des Schöpfers gehorsam und wird deshalb typologisch als zweite Eva angesprochen, die unter allen Geschöpfen hervorgehoben ist, weil sie durch ihren Gehorsam die Folgen des Sündenfalls „zum Guten" gewendet hat.

---

[5] Zitiert nach der Übersetzung bei Bernhard Sartorius: Die Orthodoxe Kirche, Genf 1973, 197f.

Gottesmutter des Zeichens

Die Verehrung Mariens ist eingeordnet in den Lobpreis des umfassenden Heilswirkens Gottes und kann nie isoliert von diesem kosmisch allumfassenden Geschehen betrachtet werden; sie weist auf ihre Mutterschaft und damit auf Christus selbst. Besonders deutlich wird dies in der orthodoxen Ikonographie sichtbar, wo mit wenigen Ausnahmen Maria nie alleine, ohne Christus, dargestellt wird. Für orthodoxe Christen kann deshalb die Verehrung Mariens nicht isoliert von der Anbetung des Sohnes gesehen werden und kann keinesfalls die Alleinmittlerschaft Christi verdunkeln. Wenn sie dennoch als

„Vermittlerin" angesprochen wird, so ist dies nur im Sinne der Fürbitte zu verstehen. In jedem orthodoxen Gottesdienst wird Christus folgendermaßen angerufen: „Durch die Fürbitten der Gottesmutter, Heiland, rette uns."

Einen Hinweis auf die Fürbitte Mariens findet die orthodoxe Exegese schon in der Heiligen Schrift.[6] Nach dem Johannes-Evangelium geschah bei der Hochzeit zu Kana (Joh 2) auf die Bitte Mariens hin das erste Wunder Jesu. Für orthodoxe Christen zeigt sich an dieser Stelle, daß Jesus auf das Eintreten Mariens hört. Sie kann zwischen dem Gottmenschen und den Menschen vermitteln.

Diese „Vermittlung" hat universalen Charakter für die ganze Menschheit. Dies zeigt sich für die orthodoxen Ausleger in jener Szene unter dem Kreuz (Joh 19,26+27), wo Jesus seiner Mutter den Jünger Johannes als Sohn zuweist und er zu Johannes spricht: „Siehe, da ist deine Mutter." So wie Eva die Mutter des Menschengeschlechts bei der ersten Schöpfung war, wird nach orthodoxem Verständnis Maria zur Mutter des Menschengeschlechts der neuen Schöpfung.

Am 15. August feiert die orthodoxe Christenheit das Fest des Entschlafens Mariens. Damit verbunden ist der Glaube an ihre leibliche Himmelfahrt, der allerdings nicht in einem Dogma festgeschrieben wurde. Ebenso lehnt die orthodoxe Theologie das römisch-katholische Mariendogma von 1854 ab.

Bitten um Mariens Beistand und ihr Gebet sind kein „Umweg" zu Gott, sondern Ausdruck einer gelebten Gemeinschaft mit den Heiligen, unter denen Maria einen besonderen Platz einnimmt. Während orthodoxer Gottesdienste erlebt man oft, daß in überfüllten Kirchen Kerzen als Sinnbild des Gebetes über viele Stationen hinweg nach vorne zur Ikonostase gegeben werden, weil der gläubige Beter selbst nicht durch die Menschenmenge hindurch einen Weg findet. Auf diese Weise kann man sich den Dienst Mariens vorstellen: als Erste in einer Kette reicht sie das Gebet der Gläubigen an den eigentlichen Adressaten, den Dreieinigen Gott, weiter.

---

[6] Metropolit Sotirios von Gythion: Die Menschwerdung des Sohnes und Wortes aus der Jungfrau Maria (griech.), Athen 1979.

Die Bedeutung Mariens für das Heilswerk Gottes liegt nach orthodoxer Lehre nicht allein in ihrer Erwählung durch Gott, sondern ebenso in ihrem Gehorsam gegenüber dem Willen Gottes. Nikolaus Kabasilas (ca. 1320-1363/90) bemerkt, daß die Menschwerdung Christi nicht allein das Werk des Vaters, seiner Kraft und seines Geistes sei, sondern auch das Werk des Glaubens und des gehorsamen Willens der Jungfrau.[7] So wie Gott aus freiem Willen Mensch wurde, so wünschte er, daß seine Mutter ihn aus freiem Willen und ihrer vollen Zustimmung trug.[8]

Die Menschwerdung Gottes übersteigt nach orthodoxer Lehre die menschliche Vorstellungskraft und hat somit den Charakter eines Mysteriums: Hier berühren sich evangelische und orthodoxe Dogmatik. Auch evangelische Christen bekennen, daß die Menschwerdung Gottes jenseits der Verstandesgrenzen liegt und nur als Geheimnis Gottes im Glauben angenommen werden kann.

> „Der Tag, der ist so freudenreich aller Kreature;
> denn Gottes Sohn vom Himmelreich über die Nature
> (= übernatürlich)
> von einer Jungfrau ist geborn.
> Maria, du bist auserkorn,
> daß du Mutter wärest.
> Was geschah so wundergleich?
> Gottes Sohn vom Himmelreich,
> der ist Mensch geboren!"
> (EKG [= bisheriges Gesangbuch] 18,1)

6.3. Die Verehrung der Heiligen

Mit den Heiligen und Vätern fühlt sich der orthodoxe Christ in inniger Gemeinschaft verbunden; die Heiligen sind für ihn nicht nur Gestalten oder Vorbilder aus einer vergangenen Zeit, sie sind hier und heute in der Gegenwart für den orthodoxen Gläubigen präsent; er lebt mit ihnen in der frommen Gemeinde. Man kann sie um Rat und Hilfe bitten wie andere lebende Personen auch.

---

[7] Ware, Timothy: The Orthodox Church, 1983, 263.
[8] Zum Ganzen: Dictionary of Greek Orthodoxy, Nicon D. Patrinacos, Greek Orthodox Archidiocese of North and South America, New York 1984, Artikel „Mary the Mother of God", 245f.

Für einen evangelischen Christen mag diese Vorstellung fremd erscheinen. Er mag sich jedoch klarmachen, daß sein Verständnis von Geschichte nicht der orthodoxen Geschichtserfahrung entspricht. Die Erfahrung der Orthodoxie zeigt ein anderes Geschichts- und Zeitverständnis. Was für einen evangelischen Christen die Erinnerung an frühere Stationen der Heilsgeschichte ist, wird für den orthodoxen Christen im Lobpreis Gottes zur gegenwärtigen Wirklichkeit. In der Hymnologie wird immer wieder das „Heute", die Gegenwart des memorierten Geschehens betont: „Heute kommt zur Höhle die Jungfrau, in unaussprechlicher Weise zu gebären das lebendige Wort."[9] „Heute ruft stöhnend der Hades: Aufgezehrt ist meine Macht..."[10] Vergangenes und Zukünftiges treffen sich im Jetzt des Lobpreises. So sind die Heiligen nicht mehr länger längst verstorbene Gestalten der Kirchengeschichte, sondern jetzt lebende, in der Gemeinde anwesende und in ihren Ikonen sichtbare Vorbilder des Glaubens. Sie sind wie ältere Geschwister, gewissermaßen die Familie des Gläubigen. Um ihres Glaubenszeugnisses willen sind sie nach orthodoxer Anschauung bereits jetzt im Stand der Gnade und Teil jener himmlischen Heilsgemeinde, die vor dem Thron Gottes zur immerwährenden Liturgie versammelt steht. Die Verehrung der Heiligen – unter ihnen als herausragende Person die Gottesmutter – wird zum sichtbaren Zeichen der innigen Verbundenheit und Gemeinschaft aller, die zu Christus gehören und durch ihn geheiligt werden. In dieser Gemeinde steht man vor Gottes Thron in gegenseitiger Fürbitte für seinen Nächsten und vereint in der Anbetung des Dreieinigen Gottes. Die orthodoxe Gemeinde bittet deshalb nach der Bitte um das Herabkommen des Heiligen Geistes auf Brot und Wein (Epiklese) auch für die Heiligen und Maria:

> „Wir bringen diesen geistlichen Dienst der Anbetung auch dar für die im Glauben Ruhenden, die Vorväter, Väter, Patriarchen, Propheten, die Apostel, Verkünder, Evangelisten, die Märtyrer, Bekenner, Asketen und für jeden gerechten Geist, der im Glauben vollendet ist, vornehmlich für die allheilige, allreine über alles gesegnete und ruhmreiche Herrin, die Gottesgebärerin und stete Jungfrau Maria."
>
> (Sergius Heitz, a.a.O., 378)

---

[9] Heitz, Sergius: Mysterium der Anbetung, Düsseldorf 1986, 656.
[10] Heitz, Sergius: a.a.O., 560.

Fürbittengebete im orthodoxen Gottesdienst werden immer wieder mit der Formel abgeschlossen:

> „Unserer allheiligen, allreinen, über alles gesegneten und ruhmreichen Herrin, der Gottesgebärerin und steten Jungfrau Maria, mit allen Heiligen eingedenk, lasset uns einer den anderen und uns selbst und unser ganzes Leben Christus Gott befehlen."
> (Sergius Heitz, a.a.O., 369 und öfter)

Die Verehrung der Heiligen gründet nach der Lehre der orthodoxen Kirche nicht auf einem speziellen „Guthaben" an guten Werken (meritum), von dem sie für den sie Anrufenden durch die Vermittlung der Kirche etwas vor Gott zum Ablaß einer Schuld abgeben könnten. Es war gerade diese von der Orthodoxie abgelehnte Heiligenverehrung, die dem Heiligen ein meritum zuschrieb, welche in der lateinischen Theologie des späten Mittelalters zu Mißbräuchen geführt hatte. In der Folge der Reformation verschwand in den evangelischen Kirchen diese Art der Heiligenverehrung deshalb ganz. Das Augsburger Bekenntnis von 1530 stellt jedoch im 21. Artikel fest:

> „Über die Verehrung der Heiligen wird von den Unseren gelehrt, daß man der Heiligen gedenken soll, damit unser Glaube dadurch gestärkt wird, daß wir sehen, wie ihnen Gnade widerfahren und ihnen durch den Glauben geholfen worden ist. Außerdem soll man sich an ihren guten Werken ein Beispiel nehmen, jeder für seinen Lebensbereich (urspr.: Beruf)."
> (revidierter Text von 1979)

So sind auch für evangelische Christen die Heiligen Vorbilder des Glaubens. Ihr Beispiel kann auch für evangelische Christen in der Gegenwart wirksam werden.

Klaus Schwarz

7.0. DIE HEILIGE SCHRIFT – ZEUGNIS DER KIRCHE – VERKÜNDIGUNG

Für orthodoxe Christen ist die Heilige Schrift die Hauptquelle des christlichen Glaubens. In der Heiligen Schrift begegnet Gott selbst durch sein Wort den Menschen. Beim ersten Gespräch des theologischen Dialoges zwischen der Rumänischen Orthodoxen Kirche und der Evangelischen Kirche in Deutschland beschrieb Bischof Vasile (Coman) von Oradea in einem Referat, welche Bedeutung die Heilige Schrift als Quelle der göttlichen Offenbarung im Leben der Orthodoxen Kirche einnimmt:

„In der Orthodoxen Kirche kommt der Bibel eine vielfältige Bedeutung zu. Sie ist die Hauptquelle der Offenbarung und das Wort Gottes an die Menschen. Sie ist aber nicht der einzige Weg der Annäherung an Gott, der Gemeinschaft mit ihm. Das Wort Gottes ist nicht nur auf den Kanon der Bücher des Alten und Neuen Testamentes beschränkt, es ist auch in dem enthalten, was in der Kirche mündlich weitergegeben wurde. Das Wort Gottes ist von den Gebeten und Sakramenten der Kirche nicht zu trennen. Die Bibel ist die Gabe Gottes, aber eine Gabe, die von der Kirche zur Wirkung gebracht wird. Die Kirche hat den Lese- und Gebrauchskanon der Bibel festgelegt. Die Bibel ist Gottes Gabe als Zeichen seines Bundes nicht nur mit einem einzelnen, sondern mit der ganzen Kirche. Sie ist die Gabe des Hl. Geistes, der die hl. Verfasser inspiriert und vor jeder Verwirrung bewahrt hat. / ... /

Die Hl. Schrift ist ihrem Wesen nach an die Kirche gebunden, deswegen ist sie in allen Gottesdiensten der Kirche gegenwärtig. Der Gottesdienst ist wie ein großer Baum, voll mit Ästen und Früchten, aber er wurzelt in dem Samen der Hl. Schrift und ist unter der Fürsorge des Hl. Geistes gewachsen, der die hl. Verfasser der Bibel inspiriert hat.

Die Gläubigen hören in der Kirche die Bibeltexte mit großer Frömmigkeit; oft knien sie, oder sie stehen ‚in ergebener Aufmerksamkeit'. Das Vorlesen des Wortes Gottes bildet einen wichtigen Bestandteil des Gottesdienstes. Das Evangelium wird vor dem Haupteingang zum Altar vorgelesen, und die Gläubigen hören in dem Bewußtsein zu, daß Gott selbst sie anspricht."[1]

Für orthodoxe Christen ist die Heilige Schrift in der Kirche lebendig und nur in der Kirche verstehbar.

Ebenso wie in den westlichen Kirchen umfaßt die Heilige Schrift in der orthodoxen Tradition die Schriften des Alten und des Neuen Testamentes. Das Neue Testament ist für alle christlichen Kirchen ein starkes Band der Einheit im Glauben. In allen christlichen Kirchen ist das Neue Testament mit dem gleichen Kanon von Büchern und Briefen im Gebrauch.

Das Alte Testament benutzt die Orthodoxe Kirche in jener Fassung, wie sie in der sogenannten „Septuaginta" überliefert wurde, der griechischen Übersetzung des hebräischen Textes, die nach der Überlieferung von 70 Gelehrten (= septuaginta) im 3. vorchristlichen Jahrhundert in Alexandrien angefertigt worden sein soll und die in der Alten Kirche allgemein gebräuchlich war. Die Septuaginta bildete die Vorlage für die kirchenslawische Übersetzung des alttestamentlichen Textes. In ihr sind auch jene Schriften enthalten, die in der reformatorischen Tradition als „Apokryphen" bezeichnet werden. Luther nannte sie „Bücher, so der Heiligen Schrift nicht gleichzuhalten und doch nützlich und gut zu lesen sind".

Das Gedenken an den „heiligen und gerechten Simeon, den Theodochen" am 3. Februar zeigt an der Person des Simeon, wie nach orthodoxer Lehre das Alte und das Neue Testament miteinander verbunden sind. Nach der Legende war Simeon einer jener 70 gelehrten Übersetzer. Als er die Stelle Jesaja 7,14 übersetzte: „Siehe, eine Jungfrau ist schwanger und wird einen Sohn gebären, den wird sie nennen Immanuel", überkamen ihn Zweifel an dieser Verheißung des kommenden Messias. Daraufhin wurde ihm vom Heiligen Geist prophezeit, daß er nicht eher sterben werde, bis er den Messias mit eigenen Augen gesehen habe. Dies wurde Simeon dann zuteil bei der Darstellung Jesu im Tempel, 40 Tage nach der Geburt: „Herr, nun läßt du deinen Diener in Frieden fahren, wie du gesagt hast; denn meine Augen haben deinen Heiland gesehen" (Lk2,29+30). An der Person des Simeon wird deutlich, wie das

---

[1] Bischof Vasile von Oradea, Die Bedeutung der Heiligen Schrift und der Tradition im gottesdienstlichen Leben der Orthodoxen Kirche, in: „Die Heilige Schrift, die Tradition und das Bekenntnis", Hg.: Kirchliches Außenamt der EKD, Beiheft zur Ökumenischen Rundschau Nr. 42, Frankfurt 1982, 65f.

Alte Testament insgesamt als Hinweis auf den verheißenen Messias verstanden wird.

Autorität und Stellung des Neuen Testamentes in der orthodoxen Kirche kann nur auf dem Hintergrund der orthodoxen Ekklesiologie, der Lehre von der Kirche, betrachtet werden. Für die orthodoxe Theologie ist – ebenso wie für die reformatorische – die Kirche der Leib Christi. Die Geschichte der Kirche beginnt nach orthodoxem Verständnis deshalb vor und jenseits aller menschlichen Geschichte, da die Kirche als Leib Christi von Ewigkeit her präexistent ist im Willen, in der Weisheit und in der Vorsehung Gottes. Ihr Bestehen ist dem menschlichen Willen entzogen. In der Kirche als dem lebendigen Leib Christi wird alles, was von Christus überliefert ist, in lebendiger Vergegenwärtigung bewahrt und von Generation zu Generation als lebendige und gegenwärtige Erinnerung durch das Wirken des Heiligen Geistes weitergegeben.

Diese ununterbrochene Überlieferung und lebendige Tradition ist die „ununterbrochene Vermittlung jenes dynamischen Zielzustandes der Schöpfung, durch welchen Gott durch seine Offenbarung dem Menschen ganz nahe gekommen ist".[2] Nach orthodoxem Verständnis ist deshalb die in der Kirche lebendige Überlieferung der Grund für die Lehre der göttlichen Wahrheit. Die Heilige Schrift kann nach dieser Auffassung gar nicht alles beinhalten, was in der heiligen Tradition der Kirche als Offenbarung von Christus überliefert ist.[3] So kann die Heilige Schrift als Kodex der göttlichen Wahrheit nicht für sich allein bestehen; sie kann nicht von der umfassenderen Überlieferung der Kirche getrennt werden. Beide Offenbarungsquellen gehören nach orthodoxem Verständnis zusammen, da sie miteinander verwandt sind und einander ergänzen.

Für einen orthodoxen Christen bedeutet die überlieferte Tradition nicht die Erinnerung an ein längst vergangenes Geschehen. Der Heilige Geist wirkt in ihr innerhalb der Kirche weiter und vergegenwärtigt im Leben des Gläubigen die göttlichen Heilsverheißungen. So erwächst aus dem Hören auf die Tradition der ununterbrochen andauernde Dialog der Kirche mit Christus. Voraussetzung für dieses lebendige Wirken der

---

[2] Staniloae, Dumitru: Orthodoxe Dogmatik, Gütersloh 1985, 65.
[3] Theodorou, Andreas: Das Wesen der Orthodoxie, Athen 1961, 25 (griechisch).

123

Tradition ist, daß die Überlieferung der Apostel unverfälscht weitergegeben wird – nach orthodoxer Auffassung ist dies nur innerhalb der in ununterbrochener apostolischer Sukzession stehenden Kirche möglich. „Indem die Tradition authentisch bewahrt wird, bewirkt sie zugleich, da sie ja die wahre Auslegerin der Schrift ist, daß die innere Dynamik der Schrift aktualisiert wird."[4] Die Tradition trägt folglich nach orthodoxer Lehre die sowohl immer gleichbleibende als auch immer wieder neue Erfahrung der grenzenlosen Liebe Christi in sich und macht den Ausdruck der göttlichen Liebe, wie er in der Schrift festgehalten ist, in der Kirche deutlich.

Der Kanon der Heiligen Schrift wurde in der Kirche durch die Inspiration des Heiligen Geistes festgelegt. Deshalb kann nach orthodoxer Lehre auch allein in der Kirche die Schrift mit Autorität ausgelegt werden. „Der Exeget, der der Kirche nicht folgt, kann den Geist Gottes nicht empfangen."[5] Die Autorität der Kirche für die Auslegung der Heiligen Schrift soll den einzelnen Christen vor der Gefahr bewahren, beim Lesen der Bibel in Irrtümer und Irrlehren zu verfallen und der eigenen, persönlichen Auslegung zu sehr zu vertrauen; denn der Sinn vieler Worte der Schrift ist dunkel und dem einzelnen nicht sofort verständlich. Als Beispiel hierfür gilt die Begegnung zwischen dem Kämmerer aus Äthiopien und dem ihm von Gott gesandten Philippus (Apg 8,30+31). Ohne die Hilfe von Philippus bleibt dem Kämmerer der Sinn der Prophetenworte auf der in Jerusalem gekauften Schriftrolle dunkel. Erst Philippus erschließt dem Kämmerer, daß hier auf das Kommen des Messias hingewiesen wird.

Die Kirchen der Reformation haben in ihren Bekenntnissen immer wieder darauf hingewiesen, daß ihr Glaube allein aus der Schrift (‚sola scriptura‘) begründet ist. Diese Position muß aus der besonderen kirchlichen Lage in der Reformationszeit verstanden werden, wo es darauf ankam, eine irrende Kirche auf den Weg der apostolischen Lehre und der authentischen Schriftauslegung zurückzuführen. Aus der Betonung der Prinzips sola scriptura kam es auch im Gespräch mit den orthodoxen Kirchen bis heute beim Verständnis des Verhältnis-

---

[4] Staniloae, Dumitru: a.a.O., 62.
[5] Irenäus, Gegen die Irrlehren III, 24; PG 7,966C-967A.

ses von Schrift und Tradition immer wieder gegenseitig zu Mißverständnissen. Das vierte Treffen der Gemeinsamen lutherisch-orthodoxen Kommission vom 27. Mai bis 4. Juni 1987 auf Kreta hatte das Verhältnis von Schrift und Tradition zum Thema. Im Dialog konnten Mißverständnisse ausgeräumt und die neuentdeckte Einheit des Glaubens auf diesem Felde in einer gemeinsamen Aussage festgehalten werden:

> „11. Was die Beziehung zwischen Schrift und Tradition betrifft, so schien über Jahrhunderte hinweg eine große Differenz zwischen orthodoxer und lutherischer Lehre zu bestehen. Die Orthodoxen nehmen mit Befriedigung die Versicherung der lutherischen Theologen zur Kenntnis, daß die Intention der Wendung, ‚sola scriptura‘ es immer gewesen ist, auf die göttliche Offenbarung, Gottes Heilshandeln in Christus in der Kraft des Heiligen Geistes und somit auf die Heilige Tradition der Kirche hinzuweisen, wie sie in diesem Dokument beschrieben ist, und sich gegen menschliche Traditionen richtet, die die Lehre der Kirche verdunkeln."[6]

Andererseits muß in den reformatorischen Kirchen das Mißverständnis ausgeräumt werden, die Bibel nehme im Leben der orthodoxen Kirche nur eine nachgeordnete Rolle ein. Entsprechend den Beschlüssen der 7. Ökumenischen Synode (Nizäa 787), auf der die Frage der Ikonenverehrung entschieden worden ist, gilt die Heilige Schrift in der orthodoxen Kirche als die ‚Wortgestalt tragende Ikone Christi‘. Deshalb nehmen das Evangelienbuch selbst und die biblischen Lesungen im Gottesdienst der orthodoxen Kirche einen wichtigen Platz ein. Hinzu kommt, daß die liturgische Sprache des orthodoxen Gottesdienstes voller Zitate aus der Heiligen Schrift und von biblischer Sprachgestalt durchdrungen ist. Die Bibel wird in der orthodoxen Kirche selbst zu einem Teil der Anbetung und des Dienstes vor Gott.

Wo die Heilige Schrift als ein Teil der Liturgie begriffen wird, liegt der Gedanke nahe, daß der Gläubige sie in seiner eigenen Sprache verstehen können muß. Diese von den Reformatoren wiederentdeckte Grunderkenntnis christlichen Dienstes war bereits in der Alten Kirche gültig. Der Kirchen-

---

[6] Punkt elf des gemeinsamen Kommuniqués der Gemeinsamen lutherisch-orthodoxen Kommission zum Thema ‚Schrift und Tradition‘ der 4. Begegnung, Mai/Juni 1987 in Kreta. Veröffentlicht in: Hrsg. Kirchenamt der EKD, Hauptabteilung III (Kirchliches Außenamt), ‚Informationen aus der Orthodoxen Kirche‘ (IOK), 1988/1, 3-14.

vater Johannes Chrysostomos (gest. 407) bestimmte als Patriarch von Konstantinopel für die gotischen Händler in der Stadt Priester, die deren Sprache verstanden. Die Slawenapostel Kyrill und Methodios übersetzten die Heilige Schrift und die liturgischen Bücher ins Slawische.

Johannes Chrysostomos (griech.: Goldmund) verdankt seinen Namen dem Ruhm als Prediger und Ausleger der Heiligen Schrift. In der Orthodoxen Kirche hatte die gottesdienstliche Predigt aus dieser Tradition immer eine große Bedeutung, da in ihr die Heilige Schrift erklärt und als das lebendige Wort Gottes den Gläubigen zugesprochen wird. Die Tradition der großen Prediger ist in der Orthodoxie nie ganz abgerissen, auch wenn es nach dem Fall von Konstantinopel im Jahre 1453 im griechischsprachigen Raum durch die osmanische Okkupation oft genug für die Theologen zu einem gefährlichen Unternehmen geworden war, im Gottesdienst zu predigen. Nach der Befreiung Griechenlands wurde das Predigtamt in der Griechischen Kirche neu belebt. Aus der Russischen Kirche sind Beispiele überliefert, wie die Bischöfe bei ihren Priestern genau darüber wachten, daß das Predigtamt im Gottesdienst ausgeübt wurde.

In der orthodoxen gottesdienstlichen Ordnung ist der Zeitpunkt der Predigt nicht streng festgelegt. In der Regel gibt es heute zwei Möglichkeiten: entweder während der Zeit, in der die amtierenden Geistlichen, Diakone und Vorsänger im Allerheiligen hinter der Bilderwand kommunizieren oder am Schluß der Liturgie. Bei dieser zweiten Möglichkeit kommt besonders deutlich zum Ausdruck, wie die ganze Liturgie die Fülle des Wortes Gottes bringt und in den Gottesdiensten das ganze Heilswirken Gottes von der Schöpfung bis zur Wiederkunft des Herrn vergegenwärtigt wird.

In manchen Gottesdiensten der orthodoxen Kirche werden bis heute Homilien hervorragender Prediger früherer Zeiten erneut vorgetragen, die sich eine besondere Kraft und Ausstrahlung über die Jahrhunderte bewahrt haben. Aus den Worten einer so verlesenen Predigt spricht ihr Verfasser in die Gegenwart des gläubigen Hörers und ist wie ein älterer Bruder, über die Zeiten hinweg, im Gottesdienst anwesend. Als ein Beispiel für viele mag die Osterpredigt des Johannes Chrysostomos stehen, die bis heute in der Osternacht in den orthodoxen Kirchen erklingt:

„Wer fromm und gottesfürchtig ist, labe sich an diesem schönen strahlenden Fest.

Wer ein getreuer Knecht ist, gehe fröhlich ein zu seines Herrn Freuden.

Wer sich im Fasten verzehrt hat, empfange jetzt seinen Dinar.

Wer von der ersten Stunde an gearbeitet hat, empfange heute seinen gerechten Lohn.

Wer um die dritte Stunde gekommen ist, feiere mit Danken.

Wer um die sechste Stunde gekommen ist, zweifle nicht: er wird nichts einbüßen.

Wer nach der neunten Stunde gekommen ist, trete herzu ohne Zaudern und Furcht.

Wer um die elfte Stunde gekommen ist, fürchte sich nicht ob seines Verzeihens.

Denn der Herr ist großzügig, er empfängt den Letzten wie den Ersten.

Er läßt den Arbeiter der elften Stunde zur Ruhe eingehen wie den der ersten Stunde.

Er erbarmt sich des Letzten und sorgt für den Ersten. Jenem gibt er, und diesem schenkt er.

Die Werke nimmt er an und begrüßt den Entschluß. Die Tat ehrt er, und die Absicht lobt er.

So geht ein, alle, zu eures Herrn Freuden!

Empfangt euren Lohn, die Ersten wie die Letzten!

Reiche und Arme, jubelt miteinander!

Ausdauernde und Achtlose, ehrt diesen Tag!

Wer die Fasten gehalten, und wer sie vermieden, freue sich heute!

Der Tisch ist gedeckt, tretet alle herzu und tut euch gütlich.

Das gemästete Kalb ist bereit, niemand gehe hungrig von dannen. Jeder erquicke sich am Gastmahl des Glaubens.

Jeder genieße den Reichtum seiner Güte.

Niemand beklage seine Armut, denn das Reich ist allen erschienen.

Niemand beweine seine Schuld, denn Vergebung leuchtet vom Grabe.

Niemand fürchte den Tod, denn des Erlösers Tod hat uns befreit. Er hat den Tod vernichtet, von dem er umfangen war.

Er hat die Hölle gefangen geführt, in die er hinabfuhr.
Er erzürnte sie, der er sein Fleisch zu kosten gab.
Jesaja weissagt und spricht:
‚Die Hölle ward betrübt, als sie dich gewahrte.
Sie ward betrübt, denn sie ward zu Spott.
Sie ward betrübt, denn sie ward vernichtet.
Sie ward betrübt, denn sie ward gestürzt.
Sie ward betrübt, denn sie ward gefesselt.‘
Die Hölle nahm einen Leib und begegnete Gott.
Sie nahm Erde und traf auf den Himmel.
Sie nahm das Sichtbare und fiel durch das Unsichtbare.
O Tod, wo ist dein Stachel?
O Hölle, wo ist dein Sieg?
Christ ist erstanden, und du bist gestürzt.
Christ ist erstanden, und die Dämonen gefallen.
Christ ist erstanden, und die Engel frohlocken.
Christ ist erstanden, und das Leben ist Sieger.
Christ ist erstanden, und leer sind die Gräber.
Denn Christus ist geworden der Erstling unter denen, die da
schlafen, da er ist auferstanden von den Toten.
Ihm sei Lob und Preis von Ewigkeit zu Ewigkeit. AMEN.

CHRISTUS IST AUFERSTANDEN:
ER IST WAHRHAFTIG AUFERSTANDEN!“

Klaus Schwarz

8.0. DER RAUM GOTTESDIENSTLICHER VERSAMMLUNG

Der Kirchenraum

Betritt man eine orthodoxe Kirche, so ist die Bilderwand (Ikonostase) mit ihren drei Türen der erste, beherrschende Eindruck. Die an der Ikonostase in Reihen zusammengeordneten Bilder bestimmen in Verbindung mit der Wandbemalung weitgehend die Atmosphäre des orthodoxen Kirchenraums. Die Bilderwand grenzt den Altarraum optisch vom Kirchenschiff ab. Manchmal reichen die Reihen der an der Bilderwand befestigten Ikonen fast hinauf bis an die Decke.

Das tragende Gerüst der Ikonostase selbst kann auf verschiedene Weise gestaltet sein; so durch die Wahl des Holzes, durch Schnitzerei und durch Vergoldung. Auch für Ikonostasen entwickelten sich spezialisierte Zentren der Herstellung. Im Zusammenhang mit der Deutung der Liturgie, den dazugehörigen liturgisch-theologischen Vorstellungen[1] und mit dem liturgisch begangenen Jahreskreis der kirchlichen Feste bildete sich die bis heute übliche Ordnung der Bilder heraus.

Architektur, Bilderwand und Ausmalung sollen ein Ganzes bilden, das der Gegenwart des Dreieinigen Gottes entspricht. Klerus und Volk feiern gemeinsam die göttliche Liturgie unter einer Fülle von biblischen, theologischen und kirchengeschichtlichen Bezügen als Anamnese (Erinnerung/Vergegenwärtigung) der gesamten Heilsgeschichte. Unabhängig davon, wie eine einzelne Kirche entworfen ist, als Basilika, als Zentralbau über einem kreuzförmigen Grundriß (Kreuzkuppelkirche) oder als Rundbau, gleichgültig, wie die äußere Gestalt von Kirchen im Laufe der Jahrhunderte immer wieder ande-

---

[1] Felmy, Karl Christian: Die Deutung der göttlichen Liturgie in der russischen Theologie. Wege und Wandlungen russischer Liturgie-Auslegung, Berlin/New York 1984.

Klosterkirche in Bulgarien: Mönch beim Gebet

ren, zeitbedingten Tendenzen folgte, „stets bleibt eine Kirche das Bild der verklärten Welt, des Reiches Gottes, der Kirche, die zur eschatologischen Erfüllung strebt".[2] Die Kirchen sind in der Regel geostet. Zu ihnen steht ein Turm oder seitlicher Anbau für die Glocken in Beziehung, die von Meistern geschlagen überirdische Klänge in die Liturgie des feiernden Gottesvolkes einspeisten und, wo die Kunst lebendig blieb, noch heute in sie einfließen lassen.[3] Waren in der Zeit des Sowjet-Regimes die Glocken aus vielen Kirchen entfernt und teilweise zerstört worden, so sind heute in nicht wenigen orthodoxen Kirchen Rußlands inzwischen wieder Glocken vorhanden und Meister des Glockenspiels am Werk. Neben dem Wiederaufbau zahlreicher Kirchen sollten der überlieferten Gottesdienstweise folgend noch viele Glocken beschafft bzw. verlorene ersetzt werden. Es dürfte noch viele Jahre dauern, bis

---

[2] Hammerschmidt, Ernst/Hauptmann, Peter/Krüger, Paul/Ouspensky, Léonide/Schulz, Hans-Koachim: Symbolik des orthodoxen und orientalischen Christentums, Bd. 1, Stuttgart 1962, 68.
[3] Das Simantron der Griechen hat vergleichbare Funktionen. Einige russische Geläute sind bzw. waren auf Platten des Moskauer Verlags Melodija aufgezeichnet, so die Rostower Glocken und die Glocken des Petschori-Klosters von Pskow.

in den Gemeinden Kirchenglocken in entsprechender Anzahl und Gestalt vorhanden sein werden. In welchem Umfang die überlieferten, regional verschiedenen Glockenmelodien bewahrt worden sind, ist im Augenblick nicht zu sagen, auch nicht, auf welche Weise solche Melodien in Jahrzehnten ohne Glocken und Gottesdienst überlebten.

Die Ikonostase in ihrer heute weit verbreiteten, in die Höhe gehenden Form ist freilich das Ergebnis einer Entwicklung, die allmählich mit ihrem Höherwachsen für die Gottesdienstteilnehmer mehr und mehr den Einblick in den Vollzug der Liturgie behinderte, ja entzog. Heute gibt es in einigen orthodoxen Lokalkirchen Erwägungen, die Bilderwände niedriger zu gestalten, so daß für die Gmeinde mehr Einsicht möglich würde.[4]

Die Ikonostase

Die lkonostase wird durch ein Kreuz gekrönt und nach oben abgeschlossen. Über der ganzen Komposition von Bildern steht das Kreuz als Symbol des umfassenden, versöhnenden Heilswerks Christi. Bei ausreichender Höhe des Kirchengebäudes können vier bis fünf Ikonenreihen übereinander vorhanden sein.

Die nachfolgende Schilderung ist idealtypisch zu verstehen. Sie erfährt fast in jeder Kirche Abwandlungen. Die Ikonostase stellt mit der Präsentation ihrer Bilder von oben nach unten den Weg der Heilsoffenbarung dar. Neben der Ikone der Dreifaltigkeit (alttestamtentliche Form)[5] in der Mitte werden in

---

[4] Onasch, Konrad: Kunst und Liturgie der Ostkirche in Stichworten unter Berücksichtigung der Alten Kirche, Wien, Köln, Graz 1981, 58. Beachtlich hierzu die Bemerkung von Friedrich Heiler über Tendenzen zur Rückbildung der Bilderwand zu den alten Altarschranken, den Vorgängern der Ikonostasen, auf welche Weise der Gemeinde eine viel unmittelbarere Teilnahme an allen Akten der Liturgie möglich würde. „Der Anblick aller dieser Bilder Christi und der Heiligen versetzt den in der Kirche Betenden von selbst in die große Gemeinschaft der Heiligen des alten und des neuen Bundes. Nicht Schranke mehr ist die Bilderwand, sondern wie ein feierliches Portal in das Reich der Verklärung." Heiler, Die Ostkirchen, München/Basel 1971, 190.
[5] Als solche gilt die Ikone, die aus der Geschichte vom „Besuch des Herrn" bei Abraham im Hain Mamre, 1. Mose 18,1-15, erwuchs und in der Dreifaltigkeitsikone des Malermönchs Andrej Rublev ihre Vollendung erfuhr.

der obersten Reihe die Stammeltern Christi und die Patriarchengestalten präsentiert. Darunter kann in der nächsten, der Prophetenreihe, eine Anzahl jener Propheten folgen, die auf Christi Menschwerdung hingewiesen haben. In deren Mitte findet sich häufig im Anklang an Jesaja 7,14 (Wort vom Immanuelzeichen) eine Ikone der Gottesmutter vom Typ des „Zeichens"; dabei trägt die Gottesmutter den Christus wie auf einer Plakette vor ihrer Brust. In der darunter folgenden Reihe sind die Ikonen der zwölf großen Festtage (vgl. Abschnitt Kirchenjahr, S. 92) einschließlich des Osterfestes mit der Höllenfahrt Christi und den Frauen am Grabe zusammengestellt.

Die nächste Reihe nennt sich Deësis (gr.: Fürbitte). In der Mitte ist das sogenannte Dreifigurenbild zu erkennen, das auch „kleine Deësis" genannt wird. Dazu gehören der thronende Christus mit dem Evangelium, zu seiner Linken (vom Betrachter aus gesehen also rechts) Johannes der Täufer, der Vorläufer, der Freund des Bräutigams (Joh 3,29). Zur Rechten Christi steht die Gottesmutter. Beide haben die Hände zum fürbittenden Gebet erhoben. In dieser Reihe finden sich außerdem u. a. die Erzengel Michael und Gabriel, die Apostel Petrus und Paulus sowie die Liturgen Basilius und Johannes Chrysostomus. Die ganze Reihe stellt – daher ihr Name – die Fürbitte und das anhaltende Gebet der Kirche dar. Die Abgebildeten gelten als Bürgen steter Fürbitte.

In der untersten Reihe befindet sich in der Mitte die zweiflügelige königliche Tür. Nur Kleriker dürfen sie durchschreiten. Ihr Name erinnert daran, daß durch die königliche Tür nach orthodoxem Glauben Christus selbst, der König aller Könige, als Geber, als Gabe und als sich selbst Darreichender naht, wenn der Priester sich anschickt, dem Gottesvolk die Heilige Kommunion auszuteilen. Über ihr ist im Ausschnitt bis zur Überschwelle der Tür das letzte Mahl Jesu mit seinen Jüngern, der Gründonnerstag, dargestellt. Manchmal werden auch an die beiden Türpfosten der königlichen Tür die zwei großen Liturgen der Orthodoxie, der Heilige Johannes Chrysostomus und der Heilige Basilius der Große, gemalt, deren Werk für das liturgische Leben der Ostkirche grundlegend ist. Die Tür als ganze kann als Symbol der Heilsbotschaft angesehen werden, als „die Tür", als Weg und Summe der Zuwendung, als Einladung, einzugehen in das Reich, das sich durch diese Tür in der Eucharistie all denen schon auf Erden zugänglich macht, die sich „in Gottesfurcht, Glauben und Liebe" nähern.[6] Deshalb wird die königliche Tür mit den Ikonen der vier Evangelisten in vier Feldern und in den oft abgeschrägten Flächen des oberen Teils der Tür mit der zweiteilig dargestellten Verkündigung Mariens geschmückt.

Wenn sich während der Liturgie die Tür und der dahinter befindliche Vorhang öffnen, dann „stelle dir vor, daß der Himmel sich öffnet und Engel emporsteigen",[7] so rät der Heilige Johannes Chrysostomus. Dies ist ein bewußter Anklang an die Jakobsgeschichte mit dem Eingeständnis des Jakob: „Gewiß ist Gott an diesem Ort und ich wußte es nicht" (l. Mose 28,16). Im Munde orthodoxer Christen wird dies Wort zum Bekenntnis. Orthodoxe drücken damit ihre Wertschätzung des Hauses Gottes aus und können von ihrer Kirche als dem Ort der Gemeinschaft mit Gott, als dem offenen Himmel reden. Da, wo sie ihre Beichte ablegen, wo sie zu Zeugen der Taufe werden, wo sie ihr Leid aussprechen und von ihren Toten Abschied nehmen, wo sie das Mahl des kommenden Reiches feiern, wo der Jubel der Erlösten erklingt, wo sie still werden vor den Bildern der Heiligen, wissen sie über sich den Himmel offen.

Auf den beiden anderen, einflügeligen Türen in der Bilderwand sind zumeist in Erinnerung an die Vertreibungsgeschichte aus dem Paradies (l. Mose 3,24) Erzengel dargestellt. Der Cherub mit deim Flammenschwert findet sich meist an der nördlichen Tür (vom Betrachter links); der Erzengel Gabriel an der südlichen Tür. Die Symbolik der verschlossenen und durch die Menschwerdung Christi erneut geöffneten Paradiesestür ist unter evangelischen Christen vor allem durch das Weihnachtslied ‚Lobt Gott ihr Christen alle gleich' (EG 27 von Nikolaus Hermann) bekannt. Dort heißt es im 6. Vers: ‚heut schließt er wieder auf die Tür zum schönen Paradeis; der Cherub steht nicht mehr dafür. Gott sei Lob, Ehr und Preis!'[8]

---

[6] Mit dem Ruf des Diakons: „Nahet Euch mit Gottesfurcht, Glauben und Liebe" wird die Gemeinde zur Kommunion der Gläubigen eingeladen.
[7] Hammerschmidt, Ernst u. a.: a.a.O., 65.
[8] Schmidt, Heinrich und Margarethe: Die vergessene Bildersprache christlicher Kunst, München 1981, gibt viele Hinweise auf Symbolik in der Gestalt von Bildern und gottesdienstlichem Gerät.

Seltener werden Heilige, welche Diakone waren, auf die beiden Seitentüren gemalt. Diese verweisen sodann auf die himmlische Liturgie, deren Ablauf der „Typos" der irdischen Liturgie ist.[9]

So will die Ikonenwand nicht nur abgrenzen, „sie ist ebenso Bindeglied zwischen ‚Himmel'und ‚Erde', dem heiligen Geschehen am Altar und dem draußen harrenden und betenden Kirchenvolk".[10]

Der Altarraum und seine Gliederung

Vor der Ikonostase finden sich Treppenstufen mit einem Vorsprung in das Kirchenschiff hinein, dem Ambon. Dieser Ambon kann sehr verschieden gestaltet sein, vor allem in großen Kirchen kann er zu einem Stück Architektur in Stein werden. Er kann aber auch in kleinen Kirchen oder Kapellen nur der Platz sein, an dem ein bewegliches Pult seinen Ort findet. Von hier aus wird gepredigt, hier empfängt der orthodoxe Christ die Kommunion. Der Altarraum (gr.: ieron/russisch: altar) hinter der Ikonostase ist funktional gegliedert. Hinter der nördlichen Tür ist der Raum für die Proskomidie, dort steht der Rüsttisch für die „Schlachtung des Lammes".[11] Von dort aus erfolgen die Einzüge. Im mittleren Teil steht der Altar, der auch heiliger Tisch oder Thron genannt wird. Nach orthodoxer Ordnung soll in einer Kirche nur ein einziger Altar aufgestellt sein, an dem nur einmal am Tage die „Göttliche Liturgie" zelebriert werden darf. Durch die Zerstörung oder Profanierung zahlreicher Kirchen in diesem Jahrhundert hat die Russische Orthodoxe Kirche sich freilich gezwungen gesehen, in Seitenschiffen verbliebener Kirchen weitere Altäre einzurichten. Auch wurden nach Auflegung eines neuen Antimensions[12] in manchen Kirchen zwei Gottesdienste gehalten.

---

[9] Vgl. Abschnitt Gottesdienst.
[10] Die göttliche Liturgie des Heiligen Johannes Chrysostomus mit den besonderen Gebeten der Basilius-Liturgie im Anhang, Heft C. Einführung in den Gottesdienst der orthodoxen Kirchen mit besonderer Berücksichtigung des eucharistischen Gottesdienstes (Göttliche Liturgie) von Fairy von Lilienfeld, Reihe Oikonomia, Quellen und Studien zur Orthodoxen Theologie, Bd. 2, Heft C, Erlangen 1979, 10; und zum Ganzen siehe Abschnitt: Das orthodoxe Gotteshaus, 1-19.
[11] Vgl. Abschnitt Gottesdienst.
[12] Vgl. Abschnitt Gottesdienst.

Hinter dem Altar befindet sich, oft in einer Apsis, der Ort, an dem ein etwa mitzelebrierender Bischof und mitzelebrierender Priester zeitweilig Platz finden können. Hinter der südlichen Tür befindet sich das Diakonikon, als Aufbewahrungsraum für Gewänder und Geräte etwa unseren Sakristeien vergleichbar.

Vorräume und Schiff der Kirche

Orthodoxe Kirchen sind von fern betrachtet meist nicht so auffallend wie die westlichen Kirchen und Kathedralen. Dennoch weist ihr Äußeres den Herantretenden auf die Welt des Glaubens, auf den besonderen Ort. Meist ist die Kirche von Bäumen umgeben und hat einen Vorplatz. Es mag sich in der Nachbarschaft ein Friedhof anschließen.

Betritt man die Kirche, so kommt man oft zuerst in einen äußeren Vorraum, in den sogenannten Exonarthex. Hier waren in der Alten Kirche die Büßer der höheren Grade zu finden. Bei den Griechen bewahrt man hier häufig das Klopfholz auf (Simantron), mit dem insbesondere in Klöstern zum Gottesdienst eingeladen wird. Der daran anschließende erste Hauptraum der Kirche, der Narthex, bietet Platz für das Taufbecken. Hier war in den ersten Jahrhunderten auch der Platz der Katechumenen, der Büßer und der Ungläubigen. Dem nichtorthodoxen Besucher des heiligen Berges Athos wird es oft passieren, daß auch er im Narthex seinen Platz zugewiesen bekommt. Auch die Liebesmahle, einst Agapen genannt, wurden in diesem Teil der Kirche in der Gemeinde gefeiert. Im Narthex können an einem besonders ausgestatteten Schrank, je nach Landessitte, Kerzen zur Verehrung der Ikonen sowie auch Postkarten und Gebetbüchlein erworben werden. Vom Narthex aus gelangen Gebetswünsche in den Altarraum. Hier werden auch, vor allem in Rußland, die im offenen Sarg liegenden Toten zum Totengebet aufgebahrt. Nicht weit davon steht, vor allem in großen russischen Kirchen etwa in der Mitte des Schiffes, der kleine Kreuzaltar. Von ihm aus werden die Totengebete gesprochen. Angehörige stellen bei diesem Altar ihre besonderen Kerzen zum Gedächtnis der Toten auf.[13]

---

13 Siehe Fairy von Lilienfeld, a.a.O., Heft C, 5.

Entzünden von Andachtskerzen

Neuerdings werden Bemühungen unternommen, jenen Personen, denen der Verkauf von Kerzen, Büchern und Devotionalien im Narthex anvertraut ist, auch die Fähigkeit zu vermitteln, fragenden und wenig orientierten Neulingen sowie zufälligen Besuchern erste Einweisung zu geben. Ihre Auskünfte sollen Hilfe und Einführung sein können.

Im eigentlichen Kirchenschiff sind für die Ikonen der Tagesheiligen oder Tagesfeste sogenannte Analogien aufgestellt. Auch liturgische Bücher können zeitweilig auf solchen beweglichen Ständern Platz finden. Für Kerzenständer zur Begrüßung und Verehrung der Ikonen ist gesorgt. Bei überfüllten Kirchen hilft jedermann, gestiftete Kerzen an die richtige Stelle zu bringen, etwa zum „Heiland", zur Gottesmutter oder, wenn solche in einer Kirche vorhanden sind, zu den Reliquien und ihrem Schrein. Auch der Gast sollte sich solcher Mithilfe nicht entziehen, denn auf solche Weise ist er bei den Gottesdiensten wirklich dabei und persönlich hineingenommen, vom Kirchenvolk angenommen. Andachtskerzen aufstellen können und dürfen auch Andersgläubige, die durch ihr Verhalten zu erkennen geben, daß sie sich als Mitchristen und Gäste in diesem Gotteshaus mit der feiernden Gemeinde verbunden wissen. In den Ecken zwischen Ikonostase und Kirchenschiff finden ein bis zwei im Gottesdienst mitwirkende

136

Chöre Platz. Unweit des Ambons befindet sich im Kirchenschiff ein Platz für den Bischof. Er sitzt dort inmitten der Gemeinde, wenn er nicht selber an der Zelebration teilnimmt. In großen Kirchen ist dieser Platz auffallend gestaltet.

Das wiederholte Beräuchern von Altar, Ikonen, Raum und Volk, ebenso die beiden Einzüge, das Schließen und Öffnen der Türen und schließlich die Teilnahme an der Eucharistie selbst sind Ausdruck göttlicher Zuwendung. Es liegt am Kirchenraum, seiner Gestalt und dem darin zugänglichen, sich durch Gebet und heilige Gaben zugänglich machenden Heil, daß die orthodoxen Christen einen Kirchenraum als heiligen Ort ansehen.[14]

Der Tempel des Alten Bundes
und der orthodoxe Gottesdienstraum

Durch seine Dreigliederung in Narthex (Vorraum), Schiff und Altarraum (= Allerheiligstes) hat der orthodoxe Kirchenraum Kennzeichen des alttestamentlichen Tempels bewahrt. Auch in den griechischen und slawischen Bezeichnungen für ein orthodoxes Gotteshaus (gr.: naos bzw. ksl.: chram), beide bedeuten urspünglich Tempel, klingen alttestamentliche Vorstellungen nach. Bei geöffneter Königstür ist vom Kirchenschiff aus der siebenarmige Leuchter auf dem Altar zu erkennen, der wie die Prophetengestalten an der Ikonenwand zu den aus dem Alten Bund herüberwirkenden Zeichen und Symbolgestalten gehört.

Jedoch feiern und verkündigen orthodoxe Priester das Geheimnis des Neuen Bundes, wie es im Werke Jesu Christi als das einmalige, einzigartige, allen Menschen zugedachte, alle Opfer des Alten Bundes ein für allemal überbietende Sühneopfer Jesu Christi von allen Christen verehrt wird, und wenden es ihren Gemeinden zu. Daher ist der Blick der orthodoxen Kirche nicht nach rückwärts gerichtet. Wohl aber hat sie nicht vergessen, sondern in Leben und Lehre festgehalten, daß es der Alte Bund ist, in dessen Raum und Rahmen das Gebot und jene Verheißung aufklangen, die sich beide in Christus erfüllten.

---

[14] Heiler, Friedrich: a.a.O., Abschnitt: Der Heilige Raum, 110-192.

Die in orthodoxen Gotteshäusern vollzogene Liturgie zielt daher auf die geistliche Erbauung jenes Leibes, an dem Christus das Haupt ist und in dem die Kräfte der Auferstehung Christi wirken. Der orthodoxe Kirchenraum ist insofern auch Kinderstube des Glaubens und Grundschule der Kirche.

Elemente des alttestamentlichen Bundeskultes, bei dem Jahwe im Tempel erscheint und in einem Bundesfest seinen Bund je und je erneuert, sind liturgiegeschichtlich wirksam geblieben.[15] Der orthodoxe Gottesdienst ist Theophaniegottesdienst. Bis heute kann keine christliche Glaubens- und Gottesdienstform auf die Realpräsenz des im Gottesdienst bezeugten und sich selbst bezeugenden Gottes verzichten wollen.[16]

8.1. Die Bedeutung der Ikonen

Ikonen – von griechisch Eikon, das Bild – erfreuen sich weithin wachsenden Interesses. Zunehmend werden sie nicht mehr nur als eine museale Besonderheit angesehen. Vielmehr begreift man sie als bezeichnende Erscheinungsform des Lebens der Ostkirche, als wichtige Ausprägung orthodoxer Frömmigkeit. Wenngleich vielfach zunächst fremdartig und archaisch empfunden, geht heute eine große Faszination von ihnen aus. Letztlich gilt die Anziehungskraft der östlichen Bilder nicht allein ihrer urtümlichen Gestaltung, sondern ihrer Botschaft. Die Ikone dient der Kirche als Sprache, um der Welt den künftigen Äon zu enthüllen. In katholischen Kir-

---

[15] Zur Frage der Liturgiegeschichte und Liturgik ausführlich und grundlegend: H.-J. Schulz: Die byzantinische Liturgie, Glaubenszeugnis und Symbolgestalt, Trier 1980.

[16] Vgl. dazu Gerhard Tersteegens Lied: Gott ist gegenwärtig, EG 165. Tersteegen war als bedeutender evangelischer Liederdichter in seiner mystischen Grundhaltung östlicher Spiritualität besonders nahe. Zur Frage konfessionsübergreifender Mystik siehe auch Emmanuel Jungclaussen: Suche Gott in dir. Der Weg des inneren Schweigens nach einer vergessenen Meisterin, Jeanne Marie Guyon, Freiburg 1986. Als Beispiel heutiger evangelischer Einschätzung der Mystik und ihrer Bedeutung: Zink, Jörg: Dornen können Rosen tragen. Mystik, die Zukunft des Christentums, Stuttgart 1997. Mystische Strömungen sind vor allem im älteren Pietismus bis heute lebendig. Werden solche Strömungen zu einem tieferen Verstehen der Orthodoxie beitragen können?

chen mehren sich neuerlich Ikonen, nicht selten in Seitenka-
pellen. Die Anglikanische Kirchengemeinschaft hält Ikonen in
gottesdienstlichen Räumen für möglich.

Wurzeln

Nach Gestalt und Technik reichen die Ikonen weit in die
antike Kultur, insbesondere in die Portraitmalerei des späten
Hellenismus zurück. Die eindrücklichen Mumienportraits aus
Faijum (Ägypten) aus dem ersten bis vierten Jahrhundert nach
Christus liefern das Bindeglied zur Malkultur der ausgehenden Antike. Zunächst noch in Enkaustik ausgeführt, wurden
Ikonen später in Temperafarben gemalt. Die biblischen Fresken in der Synagoge von Dura Europos (Zweistromland) und
in der dort entdeckten frühchristlichen Hauskirche (≈ 240
n.Chr.) weisen auf eine zu damaliger Zeit aufkommende
Lockerung des Bilderverbots hin, auf einen neuen Umgang
mit dem Medium Bild. Der Weg vom Bilderverbot des Alten
Testaments bis zur Verehrung der Bilder in Kirche, Gottesdienst und Haus und zu ihrer festen Einbeziehung in das liturgische Leben ist gleichwohl noch weit.

Streit um die Bilder

Im byzantinischen Reiche breitete sich allmählich, gefördert
durch Mönche, eine an Ikonen orientierte Gebetsfrömmigkeit
aus. Freilich gab es auch Gegner dieser Entwicklung, die Ikono-
klasten (Bilderfeinde). Sie hielten die aufgekommene Bilderverehrung für die Gefahr eines Rückfalls in Heidentum und
Aberglauben und wollten das Abbildbare auf die Symbolik
von Herrenmahl und Kreuz konzentriert sehen. Die mit der
Bilderverehrung verbundenen innerkirchlichen Meinungsverschiedenheiten erschütterten über 100 Jahre lang den christlichen Osten. Sie wurden im sogenannten Bilderstreit des achten und neunten Jahrhunderts zwischen 726 und 843 ausgetragen. Das 2. Konzil von Nizäa (787), das 7. Ökumenische
Konzil, formulierte als Ergebnis die seither gültige Theologie
der Ikone und gab der Bilderverehrung in der byzantinischen
Kirche endgültig recht. Der Ikonoklasmus wurde abgewiesen.
Am ersten Sonntag der großen vorösterlichen Fastenzeit, dem
Gedächtnis des Sieges der Orthodoxie, singt das Troparion:

Vor Deinem allreinen Bilde fallen wir nieder, o Gütiger.
Um Verzeihung unserer Sünden bitten wir dich,
Christus, Gott.
Du geruhtest dich freiwillig im Fleisch
auf das Kreuz zu erheben,
damit Du die aus der Knechtschaft des Widersachers erlösest,
welche Du geschaffen hast.
Dankbar rufen wir Dir zu:
Mit Freude hast Du das All erfüllt,
unser Heiland,
der Du kamst zu erretten die Welt.[17]

Das Kondakion desselben ersten Fastensonntag bringt die Grundlage der Bildtheologie zum Ausdruck.

Das nicht umschreibbare Wort des Vaters
hat durch seine Fleischwerdung
aus dir, Gottesmutter,
sich selbst umschrieben.
Und indem es das befleckte Bild
in seiner Urgestalt wiederherstellte,
durchdrang es dieses
mit göttlicher Schönheit.
Wir bekennen die Erlösung
und bilden dies in Werk und Wort ab.[18]

Zur Theologie des Bildes – Urbild und Abbild

Die Ikone will Abbild eines Urbilds sein. Seinem Wesen nach ist Gott selbst nicht darstellbar. Abgebildet werden kann Jesus Christus, der Gottessohn. Gott hat den menschgewordenen Sohn als Heiland zu seinem Bild gemacht, da er ihn um unserer Erlösung willen ins Fleisch sandte. Dargestellt werden die Gottesgebärerin mit dem Kind, Heilige und Dulder, Apostel und Propheten, Patriarchen und Evangelisten, Engel und die den Festen des Kirchenjahres zugrundeliegenden Begebenheiten.

---

[17] Heitz, Sergius: Der orthodoxe Gottesdienst, Bd. 1, Göttliche Liturgie und Sakramente, Mainz 1956, 38.
[18] Übersetzung nach Lilienfeld, Fairy von: Die Göttliche Liturgie des Hl. Johannes Chrysostomus mit den besonderen Gebeten der Basilius-Liturgie im Anhang, Heft C., Erlangen 1979, 10.

Den Bildern gebührt Verehrung (timetike proskynesis). Wahrhaftige Anbetung (kata pistin latreia) gebührt allein Gott. Verehrung der Ikonen geschieht durch deren Schmuck, indem man sie beräuchert, sie küßt, vor ihnen niederfällt, sich bekreuzigt und vor ihnen brennende Kerzen der Andacht aufstellt. „Die ihnen erwiesene Ehre geht auf das Urbild über, so daß, wer das Bild kniefällig verehrt, in ihm kniefällig die Person des Dargestellten verehrt."[19] Das Geschehen der Inkarnation ist die Begründung der Ikonographie (vgl. Abschnitt Sinnenhaftigkeit des Gottesdienstes S. 57).

Die Ikone wird so zum Pfand der göttlichen Inkarnation. Wer die Ikone ablehnt, lehnt nach orthodoxer Theologie die Inkarnation (Menschwerdung Gottes) und die göttliche Heilsökonomie ab. Orthodoxie im Sinne von Rechtgläubigkeit und Bilderverehrung waren identisch geworden. Dies erklärt die Treue zu den Bildern und die Standhaftigkeit orthodoxer Christen, wenn es galt, Ikonen zu schützen oder zu bewahren, so zum Beispiel in den Wirren der russischen Revolution oder bei der Vertreibung von mehr als zwei Millionen Griechen aus Kleinasien nach 1921. Die Kirche verteidigt, so sagt orthodoxe Theologie heute, „nicht nur deren didaktische Rolle oder den ästhetischen Aspekt der Bilder, sondern vielmehr die Grundlage christlichen Glaubens selbst".[20]

Das 7. Ökumenische Konzil von Nizäa (787) hat bezüglich der Bilder folgendes festgehalten:

> „... Je häufiger man diese Darstellungen betrachtet, um so mehr werden die Betrachter dazu geführt, an die Urbilder zu denken, zu ihnen sich zu wenden, ihnen durch ehrfürchtige Gebärden eine respektvolle Verehrung zu erweisen, ohne daß es eine wirkliche Anbetung im Sinne unseres Glaubens wäre, wie sie Gott allein gebührt."
>
> „Wer ein Bild verehrt (proskynei), der verehrt die Wirklichkeit, die darauf dargestellt ist."
>
> „1) Wenn einer nicht bekennt, daß Christus unser Gott seiner Menschheit nach umgrenzt ist, sei er im Banne.
>
> 2) Wenn einer nicht die Verdeutlichung der evangelischen Botschaft, wie sie durch die Bilder geschieht, gelten läßt, soll er im Banne sein.

[19] Heiler, Friedrich: Die Ostkirchen, Basel 1971, 194, Anm. 25. So bereits Basilius, de spiritu sancto.
[20] Ouspensky, Leonid: La théologie de l'icône dans l'église orthodoxe, Paris 1980, 103.

3) Wenn einer die Bilder nicht grüßt, die im Namen des Herrn und seiner Heiligen angefertigt sind, soll er im Banne sein.

4) Wenn einer jede Überlieferung der Kirche, geschrieben oder ungeschrieben, verwirft, soll er im Banne sein."[21]

Ikone und Wort

Ikonen erzählen. Das narrative (erzählerische) Element der östlichen Ikone macht diese in gewissem Umfang gemeindenah und verständlich. Es ermöglicht, daß die Ikone zum Träger ablesbarer Verkündigung wird. Ikonen sind mit Farbe geschriebenes Evangelium. In ihrer Art sind sie der schönen Rede verwandt: „Die großen altkirchlichen Prediger, die Rhetoren und vielfach auch Dichter waren, und die Bildschreiber der orthodoxen Kirchenkunst stehen einander sehr nahe."[22] Griechen und Slaven nennen den, der Ikonen malt, bezeichnenderweise Ikonenschreiber (gr. Eikonographos/ksl. ikonopisez). „Wie der Dichterprediger alle Möglichkeiten der Sprache, so schöpft der Ikonograph die der bildenden Kunst aus, um den Adressaten die Botschaft in schöner und gut faßlicher Form nahezubringen." Die Aufgabe des Betrachters bleibt also, den Inhalt der Botschaft zu entschlüsseln. Freilich: „Um in der Ikone mehr zu empfinden als ein Kunstwerk oder als einen Gegenstand persönlicher Frömmigkeit, muß man in der Kirche selbst mehr sehen und fühlen als eine Versammlung von Gläubigen."[23] Um ihrer Botschaft willen lohnt es sich, auch die tieferen Schichten der Sprache der Bilder zu lernen. Ikonenmalerei ist sakrale Kunst. Sie lebt von der geistlichen Wahrheit, der sie bildhaften Ausdruck verleiht und zu der sie als einer lebendigen und unerschöpflichen Quelle Zugang hat.[24] Man kann daher auch das heilige Bild außerhalb der Kirche und ihres Lebens weder verstehen noch erklären. Von Johannes Chrysostomos (4. Jahrh.) bis Johannes von Kronstadt

---

[21] Dumeige, Gervais: Nicäa II, Mainz 1985, 295f, Reihe: Geschichte der ökumenischen Konzilien.

[22] Suttner, Ernst Chr.: Das Evangelium in Farbe. Glaubensverkündigung durch Ikonen, Regensburg 1982, 7.

[23] Ouspensky, Leonid: a.a.O., 448. Mit diesem als Zitat aus Schmemanns Einführung in die mystische Theologie ausgewiesenen Satz (Anm.18) wendet sich Leonid Ouspensky zugleich gegen eine rein soziologisch-vereinsartige Betrachtungsweise der Kirche.

[24] Lossky-Ouspensky: The Meaning of Icons, Vladimir-Seminary-Press, Chrestwood/New York 1982, 2. Aufl., 7, 8 und 9.

(19. Jahrh.) hat die Orthodoxie immer wieder große Prediger hervorgebracht. Über die Jahrhunderte hinweg haben sich aber auch die Ikonen auf ihre Weise immer neu als wirksame Bezeugung des Evangeliums erwiesen.[25] Schon Basilius der Große hatte festgestellt: „Was das Wort zu Gehör bringt, das zeigt das Bild ohne Worte durch die Darstellung."

Ikonen und ihre Maler

Der Ikonenmaler tritt als künstlerisch-schöpferisches Individuum hinter seiner Aufgabe zurück. Oft malen Mönche oder Nonnen, aber auch Laien. Wer Ikonen malen will, muß die Ikonen als Träger einer Botschaft verstehen. Er muß diese Botschaft selbst bejahen und sich selber in ihrem Dienste wissen.

Ikonenmalerei als Darstellung des Glaubens in Farben und Gestalten erträgt nur eine kleine Bandbreite der Variation. Abweichungen grundsätzlicher Art müßten Abweichungen von der durch das Bild zu bezeugenden Lehre bedeuten. Malerhandbücher haben Darstellung, Farbgebung und Komposition der Ikonen mit klaren Weisungen regelrecht festgehalten.[26] Große orthodoxe Ikonenmaler haben jedoch immer wieder den nach alter Überlieferung ausgeführten Ikonen eine besondere farbliche und kompositorische Note gegeben. Auf diese Weise sind z. B. auch Namen und Lebensgang einiger der großen Ikonenmaler in Erinnerung geblieben.[27] Solche Namen sind in Rußland Andrei Rubljow, Daniel Tschornij, Theophanes der Grieche (Feofan Grek), Dionisii; in Griechenland Panselinos, Theotokopulos (El Greco) u. a.

Man kann über die Bedeutung der Ikonen in der christlichen Erziehung kaum reden, ohne sich in Erinnerung zu rufen, was der Apostel Paulus schreibt: Wir werden verklärt in sein Bild von einer Herrlichkeit zur anderen von dem Herrn, der der Geist ist (2. Kor 3,18).

---

[25] Hermeneia: Zeitschrift für ostkirchliche Kunst, 2, 1986, S. 123, 161, 162, gibt Beispiele moderner orthodoxer Ikonographie und von Experimenten mit nichttraditionellen Materialien.

[26] Malerhandbuch des Malermönches Dionysios vom Berge Athos, München 1983, aber auch andere im Slawischen Institut in München herausgegebene Publikationen.

[27] Lebedewa, Julia A.: Andrei Rubljow und seine Zeitgenossen, Dresden 1962, Zeittafel.

Ikonen umgeben mit ihren Farben und Gestalten, mit ihrem Leuchten und dem ihnen aufgestellten Blumenschmuck, mit den Kerzen frommer Andacht in Kirche und Haus die orthodoxen Christen von früher Jugend an. Sigismund zu Herberstein,[28] einer der ersten westlichen Christen, die im 16. Jahrhundert der russischen Orthodoxie begegnet sind, betont den Zusammenhang zwischen Ikone und Beichtpraxis. Adam Olearius wußte 100 Jahre später von der christlichen Erziehung in Rußland zu berichten, der Hausvater lehre seine Kinder vor den Ikonen das Gospodi (Kyrie) sprechen.[29] Was die stille Gegenwart der Ikonen im christlichen Haus, was die Präsenz von Licht und Bild bedeutet, beginnen westliche Christen heute neu zu erfassen. Beten vor den Ikonen ist stets ein wesentliches Stück orthodoxer Frömmigkeit gewesen. Die fromme Übung wird zu einem Weg wachsenden Verstehens, der Erkenntnis, der Stille und der Vertiefung. Orthodoxe Christen erfahren ihr Beten vor den Ikonen als ein Stück auf dem Weg der Heiligung. Ikonen möchten Gebetsbeziehungen erschließen.

Die Ikone ist ein religiöses Bild. Sie will daher nicht auf sich selbst als auf ein Kunstwerk aufmerksam machen. Sie hält sich gemäß ihrer Malerüberlieferung von den Neigungen und Emotionen einer Künstlerpersönlichkeit frei. So gerade kann sie die dargestellten Personen und Ereignisse auch überzeugend repräsentieren. Der Umgang mit Ikonen setzt die Kenntnis der Heiligen Schrift und einiger entscheidender Ereignisse und Gestalten der Kirchengeschichte voraus. Gesänge und Predigten helfen, ihre Inhalte zu erschließen.

Ikonen sind von Fest zu Fest, von Tag zu Tag natürlich auch eine biblia pauperum, ein Informationsmittel. Sie verlocken

---

[28] Herberstein, Sigismund zu: Reise zu den Moskowitern, München 1966, herausgegeben und eingeleitet von Traudl Seifert, hier insbesondere zu beachten: Abschnitt Von der Beichte, 124.

[29] Adam Olearius, 1599-1671, Hofmathematiker und Bibliothekar des Herzogs Friedrich von Holstein-Gottorp, machte zwei Reisen nach Rußland (1633 und 1636). Bei der zweiten Reise war Paul Fleming im Gefolge (vgl. EG 368), s. Benz, Ernst: Die Ostkirche im Lichte der protestantischen Geschichtsschreibung von der Reformation bis zur Gegenwart, Freiburg/München 1952, 45.

dazu, sich Gestalten der Bibel, das Leben heiliger Menschen und Begebenheiten der Kirchengeschichte gegenwärtig zu halten und sie immer besser zu verstehen. Ikonen werden geweiht.[30]

Begegnung durch das Bild

Die Ikone führt nicht zu diskursivem Denken, sondern lenkt hin zu unmittelbarer, personaler Begegnung mit der in Farben gemalten Botschaft. Das betrachtende, betende Ich wird zu ganzheitlicher Antwort aufgerufen. „Das Heilige Bild führt den Gläubigen zur Selbstbesinnung und zur Reue. Das Gefühl der Sündhaftigkeit drängt sich ihm auf und läßt ihn noch mehr den Abstand seiner Seele vom Gipfel der Vollkommenheit empfinden, die doch das große Ziel aller treuen Kämpfer der triumphierenden Kirche war. Vor der Ikone vergegenwärtigen wir uns unsere Nöte und Fehler. Wie in einem Spiegel sehen wir, was wir sein müßten, zugleich werden uns Heilmittel für unseren jetzigen Zustand nahegelegt ..."[31] Die von der Ikone ausgehende überführende, erzieherische Kraft will den Weg zum Heil weisen. Sie erinnert den Menschen in Gottesdienst und Gebet daran, daß er selber Gottes Bild ist, berufen, die Gabe zu wecken, die in ihm ist (1. Tim 4,14).

Christus und sein Bild

Orthodoxe Christen führen die Ikone auf Christus selbst zurück. Christus habe, als König Abgar von Edessa Hilfe von ihm erbat, diesem als Antwort sein eigenes Bild übersandt. Auf dem Handtuch, in das er sein mit Wasser benetztes Antlitz gedrückt habe, sei auf wunderbare Weise ein „nicht von Händen gemachtes Bild" sichtbar geblieben. Dies Bild habe den König geheilt und viele Wunder gewirkt. Wie weit sich hinter dieser Legende die Geschichte des Turiner Grabtuches verbirgt, wird zu klären bleiben. Ebenso, ob dieses das in der orthodoxen Ikonographie stets bezeugte „Mandylion" ist, das nur das Antlitz Christi darstellt und bis 1204, als Konstantinopel dem 4.

---

[30] Thon, Nikolaus: Ikone und Liturgie, Trier 1979, 223.
[31] Timiadis, Emilianos: Lebendige Orthodoxie. Eine Selbstdarstellung der Orthodoxie im Kreise der christlichen Kirchen, Nürnberg und Eichstätt 1966, 255/256.

Kreuzzug zum Opfer fiel, dort als heiligste aller Reliquien verehrt wurde.[32] Der Kirchenhistoriker Euseb von Caesarea (≈ 260-339) bezeugt, ihm seien alte Ikonen Jesu und des Paulus gezeigt worden.[33]

Ein Hymnus von Theodoros Studites (759-826), einem Freund und Befürworter der Ikonenfrömmigkeit, aus der Zahl seiner Gesänge zu Ehren der Ikonen lautet:

> Wenn ihr Männer hier ein Bild seht,
> das von einer gestaltenden Hand angefertigt ist,
> dann pflückt auch gebührend
> die nützliche Frucht:
> Richtet euren Geist auf die dahinterliegenden Gründe.
> Denn das Bild ruft gleichsam mit lauter Stimme:
> Die Ehre, die mir gezollt wird,
> ist eine Verherrlichung des Dargestellten;
> einzig zu solchen Gedanken bin ich vollendet worden.
> Ich bewache und erleuchte, die mir lieb sind.
> Die mich aber nicht mit Liebe verehren wollen,
> die schließe ich vom Himmelserbe aus.[34]

Gespräch über die Bilder

Zur Frage der Möglichkeit eines Gesprächs über die Ikonen, das früher oder später im Dialog zwischen den Orthodoxen und den Reformationskirchen zustande kommen wird, faßt Lukas Vischer reformiertes Denken wie folgt zusammen: „Gott hat sich in Christus, dem wahren Bilde, dem Menschen zugewandt. Er sammelt und vereinigt durch das Wort seine Kirche in diesem Bilde. Er hat die Eucharistie eingesetzt, sie ist gewissermaßen das lebendige Bild seiner Gegenwart ..."

„Wenn endlich einmal deutlich geworden ist, daß es sowohl Reformierten als auch Orthodoxen letztlich um die Gegenwart des gekreuzigten und auferstandenen Herrn in ihrer Mitte geht, mag auch in dieser Frage ein gegenseitiges Verstehen leichter werden."[35]

---

[32] Wilson, Jan: Eine Spur von Jesus, Freiburg 1980, aus dem Englischen von Maria Branse, 1. Aufl. The Shroud of Tourin, New York 1978.
[33] Dumeige, Gervais: a.a.O., 35.
[34] Ders.: a.a.O., 314.
[35] Vischer, Lukas: Zum kommenden Dialog zwischen den orthodoxen und den reformierten Kirchen, Vorabdruck: Études Théologiques V, nach Materialdienst der Ökumenischen Centrale Nr. 12/, 1986, 14.

Zeitgenössische Ikone aus den USA

Nicht immer wurden Ikonen hoch geschätzt. Inzwischen sind sie auch Gegenstand kunstgeschichtlicher Forschung und Objekt eines weitverzweigten Kunsthandels. Dies sind Betrachtungsweisen, die dem orthodoxen Gläubigen fernliegen. Durch den alten Brauch, Ikonen nach Fertigstellung mit einer Firnisschicht zu versehen, dunkelten die staubfangenden Oberflächen mit der Zeit deutlich nach. Spätere Maler richteten sich mit ihrer Palette nach der vermeintlichen Originalfarbe. Es wurde schließlich angenommen, die so entstandene dunkle Tönung der Ikonen gehöre zu ihrem Wesen.

Unmittelbar vor dem Ersten Weltkrieg wurde die Ikone zunächst in Rußland wiederentdeckt.[36] Diese Ikonenrenaissance brachte die festliche Leuchtkraft der Ikone der besten russischen Schulen erneut zum Vorschein. Kunstvolle Restauration legt noch heute immer wieder alte, künstlerisch wertvolle Schichten unter vielfachen Übermalungen frei.

Seit dem Ende des 18. Jahrhunderts wurden an Ikonen westeuropäisch-illustrative Züge erkennbar, die dem Geschmack der Zeit, aber auch allgemeinen Entwicklungen entsprachen. Im 19. Jahrhundert wurden Ikonen schließlich serienweise billig produziert,[37] nicht mehr nach alten Regeln hergestellt und oft bloß mit einem wertlosen, blechernen, gestanzten Beschlag (Oklad) versehen. Schließlich wurde nur noch das unter einem Oklad übriggebliebene Feld ausgemalt oder gar mit einem gedruckten Ikonenbild überklebt. Selbst Klöster, einstmals der Hort der Ikonenmalerei, verkauften jetzt derlei fabrikmäßig hergestellte Ikonen. Maxim Gorki beschreibt diese Art der Ikonenherstellung im 12. Kapitel seinem Romans „Unter den Leuten".

Bei der Bemühung um aktuelle Akzente sucht und bewahrt heutige Ikonenmalerei den Anschluß an die besten Maltraditionen orthodoxer kirchlicher Kunst. Der neuen Hochschätzung der Ikonen und dem Ringen um eine der Tradition folgende Verlebendigung der Ikone entspricht eine innere Erneuerung der Orthodoxie.

---

[36] Arseniew, Nikolai von: Die Kirchen des Morgenlandes. Weltanschauung und Frömmigkeitsleben, Berlin und Leipzig 1926, 10.
[37] Hermeneia, a.a.0., 144.

Ikonenbeschläge

Auffallende Ikonenbeschläge zieren und schützen die am meisten verehrten Ikonen. Sie sind in Gold, Silber, Steinen, Filigran und Perlen ein Ausdruck von deren Wertschätzung. Je nach der Art der Beschläge lassen diese nur die Figuren (Basma) oder die Gesichter (Oklad) frei. Die besten Beschläge tragen Werkstattzeichen und Prägestempel.

Die in orthodoxen Kirchen sowohl bei Reliquienschreinen wie auch bei Ikonen zu beobachtende Kontaktverehrung durch Küssen und Berühren hat die ideelle Gleichsetzung von Reliquie und Ikone in der Volksfrömmigkeit erleichtert und begleitet.[38]

Gestalten, Farben und Licht – Die umgekehrte Perspektive

Durch verschiedene Größe der Gestalten, durch Verzicht auf eine einzige Perspektive und durch Objektanordnung, die auf der Ikone eine Fülle von Blickpunkten und Einsichten in die Einzelheiten gibt, entsteht eine eindrucksvolle Gewichtung von Farbe, Gestalt und Licht, die sogenannte umgekehrte Perspektive. Dabei werden wichtige, hierarchisierte Gestalten nach vorne geschoben. Zentrale Gestalten dürfen nicht durch niedrige übergangen, desavouiert werden.[39] Die Größenverhältnisse der Gestalten zueinander, von denen die hinteren in der Bildtiefe versinken können, drücken deren Bedeutung aus. Ikonen haben u. U. mehrere Achsen. Einige scheinen sich in Szenen zerlegen zu lassen, z. B. die Weihnachtsikone. So kann die Ikone eine Vielfalt an Information, die zur dargestellten Person oder zum wiedergegebenen Ereignis gehört, auf einer einzigen Tafel unterbringen.

Licht wird durch Gold wiedergegeben. Das äußere, natürliche Licht spielt auf den Ikonen keine Rolle. Auf ihnen gibt es keine natürlichen Schatten. Vielmehr tritt ein inneres „Sendelicht" dem Beschauer aus Bildgrund und Details entgegen.

---

[38] Onasch, Konrad: Kunst und Liturgie der Ostkirche in Stichworten, unter Berücksichtigung der Alten Kirche; Artikel Ikonenbeschläge, Wien, Köln, Graz 1981, 169ff. Beachte die Anwendung des Begriffs „Kovtscheg", Schrein, Reliquienschrein, auch für Oklad und Ikonenleinwand.
[39] Ders.: a.a.O., 304.

Goldgrund verdrängt die Raumillusion bis auf ein Minimum. Farben tragen und unterstützen den durch die umgekehrte Perspektive anvisierten Effekt. Die Symbolik der Farben ist vielschichtig und bedarf eingehender Betrachtung.[40]

Die theoretische Diskussion über die umgekehrte Perspektive und anderes wird wohl auch künftig die Vielfalt zugehöriger Phänomene nicht in einer einzigen Formel treffend zusammenfassen können. An der Einschätzung der Ikonen durch den gläubigen orthodoxen Christen, an seinem Umgang mit den Bildern, ändert sich dadurch ohnehin nichts. In großer Direktheit begegnet er vor dem Abbild dem Urbild. Darum liebt er die Ikonen und lebt mit ihnen.

Das zweite Gebet zur Weihe der Ikone eines Heiligen:

„Herr, unser Gott,
den Menschen hast du
nach deinem Bilde und Gleichnis erschaffen,
und – nachdem dieses Bild durch den Ungehorsam
des Erstgeschaffenen zerstört war – hast du es erneuert
durch die Menschwerdung deines Christus,
der Knechtgestalt annahm
und von Ansehen als ein Mensch erfunden ward.
So hast du deine Heiligen wieder zur ersten Würde geführt,
sie, deren Abbilder wir fromm verehren, die Heiligen,
welche dein Bild und Gleichnis sind, ehren wir ja!
Da wir aber diese ehren,
ehren und rühmen wir dich als das Urbild.
Darum bitten wir dich,
sende deine Gnade

---

[40] Zu Farbe und Symbolik siehe das Beispiel im Abschnitt Trinitätslehre. Zum ganzen Bereich wichtig: Schmidt, Heinrich und Margarethe: Die vergessene Bildersprache christlicher Kunst, München 1981. Zur Herstellung der Ikonen siehe: Lebedewa, Julia A.: a.a.O., 224, Anm. 40; Sendler, Egon: a.a.O., Abschnitt La technique de l'icône, 173-228; Gerhard, H.P.: Welt der Ikonen, Recklinghausen 1972, Abschnitt Technik und Schmuck der Ikonen, 212-216; Skrobucha, Heinz: Von Geist und Gestalt der Ikonen, Recklinghausen 1961. Mit Technik und Vorzeichnungen der Ikonen befaßt sich ausführlich auch: Skrobucha, Heinz: Die Ikonenmalerei. Technik und Vorzeichnungen nach einem russischen Manuskript von Ivan Schneider und Peter Fedorov, herausgegeben und überarbeitet von Heinz Skrobucha, Recklinghausen 1978. Neuerdings werden zunehmend Kurse für Ikonenmalerei angeboten. Auskunft darüber laufend in: Hermeneia, a.a.O.

und segne durch Besprengung mit diesem Weihwasser
dieses Bild
und heilige es zu deinem Ruhme
und zu Ehre und Andenken deines heiligen ...
Alle aber, die dieses Bild verehren
und vor ihm ihre Bitten zu dir richten,
segne und würdige gnädig, von dir Erbarmen zu erlangen.
Durch die Gnade und die Erbarmungen
und die Menschenliebe deines eingeborenen Sohnes,
mit welchem du gepriesen bist
samt deinem Allheiligen und guten und
lebendigmachenden Geiste,
jetzt und immerdar ..."[41]

Evangelische Christen und die Ikonen

Ikonen sind im Bereich der orthodoxen Kirche erwachsen. Evangelische Christen fragen häufig, ob Ikonen und die Formen ihrer Verehrung nicht gegen das Bilderverbot des Alten Testamentes (2. Mose 20,4) verstoßen. Wir sollten uns hier voreiliger und unbedachter Urteile enthalten und bedenken, daß die Kirche anderthalb Jahrhunderte lang leidenschaftlich und intensiv über diese Frage nachgedacht hat und dabei zu der dargestellten Haltung den Bildern gegenüber gekommen ist.

Die Ablehnung der östlichen Bildertheologie durch die Hoftheologen Karls des Großen, die in den Beschlüssen der Frankfurter Synode von 794 und in den „Libri Carolini" formuliert wurde und die abendländische Einstellung zu Ikonen geprägt hat, beruht weitgehend auf dem Unverständnis gegenüber der orthodoxen Unterscheidung von „Anbetung" und „Verehrung" (latreia und proskynesis; adoratio und veneratio) und hat wohl auch politische Gründe gehabt.

Auch über die orthodoxen Formen der Ikonenverehrung sind schnelle Urteile unangebracht, solange wir uns nicht in die Ausdrucksformen orthodoxer Frömmigkeit und ihrer Symbolsprache hineinversetzt haben (s. o. Abschnitt Frömmigkeitsformen).

Schließlich ist zu bedenken, daß die lutherische Reformation sich gegen jede Bilderstürmerei gewandt hat und Luther selbst unter Einsatz seines Lebens sein Versteck auf der Wart-

---

[41] Thon, Nikolaus: a.a.O., 223. 164.

burg verließ, um in den sogenannten Invokavitpredigten allen bilderfeindlichen Anfängen im Umbruch der Reformation zu wehren. Freilich hatten für ihn die Bilder vorrangig pädagogische Bedeutung.[42]

Für den evangelischen Christen sollten die Ikonen zunächst ein höchst achtbares Glaubenszeugnis aus dem Bereich einer anderen Kirche sein. Als Kunstwerke mögen sie einem weiteren Kreis Interessierter attraktiv und zugänglich erscheinen. Als Ausdruck orthodoxen Bekenntnisses fordern sie unser ökumenisches Bemühen um einen Zugang zur Marienverehrung, zur Heiligenverehrung, zu einem entfalteten Kirchenbegriff und zu einem intensiven liturgischen Leben heraus.

Ikonen sind schließlich eine gesamtkirchliche Erscheinung, die sich über die Grenzen der eigenen Tradition hinausgreifend als authentisches Zeugnis des Glaubens auch den anderen Christen verständlich machen kann. Ohne Zweifel haben die Ikonen schon immer Verständnis und Liebe für die Kirchen des Ostens geweckt. Jedermann ist eingeladen, in das Universum von Schönheit, Glanz und Glaube einzutreten, das sich in den Ikonen erschließt.[43] Es sollte uns nachdenklich machen, daß der christliche Osten die christliche Bilderkunst der ungeteilten Kirche des ersten Jahrtausends bewahrt hat. Wer die Buchmalerei fränkischer und sächsischer Kaiser betrachtet oder abendländische Kirchen des 9. und 10. Jahrhunderts besucht, wird oft erstaunt sein über die Übereinstimmung der bildlichen Ausdrucksformen des Glaubens jener Zeit in Ost und West. Es war schließlich der christliche Westen, der mit zunehmender kirchlicher Offenheit für die durch die Renaissance entstandenen künstlerischen Impulse und Möglichkeiten dieser Einheit von Ost und West das Ende bereitete.[44]

---

[42] Zur Frage „Gottesdienst und Kunst" äußert sich Peter Brunner. Zu seinem Verständnis einer Lehre vom Gottesdienst der im Namen Jesu versammelten Gemeinde siehe: Leiturgia I, Kassel 1954, 268 und 291ff.

[43] Sendler, Egon SJ: L′icône, image de l′invisible. Eléments de Théologie, Esthétique et Technique, Collection Christus Nr. 54, Paris 1981, bes. 113-171.

[44] Die Erneuerungsfähigkeit der Ikone wird in den folgenden Büchern dokumentiert: Glasunov, Irja: Vetschnaja Rossija (das ewige Rußland), Moskau 1994, Rauschenbach, Boris V., Pristrastie (Die Leidenschaftlichkeit), Moskau 1997, besonders S. 92-158, und Onasch, Konrad, Ikone, Kirche, Gesellschaft, Paderborn 1996.

8.2. Bildprogramme in orthodoxen Kirchen

Ist die Bilderwand für sich allein schon eindrücklich, so kann der heilige Raum durch die Bildprogramme an den Flächen der runden oder viereckigen tragenden Säulen, an den Flächen der Seitenwände und im Innern der Kuppeln für den andächtigen Betrachter zu einer überwältigenden, den offenen Himmel der Zuwendung Gottes darstellenden Gesamtkomposition werden.[45]

Die zu diesen Malereien verwendeten Techniken sind Enkaustik und Fresko, ferner das seit Kaiser Konstantin in den Kirchenbau eingeführte Wandmosaik.[46] Vom 5. bis zum 14. Jahrhundert sind in Rom, Ravenna, Venedig, Palermo, Cefalú, Daphni, Konstantinopel und Kiew die schönsten Werke der sich ausbreitenden kirchlichen Mosaikenkunst entstanden.[47] Aus älterer Zeit seltener erhalten, jedoch zwischen dem 11. und 14. Jahrhundert vor allem in Serbien, Bulgarien und Griechenland mit eindrücklichen Beispielen zahlreich vertreten sind die Freskenmalereien. Auch aus dem Rußland des 15. und 16. Jahrhunderts sind hervorragende Freskenmalereien überkommen. Dort wurden Maler oft für die Gesamtausstattung einer Kirche mit allen Ikonen und Fresken beauftragt. Es entstanden so nicht selten Kompositionen von symphonischer Einheit. Diese innere Symphonie erschließt sich freilich über den ersten, allgemeinen ästhetischen Eindruck hinaus in der Vielfalt ihrer Beziehungen und Bedeutungen erst einem liturgisch ausgerichteten, geschulten geistlichen Interesse. Wichtige Beispiele architektonisch-maltechnisch einheitlich ge-

---

[45] Eine ausführliche Darstellung der Moldauklöster (Rumänien) mit ihren Bildprogrammen rund um den ganzen Kirchenbau gab mit erläuterten Texten und Bildern Wilhelm Nyssen, Bildgesang der Erde, Trier 1977. Offenbar ist in dieser ausführlichen und umfassenden Form die Bemalung der Fassaden eine moldavische Besonderheit geblieben.

[46] Onasch, Konrad: Kunst und Liturgie der Ostkirche, 270. Es erscheint „in den von ihm gestifteten Kirchen das kostspielige, aber repräsentationsintensive Mosaik".

[47] Noch immer zu den besten Reproduktionen gehören die im Sammelband La Peinture Byzantine (Reihe Les Grands Siècles de la Peinture), Etude historique et critique par André Grabar, Verlag Albert Skira, Genf 1953, enthaltenen. Leider fehlt dort ganz die Beschreibung der Sophienkathedrale von Kiew, in der die Restaurationsarbeiten noch nicht abgeschlossen sind.

Schema einer Bilderwand (Ikonostase)

1. Die heilige Pforte (königliche Tür a und a₁:Die Verkündi- gung, b, c, d und e: die vier Evangelisten
2. Das Abendmahl
3. Die Säulen der heiligen Pforte mit Darstellungen der heili- gen Väter-Liturgisten (Johannes Chrysostomos und Basilios)
4. Ikone des Heilands
5. Ikone der Gottesmutter
6. und 7. Nördliche und südliche Tür mit Erzengeln und hl. Diakonen
8. und 9. Ikonen, oft durch örtliche Gegebenheiten bestimmt
10. Die Reihe der Deesis, in der Mitte sind die Gestalten der „Kleinen Deesis" erkennbar
11. Die Reihe der Festtagsikonen der liturgischen Feste
12. Die Reihe der Prohpeten
13. Die Reihe der Vorväter

schaffener, oder doch entsprechend wirkender Kirchenräume sind die Moskauer Kremlkirchen, einige Kirchen in Nowgorod,[48] die Kirche des Heiligen Georg in Staraja Ladoga (Leningrader Gebiet)[49] und die Kathedrale des ehemaligen Mirosh-Klosters in Pleskau (Pskov)[50] mit ihrem bis ins 12. Jahrhundert zurückreichenden, wenn auch zu Ende des 19. Jahrhunderts im Zeitgeschmack teilweise überarbeiteten Bildprogramm.

In Griechenland sind ältere, leichter zugängliche Kirchen z.B. die der Meteoraklöster. Eindrucksvoll bleibt die großartige, mit Fresken und Mosaiken üppig ausgestattete Kirche des ehemaligen Choraklosters in Istanbul, eine Perle spätbyzantinischer Architektur und Malerei. Auch wenn die Restaurierung dieser Kirche nicht mehr den ganzen Glanz der Anfänge zutage fördern konnte, so läßt sie doch erahnen, in welch festlichem Rahmen und mit welcher inneren Sammlung hier einst Gottesdienste gefeiert wurden.

Im übrigen aber kann man sich in jeder orthodoxen Kirche die Frage nach dem Sinn, den Grundanliegen und den Themen der Bildzusammenordnung stellen, wie sich ja auch der orthodoxe Christ an jedem Ort in Gehalt und Gestalt der Bilder seiner Kirche immer erst noch hineinleben muß.

Motive und Bildgruppen

Die gemalten Gestalten, Gruppen und Ereignisse sind an Säulen oder an Wandpartien waagrecht nebeneinander oder senkrecht übereinander angeordnet. Sie sind auf die liturgische Funktion des Raumteils, den sie erfüllen, ausgerichtet. In früherer Zeit wurden im Innern der Kuppeln Abbildungen der Himmelfahrt Christi gemalt; so in Hagios Georgios in Thes-

---

[48] Dazu: Karger, M. K.: Novgorod velikij, Architekturnye pamjatniki, Leningrad/Moskva 1966, vor allem dort eine Beschreibung der ehemaligen Bebilderung der Kirche auf Nerediza, S. 246-257. Dazu auch zu beachten: Onasch, Konrad: Groß Nowgorod. Aufstieg und Niedergang einer russischen Stadtrepublik, Wien und München 1969, 142ff. Die Fresken der Kirche auf Nerediza, für viele einst das einzige Beispiel eines völlig erhaltenen und umfassendsten ausgeführten Dekorationsschemas überhaupt in Europa, sind leider zusammen mit der Kirche im Zweiten Weltkrieg zerstört worden, ein unersetzlicher Verlust der altrussischen Kunst. Die Kirche selbst ist wieder aufgebaut worden.
[49] Lazarev, V. N.: Freski staroj ladogi, Moskva 1960. Eine ausführliche Monographie mit Plänen und Querschnitten.
[50] Murozkina, Jelena: Pskov, Moskau 1983 (franz.), 71-80, Abschnitt Le monastère Mirojski.

saloniki. Diese zentrale Darstellung wurde allmählich durch die des Christus als Pantokrator, die rechte Hand zum Segen erhoben, mit der Linken ein Evangelienbuch haltend, abgelöst. Der Christusgestalt, gekennzeichnet durch die Haar- und Barttracht eines jungen Mannes mit Kinnbart und Wangenbart, kommt in der Bildanordnung im Kirchenraum eine zentrale Bedeutung zu. Diese optische Wirkung wird unterstrichen durch die Zuordnung von Erzengeln, Cherubim, den zwölf Propheten sowie den vier Evangelisten, welche letztere durch ihren Ort den Übergang von der himmlischen zur irdischen Sphäre andeuten. Gerade an dieser Stelle ist eine Kürzung des Bildprogramms in Abhängigkeit von der Baugestaltung nicht selten.

Variationen

Das Interesse an Bildprogrammen für Ikonostasen und Kirchenräume setzte erst nach dem Bilderstreit ein. Solche Bildprogramme waren späterhin oft auch beeinflußt von der meist ausführlichen Vita der jeweiligen Ortsheiligen. Über diese war in zusätzlichen Bildern zu berichten.

Nicht selten wirkten die Wünsche von Auftraggebern bei der Ausgestaltung mit, wenn diese ihre persönliche Frömmigkeit und deren Bildwelt in das Werk einbringen wollten.

Einzelmotive

Der Mariendarstellung in der Apsis und allem, was das Geheimnis der Inkarnation abbildet, steht an der Westwand der Kirche das jüngste Gericht gegenüber. Über dem Eingang, im Schiff der Kirche, kann im Bogen Christus „Ich bin die Tür" erscheinen. In der Prothesis wurde die Darbringung der Gaben oder eine bildhafte Wiedergabe des Cherubimhymnus untergebracht. Dem Künstler blieb es überlassen, ob er zweitrangige Episoden opfern und das Programm aus Raumgründen insgesamt kürzen wollte.

Gleichzeitig mit den Bildprogrammen im Kirchenraum ist auch das Bildprogramm der Ikonostasen entstanden. Festgehalten wurden solche überlieferten Bräuche in später entstandenen, den Brauch zur Norm erhebenden Malerhandbüchern.[51]

Malerhandbücher

Die Angaben des Malerhandbuchs des Malermönches Dionysios z. B. teilen das Kircheninnere in Malzonen ein. Sie bestimmen den Platz, an denen Gestalten oder Gruppen stehen sollen, beschreiben genau die von ihnen einzunehmende Haltung und die zur Darstellung richtigen Farben. Die als Zeichen der Übereinstimmung von Dargestelltem mit dem Urbild oder mit einer Begebenheit zu begreifenden Namen, Umschriften und Überschriften an Bildern und Szenen werden in solchen Büchern vollständig mitgeteilt und der Ort ihrer Anbringung genau fixiert. Biblische Namen, Bibelworte, wie z. B. „Ich bin die Tür", oder aus liturgischen Stücken stammende Sätze erscheinen auf diese Weise in unmittelbarem erläuternden Bezug zu den dazugehörigen Bildern.

Sehr geschlossen wirkt das Bildprogramm der Dreifaltigkeitskirche in Nikitniki, heute Museum im Zentrum von Moskau, unweit des Kreml, 1652 bis 1653 erbaut. Die Bemalung ist frei von jedem Kanon und steht unter dem Einfluß der in Amsterdam kurz zuvor herausgegebenen bebilderten Bibelausgabe. Die Malerei ist reich an Genreszenen.[52] Sie wurde zum Vorbild für die Ausmalung von Kirchen in Jaroslavl, Rostow, Kostroma, Wologda und anderen Städten.

Als Besonderheit innerhalb der Orthodoxie ist das Vorhandensein von Skulpturenschmuck an Außenwänden, so z. B. der Georgs-Kathedrale in Jurjev Polskoj (1230-1234), zu bezeichnen. Das Bildprogramm dieser Kathedrale ist neuerdings erforscht worden. Auch die Demetriuskathedrale in Vladimir ist mit Reliefschmuck in weißem Stein geziert. Nach dem Tatareneinfall findet sich Vergleichbares nicht mehr. Im waldreichen Norden Rußlands wurden auch flache Holzskulpturen entwickelt. Vollskulpturen wurden der Überlieferung entsprechend vermieden.

Eugen Hämmerle

---

[51] Felmy, Karl Christian: Die Deutung der göttlichen Liturgie in der russischen Theologie, Berlin – New York 1984. Dort auch weitere Hinweise auf Wechselbeziehungen zwischen Liturgie und Kirchenraum sowie von deren Erklärung. Ferner Nikolaus Thon, a.a.O., 225/226. Dort auch Ausschnitte aus dem Malerhandbuch.

[52] Hootz, Reinhardt: Moskau und Umgebung, Einleitung von Michael Iljin und Tamara Moissejewa, Darmstadt 1978, 376. Ovtschinnikova, E. S.: Zerkov´Troizy v Nikitnikach, Moskva 1970.

Die Mosaiken der Kiewer Sophienkathedrale

158

Bildprogramm
1 Gottesmutter mit
    Kind
2 Michael
3 Gabriel
4 Verkündigung der
    Gottesmutter
5 Geburt Christi
6 Verklärung Christi
7 Taufe Christi
8 Geburt der
    Gottesmutter
9 Kreuzigung Christi
10 Einzug Christi in
    Jerusalem
11 Auferweckung des
    Lazarus
12 Drei Könige
    (Epiphanie)
13 Auferstehung Christi
    (Höllenfahrt)
14 Glaubensüberzeu-
    gung des Thomas
    (↗ unter
    Pfingsten)
15 Darstellung Jesu im
    Tempel
16 Entschlafen der
    Gottesmutter
17 Abendmahl
18 Fußwaschung
19 Verrat des Judas
20 Tempelgang der
    Gottesmutter
21 Segnung
        der Gottes-
        mutter
        durch den
        Hohen-
        priester
22 Gebet von
        Joachim
        und Anna

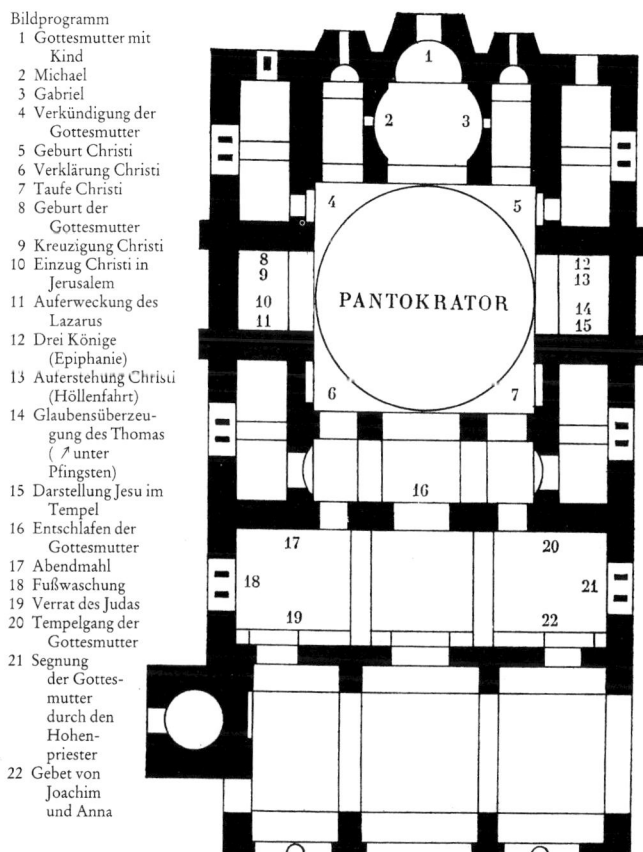

9.0. DAS ORTHODOXE VERSTÄNDNIS VON DIAKONIE

Diakonische Arbeit in den orthodoxen Kirchen

Besuchen evangelische oder katholische Christen Rußland, Griechenland, Rumänien oder Bulgarien, dann erleben sie die orthodoxe Kirche nur in ihren Gottesdiensten. Dies bestärkt sie in der Annahme, in der Orthodoxie werden wichtige Lebensbereiche einer christlichen Kirche – nämlich das soziale und karitative Engagement – nicht verwirklicht. So entstand das Vorurteil, die orthodoxe Kirche sei eine rein mystische Religionsgemeinschaft, nur auf das Seelenheil ihrer Mitglieder ausgerichtet. Sicher hat das Erscheinungsbild der russischen Kirche in den 70 Jahren der Sowjetherrschaft und der anderen orthodoxen Kirchen im Ostblock, die nicht karitativ Wirken durften, weil es vom Staat verboten war, zu diesem Fehlurteil beigetragen. Selbst im Ausland wagten orthodoxe Bischöfe, nach dem diakonischen Einsatz ihrer Kirche befragt, weder zu erklären, daß dies verboten sei, noch wiesen sie auf die von der Kirche verantwortete ehemals reiche Sozialarbeit in ihrem Lande hin. So geschieht es heute noch, daß Journalisten (vgl. ZDF-Sendung vom 22. Juli 1997, Der Mord und die Kathedrale) ohne gründliche Recherche den Zuschauern die Orthodoxie als reine Gottesdienstkirche präsentieren.

Natürlich gab es in den verschiedenen orthodoxen Landeskirchen durch historische Umstände erzwungen nicht immer die gleiche Basis für eine karitative Tätigkeit, aber die von den Kirchenvätern gelegten Fundamente sozialen Handelns wurden zu keiner Zeit aufgegeben. Dabei ist es sicher kein Zufall, daß die beiden Kirchenväter, deren Namen unzertrennlich mit dem Entstehen der Liturgien verbunden sind, Basilios d. Gr. und Johannes Chrysostomos, die Grundlagen für eine orthodoxe Ethik und Soziallehre legten. Niemand protestierte in seinen Predigten so scharf gegen soziale Mißstände wie Johannes Chrysostomos. Dabei ergriffen die Väter kompromißlos

Partei für Hungernde und Verfolgte, ja sie setzten auch ihr eigenes Leben der Verfolgung aus, weil ihre Appelle den Herrschenden nicht immer willkommen waren.

In der Antike gab es eine Karitas aus Liebe zum Nächsten nicht. Wohl wurde in Notzeiten die Bevölkerung mit den Geldern der Reichen versorgt, diese Hilfe geschah jedoch ausschließlich aus politischem Kalkül heraus, um Unruhen im Lande zu vermeiden, mit Sozialarbeit hatte dies nichts zu tun. Mit dem Entstehen christlicher Gemeinden beginnt auch die Sorge für den Mitmenschen. Die Gläubigen hörten in den Gottesdiensten ja nicht nur die Rufe der Propheten: „Helft dem Unterdrückten, schaffet den Waisen Recht, führet der Witwen Sache" (Jes. 1,17), sondern die Worte des Herrn: „Was ihr getan habt, einem unter diesen meinen geringsten Brüdern, das habt ihr mir getan!" (Matth. 25, 45). Ein Zeugnis aktiver Sozialarbeit der Gemeinden ist die Entstehung des Diakonenamtes. In den Gottesdiensten wurden Mittel gesammelt, um den Witwen und Waisen, die, allein auf sich gestellt, in einer von der Großfamilie dominierten Gesellschaft besonders zu leiden hatten, aber ebenso Armen, Verlassenen und Kranken zu helfen. Zum erstenmal entstanden Krankenhäuser für mittellose Menschen. Christliche Ärzte, wie Kosmas, Damian und Panteleimon, bekamen den Beinamen „anagyroi" (d. h. wörtlich übersetzt: nicht silberne), weil sie jeden, der zu ihnen kam, behandelten gemäß dem Wort: „Umsonst habt ihr es empfangen, umsonst gebt es auch! (Matth. 10,8). Zuvor konnten sich nur Reiche in den berühmten Heiligtümern helfen lassen.

In der Verfolgungszeit kam die Sorge um die Verfolgten und Gefangenen hinzu. So ermahnt Bischof Cyprian seine Presbyter und Diakone in der Verfolgung unter Decius (250): „Für die Witwen und Kranken und für alle Armen bitte ich euch gewissenhaft zu sorgen. Aber auch an die Fremden, so sie bedürftig sind, verteilt Unterstützungen aus meinem persönlichen Vermögen ..."[1]

Die Hilfeleistung der Gemeinden umfaßte auch Sklavenloskauf und Begräbnis mittelloser Gemeindeglieder. Bis heute gilt Tote zu begraben als Werk der Barmherzigkeit!

---

[1] Bibliothek der Kirchenväter, Des hl. Kirchenvaters C. Cyprianus sämtliche Schriften, Bd. II, 1928, S. 22/23.

Die Lage änderte sich, als das Christentum unter Konstantin Staatsreligion wurde. Die materielle Situation der Kirche verbesserte sich erheblich. Sie bekam vielfach Ländereien geschenkt, durch die sie Mittel zur Armenpflege erwerben konnte. Der neue Status veränderte jedoch das Verhalten der Gläubigen. Schon immer waren die Spenden eine freiwillige Angelegenheit gewesen. Auch Reiche gaben nur soviel, wie sie selbst wollten. Viele, die nur aus Opportunismus Christen geworden waren, wollten die ethischen Normen christlicher Lebensart für sich nicht anerkennen. Die Spendefreudigkeit ließ nach. So mußten die Kirchenväter in ihren Predigten beständig auf das rechte Verhalten hinweisen. „Was du zur Verwaltung empfangen hast", heißt es bei Basilios, „das beanspruchst du als dein Eigentum? Wer ein Kleid wegnimmt, heißt ein Dieb. Wer aber den Nackten nicht kleidet, obwohl er es könnte, verdient der eine andere Bezeichnung? Dem Hungernden gehört das Brot, das du zurückhältst, dem Nackten das Gewand, das du in Kisten und Kasten hütest, dem der barfuß geht der Schuh, der bei dir verschimmelt, dem Bedürftigen das Geld, das du vergraben hältst."[2]

Gläubige, die es mit dem Christsein ernst meinten, entschlossen sich für einen radikalen Protest gegen die etablierte Kirche, der allerdings ohne Früchte bleiben mußte. Diese Christen gingen buchstäblich in die Wüste und überließen Christentum, Theologie und Kirche dem byzantinischen ‚Establishment‘.[3] Einen aktiven Kampf gegen die bestehende Gesellschaftsordnung und ihre Umgestaltung nach gerechten Prinzipien nahmen diese Asketen nicht auf. Trotzdem lebten sie nicht asozial, wie ihnen vielfach vorgeworfen wird. Sie beteten nicht nur, sie arbeiteten auch; der Erlös ihrer Arbeit diente dem eigenen Unterhalt, der Rest wurde zur Linderung fremder Not verwendet (Mikrodiakonie).

Als Vater des Mönchtums in seiner die Gesellschaft verändernden Form (Makrodiakonie) gilt Basilios. Seine Aufenthalte bei den Anachoreten der Wüste zeigten ihm deutlich, daß der Christ Gottesliebe und Nächstenliebe nur in Ge-

---

[2] Patrologia graeca, 31, 276f. Dt. Übersetzung nach: Savramis D., Basilios d. Gr. als Vermittler zwischen Himmel und Erde, in: Kyrios, 1970, S. 65.
[3] Ebenda, S. 68.

meinschaft verwirklichen kann. Dies führte zur Gründung von Mönchsgemeinschaften mit gemeinsamem Leben. Der Ruf Christi: „Ich bin nicht gekommen, daß ich mir dienen lasse, sondern daß ich diene", wurde zum Leitwort basilianischen Mönchtums. Den Besitz und die Güter sahen die Brüder nur als anvertraute Gabe zum Zwecke einer umfangreichen Liebestätigkeit. Das Dienen als Hauptaufgabe aller derer, die sich zum mönchischen Leben entschlossen, befähigte die Mönche „zu Trägern der Wohlfahrt im byzantinischen Reich zu werden".

Vor den Toren Cäsareas richtete Basilios caritative Anstalten ein: ein Armenhaus, ein Altersheim und ein Krankenhaus. Gregor d. Gr. nennt ihn: Schützer der Witwen, Vater der Waisen, Arzt der Kranken, Freund der Armen und Bruder der Fremden. Seine Arbeit wurde Vorbild für die Bischöfe nachfolgender Zeiten. Besonders aber die Sozialtätigkeit der Mönche trug zur Linderung der Not im Lande bei. „Denn sogar die soziale und karitative Tätigkeit der byzantinischen Kaiser wäre unmöglich gewesen, wenn es nicht Tausende von Mönchen gegeben hätte, welche bereit waren, sozial und karitativ zu arbeiten, oder Kirchenväter und Mönche, die immer neue Mahnungen und Appelle in die Welt riefen. Die Einrichtung von Wohlfahrtsanstalten verliert ihren Sinn, wenn es keine Menschen gibt, welche diese Anstalten mit ihrem Dienst tragen. Ohne die Macht der Nächstenliebe bei den Mönchen und ohne die Klöster, welche immer wieder neues Personal zur Verfügung stellten, wären die besten Anstalten der Welt eingegangen."[4] Dadurch, daß Basilios den Mönchen den Weg zu aktivem Dienst gewiesen hatte, „wurden sie zu Pionieren und Stiftern einer organisierten Sozialfürsorge, welche in der Sozialgeschichte des byzantinischen Reiches einen bedeutenden Platz einnimmt".[5]

Es ist nicht möglich, über die Jahrhunderte alle Leistungen der orthodoxen Kirche in der Sozialarbeit aufzuführen. Aber selbst in der Zeit des Bilderstreites führte die Kirche die karitative Arbeit fort, weil beide Parteien ihr große Bedeutung beimaßen. Erst die Verbreitung des Islam in Kleinasien schränkte das Wirken der Kirche ein. Nach der Eroberung Konstantino-

---

[4] Ebenda, S. 71.
[5] Ebenda.

pels (1453) durch die Türken war die wirtschaftliche Lage der Christen sehr schlecht, da die Kirche und die Gläubigen ihrer Güter beraubt waren. Es blieb eine Hilfsbereitschaft im Sinne der Mikrodiakonie von Mensch zu Mensch bestehen. Eine organisierte oder gesellschaftsverändernde Arbeit war nicht möglich.

Die Sozialarbeit konnte in diesen Ländern erst nach ihrer Befreiung vom osmanischen Joch Mitte und Ende des vorigen Jahrhunderts reorganisiert werden.

In Griechenland entstand die Bruderschaft „Zoi", die besonders die Bildungs- und Missionsarbeit in Angriff nahm. Schwesternschaften wie die „Eusebeia" übernahmen die Sonntagsschularbeit, „Eunike" die Krankenpflege. Es entfalteten sich unterschiedliche Hilfswerke für Arbeiter, Wissenschaftler, Waisen und Soldaten. 1936 wurde als eine Initiative von Laien die „Apostoliki Diakonia" (Apostolischer Dienst) gegründet. Ihr Ziel war die Entfaltung guter Sozialarbeit. Die Akademie in Kreta versucht, besonders durch Bildungsarbeit, auf gesellschaftliche Notwendigkeiten aufmerksam zu machen.

In Jugoslavien waren es die emigrierten russischen Nonnen, besonders aus dem Kloster Lesna, die aktiven Anteil an dem Aufbau der Nonnenklöster und einer intensiven karitativen Arbeit hatten, die nach 1945 leider durch die sozialistische Religionspolitik unterbrochen wurde.[6]

Das gleiche Bild ergibt sich für Bulgarien und Rumänien. Mühsam müssen die entsprechenden Strukturen, die durch die sozialistische Gesetzgebung zerschlagen worden waren, für eine intensive Sozialarbeit aufgebaut werden. Bezeichnend ist, daß z. B. in Rumänien sogleich eine Studienrichtung für den sozialen Dienst der Kirche eingerichtet wurde. Kontinuierlicher verlief die Entwicklung in Finnland, wo sich orthodoxe Sozialarbeit stark an dem Vorbild lutherischer Diakonie orientierte.

Ausführlicher soll die diakonische Arbeit der russischen Orthodoxie als größter orthodoxer Landeskirche dargestellt werden. Das alte Rußland übernahm unter seinem Herrscher Vladimir gegen Ende des 10. Jahrhunderts das Christentum von

---

[6] Vgl. Prokschi, R., Ein neuer Aufbruch bei den Nonnen in der Serbischen Orthodoxen Kirche im 20. Jahrhundert, 1996.

Byzanz. Die von nun an im Lande gegründeten Klöster richteten sich nach Grundsätzen karitativer Arbeit, wie sie vom hl. Basilios d. Gr. vorgegeben worden sind. Natürlich hatte die Sozialarbeit im Lande ein unterschiedliches Niveau, weil immer viel von der Initiative der einzelnen Äbte abhing, auch die Pfarrgemeinden in den Städten standen nicht abseits. Chroniken berichteten von Armen, die in Hütten bei den Pfarrkirchen lebten und sich von Almosen ernährten.

Auch der Herrscher nahm sein Christsein ernst. Als Vladimir die Evangelienlesung vernommen hatte: „Selig sind die Barmherzigen, denn sie werden Barmherzigkeit erlangen", begann er mit der Sozialarbeit. Die Chronik berichtet: „Da er dies gehört hatte, ließ er jeden Bettler und Armen zum Fürstenhof kommen und dort alles Notwendige in Empfang nehmen: Speis und Trank sowie Geld aus der Schatzkammer!" Für die Kranken und Gebrechlichen, die nicht zum Hof kommen konnten, ließ er ebenfalls sorgen. Wagen mit Broten, Fischen, Fleisch, Früchten und Kwas fuhren durch die Stadt und fragten überall: „Wo ist hier ein Kranker, ein Armer!" An diese verteilten sie das Notwendigste. Zur Zeit Vladimirs wurden schon erste karitative Anstalten gegründet, wie aus dem Statut von 1011 ersichtlich ist.

Diese Entwicklung wurde durch die Invasion der Mongolen (1224) für etwa 200 Jahre unterbrochen. Not und Elend herrschten. Jedermann war tributpflichtig und konnte plötzlich um Hab und Gut gebracht werden. Solange man noch etwas besaß, galt es als christliche Pflicht, dem Bedrängten zu helfen. Eine organisierte Sozialarbeit war in dieser unruhigen Zeit jedoch nicht möglich.

Im 14./15. Jahrhundert kam es zur Blütezeit des russischen Mönchtums. Die kleineren Einsiedeleien, meist in unwirtlichen Gegenden gelegen, die von den Mönchen erst urbar gemacht worden waren, entwickelten sich zu größeren Klöstern. Auf der Suche nach Land zog es die Bauern in diese von den Mönchen zum Ackerbau vorbereiteten Gebiete. So beeinflußte man sich gegenseitig. In dieser Zeit bildete sich die Volksfrömmigkeit der Russen aus, die geprägt ist von mönchischer Spiritualität: dem Gottesdienstbesuch und der Barmherzigkeit.

Wenig später kam es unter den Mönchen zum Streit, ob die Klöster überhaupt Land besitzen sollten oder ob es nicht besser sei, arm zu leben und nur für sein Seelenheil zu sorgen. Dieser Versuchung, das soziale Engagement aufzugeben und aus der Welt auszuziehen, erlag eine große Gruppe von Mönchen nicht. Sie wurde geführt von Josif von Volokolamsk. Tapfer verteidigte sie den Klosterbesitz als von Gott anvertrautes Gut zum Einsatz für die Gesellschaft. Diese Klöster verhinderten in Zeiten von Mißernten und Hungersnöten katastrophale Folgen für die Bevölkerung, indem sie ihre gesamten Vorräte verteilten. Das Kloster in Volokolamsk gab z. B. in solchen Zeiten täglich mehr als 600 Essen aus!

Die Monasterien fühlten sich besonders für die Erziehung von Waisen zuständig. Die Kinder wurden bekleidet, lernten Lesen und Schreiben und bekamen eine handwerkliche Ausbildung. Fühlten sie sich zur Landwirtschaft hingezogen, so konnten sie mit 18 Jahren Land erhalten, um einen eigenen Haushalt zu gründen. In den Städten werden Armenhäuser, Asyle und Krankenhäuser unterhalten. Auch wenn hier nicht weiter darauf eingegangen werden kann: Die private Wohltätigkeit war ebenfalls sehr ausgeprägt.

Die Reformen Peters I. zu Beginn des 18. Jahrhunderts veränderten die Situation in Rußland grundlegend. Peter führte das Ständewesen ein. Durch die Schaffung von Ständen wurde die ursprüngliche Harmonie der christlichen Gemeinde empfindlich gestört. Die Standesschulen errichteten auch eine Barriere zwischen dem Priester und seinen Gemeindegliedern.

Zur Zeit Peters erhielt die Kirche auch nicht das Recht einer juristischen Person. Weder Geistliche noch Laien konnten bewegliche oder unbewegliches Eigentum im Namen der Gemeinde erwerben oder veräußern. Die Kirche war in dieser Hinsicht den Leibeigenen gleichgestellt. Die Klöster – soweit noch vorhanden – ehemals Stätten der Bildung, Kulturzentren, Basis für soziale Arbeit, Mission und Seelsorge, wurden vom Staat nun für seine Zwecke in Anspruch genommen. Für seine umfangreichen Eroberungen brauchte Peter ein gewaltiges Heer. Wo aber sollten die ausgedienten Soldaten bleiben? Sie wurden zu den Mönchen abgeschoben. Diese mußten ihre Gebäude als Altersheime für Soldaten und deren Frauen hergeben, als Invalidenhäuser für Soldaten, als Anstalten für Geisteskranke oder als Gefängnisse – Mönche waren z. T. als Gefängniswärter eingesetzt. In anderen Fällen mußten die Klöster ihre Einkünfte für diese Arbeit zur Verfügung stellen. Unter Anna

Ivanovna (1730-1740) durfte faktisch niemand, bevor er das 60. Lebensjahr erreichte, Mönch oder Nonne werden.

Unter Katharina II. († 1797) kam die karitative Arbeit der Klöster fast ganz zum Erliegen, da die Kaiserin den umfangreichen Landbesitz enteignete. Größere Klöster erhielten vom Staat anstelle des Landbesitzes einen Pauschalbetrag zum Überleben, kleinere wurden geschlossen.

Nach der Invasion Napoleons und nach dem Dekabristen-Aufstand wagte die Kirche, den Kampf gegen die unerträglichen Fesseln aufzunehmen. Einfache Priester und Bauern kämpften gemeinsam gegen die Leibeigenschaft. Die Bauernbefreiung 1861 brachte neue Probleme: Ausbildung, Unterhalt, Krankenfürsorge mußten nun von den Bauern selbst getragen werden. Um der Landflucht zu wehren, die in den Städten zu Arbeitslosigkeit, Elend und Unmoral führten, gründeten die Bauern zusammen mit den Priestern oft Genossenschaften, die „Mir". Diese Kollektive waren nach der Art des Klosters organisiert.

Um dem Elend in den Städten zu begegnen, nimmt die soziale Arbeit der russischen Kirche einen großen Aufschwung. Es entstehen Krankenhäuser, Altersheime, Waisenhäuser und besonders kirchliche Volksschulen. Fast das gesamte Volksschulwesen wird von der Kirche getragen. In der Arbeit leisten die Nonnen Hervorragendes. Unter Katharina hatten nur 80 Nonnenklöster im ganzen Reich überlebt, 1855 gab es schon 129 und 1914 waren es 475 (17 283 Nonnen und 56 016 Novizinnen).[7]

Diese Entwicklung der Frauenklöster verdient besondere Beachtung, da sie vom Staat wenig gefördert wurden. Die Nonnen mußten ihren Unterhalt und das, was sie im karitativen Bereich einsetzten, durch ihre eigene Arbeit verdienen.

Die Gemeinden stellten sich ebenfalls den Anforderungen der Zeit, ihre finanzielle Lage war jedoch schwer. Zwar durften um die Mitte des vorigen Jahrhunderts Gelder für caritative Zwecke gesammelt, sie mußten aber an den Staat abgeführt werden.[8] Dessen ungeachtet gingen die Gemeindeglieder nun daran, sich der Notleidenden, Armen, Kranken und Alten

---

[7] Otčety Oberprokurora für 1855 u. 1914.
[8] Svod Zakonov, 1857, Bd XIII., §§ 287, 289, 290 u. 291.

anzunehmen. Bisher gab es keine direkte von der Kirchenge-
meinde organisierte Fürsorge, denn für karitative Fragen
waren die Klöster zuständig. Wie sollten die Armen zu den
Klöstern gelangen? Wichtig war in dieser Zeit, auch Hilfe zur
Selbsthilfe zu geben. Wo es möglich war, wurden überge-
meindliche Hilfsorganisationen als Bruderschaften gebildet.
Geschichtlich gingen sie auf das 16./17. Jahrhundert zurück,
wo sie in den polnischen und damit katholischen Gebieten
den Orthodoxen mit geistlicher und materieller Hilfe zur Seite
standen, nachdem in diesen Bezirken durch unionistischen
Einfluß die orthodoxen kirchlichen Strukturen zerstört worden waren. 1861 gab es in Moskau in sieben Gemeinden bereits einen gut funktionierenden „Kuratorialrat zur Sorge für
die Armen der Gemeinde". Die Leitung lag in den Händen
der Geistlichen und Kirchenältesten. Jedes Gemeindeglied
konnte mitarbeiten. Sowohl über die Notleidenden wie über
die Spenden wurde Buch geführt, das Kuratorium beschloß jeweils die Höhe der Hilfe. Jedes Jahr legte man öffentlich Re-
chenschaft ab. Man bemühte sich besonders um die Kinder
armer Eltern, ermöglichte den Schulbesuch und forderte arme
Handwerker auf, gerade diese Kinder in die Lehre zu nehmen.
Die Kosten der Ausbildung trug das Kuratorium. So war Kindern und Handwerkern geholfen. Die Gemeinde übernahm
bei Krankheit Arztkosten, Medikamentenrechnungen und die
Kosten des Krankenhausaufenthaltes. Sehr wichtig war die
Vermittlung von Arbeitsplätzen durch die Einrichtung.

In Petersburg arbeiteten vier Pfarrer in dieser Weise. Her-
vorzuheben ist dabei Priester Gumilevskij, der die Gemeinde
im Sinne einer idealisierten Urgemeinde reformieren wollte.
1863 gründete er eine Bruderschaft. Innerhalb kurzer Frist
konnte er eine Bibliothek, ein Krankenhaus, ein Altersheim
und zwei Kinderheime eröffnen. Nach den Gottesdiensten traf
sich die Gemeinde zu Agapen, so lernten sie sich gegenseitig
kennen und wußten auch besser um die Sorgen und Nöte des
einzelnen Gemeindegliedes. Als weitblickender Seelsorger
merkte er, daß auch die Mitarbeit der Frauen in der Gemeinde
dringend notwendig sei. Er rief eine „Gemeinschaft barmherziger Gemeindehelferinnen nach dem Vorbild der ersten Dia-
konissen" ins Leben. Land wurde ihm angeboten, darauf bauten die Gemeindeglieder Kartoffeln an, die an Arme verteilt
wurden.[9]

168

Dem Staat war die Aktivierung der kirchlichen Sozialarbeit nicht recht, er begegnete ihr durch Gründung säkularer Wohltätigkeitseinrichtungen, die sich u. a. auch durch Kirchenkollekten finanzierten, die nun wieder abgeliefert werden mußten. Die segensreiche Arbeit von Priester Gumilevskij wurde von den Behörden zerstört, indem man ihn nach Narva versetzte.

Der Staat mißtraute der auf Privatinitiative begründeten Gemeindearbeit, weil er das Eindringen sozialistischer Ideen in die Kirche befürchtete. In den Zeitschriften „Duch Christianina" und „Strannik" wurden in den 60er Jahren durchaus sozialistische Ideen propagiert. Es ging dabei um ein christlich verstandenes Engagement für soziale Gerechtigkeit. Heute würden wir diese Arbeit als makrodimensionale Diakonie bezeichnen, den Aufbau einer solidarischen Gemeinschaft, wobei auch die Rechtsordnung, der Rechtsvollzug, die Polizei, das Gefängniswesen und soziale Organisationen im Sinne der christlichen Karitas beeinflußt werden. In den 70er Jahren änderte sich die Tendenz. Man entschied sich antisozialistisch nur für soziale Arbeit (mikrodimensionale Diakonie). Sozialistisch und christlich wurden von der Kirche als Widerspruch gesehen.

Eine ähnliche Situation gab es zu Beginn unseres Jahrhunderts in Griechenland. Auch hier entschied sich die Kirche allein für die Mikrodiakonie. Savramis beklagt: „Der Sozialismus, der den Rahmen geboten hätte zu sozialen Reformen, fand seine Verbündeten nicht in den christlichen und kirchlichen Kreisen, sondern bei Anarchisten und Kommunisten. Soziale Gerechtigkeit blieb die Parole nichtchristlicher und antichristlicher Mächte ... Einzelne Rufer, die soziale Gerechtigkeit und ihre Verwirklichung vom Christentum erwarten, werden als Kryptokommunisten oder als Utopisten verdächtigt."[10]

In Rußland wurde der Kampf gegen den Sozialismus von der Kirche mit allen Mitteln aufgenommen. Durch diese Maßnahmen verlor die Kirche viele Gläubige, die Kirchen wurden leer. Durch verstärkte Sozialarbeit versuchte die Kir-

---

[9] Bachmann, E.-M., Die soziale Frage in der orthodoxen Kirche, ungedruckte Vorlesung.
[10] Savramis, D., Glaube und Wirklichkeit in Griechenland, in: Kyrios IV, H 2, 1964, S. 145.

che die Gläubigen zurückzugewinnen. Stellvertretend für viele
andere[11] seien hier Johann von Kronstadt (1828-1908) und
Elisabeth von Hessen und bei Rhein (1864-1918) genannt.

Johann v. Kronstadt, mit bürgerlichem Namen Johann
Sergiev, wirkte auf der Insel Kotlin, die der Hauptstadt St.
Petersburg vorgelagert ist. Auf diese Insel schob man asoziale
Elemente und Arbeitslose ab, damit sie nicht das Bild der Me-
tropole störten. In der Zeit des beginnenden Kapitalismus
herrschte dort unbeschreibliches Elend. Vater Johannes sah die
Not. Zunächst verteilte er nur privat Almosen, dann ging er zu

---

[11] Vgl. zu diesem Thema: Schröder, G.-A., Klöster und Mönchtum in
Rußland, in: Kirche im Osten, Bd. 38, 1995, S. 166-182. Hauptmann,
P., Johann von Kronstadt der große Hirte des russ. Landes, in: Kirche im
Osten, 3/1960, S. 33-71. Schröder, G.-A., Prinzessin Elisabeth von Hes-
sen und bei Rhein, in: Kirche im Osten, 38/1995, S. 32-55.

170

umfangreichen Maßnahmen über durch die Gründung einer Bruderschaft. Bekannt wurde sein „Haus der Arbeitsliebe". Es bot Arbeit, Berufsausbildung und karitative Dienste an. Ihm angegliedert waren ein Waisenhaus, ein Kindergarten, ein Armenhaus für Frauen, ein Ambulatorium, ein Volksspeiseraum, bis zu 800 Mittagessen wurden ausgegeben, ein Pilgerheim und Nachtasyl. Es gab Werkstätten zur Hanf- und Papierherstellung mit 7000 Beschäftigten. In der Grundschule wurde unentgeltlich unterrichtet, auch Erwachsenenbildung wurde betrieben, eine Bibliothek eingerichtet. Dieses Werk läßt sich in seiner Bedeutung den Bodelschwinghschen Anstalten von Bethel an die Seite stellen. Bei seiner Einweihung hatte Vater Johannes erklärt: „Die kirchliche Fürsorge ist eine Einrichtung der frühesten kirchlichen Zeiten, der apostolischen, wo man in brüderlicher Liebe so umeinander besorgt war, daß es keinen einzigen Armen gab." Doch schrieb er auch: „Und wenn einer, der gesund wäre, nicht arbeiten wollte, dann weg aus der Stadt: Kronstadt ist keine Pflanzschule des Müßiggangs!"

Vater Johannes wirkte über ganz Rußland, wobei er viele Frauenklöster ermutigte und unterstützte, ja, er gründete selbst ein Nonnenkloster in St. Petersburg, das nach 1990 seine Arbeit wieder aufnehmen konnte.

Elisabeth von Hessen und bei Rhein, eine deutsche Prinzessin, war mit dem Großfürsten Sergius verheiratet, einem Onkel von Nikolaus II. In Moskau gründete sie 1892 sofort nach ihrer Übersiedlung die „Elisabethanische wohltätige Gesellschaft für Moskau und Umgebung", die sich besonders der Kinder armer Eltern und später der Waisen annahm (in 20 Jahren wurde über das Schicksal von 10000 Kindern entschieden). Durch die Einbindung von Laien hatte das Projekt eine bedeutende Breitenwirkung. Nach der Ermordung des Großfürsten 1905 widmete sie sich ganz sozialem Dienst. Sie gründete eine Schwesternschaft und gab dieser im Martha-Marien-Stift in Moskau, auf einem Gelände, das sie persönlich gekauft hatte, eine Unterkunft. Ihr Krankenhaus erwarb bald einen vorbildlichen Ruf. Sie selbst war eine gesuchte OP-Schwester. Im Ambulatorium hielten die besten Ärzte unentgeltlich Sprechstunde. Ein Kinderheim war dem Stift angegliedert. Im Jahr erhielt die Schwesternschaft bis zu 12000 Bittschriften, man bat um Behandlung, um Hilfe bei der Arbeitssuche, um Betreuung der Kinder, Versorgung bettlägeriger Kranker, um Studienmöglichkeiten im Ausland. Viel Geld, Kleidung, Lebensmittel und Medikamente wurden verteilt! Auch diese Arbeit hatte Vorbildwirkung für ganz Rußland. Im Juli 1918 wurde Elizaveta im Ural zusammen mit anderen Angehörigen der Familie Romanov ermordet.

Obwohl das Landeskonzil der ROK 1918 noch verfügt hatte: „Die Klöster organisieren … Behandlungszimmer, Apotheken, Waisenhäuser, Asyle für Invaliden … und helfen der Bevölkerung in Zeiten der Not wie Hunger, Krieg und Epidemien,[11a] änderten die beiden Revolutionen von 1917 die Lage. Die Kirche mußte nach der Oktoberrevolution um ihr Überleben kämpfen. Ländereien wurden enteignet, Schulen und Klöster geschlossen, die Kirche hatte keine Einkünfte mehr. Unzählige Bischöfe, Priester und Laien gaben ihr Leben! An Sozialarbeit war nicht zu denken. Nur eine Reformbewegung, die „Lebendige Kirche", versuchte, sich mit dem Staat zu arrangieren und Sozialarbeit zu betreiben. Unter ihren Mitgliedern war u. a. die utopische Idee verbreitet, daß man den sowjetischen Staat christianisieren könne. 1925 konnte Metropolit Vvedenskij von dieser Erneuererkirche noch einen Disput mit Lunacˇarskij, Volkskommissar für Bildung, führen. Dabei wirft Lunacˇarskij den Erneuerern vor, „ die christliche Sozialehre ist leblos, leer und unfruchtbar!"[12]

Am 8. April 1929, nicht erst 1937, wie man vielfach lesen kann, wurde durch einen Erlaß der Volkskommissare den Kirchen und allen religiösen Vereinigungen die Sozialarbeit verboten. In der Verfügung heißt es: „Es ist verboten Unterstützungskassen … zu gründen; … ihren Mitgliedern materielle Unterstützung zu gewähren; … Ausflüge durchzuführen, Kinderspielplätze einzurichten, Bibliotheken und Lesesäle zu eröffnen, Sanatorien und ärztliche Betreuung zu organisieren …"[13]

In der Sowjetunion und später in den Ostblockstaaten war der Orthodoxie nur noch die Liturgie geblieben und eine private Hilfsmöglichkeit von Mensch zu Mensch, die in vielfa-

---

[11a] Sobranie opredelenie i postanovlenij svjašcˇennogo sobora pravoslavnoj rossijskoj verkvi 1917-1918 gg., Moskau 1994, S. 39, § IX.
[12] Lunacˇarskij, Christentum oder Kommunismus. Disput mit Metropolit Vvedenskij, Leningrad 1926.
[13] Hauptmann/Stricker, Die orthodoxe Kirche in Rußland. Dokumente ihrer Geschichte, 1988, S. 736.

cher Weise wahrgenommen wurde. Nach wie vor versuchten die wenigen Klöster, die geblieben waren, Arme mit Kleidung und Geld zu versorgen und Pilger zu speisen, mehr war den Mönchen und Nonnen jedoch nicht möglich.

Als 1988 auch für die Kirche Glasnost und Perestroika einsetzten (wohlbemerkt erst so spät und nicht zu einer Zeit als der Westen Gorbac̆ev schon als Reformer feierte!), bemühten sich die Christen sofort, die diakonische Arbeit aufzubauen. Da es vorerst nur wenige Klöster gab, waren es die Gemeindeglieder, die in die Krankenhäuser gingen, sich um Arme und Alte kümmerten und sich zu ehrenamtlichen Arbeiten in Kinderheimen meldeten.

Dabei galt es, neue Erfahrungen zu sammeln. Die vom Staat verfügte, 70 Jahre währende Trennung der Kirche von der sozialen Sphäre, hatte bei vielen doch dazu geführt, den diakonischen Dienst als anerkannte Tradition der orthodoxen Kirche zu vergessen. So mußten die Masse der Gemeindeglieder für diese Arbeit erst wieder neu gewonnen werden. Für andere war der erste Einsatz nur ein Strohfeuer, die dauernde Belastung zu mühsam. Diejenigen, die durchhielten, bewirkten Veränderungen. Chefarzt Philatow aus Moskau resümierte über die ersten Anfänge: „Wenn nun die Schwestern Menschen sehen, die sich in ihrer Freizeit uneigennützig um die Kranken mühen, bekommen sie dadurch einen Impuls, ihren Dienst besser wahrzunehmen. Einen starken erzieherischen Charakter hat der Einsatz der Gläubigen auf junge Schwestern. Ich bin für den Einsatz der kirchlichen Helfer sehr dankbar."[14]

Inzwischen ist die Zahl der Klöster von 18 im Jahre 1988 auf 395 im Jahre 1996 angewachsen. Meist sind die Bauten, die übergeben werden, total verfallen. Mönche und Nonnen müssen zunächst starke Aufbauarbeit leisten. Trotz dieser Schwierigkeiten haben viele sofort die Zweige der Sozialarbeit, die sie vor der Revolution leisteten, wieder aufgenommen. Es ist nicht möglich, alle Klöster aufzuzählen. Auch das Martha-Marien-Stift erwacht seit 1988 wieder zu neuem Leben. Heute leben 25 Schwestern zusammen mit 12 Waisen und fünf Senioren on dem Heim. 5 bis 15 Personen gehören zum eng-

---

[14] Chaplin, W., Strohfeuer oder Berufung, in: Stimme der Orthodoxie, 7/1989, S. 5.

Das „Martha-Marien-Stift" in Moskau

174

sten Helferkreis. Die Schwestern haben große finanzielle Schwierigkeiten. Die Oberin, Maria Nikolaevna Krjuchkova, weilte 1996 in Deutschland und informierte sich in verschiedenen diakonischen Einrichtungen der evangelischen Kirche.

Gläubige, Mönche, Nonnen und Priester haben in unglaublich kurzer Zeit viel geleistet. Auch das System der Bruderschaften wurde erneuert. Dabei werden u. a. auch Projekte zusammen mit der evangelischen Kirche in Deutschland verwirklicht unter dem Motto „Kirchen helfen Kirchen".

Trotz aller Bemühungen um den Wiederaufbau der Diakonie, hört man Klagen, daß auch Priester der Meinung sind, „karitativem Handeln komme eine untergeordnete Rolle zu"[15] und, daß es in den Priesterseminaren Rußlands noch keine Vorlesungen zur Diakonie gebe. Sicher wird es immer Priester und Gläubige geben, die um der eigenen Bequemlichkeit willen die Sozialarbeit nicht fördern werden, das bedeutet jedoch nicht, daß man sagen kann, die Orthodoxie sei nur spirituell ausgerichtet.

Der Bericht über die diakonische Arbeit ist unvollständig – nicht nur aus Platzmangel, sondern weil es bisher keine zusammenfassende Darstellung zu diesem Problem gibt. Eins jedoch läßt sich feststellen: Sozialdiakonie aus christlicher Verantwortung für den Nächsten ist von der Orthodoxie stets wahrgenommen worden!

Gisela-Athanasia Schröder

---

[15] Nowik, W., Gelähmte Kirche, in: Glaube in der 2. Welt, 12/1996, S. 14.

10.0. ZUR GESCHICHTE
DER ORTHODOXEN KIRCHEN

10.01. Das Ökumenische Patriarchat von Konstantinopel

Die Verlegung des Kaisersitzes von Rom nach Konstantinopel wertete den Bischof der Stadt rasch auf. Bereits auf dem 2. Ökumenischen Konzil von 381 (Konstantinopel) wurde ihm der zweite Rang nach dem Bischof von Rom zuerkannt.

Die enge Verbindung zwischen dem Kaisertum und der zur Staatskirche gewordenen Kirche im Oströmischen Reich stärkte die Position des Bischofs der Hauptstadt, bis Konstantinopel schließlich zum Mittelpunkt des östlichen Kirchengebietes wurde. Nach Kanon 28 des 4. Ökumenischen Konzils von Chalzedon (451) sollte es die gleichen Ehrenrechte wie Rom zuerkannt bekommen. Feierlicher Ausdruck für diesen Anspruch war schließlich der Titel „Ökumenischer Patriarch". Dies führte zu heftigen Protesten von seiten Roms.

Zum politischen Aufstieg des Bischofssitzes von Konstantinopel zum Ökumenischen Patriarchat trat die Tradition, daß in Konstantinopel eine apostolische Sukzessionsreihe beginne, die auf den Apostel Andreas zurückgeht, der nach dem Johannesevangelium als erster Jünger von Jesus berufen wurde.

Die Stellung des Patriarchen war stets von seiner Nähe zum Kaiserhof bestimmt. Die byzantinischen Kaiser nahmen häufig starken Einfluß auf die Besetzung des Patriarchenstuhles und setzten sogar Patriarchen ein und auch wieder ab.

Nach dem Fall von Konstantinopel 1453 und dem Niedergang des Byzantinischen Reiches behielt der Patriarch eine starke Stellung, da ihm von den Osmanen auf der Basis des Milletsystems die Rolle eines verantwortlichen Führers für die orthodoxen Christen im Osmanischen Reich zugewiesen wurde. Ihm blieb auch weiterhin der Ehrenprimat unter den orthodoxen Bischöfen, auch wenn er immer mehr Kirchengebiete aus seiner Jurisdiktionsgewalt freigeben mußte; denn die slawischen Kirchen, die Kirche von Griechenland und die Rumänische Kirche strebten in die Autokephalie.

Kloster Xeropotamu auf Athos

Der Jurisdiktion des Ökumenischen Patriarchates unterstehen heute alle außerhalb ihres Heimatlandes wohnenden Griechen – so gibt es Diözesen des Patriarchates über die ganze Welt verstreut, z. B. die Erzdiözesen von Amerika und Australien sowie die Orthodoxe Metropolie von Deutschland. Dazu kommen die autonome Kirche von Finnland, verschiedene Kirchen, die während der kommunistischen Diktatur in den früheren Ostblockstaaten ihre Heimatländer verlassen mußten und ins Exil gingen, ein Teil von Gemeinden der Kirche von Lettland, die sich nach dem Zusammenbruch der Sowjetunion der Jurisdiktion des Moskauer Patriarchats entzogen, die halbautonome Kirche von Kreta sowie die Nordgriechischen Diözesen, der Dodekanes und die Mönchsrepublik Athos.

In diesem Jahrhundert gingen von Konstantinopel entscheidende Anstöße für die ökumenische Bewegung und zur Gründung des Ökumenischen Rates der Kirchen in Amsterdam 1948 aus. Ein besonderer Förderer der ökumenischen Bewegung war der verstorbene Patriarch Athenagoras (1886-1972). Der im Jahre 1991 inthronisierte Patriarch Bartholomaios I. (geb. 1940) führt diese Tradition in besonderer Weise weiter. Neben der Vertiefung der ökumenischen Verbindungen zu den nichtorthodoxen Kirchen ist ihm vor allem die

177

Stärkung und Harmonisierung der interorthodoxen Verbindungen ein Anliegen. Konstantinopel hat maßgeblich den Ausgleich mit den Orientalischen Orthodoxen Kirchen gefördert (Chambesy 1990) und setzt sich bevorzugt auch für eine Lösung der Probleme ein, die aus der Diasporasituation vieler orthodoxer Kirchen außerhalb ihres angestammten ethnischen Siedlungsgebietes entstehen.

Im direkten Umfeld seines Sitzes in der Türkei verliert das Patriarchat mehr und mehr seiner Gläubigen. Die restriktive Politik der türkischen Regierung gegenüber den christlichen Minderheiten zwang das Patriarchat zur Schließung der berühmten theologischen Fakultät von Chalki und schränkt den Handlungsspielraum des Ökumenischen Patriarchates auf ein Minimum ein. Dem Ökumenischen Patriarchat unterstehen weltweit 133 Bischöfe und etwa 6000 Priester mit fünf Millionen Gläubigen.

Klaus Schwarz

10.02. Das Patriarchat von Alexandrien

Vom 3. bis 5. Jahrhundert galt Alexandrien mit seiner berühmten Katechetenschule (Klemens, Origenes) als das theologische Zentrum des christlichen Ostens. Alexandrinische Lehrer und Bischöfe (Athanasios, Kyrill) waren Vorkämpfer der Orthodoxie in den trinitarischen und christologischen Auseinandersetzungen des 4. und 5. Jahrhunderts. Das II. Ökumenische Konzil von Konstantinopel (381 n. Chr.) ordnete den Rang des Patriarchates direkt hinter Konstantinopel. In Ägypten und Libyen umfaßte es die gesamte Christenheit in ca. 100 Bistümern.

Die Beschlüsse des Konzils von Chalzedon (451 n. Chr.) freilich stießen in der einheimischen Bevölkerung Ägyptens auf Ablehnung. Diese ging dem Patriarchat trotz wiederholter Einigungsversuche verloren und organisierte sich neu zur koptischen Kirche. Das zur byzantinischen Reichskirche gehörige Patriarchat Alexandrien umfaßte so schon im 6. Jahrhundert fast nur noch eingewanderte Griechen – Beamte, Soldaten und Kaufleute –, die spottend „Melkiten" (die Kaisertreuen) genannt wurden.

Die arabische Eroberung (639-642 n. Chr.) wurde von der Bevölkerung freudig begrüßt. Nach einhundertjähriger Vakanz konnte das Patriarchat erst im Jahre 730 neu organisiert werden. Im Mittelalter schließlich mußte der Patriarch sogar als Titularbischof in Konstantinopel residieren. Es dauerte bis zum Jahre 1846, daß er wieder nach Alexandrien übersiedeln konnte. Orthodoxe Christen griechischer und syrisch-libanesischer Herkunft siedelten sich nun verstärkt in Ägypten an, so daß 1950 etwa 120 000 Gläubige gezählt wurden. Nach der Beseitigung der Monarchie 1952 und vor allem durch die Einführung des „arabischen Sozialismus" in Ägypten (1961) kam es zur massenhaften Abwanderung der Gläubigen. Die heute übriggebliebenen 15 000 Orthodoxen werden von 23 Bischöfen meist griechischer Herkunft geleitet. Das Patriarchat ist organisiert in vier Diözesen in Ägypten: Alexandrien, Tanta, Kairo und Port-Said; dazu kommen noch Diözesen im Sudan (Nubien) und Axum in Äthiopien, eine Diözese für die Diaspora in Libyen, Tunesien, Algerien und Marokko sowie eine neue Diözese für Zentralafrika.

Seit 1948 Mitglied im Ökumenischen Rat der Kirchen gehört das Patriarchat Alexandrien seit dessen Gründung im Jahr 1974 auch zum „Mittelöstlichen Kirchenrat".

Heinz Ohme

10.03. Das Patriarchat von Antiochien

Von der Kirche von Antiochien ist nur ein Schatten ihrer einstigen Größe geblieben. Ihren Ursprung von Petrus und Paulus herleitend, war sie bis zum 7. Jahrhundert eines der bedeutendsten Zentren der Christenheit. Schon vor dem Jahre 325 (Kanon 6 des Konzils von Nizäa) Vorort aller syrischen Metropolitanbezirke, wurde ihr im 5. Jahrhundert die Patriarchenwürde zugesprochen. Als Missionszentrum der gesamten römischen Reichsdiözese Oriens sind von hier die Missionare nach Mesopotamien, Kleinasien, in den Kaukasus, nach Persien und Arabien gezogen. Im 4. Jahrhundert gehörten ca. 220 Bistümer zur antiochenischen Kirche vom Euphrat bis Ägypten. Eine bedeutende exegetische Schule wirkte hier, und Heilige und Kirchenväter in großer Zahl sind Kinder dieser Kirche (z.B. der Märtyrerbischof und Lehrer Ignatios, der Prediger, Lehrer und spätere Patriarch von Konstantinopel Johannes Chrysostomos). Diese ehrwürdige Geschichte spiegelt sich im Ehrentitel des Patriarchen, der bis heute lautet: Seine Seligkeit, Patriarch der Großen Gottesstadt Antiochien, Syriens, Arabiens, Kilikiens, Georgiens und Mesopotamiens und des ganzen Orients.

Als im Jahre 431 das Konzil von Ephesus den Konstantinopler Patriarchen Nestorios verdammte, der aus der antiochenischen Theologenschule hervorgegangen war, blieben die ostsyrischen Diözesen seiner christologischen Konzeption treu und erklärten – durch ihre Zugehörigkeit zum Persischen Reich politisch in dieser Absicht gefördert – ihre Unabhängigkeit vom Patriarchat Antiochien.

Als im Streit um den sog. Monophysitismus im Gefolge der Beschlüsse des Konzils von Chalzedon im 6. Jahrhundert die chalzedonensische Christologie die Oberhand gewann, verlor das Patriarchat durch die unermüdliche Wirksamkeit seines eigenen Bischofs Jakob (Baradaios † 578) schließlich auch noch einen Großteil der westsyrischen Diözesen und Gemeinden, die Chalzedon vehement ablehnten.

Im Jahre 636 wurde die Stadt von den Arabern erobert und war über 300 Jahre unter arabischer Herrschaft. Die Kalifen in Bagdad sahen im Patriarchen freilich eher einen Vertreter des Erzfeindes Byzanz, behandelten ihn entsprechend und nannten seine Gläubigen „Melkiten" (die Kaisertreuen). Die Wiedereroberung durch Byzanz (969-1084) war nur ein Zwischenspiel, bevor die Kreuzfahrer hier ein normannisches Fürstentum (1098-1268) und auch gleich ein lateinisches Patriarchat gründeten (1098). Rom führt es bis heute als Titular-Patriarchat weiter.

Im 14. Jahrhundert hatte die Stadt ihre Bedeutung vollends verloren, und die Patriarchen verlegten ihren Sitz nach Damaskus, wo er sich bis heute befindet. Als die Türken 1516 Syrien erobert hatten, waren die orthodoxen Christen Syriens, Kleinasien und des Balkans wieder in einem Reich vereinigt – nun freilich dem osmanischen. Der Einfluß des Ökumenischen Patriarchen machte sich nun wieder geltend. So durften seit dem Jahre 1724 nur noch Griechen die Patriarchenwürde in Antiochien erlangen, ein Privileg, das erst im Jahre 1899 beseitigt werden konnte.

Die römisch-katholische Kirche suchte seit 1709 die Gläubigen und den Klerus des Patriarchates in die Union mit Rom zu führen. Über eine Million Gläubige gehören dieser – nunmehr „Melkiten" genannten Gruppe – unter einem eigenen Patriarchen bis heute an.

Die Auswanderung von ca. 250 000 Gläubigen des Patriarchates nach Nord- und Südamerika im 19. Jahrhundert ist der Grund, daß heute Diözesen in Buenos Aires, São Paolo und New York bestehen. Seit den vierziger Jahren dieses Jahrhunderts bestehen besonders enge Beziehungen zum Patriarchat Moskau, wo seit 1948 ein ständiger Vertreter mit einer eigenen Kirche residiert.

Das Patriarchat umfaßt heute ca. eineinhalb Millionen Orthodoxe im Mittleren Osten, und eine weitere halbe Million Gläubige in der arabisch sprechenden Diaspora. Es besteht aus sechs Diözesen in Syrien, sechs im Libanon, einer Diözese in Kuweit und Irak und drei Diözesen auf dem amerikanischen Kontinent. Das Theologische Institut im ehemaligen Kloster Balamand in der Nähe von Tripoli/Libanon soll den theologischen Nachwuchs ausbilden. Die Gottesdienstsprache ist arabisch.

In diesem Jahrhundert haben sich die Gläubigen des Patriarchates stark mit dem arabischen Nationalismus identifiziert. Die syrische Baath-Partei wurde von einem orthodoxen Christen gegründet. 1942 entstand die „Orthodoxe Jugendbewegung", der die Bedeutung einer Erweckung zukam.

Seit dessen Gründung im Jahre 1948 im Ökumenischen Rat der Kirchen ökumenisch engagiert, ist das Patriarchat auch Gründungsmitglied des „Mittelöstlichen Kirchenrates" und sucht darüber hinaus den theologischen Dialog mit Kopten, Armeniern und Ostsyrern.

Heinz Ohme

10.04. Das Patriarchat von Jerusalem

Es ist das kleinste unter den altkirchlichen Patriarchaten, durch die Heiligen Stätten in seinem Bereich jedoch von besonderer Bedeutung. Nach der Flucht der Urgemeinde, der Zerstörung der Stadt und der Neugründung durch die Römer (136 n. Chr.) war der nun heidenchristliche Bischof nur Suffragan des Metropoliten von Caesarea und damit Antiochien unterstellt. Das Konzil von Chalzedon (451 n. Chr.) erhob Palästina zu einem eigenständigen Patriarchat mit 60 Diözesen. Auf dem 2. Konzil von Konstantinopel (553 n. Chr.) wurde Jerusalem endgültig der 5. Rang in der Gesamtkirche – einschließlich Roms – zuerkannt.

Diese jurisdiktionelle Aufwertung war Folge der seit dem Beginn des 3. Jahrhunderts einsetzenden Pilgerbewegung, der mit der Wiederauffindung des Hl. Kreuzes durch die fromme Kaisermutter Helena beginnenden Bautätigkeit, Pflege der Hl. Stätten und Gründung von Klöstern (Stephanuskloster 455 n. Chr.) im Bereich der zum byzantinischen Reich gehörenden Stadt. Im Jahre 631 konnte die von den Persern nach der Eroberung Jerusalems 628 entwendete Kreuzesreliquie wieder zurückgeführt werden. Schon 638 freilich wurde die Stadt von den Arabern erobert, die in ihrer drittheiligsten Stadt 691 den Felsendom errichteten. In der Zeit der arabischen Herrschaft bis 1099 verlor das Patriarchat einen Großteil seiner Gläubigen an den Islam.

Das lateinische Königreich der Kreuzfahrer (1099-1187) brachte keine Erleichterung, sondern westliche hierarchische Ansprüche und ein lateinisches Patriarchat. Dieses mußte zwar im Jahre 1187 mit den Kreuzrittern vor der zurückkehrenden muslimischen Herrschaft weichen, nahm aber – nun unter deren Schutz – 1847 erneut in der Stadt seine Stellung ein, wo es bis heute besteht.

Seit der Flucht der orthodoxen Patriarchen vor den Kreuzrittern nach Konstantinopel hatten sich die dortigen Patriarchen das Recht der Einflußnahme bei der Wahl des Patriarchen von Jerusalem gesichert, das erst 1860 endete.

Seit dem 16. Jahrhundert organisierte sich die „Bruderschaft des Heiligen Grabes", die aus griechischen Mönchen besteht und deren Aufgabe die Pflege und Verteidigung der Ansprüche der orthodoxen Kirche und der griechischen Nation hinsichtlich der Hl. Stätten ist.

Der Jerusalemer Patriarch Dositheos II. veröffentlichte 1672 ein berühmtes Glaubensbekenntnis, das zu den wichtigen orthodoxen Lehrbekenntnissen des 16./17. Jahrhunderts gehört.

Seit Beginn dieses Jahrhunderts wird das Patriarchat von der Frage erschüttert, ob der Patriarch und die Bischöfe der durchweg arabischen Gemeinden nicht auch Araber sein sollten. Der Patriarch und seine siebzehn Bischöfe sind freilich bis heute griechischer Herkunft.

Die wechselvolle Geschichte Palästinas in diesem Jahrhundert hat das Patriarchat und seine Gemeinden immer unmittelbar betroffen. Seit 1917 zum britischen Mandatsgebiet gehörig, wurde mit der Teilung Palästinas 1948 auch das Patriarchat gespalten. Unter den palästinensischen Flüchtlingen waren ca. 13 000 seiner Gemeindeglieder. Die in Israel gebliebenen arabischen orthodoxen Christen konnten die in Jordanien gelegene Altstadt von Jerusalem nur zu hohen Festen besuchen, bis 1967 auch das Zentrum des Patriarchates zum Staat Israel kam. Die Gemeinden liegen heute in Israel und Jordanien. Zu ihnen zählen ca. 200000 arabische Gläubige. Der Gottesdienst wird in arabischer Sprache gehalten.

Das Patriarchat war 1948 Mitglied des Ökumenischen Rates der Kirchen und auch Gründungsmitglied des „Mittelöstlichen Kirchenrates".

Heinz Ohme

10.05. Die Russische Orthodoxe Kirche

Überlieferte Heldengedichte berichten über die Anfänge der Einpflanzung des Glaubens in der Rus und den Beginn russischer Staatlichkeit. Mit der Taufe des Volkes von Kiew im Dnjepr im Jahre 988 auf Befehl des Fürsten Wladimir, der damit verbundenen öffentlichen Absage an die alten Götter und der Einsetzung des orthodoxen Christentums als Staatsreligion im Kiewer Reich ist jenes Geschehnis umschrieben, das man als Taufe Rußlands, als Beginn eines christlichen russischen Staates ansieht. Die Kiewer Rus wurde damit vollends in das Zusammenspiel europäischer Staaten eingefügt. Gegenüber diesem so überaus einprägsamen Ereignis verblaßten alle vorausgehenden Berührungen der Russen mit anderen Religionen und auch mit dem Christenglauben. Die Überlieferung berichtet, die Schönheit der Gottesdienste der Griechen habe ausgesandte Boten veranlaßt, diesen orthodoxen Glauben als Glaubensweise für ihr eigenes Volk zu empfehlen. Fürst Jaroslav (1036-1054) ließ in Kiew die Kirche der göttlichen Weisheit errichten (Hagia Sophia) und von den besten Künstlern der Zeit ausstatten. Seine Töchter verheiratete er mit bedeutenden Fürsten Europas, Kirche und Mönchtum blühten auf. Die Metropolie von Kiew blieb bis ins 15. Jahrhundert hinein von Konstantinopel abhängig.

Nach einem Vierteljahrtausend friedlichen Aufbaus, nach der Errichtung einer kirchlichen Ordnung und der beharrlichen Erziehung des Volkes im Christenglauben bricht über dem Kiewer Staat eine bis dahin unvorstellbare Katastrophe herein – der Mongolensturm. Im Geschichtsbewußtsein der Russen hat sich der Mongoleneinfall 1240/41 unauslöschlich eingeprägt. Das Land wurde weithin verheert, die Städte gebrandschatzt, so wurde auch Kiew am 6. Dezember 1240 zerstört. Etwa gleichzeitig drangen im Norden die Schweden zur Newamündung vor, die Abteilungen des deutschen Ritterordens griffen im Baltikum an. Beide wurden nacheinander von Alexander Newskij (von der Newa), einem Fürsten von Nowgorod, an der Newa und auf dem Eis des Peipus-Sees vernichtend geschlagen. Die Russische Orthodoxe Kirche sprach Alexander Newskij heilig.

Wohl waren die eingefallenen Mongolen der Kirche gegenüber ziemlich tolerant, dennoch wurden laufende Tributzahlungen und Abgaben als großer Druck empfunden. Die Kirche segnete in der Gestalt des Hl. Sergius von Radonesch, des Gründers des Sergius-Dreifaltigkeits-Klosters bei Moskau (Sagorsk) diejenigen, die den Kampf aufnahmen und so schließlich die Tatarenzeit beenden halfen. Zur Schicksalswende für die Rus wurde der Sieg des Fürsten Dimitrij Donskoj von Moskau über die Tataren auf dem Schnepfenfeld am Don 1380.

Nach der Zerstörung von Kiew hatte sich als neuer kirchlicher Mittelpunkt Wladimir, sodann Moskau herausgebildet. Das Volk fand im weiten Norden Raum für Neusiedlungen. 1447 wurde erstmals der Moskauer Metropolit ohne vorausgehende Nachfrage beim Ökumenischen Patriarchen ernannt. So blieb es auch weiterhin. Als nach dem Fall von Konstantinopel 1453 der Großfürst Ivan III. 1472 die aus dem byzantinischen Kaisergeschlecht der Palaiologen stammende Fürstentochter Zoë geheiratet hatte, ließ er sich als Fürst der nunmehr einzigen unabhängigen orthodoxen Macht Selbstherrscher von ganz Rußland, Autokrator, nennen. In diesem Umfeld

Der hl. Sergij von Radonesch

tauchte die Theorie von Moskau als dem dritten Rom auf. Darin hieß es, das erste Rom sei der Häresie verfallen, das zweite Rom den Türken, allein noch Moskau als das dritte Rom stünde fest und aufrecht da, und ein viertes werde es nicht geben.

Jeremias II., derselbe ökumenische Patriarch, der mit den evangelischen Tübinger Theologen einen schriftlichen Dialog über Fragen des Glaubens und der Lehre geführt hatte, kam 1589 nach Moskau und weihte den Metropoliten Job (Hiob) von Moskau zum ersten Patriarchen Rußlands. In der Ehrenhierarchie der östlichen Patriarchate erhielt Moskau nach Konstantinopel, Alexandria, Antiochien und Jerusalem den fünften Platz. Das Verhältnis zwischen Zar und Patriarch war nicht immer spannungslos. Als Patriarch Nikon (1652) sich das Ziel stellte, die geistliche Gewalt über die weltliche Macht zu stellen, gelang ihm dies zwar im Gegenüber zum Zaren Alexej Michajlovitsch, dem zweiten Zaren aus dem Geschlecht der Romanov. Als er aber einfache Reformen zur Angleichung liturgischer Texte und Bräuche an die Texte der alten Patriarchate durchzuführen suchte, widersprach ein Teil des Volkes unter dem Protopopen Avakkum (verbrannt 1682) und spaltete sich als Altgläubige ab.

Wenn Gott die Väter bewahrt habe, so konnten sie sagen, sei nicht einzusehen, warum man nun die Byzantiner und ihre griechischen Texte zur Richtschnur nehmen solle. Gott habe diese doch für ihre Treulosigkeit sichtlich gestraft. Die staatliche Duldung der Altgläubigen erfolgte 1883. Das Anathema gegen die „Raskolniki" wurde erst 1886 zurückgenommen. Erst heute bahnt sich ein neues Verhältnis zwischen Orthodoxen und Altgläubigen an.

Peter der Große brachte aus Westeuropa Anregungen für Umgestaltungen in seinem Reich mit. Auch in Kirchenstrukturen griff er ein. Peter I. untersagte die Nachwahl eines Patriarchen. Das von ihm der Russischen Orthodoxen Kirche verordnete „Reglement oder Statut des geistlichen Kollegiums" vom 25. Januar 1721 stellte den „Heiligsten dirigierenden Synod" an die Spitze der Kirche. Je länger je mehr hatte dort der Oberprokuror des Zaren das gewichtigste Wort zu sagen. Faktisch wurde so die Russische Orthodoxe Kirche in den Staat eingegliedert. Nach Ansicht vieler Theologen war damit die kanonische Ordnung gestört. Autokratie und Orthodoxie stützten einander gegenseitig. Erst 1917 konnte mit Tichon wieder ein Patriarch gewählt werden. Die Kirche hatte sich schon seit Beginn des Jahrhunderts und besonders nach der 1. russischen Revolution auf Konzil und Patriarchenwahl einzustellen begonnen. Aber die sich herausbildende Lage war völlig anders als alle vorbedachten Erwartungen. Mit der großen Sozialistischen Oktoberrevolution entstand ein neues Verhältnis von Kirche und Staat.

In den Jahrzehnten des Bestehens der Sowjetunion geriet die Kirche in bisher so nie dagewesene Schwierigkeiten. Das Dekret Lenins über die Trennung der Kirche vom Staat und der Schule von der Kirche im Januar 1918 zielte auf Ausschaltung der Kirche. Die formal gewährte Freiheit von Kulthandlungen in der Kirche war letztlich nur als Übergangslösung gedacht. Lange durften Kinder und Jugendliche unter 18 Jahren nicht Gottesdienste besuchen, eine öffentliche Unterweisung durfte nicht stattfinden. Die kommunistischen Ideologen rechneten ja damit, daß die Religion überhaupt vom Antlitz der Erde verschwinden werde. Religion und Kirche waren somit ideologisch gesehen ein Rest des alten Systems, wurden zum politischen Gegner: Religion ist Opium! Darum brauchte man vor Zwang und Terror nicht zurückschrecken.

Viele Gläubige konnten sich auch weiterhin in der Anfangszeit das Verhältnis Kirche – Staat nur in der Gestalt einer Art Symphonie zwischen Staat und Kirche vorstellen. Offensichtlich wurde der Gegensatz und weltweit bekannt spätestens durch die Mißernte des Jahres 1921 und die daraus sich ergebende Hungersnot. 1922 sollten die Hungernden im Wolgagebiet und in Regionen, die von Bürgerkriegshandlungen besonders betroffen waren, durch Lebensmittelkäufe im Ausland gerettet werden. Die Entnahme und Veräußerung heiliger Geräte aus den Kirchen sollten der Finanzierung der Maßnahmen dienen. Viele Priester, Gemeinden und Bischöfe suchten sich zu widersetzen; einige wollten selber Getreide zusammentun, um nur ihre Schätze zu behalten. Die Sowjetmacht scheute rigoroses Vorgehen nicht. Seit dem Dekret von 1918 konnte sie ja ohnehin den Besitz der Kirche als Staatseigentum betrachten. Kirchlich gebundene Menschen mußten die Herausgabe von geweihten Gegenständen und Geräten für ordnungswidrig und unkanonisch ansehen. Der Patriarch suchte nach einem Kompromiß mit der Maßgabe, nicht gebrauchte Gegenstände könnten eventuell bereitgestellt werden. Aus den inzwischen veröffentlichten Akten des Politbüros geht hervor, daß man dort die schwierige Versorgungslage als eine günstige Gelegenheit ansah, um der Kirche einen entscheidenden Schlag zu versetzen. Schließlich mußte man dort aber einräumen, daß die Aktion Pomgol (Hungerhilfe) viel weniger bewirkte, als man erhofft hatte.

In den Anfangsjahren der Sowjetmacht verschwanden 50 Bischöfe und etwa 15000 Gemeindepriester, Mönche, Nonnen und Laienmitarbeiter in Lagern. Patriarch Tichon (Belavin) wurde zeitweilig verhaftet und unter Hausarrest gestellt. Von einem normalen Kirchenleben und von einer geordneten Leitung der Kirche konnte längst keine Rede mehr sein. Schließlich erklärte er für sich persönlich, daß er kein Feind der Sowjetmacht mehr sei und rief die Kirche dazu auf, ihrerseits Leben und Tätigkeit mit den neuen staatlichen Strukturen in Übereinstimmung zu bringen. Nach seinem Tod 1925 wurde kein neuer Patriarch gewählt. Patriarch Tichon, der den ersten Ansturm der atheistischen Macht erlitten hatte, wurde inzwischen von seiner Kirche heiliggesprochen.

Die Lage der Patriarchatskirche wurde erschwert durch die Entstehung einer Kirchenspaltung. Die „Lebendige Kirche", auch „Erneuerertum" genannt, bestand teilweise aus Priestern, die sich schon vor der Revolution sozial engagiert hatten. Sie fühlten sich dem neuen Regime näher. Zeitweilig wurden diese Spalter von politischer Seite geduldet, teilweise unterstützt, in jedem Fall auch benutzt. Nach der Wiederzulassung einer Patriarchenwahl kehrten die meisten Erneuererpriester in die Patriarchatskirche zurück. Lange, schwierige Jahre sollten folgen. Patriarchatsverweser Sergius (Sergij Stragorodskij) gab 1927 eine umstritten gebliebene Erklärung ab, in der es hieß: „Wir wollen Orthodoxe sein und uns zugleich dessen bewußt bleiben, daß die Sowjetunion unsere bürgerliche Heimat ist, deren Freuden und Erfolge unsere Freuden und Erfolge und deren Mißerfolge unsere Mißerfolge sind." Er machte den Versuch, durch Bezeugung von Loyalität für seine Kirche, oder besser, für das, was von ihr übrig war, Legalität zu erreichen. Der verzweifelte Versuch mißlang. 1929 wurden die Einschränkungen der kirchlichen Arbeit noch verschärft. Mit der von Stalin eingeleiteten revolutionären Umgestaltung des Dorfes, der Einführung von Kolchosen, wurden auch die Ku-

Dreifaltigkeits-Sergij-Kloster in Sergiev Posad

laken, besser gestellte Bauern, vertrieben und vernichtet. Diese hatten zum Teil auch die tragende Schicht kirchlichen Lebens auf dem Land gebildet. In wenigen Jahren wurden etwa 20000 Kirchen geschlossen. Millionen Sowjetbürger wurden im Bund streitbarer Gottloser organisiert, der als Massenorganisation eine leidenschaftliche atheistische Propaganda entfaltete. Ein regierungsamtlicher Massenterror richtete sich darüber hinaus gegen Intelligenz und Militärführung. Erst die Vorzeichen des Zweiten Weltkrieges führten zur Einschränkung der antireligiösen Propaganda. Bis Kriegsbeginn sollen noch etwa 500 Kirchen geöffnet gewesen sein. Vor dem Ersten Weltkrieg betrug die Zahl von Kirchen und Kapellen etwa 50000. Der Patriarchatsverweser stellte sich im Juni 1941 rasch und eindeutig auf die Seite seines Volkes und seiner Armee. Später wurde von der Kirche Geld für Flugzeuge und Panzer gesammelt. 1943 wurde Sergius als Patriarch eingesetzt. Es begann eine Phase des kirchlichen Wiederaufbaus, die sich auch unter Patriarch Alexij (Simanskij 1944-70) fortsetzte. Chruschtschows ideologisch verschärfter Kurs führte aufs neue zu großen Einschränkungen, zur Schließung von zahlreichen Kirchen und einiger Seminare. Patriarch Pimen (Isvekov), 1970-1990, erlebte 1988 die Zusicherung Gorbatschows im Kreml,

189

in Zukunft solle der Dialog die Umgangsform zwischen Staat und Kirche sein. Die Feierlichkeiten zum Millennium der Taufe Rußlands 1988 brachten ans Licht, was bisher stets geleugnet oder anders interpretiert worden war, daß nämlich inzwischen ein Teil der Jugend und der Intelligenz sich der Kirche zugewandt hatte.

Im Oktober 1990 wurden Religionsgesetze für die ganze UdSSR und die Russische FSSR erlassen. In diesen Gesetzen wurde soziale Tätigkeit zugestanden, Religionsunterricht auch in Schulen erlaubt, der Seelsorge auch in Gefängnissen und Krankenhäusern die Tür geöffnet. Die Zahl der Klöster nahm rasch zu. Auch auf der Ebene der Diözesen wurden Publikationen zur Information und zur Weiterbildung der Gemeinden möglich, Bildungseinrichtungen für den niederen Klerus entstanden gleichfalls auf der Ebene der Bistümer. Aufs Ganze gesehen konnte die Kirche damals und bis heute nicht alle Arbeitsmöglichkeiten ausschöpfen. Es werden noch Jahre vergehen, bis eine ausreichende Zahl von Priestern ausgebildet sein wird.

Hatte D. S. Lichatschew, die sowjetische Praxis ironisierend, gesagt, er trete für wahre und völlige Trennung von Staat und Kirche ein, so war mit der Verabschiedung der Religionsgesetze auch die Tätigkeit des Rates für religiöse Angelegenheiten beim Zentralkomitee der Partei unnötig. Der Rat hatte als Überwachungsorgan auf allen Ebenen gedient und sich vor Einmischungen nicht gescheut. Die Religionsgesetzgebung von 1990 enthält Hinweise darauf, daß atheistische Propaganda nicht mehr vom Staat unterstützt wird. Ein Jahr später zerfiel die Sowjetunion.

Die Russische Orthodoxe Kirche hat ihre Basis in nachkommunistischer Zeit weiter gefestigt. Bautätigkeit, soweit die Mittel in der Zeit geringer Einkünfte der Gläubigen reichen, und Ausbildung von Priestern sind Schwerpunkte. So hat sich in Moskau die Zahl der Kirchen von 40 in der Sowjetära auf fast 300 erhöht; bei einer Bevölkerungszahl von knapp 10 Millionen. Zur Zeit gibt es rund 150 Bischöfe. Der 1990 in freier Wahl gewählte Patriarch Alexij II., (Ridiger), ein erprobter Ökumeniker in der KEK und anderen ökumenischen Organen, hat mit antiökumenischen Strömungen seiner eigenen Kirche zu tun, die eher noch zunehmen. Der Ökumenische Rat wird von den Orthodoxen immer noch als ein überwiegend protestantisches Gebilde empfunden. Sie beklagen sich, daß durch Organisation und Abstimmungsmechanismen orthodoxe Meinungen öfters als Minderheitsmeinungen angesehen und so diskriminiert würden. Zur Zeit sind Gespräche im Gange, die eine Umstrukturierung des Ökumenischen Rates zum Ziel haben. Die Russische Orthodoxe Kirche ist Mitglied des ÖRK seit 1961.

Immer deutlicher stellt sich heraus, daß ein beachtlicher Teil des russischen Volkes nicht in die Russische Orthodoxe Kirche zurückkehren will; sich auch in andere Kirchen nicht eingliedern lassen möchte. Die augenblickliche allgemeine Unsicherheit begünstigt unter den Menschen heute beides – die Suche nach Sinn, Geborgenheit und Gemeinschaft. Aber auch eine Furcht oder Vorsicht, sich einzugliedern und zu engagieren. Es wird sich zeigen müssen, ob dieser Bevölkerungsteil sich einen Agnostizismus bewahren wird, oder ob man ihn durch kirchliche Arbeit doch noch gewinnen kann.

Die Russische Föderative Republik hat 1997 ein neues Religionsgesetz über Gewissensfreiheit verabschiedet. In der Präambel dazu wird die besondere Bedeutung der Russischen Orthodoxen Kirche für die Kultur und Spiritualität in Rußland betont. Unter dem Eindruck neuer Entwicklungen nach dem Ende der Sowjetära hat die Russische Orthodoxe Kirche ihre Abwehrhaltung gegenüber zahlreichen Missionsaktivitäten unter dem Stichwort vom „kanonischen Territorium" Rußlands formuliert. Dieses will besagen, daß nach über 1000 Jahren Inkulturation durch kirchliche orthodoxe Arbeit, geschehen in den verschiedensten Situationen, im heutigen Rußland andere Glaubensformen nicht eingepflanzt werden sollten. Volkstum und angestammter Glaube gehöre zusammen.

Die große historische Leistung der russischen Kirche besteht darin, den orthodoxen Glauben bis an das Eismeer und an den Stillen Ozean getragen zu haben; ja über Alaska hinüber auf den amerikanischen Kontinent. Auch in Peking gab es zeitweilig orthodoxe Christen, und Tokio ist der Sitz einer kleinen orthodoxen Kirche russischer Provenienz.

Am Ende eines für die russische Kirche beispiellos schweren Jahrhunderts aber läßt sich sagen, daß die orthodoxe Kirche, gemessen an Zahlen von vor dem Ersten Weltkrieg, auf schmälerer Basis, aber mit vertieftem, bewährten Glauben zuversichtlich in ihr zweites Jahrtausend geht.

10.06. Die Russische Orthodoxe Kirche im Ausland

Im Verlauf der russischen Revolution war es der Leitung der Russischen Orthodoxen Kirche schließlich nicht mehr möglich, von Moskau aus die Verbindung zu allen Diözesen aufrecht zu erhalten. Als sich 1919 der Sieg der Roten Armee abzuzeichnen begann, wurde im Süden eine „Oberste Kirchenverwaltung" gebildet, deren Regionalkonzil in Stavropol im Mai 1919 zusammentrat. 1920/1921 wurde daraus eine selbständige kirchliche Organisation geschaffen, die nach der Flucht in den Bereich des Ökumenischen Patriarchats im November 1920 durch ein Dekret vom 22.12.1920 vom Ökumenischen Patriarchat anerkannt wurde. Sie bekam darin das Recht verliehen, die kirchlichen und religiösen Belange der russischen Emigranten im Bereich des Ökumenischen Patriarchats autonom zu ordnen.

Die so entstandene Russische Orthodoxe Kirche im Ausland beruft sich in diesem Zusammenhang vor allem auf die Weisung Nr. 362 des Patriarchen Tychon (Belavin) von Moskau und ganz Rußland vom 7./20. November 1920, die den Fortgang kirchlichen Lebens für den Fall regelt, daß zu ganzen Diözesen oder Gebieten die Verbindung mit dem Patriarchat abreißt. Die Weisung verpflichtete die betroffenen Bischöfe, Formen provisorischer Kirchenleitung, evtl. auch im Zusammenwirken mit Nachbarbischöfen, aufzubauen. Beschlüsse und Entscheidungen seien jedoch später der zentralen kirchlichen Autorität zur Bestätigung vorzulegen. Die Leitung der russischen Gemeinden in Westeuropa wurde Metropolit Eulogius (Georgievskij, 1868-1946) übertragen, der sich 1945 persönlich bereit erklärte, die Verbindung mit dem Moskauer Patriarchat wiederherzustellen.

Die Russische Orthodoxe Kirche im Ausland versteht sich als untrennbaren, geistigen Bestandteil der großen russischen Kirche, als deren freien Teil. „Sie trennt sich nicht von der Mutterkirche, noch betrachtet sie sich als autokephal" (G. Seide, Die Russische Orthodoxe Kirche im Ausland, S. 34).

Die „Auslandskirche" wird durch den Bischofssynod, die Bischofskonzile und die Gesamtkonzile geleitet. In den Jahren 1921 und 1938 fanden Gesamtkonzile in Karlovitz, 1971 fand ein solches in Jordanville (USA) statt.

Der Sitz der Kirchenverwaltung war von 1921-1943/44 Karlovitz in Serbien, von 1945-1949 München, von 1950-1957 Mahopak bei New York und ist seit 1957 New York. Das geistlich-religiöse Zentrum mit Kloster, Priesterseminar und Druckerei ist seit Kriegsende Jordanville bei Syracuse (USA).

Die Bemühungen der Russischen Orthodoxen Kirche im Ausland um Sammlung und geistliche Betreuung der Emigranten in vielen Teilen der Welt fanden Anerkennung und Unterstützung. Innerorthodox ist ihr Status nicht geklärt. Die Russische Orthodoxe Kirche im Ausland weiß sich selbst in Gebetsgemeinschaft mit anderen orthodoxen Kirchen. Aus der Zeit ihrer Anfänge hat sie sich eine besondere Beziehung zur serbischen Kirche bewahrt. Nachdem fast die gesamte Orthodoxie im Ökumenischen Rat mitarbeitet, scheint sich die Haltung der Auslandskirche gegenüber ökumenischen Tendenzen eher versteift zu haben.

Zum Selbstverständnis der Russischen Orthodoxen Kirche im Ausland gehört eine scharfe Ablehnung des Moskauer Patriarchats aus politischen Gründen. In den 30er Jahren erlangte sie in Deutschland Anerkennung als Körperschaft des öffentlichen Rechts; diese wurde auch nach dem Kriege erneut verliehen.

Eine Entscheidung der Bischofssynode des Jahres 1981 erklärte den heutigen Ökumenismus zur Häresie. Dabei wurde gleichfalls die Heiligsprechung der Zarenfamilie und der sogenannten „Neomärtyrer" der Umbruchzeit vollzogen. Zwischen der Russischen Orthodoxen Kirche im Ausland und der Russischen Orthodoxen Kirche (Moskauer Patriarchat) sind Besitzansprüche auf orthodoxe Kirchen aus der Zarenzeit strittig. Das zentrale Organ „Pravoslavnaja Rus´" erscheint 14tägig in einer Auflage von 2300 Exemplaren. Auch einzelne Diözesen geben Periodica heraus.

Es gibt Bemühungen um die Zusammenführung von Patriarchatskirche und Auslandskirche. Die Russische Orthodoxe Kirche i. A. hat im Bereich der ehemaligen UdSSR mit der Gründung von Gemeinden begonnen, die von einem Erzbischof und drei Bischöfen geleitet werden. Oberhaupt ist Metropolit Witali (Ustinow), der mit 13 weiteren Bischöfen einer Kirche von weltweit rund 280 Gemeinden und etwa 150000 Gläubigen vorsteht.

In München hat die Russische Orthodoxe Kirche im Ausland ein Männerkloster des Heiligen Hiob; das Kloster ist zugleich der Sitz des Bischofs von Berlin und Deutschland. Die Zahl der Gemeinden der „Auslandskirche" in Deutschland beträgt etwa 50, sie werden von etwa 20 Priestern betreut. Die Kirche hatte 1945 noch einmal Flüchtlinge aufgenommen und gesammelt. Sie betreut heute in der Bundesrepublik eine weit verstreut lebende Diaspora, die nach dem Ende der Sowjetunion deutlichen Zuwachs erfuhr.

Ein anderer wichtiger Zweig der russischen Orthodoxie zwischen den beiden Weltkriegen und danach ist die seit 1931 dem Ökumenischen Patriarchat zugewandte orthodoxe Erzdiözese in Westeuropa mit Sitz in Paris. Das St. Sergius-Institut, in dem sich seit 1925 zahlreiche Theologen aus Rußland sammelten, wurde zu einem bedeutenden Vermittler östlichen theologischen Denkens.

Religiöse Sendungen für Rußland und Osteuropa gehen unter dem Namen „Stimme der Orthodoxie" (Voix de Orthodoxie) von hier aus.

Aus russisch-orthodoxen Missionsbemühungen entstand

10.07. Die Japanische Orthodoxe Kirche

Drei Jahre nachdem die japanische Stadt Hakodate für Ausländer geöffnet worden war, begann Nikolaj Kasatkin 1861 als junger Priestermönch die orthodoxe Missionsarbeit in Japan. In wenigen Jahren wurden 20 000 Japaner getauft; 1870 wurde ein Bischofssitz errichtet. 1906 wurde Kasatkin Erzbischof. Seine Erfahrung führte Nikolaj früh zur methodischen Erkenntnis, daß man Japaner durch Japaner missionieren müsse. In seiner Arbeit wurde Nikolaj vom Heiligen Synod der Russischen Orthodoxen Kirche unterstützt und 1977 von seiner Heimatkirche heiliggesprochen. Er übersetzte die wichtigsten Gebetbücher der Orthodoxie ins Japanische, erbaute Kirchen und die Auferstehungskathedrale in Tokio, volkstümlich Nikolai-do, Gebetshaus des Nikolaj, genannt.

1970 gewährte Patriarch Alexius der Japanischen Orthodoxen Kirche die Autonomie. Zur Zeit wird die Japanische Orthodoxe Kirche von Metropolit Theodosios (Nagashima) geleitet und ist in drei Diözesen, Tokio, Kyoto und Sendali gegliedert. Es erscheinen zwei Diözesanblätter. Die Japanische Orthodoxe Kirche arbeitet an sozialen Hilfsprogrammen mit. Durch Erhebung regelmäßiger Beiträge von den Kirchengliedern ist sie in der Lage, ihre Arbeit unabhängig zu betreiben. In etwa 100 Gemeinden arbeiten 30 Priester. Die Zahl der Gläubigen liegt bei 25 000. Seit 1973 ist die Japanische Orthodoxe Kirche Mitglied des ÖRK.

Eugen Hämmerle

10.08. Die Serbische Orthodoxe Kirche

Im Rahmen der slawischen Völkerwanderung ließen sich im 6. und 7. Jahrhundert auf dem nördlichen Balkan die slawischen Stämme der Slowenen, Kroaten und Serben und die Bulgaren nieder. Die dort schon seit Jahrhunderten bestehenden christlichen Gemeinden haben dabei kaum überlebt.

Das Gebiet der römischen Reichspräfektur Illyricum, das mit Ausnahme Thrakiens den gesamten Balkan umfaßte, gehörte bis ins 8. Jahrhundert jurisdiktionell zum Patriarchen von Rom mit dem Metropoliten von Thessaloniki als dessen Patriarchalvikar. Zu Beginn des 8. Jahrhunderts gliederten die byzantinischen Kaiser im Zusammenhang des Bilderstreites das östliche Illyricum dem Patriarchat von Konstantinopel an, so daß nur dessen westliche Teile Pannonien, Noricum und Dalmatien bei Rom blieben. So kam es, daß die beiden eng miteinander verwandten Stämme der Kroaten und Serben an der Grenze der aufeinanderstoßenden Jurisdiktionsgebiete Roms und Konstantinopels lebten. Die Kroaten gerieten so unter den Einfluß Roms, während die Serben orthodox wurden. Die Rolle der von den „Lehrern der Slawen" Konstantin(-Kyrill) und Method eingeführten slawischen Liturgie darf bei der Gewinnung der Serben für die Orthodoxie nicht unterschätzt werden.

Seit dem 9. Jahrhundert war Ochrida klösterlicher und bischöflicher Mittelpunkt. Von einer endgültigen Bindung an das Patriarchat Konstantinopel kann erst seit dem Wirken des Hl. Savva gesprochen werden. Er wurde – 1219 vom Ökumenischen Patriarchen zum Erzbischof der Serben geweiht – zum Gründer und Organisator einer unabhängigen serbischen Kirche. Sie preist ihn bis heute als Lehrer und Erleuchter der Serben. Sitz des Erzbischofs wurde nach Žiča bald das – im heutigen Kosovo gelegene – Kloster und die Stadt Peć. Auf dem Höhepunkt der Machtentfaltung des altserbischen Reiches, das von Korinth bis zur Adria reichte, erhob König Stefan Dušan (1346) das Erzbistum Peć zum Patriarchat. Das Schisma mit Konstantinopel (bis 1375) nahm er in Kauf.

Eine nationale Katastrophe war die Eroberung des Reiches durch die Türken, die mit der Niederlage am 28.6.1389 auf dem Amselfeld (Kosovo) ihren Lauf nahm. In den folgenden Jahrhunderten war es die Kirche, in deren Rahmen sich nationale Identität bewahren und Widerstand organisieren ließ.

Im Jahre 1459, mit dem endgültigen Ende des altserbischen Reiches, hörte auch das Patriarchat Peć zu bestehen auf. Es wurde wieder dem griechisch-bulgarischen Erzbistum Ochrida unterstellt und nach einem Zwischenspiel (1557 Wiedererrichtung des Patriarchates) auf Betreiben der im osmanischen Reich einflußreichen griechischen „Phanarioten" 1766 endgültig aufgelöst. Die Bischofssitze wurden nun weitgehend mit Griechen besetzt.

Während der vierhundertjährigen Türkenherrschaft kam es zu fluchtartigen Siedlungsbewegungen der Serben. In den verlassenen Gebieten des altserbischen Stammlandes Kosovo ließen sich nachrückende Albaner nieder, die bald auch den Glauben der Eroberer annahmen, während serbische Auswanderer sich im südlichen Ungarn und vor allem in Slawonien (zwischen Save, Drau und Donau) niederließen. 1716 wurde das in Syrmien gelegene Karlowitz (Sremski Karlovci) Sitz des Patriarchen.

Das Anfang des 19. Jahrhunderts neu entstandene „Fürstentum Serbien" konnte nach seinem Sieg über die Türken (1877-78) im Jahre 1879 seine kirchliche Autokephalie durchsetzen. Freilich waren damit die Serben kirchlich und national noch nicht vereint. Wo sie unter der ungarischen Krone lebten, unterstanden sie der Metropolie Karlowitz, die 1848 zum Patriarchat erhoben wurde.

Mit der Entstehung des Königreiches der Serben, Kroaten und Slowenen (SHS) nach dem Ersten Weltkrieg wurden auch die kirchlichen Zuständigkeiten neu geordnet und das Patriarchat Peć-Karlowitz nach Belgrad verlegt. Seit 1924 wird der Patriarch nun in Pec inthronisiert und trägt den Titel: Erzbischof von Peć, Metropolit von Belgrad und Karlowitz, Patriarch von Serbien.

Im Jahre 1941 wurde das Land erneut besetzt: diesmal von Deutschen, Italienern und Bulgaren, die es in drei neue Staaten aufteilten (Serbien, Kroatien und Montenegro). Einen besonderen Leidensweg mußten die Serben im neu entstandenen „Unabhängigen Staat Kroatien" gehen. Die faschistische „Ustascha"-Bewegung übte blutigen Terror gegen Juden und orthodoxe Serben. Der Inbegriff dafür wurde das KZ Jasenovac. Mehrere 100 000 Serben sollen hier umgekommen sein.

Brutale Versuche der zwangsweisen Katholisierung in dieser Zeit haben bis heute wirksame Vorbehalte gegen alles Römisch-katholische entstehen lassen. Zahlreiche orthodoxe Bischöfe und Geistliche mußten in dieser Zeit ihr Leben lassen. Manche wurden bis ins KZ Dachau verschleppt. Von ca. 3000 Priestern des Jahres 1939 waren im Jahre 1948 noch 1800 übrig.

Nach der Machtübernahme durch Marschall Tito wurde bald nach sowjetischem Vorbild eine scharf kirchenfeindliche Politik betrieben auf der Basis der Trennung von Kirche und Staat, seit 1946 Bestandteil der Verfassung. Bischöfe und Geistliche wurden verhaftet, Gottesdienste gestört, Sedisvakanzen erzwungen, Religionsunterricht verboten und den Parteimitgliedern die Zugehörigkeit zur Kirche untersagt. Durchgesetzt und gesteuert wurde dies von der nach sowjetischem Vorbild neu errichteten staatlichen Kirchenbehörde. Seit den sechziger Jahren hatte sich die Lage entspannt, obwohl jede öffentliche Wirksamkeit im diakonisch-sozialen oder pädagogischen Bereich unmöglich blieb. Buch- und Zeitschriftendruck waren dagegen gestattet.

Zwei langanhaltende Probleme bewegen die serbische Kirche: einmal die gegen ihren heftigen Protest vollzogene Gründung einer „Mazedonischen Orthodoxen Kirche". Die Autokephalie dieser Kirche wird bisher von keiner der orthodoxen Kirchen anerkannt.

Zum anderen die bedrängende Lage der serbischen Minderheit im Kosovo (s.o.). Der – auch gewaltsame – Versuch von Albanern, sich dieser Minderheit im serbischen Stammland zu entledigen, richtet sich häufig gegen Klöster und Kirchen als Zeugen der Geschichte der serbischen Nation in diesem Landstrich. Hinzu kam der Jugoslawienkonflikt seit dem Jahre 1991, in dem die Serbische Orthodoxe Kirche wegen ihrer Haltung heftiger ökumenischer Kritik ausgesetzt war. Dabei steht ihre Postion in der Tradition enger Verbundenheit von Volk und Orthodoxie. Diese allein hatte den Serben während der Osmanenherrschaft ihre nationale Identität bewahrt. Das Ziel der Bewahrung der seit 1918 erreichten staatlichen Einheit aller Serben und die Verhinderung ihrer Minorisierung in neu gegründeten Staaten wurde internationalen Friedensplänen entgegengestellt. Die Relativierung offensichtlicher, von Serben vollzogener Kriegsverbrechen durch die Serbische Orthodoxe Kirche hat ihrem Ansehen immens geschadet. Im Westen wurde dabei allerdings oft übersehen, daß die Geschichte des Leidens der Völker im ehemaligen Jugoslawien vor 1918 beginnt und die Frage nach Täter und Opfer in größeren geschichtlichen Dimensionen gesehen werden muß und nicht einlinig zu beantworten ist.

Die Serbische Orthodoxe Kirche hat heute ca. zehn Millionen Gläubige in 29 Diözesen (in den Nachfolgestaaten Jugoslawiens, in Ungarn, Rumänien, Westeuropa, Australien, in den USA und in Kanada). Ca. 2600 aktive Priester stehen in ihrem Dienst. In den Klöstern gibt es etwa 200 Mönche und 1000 Nonnen. Drei Priesterseminare und eine Theologische Fakultät in Belgrad mit ca. 300 serbischen Studenten sorgen für den priesterlichen Nachwuchs. Haupteinnahmequelle der Kirche sind der Kerzenverkauf, Gebühren für kirchliche Handlungen und Spenden der Gläubigen.

Die Gottesdienstsprache ist neben dem Kirchenslawischen hauptsächlich das Serbische. Als eine der letzten orthodoxen Kirchen wurde die Serbische Orthodoxe Kirche 1965 Mitglied des Ökumenischen Rates der Kirchen.

Für die ca. 200 000 serbischen orthodoxen Christen in Deutschland gibt es zur Zeit zehn Pfarrer unter der Führung eines Bischofs mit Sitz in Himmelsthür bei Hildesheim.

Heinz Ohme

10.09. Die Rumänische Orthodoxe Kirche

Schon in frühchristlicher Zeit läßt sich das Christentum im Bereich der ehemaligen römischen Provinz Dacia (101-271 n. Chr.), also nördlich der Donau am Karpatenbogen und in der Dobrudscha, durch schriftliche Zeugnisse, Ausgrabungen und sprachwissenschaftliche Nachweise belegen. Diözesen entlang der Donau sind für das 4. Jahrhundert nachgewiesen.

Aus dakisch-römischen Wurzeln entstanden, gehören die Rumänen zur romanischen Sprachfamilie. „Durch ihr lateinisches Erbe sind die Rumänen an den Westen gebunden und durch ihren orthodoxen Glauben an den Osten." Sie sehen in diesem „geschichtliche(n) Umstand ... eine besondere kirchliche Berufung".[1]

Seit dem 9. Jahrhundert war das rumänische Christentum von bulgarischen Bistümern abhängig, und es kam zur Übernahme der kirchenslawischen Liturgie und des kyrillischen Alphabets. Die Gründung rumänischer Teilstaaten seit dem 14. Jahrhundert in der Walachei und in der Moldau brachte auch die Gründung – freilich organisatorisch getrennter – Metropolien mit sich (Argesch 1359; Suceava 1401). Die ältesten der bis heute erhaltenen Klöster stammen aus dieser Zeit. Als fürstliche Stiftungen waren und sind sie kulturelle Zentren von hohem Rang und – vor allem in der Moldau – wegen ihrer Architektur und Freskenmalerei weltberühmt. Schon im 16. Jahrhundert wurden liturgische Bücher und Bibeln in rumänischer Sprache gedruckt.

Während der osmanischen Herrschaft war der Einfluß des Ökumenischen Patriarchates auf das kirchliche Leben und die Besetzung der Diözesen beherrschend. Griechische Klöster – vor allem auf dem Athos – kamen in den Besitz riesiger Ländereien, insbesondere in der Walachei. Seit dem 17. Jahrhundert setzte sich das Rumänische – noch in kyrillischer Schrift – als Liturgiesprache durch.

Eine eigene, bis heute deutliche Prägung erhielt die rumänische Orthodoxie außerhalb des osmanischen Machtbereichs in Siebenbürgen, das – seit 1526 selbständiges Fürstentum –

---

[1] So: Die Rumänische Orthodoxe Kirche in der Vergangenheit und heute, hg. v. Außenamt der Rumänischen Orthodoxen Kirche, Bukarest 1979, 16.

Außenbemalte Kirche in einem der Moldauklöster (Rumänien)

1681 an Habsburg fiel. Das Zusammenleben mit Siebenbürger Sachsen lutherischer Konfession und Ungarn helvetischen Bekenntnisses blieb nicht ohne gegenseitig befruchtende Einflüsse. Die habsburgische Gegenreformation führte auch in Nordsiebenbürgen zu einer mit Rom unierten orthodoxen Kirche, der seit 1697 und dann endgültig von 1701-1948 ca. eineinhalb Millionen Rumänen unterstanden. Die der Orthodoxie mehrheitlich treu gebliebenen Rumänen Siebenbürgens mußten bis 1869 warten – nachdem sie von 1783 bis 1864 dem Patriarchat Karlowitz unterstanden – , bevor ihnen die Wiederherstellung der durch die Union aufgehobenen Metropolie von Hermannstadt von seiten Habsburgs gestattet wurde. Daneben bestand seit 1781 das Bistum Tschernowitz (seit 1873 Metropolie) im nördlichen Buchenland (Bukowina), das 1775 von dem unter türkischer Oberhoheit stehenden Fürstentum Moldau zur Doppelmonarchie gekommen war.

Nach der Vereinigung der Fürstentümer Moldau und Walachei folgte 1859 auch der kirchliche Zusammenschluß und die Neuorganisation der orthodoxen Kirche im rumänischen Nationalstaat. Im Jahre 1885 gab das Ökumenische Patriarchat seine Zustimmung zur Autokephalie. Nach dem Anschluß Siebenbürgens 1918/19 erfolgte die Vereinigung mit den Metropolien von Hermannstadt und Tschernowitz. 1925 wurden alle Metropolien unter dem neugegründeten Patriarchat mit Sitz in Bukarest zusammengefaßt. Der durch den „Wiener Schiedsspruch" 1940 verursachte Verlust der nördlichen Bukowina und Bessarabiens an die Sowjetunion, des nördlichen Siebenbürgens an Ungarn und der südlichen Dobrudscha an Bulgarien führte zum Verlust von Bistümern und Gläubigen. Bald jedoch schon war Rumänien als Verbündeter des Deutschen Reiches am „Rußlandfeldzug" beteiligt, im Verlauf dessen die Rumänische Orthodoxe Kirche das kirchliche Leben in den wiedereroberten Gebieten zu organisieren suchte. 1944 kapitulierte das Land vor der Roten Armee, und nach Kriegsende kam das nördliche Siebenbürgen wieder zu Rumänien.

Der nun einsetzende politische Umschwung ging nicht an der Kirche vorüber. Patriarch Justinian (Marina), 1948 gewählt, sollte für Jahrzehnte das Bild der Kirche prägen. Religionsunterricht an Schulen wurde bald untersagt. Im Herbst 1948 wurden die Unierten Nordsiebenbürgens im Zusammenwirken von Regierung und orthodoxer Kirche mit dem Patriarchat Bukarest vereinigt. Unierte Bischöfe konnten dabei nicht gewonnen werden; den unierten Besitz übernahm der Staat. In den fünfziger Jahren stand eine starke Beschränkung des klösterlichen Lebens auf der Tagesordnung. Die Besoldung der Priester wurde seit 1955 vom Staat mitübernommen. Seit dem Ende der „Volksdemokratie" im Jahre 1989 vollzieht sich die Erneuerung der Kirchen ungleichmäßig. Die Arbeit an einem neuen Religionsgesetz geht nur mühsam voran. Deutliche Veränderungen betreffen insbesondere die Theologenausbildung (14 theologische Fakultäten/Sektionen an Universitäten und 19 Priesterseminare), die karitative Tätigkeit der Kirche in Krankenhäusern und Gefängnissen, den Religionsunterricht in den ersten acht Klassen der staatlichen Schulen, die Gründung neuer Klöster (insgesamt 325 Klöster mit 5 200 Mönchen und Nonnen) und den Bau von Kirchen.

Die Rumänische Orthodoxe Kirche umfaßt heute fünf Metropolien, zu denen neunzehn Bistümer gehören; zwei Bistümer für die Auslandsrumänen kommen hinzu. Die Kirche hat etwa 9 400 Gemeinden, die von 9 400 Pfarrern versorgt werden. Jährlich kommen ca. 350 neue Priester hinzu. In den Kirchenräten, Diözesanversammlungen, in der kirchlichen Nationalversammlung und im Nationalen Kirchenrat ist die Mitarbeit der Laien gesichert. Höchste Autorität kommt der Heiligen Synode zu, die neben dem Patriarchen alle Bischöfe umfaßt.

Von den ca. zweiundzwanzig Millionen rumänischen Staatsbürgern sind ca. achtzehn Millionen Rumänen. Man kann davon ausgehen, daß die meisten orthodoxe Christen sind. Damit ist die Rumänische Orthodoxe Kirche die zweitgrößte autokephale orthodoxe Kirche. Die enge Verbindung mit dem rumänischen Volk im Laufe der Geschichte ist bis heute lebendig und macht die Kirche zu einem Träger rumänischen Nationalbewußtseins.

Seit 1961 ist sie Mitglied im Ökumenischen Rat der Kirchen, weiterhin auch in der Konferenz Europäischer Kirchen. Seit 1979 führt die Rumänische Orthodoxe Kirche auch einen bilateralen theologischen Dialog mit der EKD.

In Deutschland unterhält sie mehrere Gemeinden unter einem Bischof.

Heinz Ohme

10.10. Die Bulgarische Orthodoxe Kirche

Im Bereich des heutigen Bulgarien lassen sich frühe Spuren christlich-kirchlicher Organisation nachweisen. Vielleicht war der Tagungsort des Konzils von Serdica, auf dem 342/43 die Frage des Arianismus verhandelt wurde, die Stadt Sofia. Lange war Bulgarien Durchzugsgebiet für unstete Völkerschaften der Goten, Hunnen und Avaren. Später zugewanderte slawische Siedler und Protobulgaren, die neue Strukturen schufen, gerieten im 7. und 8. Jahrhundert unter wachsenden christlichen Einfluß. Die endgültige Christianisierung des sich formierenden bulgarischen Volkes bleibt mit dem Namen des Chan Boris (852-889) verknüpft. Christliche Missionare wirkten im 9. Jahrhundert aus dem Westen und aus dem byzantinischen Raum herein. Boris ließ sich um 865 durch griechische Priester taufen. Er suchte im Jahre 867 dennoch die Beziehung zu Rom, um von Papst Nikolaus I. (858-867) die Anerkennung der kirchlichen Selbständigkeit seines Herrschaftsbereichs zu

Durchblick auf Teile des Klosters in Batschkovo (Bulgarien)

erlangen, nachdem diese ihm vom Konstantinopler Patriarchen Photius 866 nicht gewährt worden war. Die Frage der Zuordnung der bulgarischen Kirche zu Konstantinopel oder zu Rom wurde auf dem IV. Konzil von Konstantinopel im März 870 entschieden. Die bulgarische Kirche wurde dabei, so die bulgarischen Vertreter beim Abschluß der Verhandlungen, „der Heiligen Kirche von Konstantinopel, von der das Heidentum es getrennt hat, wieder zurückgegeben" und erhielt die Autonomie. Die päpstlichen Legaten meldeten jedoch Protest an. Mit Ausnahme einer kurzen Phase ist es bei der Ostorientierung von Kirche und Land geblieben, nur in der Zeit des lateinischen Kaisertums nach 1204 wirkten römische Einflüsse herein.

Erst der Nachfolger von Boris, Symeon (893-927), konnte für sich selbst den Titel eines Zaren durchsetzen. Bei seinem Tode 927 war Bulgarien eine unabhängige christliche Nation mit eigener, selbständiger autokephaler Kirche. Die Anerkennung des Patriarchentitels für das geistliche Oberhaupt der bulgarischen Kirche geschah am Anfang der Herrschaft von Zar Peter (927-969). Der langwierige Assimilierungsprozeß der slawischen und der bulgarischen Stämme im Lande wurde vor allem durch den Gebrauch der östlichen Liturgie in der

203

von den Brüdern Method und Kyrill geschaffenen slawischen Form bewirkt. Nach dem Tod des Methodius 885 wurden dessen Schüler aus dem damaligen mährischen Wirkungsgebiet verwiesen. Seine Freunde, Kliment, Naum u.a., waren daraufhin in Bulgarien tätig geworden.

Bulgarien verlor 1018 seine staatliche und kirchliche Selbständigkeit an Byzanz. Die kirchliche Leitung lag nunmehr beim Erzbischof von Ochrida. Die Hierarchie im Lande wurde griechisch, bevorzugte die griechische Sprache und begünstigte Griechisch als Gottesdienstsprache. Das Erzbistum Ochrida bestand bis 1767 weiter.

Ein zweites bulgarisches Reich erstand von 1186-1393, als es den Brüdern Peter und Asen 1186 gelang, die Selbständigkeit Bulgariens von Byzanz zu erringen und vom byzantinischen Kaiser Isaak II. Angelos die Anerkennung der staatlichen Unabhängigkeit zu erlangen. 1235 wurde das Patriarchat in Tarnovo neu errichtet. Den beharrlichen Angriffen der osmanischen Türken waren die Bulgaren auf die Dauer nicht gewachsen. Mit dem Fall von Tarnovo 1393, der dem zweiten Reich der Bulgaren ein Ende bereitete, ging auch die kirchliche Unabhängigkeit verloren. Spätestens 1453 wurden die Eparchien des ehemaligen Patriarchats von Tarnovo dem ökumenischen Patriarchat unterstellt.

Die orthodoxe Kirche bewahrte in der Türkenzeit im bulgarischen Volke Sitte und Glauben. Der Athosmönch Paisij aus dem Athoskloster Chilandar ermutigte das bulgarische Volk 1762 mit seinem Werk über die bulgarische Geschichte; Bischof Sofronij von Vraca, sein Zeitgenosse, rief zu Geduld im Leiden auf. Das Streben nach nationaler und religiöser Selbstverwirklichung umfaßte schließlich das ganze bulgarische Volk. Am 12. März 1870 erlaubte ein Ferman des Sultans die Bildung eines vom Ökumenischen Patriarchat unabhängigen, bulgarischen „Exarchats". Diese selbständige bulgarische orthodoxe Kirche wurde jedoch auf einem Lokalkonzil des Ökumenischen Patriarchats 1872 für schismatisch erklärt und des Phyletismus, d. h. der Tendenz bezichtigt, nationale Gesichtspunkte höher einzuordnen als religiöse Werte.

Mit dem Frieden von San Stefano vom 3.3.1878 und dem Berliner Kongreß begannen bulgarische Autonomie, staatliche Neubildung, neue Organisation der Kirche und endgültige Ablösung der Türkenherrschaft.

Unter der Vermittlung des Moskauer Patriarchats gelang es, am 22.2.1945 das bestehende Schisma zwischen Sofia und Konstantinopel aufzuheben. Bei Ausrufung der Volksrepublik Bulgarien wurde am 16.9.1946 die Bulgarische Orthodoxe Kirche als historische Kraft gewürdigt, die die nationale Identität habe bewahren helfen. Im Oktober 1946 vollzog die Volksrepublik Bulgarien die vollständige Trennung von Staat und Kirche, die 1947 in der Verfassung festgeschrieben wurde. Nach 560 Jahren Unterbrechung wurde 1953 mit Metropolit Kiril von Plovdiv wieder ein Patriarch von Bulgarien gewählt und 1961 vom Ökumenischen Patriarchat anerkannt.

Die orthodoxe Kirche Bulgariens ist in 11 Metropolien gegliedert. Sie verfügt über etwa 3 750 Kirchen und ca. 1800 Priester in 2600 Gemeinden, dazu Gemeinden und Vertretungen im Ausland, besonders in den USA. An die Stelle der aus der Universität ausgegliederten theologischen Fakultät ist heute die Akademie des Hl. Kliment von Ochrid als Ausbildungsstätte für den bulgarischen orthodoxen Klerus getreten. Die Bulgarische Orthodoxe Kirche ist seit 1961 Mitglied des ÖRK und der KEK. Oberhaupt der bulgarischen Kirche ist seit 1971 Patriarch Maxim. Die Verwaltung der Kirche ist synodal geregelt. Bei 8,5 Millionen Einwohnern, von denen 1,2 Millionen nationale Minderheiten sind, beträgt die Zahl der Orthodoxen nach staatlichen Angaben ca. 3 Millionen, nach kirchlichen Angaben 80 bis 85 Prozent. Die Zahl der Moslems beträgt etwa 800 000. Die Bulgarische Orthodoxe Kirche unterhält die St.-Kliment-Ochridski-Kirche in München.

Nach der politischen Wende wurde Aufarbeitung der Fehler der orthodoxen Kirchen in der kommunistischen Ära gefordert. Es entspricht keineswegs kirchlicher Normalität, wenn nun drei Patriarchen in der orthodoxen Kirche des Landes gegeneinander stehen. Zum Ökumenischen Rat der Kirchen sind die Beziehungen zur Zeit abgebrochen. Die Überordnung schismatischer Zustände in der Kirche könnte mit der erwarteten Überordnung der Gesamtkirche des Landes Hand in Hand gehen.

Eugen Hämmerle

10.11. Die Orthodoxe Kirche von Georgien

Um 327 gelang es der kriegsgefangenen Christin Nino, den ostgeorgischen König Mirian, die Königin Nana und durch diese schließlich das ganze georgische Volk für den Christenglauben zu gewinnen. Nach der Legende sind erlebte Zeichen und Heilungswunder der Heiligen Nino vollends bei dem zögernden Herrscher entscheidend gewesen. Im westgeorgischen Bereich hatten sich über griechische Siedlungen und Verbindungen mit der griechischen Kirche Anfänge frühchristlicher Gemeinschaft herausgebildet. Auf Rat der Heiligen Nino hat König Mirian bei Kaiser Konstantin einen Bischof und einen Priester zum kirchlichen Aufbau erbeten. Rasch bildete sich in Georgien ein Staatskirchentum heraus, das zweite nach dem armenischen, das der kanonischen Oberaufsicht des Patriarchats Antiochien unterstellt war. Wie aus der in der Zeit des Patriarchen Sergios (843-859) geschehenen Gewährung des Rechts, das Myron selbst zu weihen, nachdem es offenbar viele Jahrhunderte lang aus Jerusalem gebracht worden war, zu entnehmen ist, haben früh zum Patriarchat Jerusalem gute Beziehungen bestanden.

König Vachtang I. (446-502) erbat die Errichtung eines Katholikats, um 750 wurde der georgischen Kirche das Recht verliehen, ihren Katholikos selbst zu weihen, 1057 wurde auf einem Lokalkonzil in Antiochien die Selbständigkeit der georgischen Kirche bestätigt. Bis ins 5. Jahrhundert zurück ist Mzcheta Sitz des Katholikos – Patriarchen der georgischen Kirche.

Am Anfang des 7. Jahrhunderts nahm die georgische Kirche die auf dem Konzil von Chalzedon 451 beschlossene Zweinaturenlehre als Grundlage der Christologie an. Diese Entscheidung führte zu einer weiteren Auseinanderentwicklung in bezug auf die armenische Kirche.

Der Höhepunkt innergeorgischer staatlicher Gemeinsamkeit, der literarischen Kultur und der religiösen Baukunst lag kurz vor den Tatareneinfällen, etwa in der Zeit der Herrschaft der Königin Thamar um 1200. Georgien mußte jahrhundertelang Einfälle von Tataren, Persern und Türken überstehen.

Das georgische Mönchtum spielte eine bedeutende Rolle und genießt auch heute Ansehen. Es pflegte besonders das Ideal der Heimatlosigkeit. So finden sich georgische Klöster in Konstantinopel, Jerusalem und auf dem Athos. Georgische Mönche lebten im bulgarischen Batschkovo-Kloster, auf Zypern und auf dem Sinai. In Georgien selbst leisteten die Mönche einen großen Beitrag zur Bildung von Klerus und Volk. Das Mönchtum stellte eine Verbindung zu den anderen orthodoxen Patriarchaten dar.

Obgleich der georgische König Herakleos II. im Jahre 1783 ein Schutzbündnis mit der Zarin Katharina II. geschlossen hatte, konnten die Perser Tiflis 1795 noch einmal einnehmen. 1801 und 1810 wurde Georgien dem russischen Kaiserreich eingegliedert. Die Autokephalie der georgischen Kirche wurde beseitigt und durch ein russisches Exarchat ersetzt, die kirchenslawische Gottesdienstsprache sollte die georgische ersetzen. Der Widerstand hiergegen stärkte das georgische Nationalgefühl.

Die Wiederherstellung der Autokephalie wurde 1917 beantragt, 1943 gewährt. Nachdem die Episode eigener Staatlichkeit 1917-1921 vorüber war, wurde die georgische Kirche als Herd und Hort des nationalen Widerstands eingeschätzt und bedrängt, viele Kirchen wurden zerstört oder geschlossen. Doch wurden viele wertvolle Ikonen und Handschriften gerettet, die sich heute in staatlichen Sammlungen und Museen befinden. Der Kampf gegen obrigkeitliche Russifizierungspolitik und das Ringen um die Bewahrung der georgischen Identität fand eine Leitfigur im Dichter und Politiker Ilja Tschawtschawadse (1837-1907; heiliggesprochen 1987). Freilich gab es auch Kreise, die eine andere Orientierung suchten, sich dem Streit entziehen wollten und säkularistische, agnostische Denkformen übernahmen.

Als 1943 ein Patriarch der Russischen Orthodoxen Kirche gewählt werden konnte, wurde von der Russischen Orthodoxen Kirche die 1917 erbetene Autokephalie der Georgischen orthodox-apostolischen Kirche gewährt. 1990 wurde die Autokephalie der Georgischen Orthodoxen Kirche durch das Patriarchat Konstantinopel anerkannt.

Die georgische Bibelübersetzung geschah rasch nach der Erfindung des georgischen Alphabets durch Maschtotz um 420. An einer modernen Übersetzung des Neuen Testaments wird heute gearbeitet.

Nach der Erlangung der Unabhängigkeit der Republik Georgien am 9.4.1991 und dem Zusammenbruch der UdSSR wurden der Georgischen Orthodoxen Kirche Kirchengebäude zurückgegeben, die oft als solche nicht mehr erkennbar waren. Es wurden Klöster wieder eröffnet, die ersten kleinen Schritte in Richtung karitativer und sozialer Tätigkeit unternommen, die zur Sowjet-Zeit so nicht möglich waren. In den Schulen wurde Religionsunterricht eingeführt. Militärseelsorge wurde ermöglicht.

Die Ausbildung der Geistlichen erfolgt in drei Priesterseminaren, weitere theologische Bildung wird in den beiden Geistlichen Akademien Tbilissi Gaenati bei Kutaisi vermittelt. Den beiden Akademien steht jeweils ein Bischof vor. Zur Zeit wirken 10 Mönchs- und Nonnenklöster.

Patriarch (Katholikos) Ila II. (Schiolaschwili), der 1977 in sein Amt eingesetzt worden war, wurde 1979 zu einem der sechs Präsidenten des ÖRK gewählt. Die Kämpfe um die Abtrennung Abchasiens von der „Provinz" Georgien und innere Auseinandersetzungen in Staat und Kirche erwiesen sich als Hemmnis für den kirchlichen Wiederaufbau im Lande.

In letzter Zeit nimmt die Kritik orthodoxer Kirchen am ÖRK zu. Auch der Katholikos beklagt sich des öfteren über missionarische Tätigkeit von protestantischen Kirchen und Sekten, die seine Gemeinden tangieren. Am 20. Mai 1997 beschloß der Heilige Synod, aus dem ÖRK und aus der KEK auszutreten. Die Analyse der Situation und der Begründungen für das Verhalten der Orthodoxen Kirche Georgiens erfordert weitere Erwägungen.[1] Erwähnenswert ist, das in Georgien, unweit von Tbilissi, ein Sammelpunkt von evangelischen Deutschen entsteht, die von 1820 bis zum Zweiten Weltkrieg in der Nähe von Tiflis (Tbilissi) als Auswanderer und deren Nachkommen gelebt haben.[2] Beiträge aus Deutschland und Beziehungen nach Deutschland, insbesondere zu Württemberg könnten vielleicht dazu beitragen, daß für deutschstämmige Rücksiedler aus den Verbannungsgebieten eine neue Lebensgrundlage und eine erneuerte geistliche Gemeinschaft geschaf-

---

[1] Thöle, Reinhard: Erdbeben auf dem Kaukasus? in: MdKI 48 (1997), 72-74, beschreibt die Situation und bedenkt mögliche Entwicklungen.
[2] Die Siedlung, die wiederaufgebaut werden könnte, ist das ehemalige Katharinenfeld.

fen werden könnte. In der georgischen Bevölkerung scheint die Meinung darüber gespalten zu sein. Die Zahl der praktizierenden Christen in Georgien wird neuerdings mit etwa 800000 angegeben. Neben dem Patriarchen wirken z.Zt. 23 Bischöfe in Eparchien, Seminaren, Akademien und Schulen sowie in der Umgebung des Patriarchen.[3]

Eugen Hämmerle

10.12. Die Orthodoxe Kirche von Zypern

Die Geschichte der Kirche von Zypern reicht bis in die Zeit der Apostel zurück (Apostelgeschichte 11,19). Paulus und Barnabas kamen auf der ersten Missionsreise nach Zypern. Anfänglich hing die zyprische Kirche vom Bischofsstuhl Antiochien ab. Die Autokephalie wurde ihr in Ephesus 431 verliehen. Bereits auf dem Konzil von Nizäa (325) waren drei Bischöfe aus Zypern anwesend.

Von 1191-1489 lebte Zypern unter der Herrschaft des Rittergeschlechts Lusignan aus Poitou (Frankreich), das durch die Venetianer (1489-1571) abgelöst wurde. Unter der Herrschaft dieser beiden Mächte entstand für die Kirche der Zwang, sich verwaltungsmäßig der auf der Insel eingerichteten römischen Hierarchie unterzuordnen.

So wurde die Eroberung der Insel durch die Türken im Jahr 1571 von der Bevölkerung zunächst als Befreiung begrüßt. Infolge der nationalen und konservativen Grundhaltung der zyprischen Kirche wurde im Vollzug religiöser und nationaler Selbstbehauptung die Erinnerung an Ereignisse wie die Ermordung des Erzbischofs Kyprian, der Bischöfe sowie von 486 Priestern und Laien als Reaktion der Türken auf die Erhebung der Griechen 1821 lebendig erhalten. 1878 wurde die Insel den Türken von Großbritannien abgekauft, 1914 ins Commonwealth einverleibt. Zypern erlangte 1960 seine Unabhängigkeit. Der erste Staatspräsident, Erzbischof Makarios, be-

---

[3] Wyrwoll, Nikolaus, Orthodoxia 1997/1998, Regensburg, 62-65 und 224 (Karte).

trieb eine Politik der Souveränität und Unteilbarkeit der Insel. Die 1974 erfolgte türkische Invasion machte etwa die Hälfte der orthodoxen Christen auf der Insel zu Umsiedlern und Flüchtlingen.

Die Orthodoxe Kirche von Zypern wird von sieben Bischöfen in sechs Bistümern geleitet und hat über 500 Priester. Die Zahl der orthodoxen Gläubigen liegt bei 560 000. Die orthodoxe Kirche von Zypern trat 1948 dem ÖRK bei, sie gehört zur KEK und zum Mittelöstlichen Kirchenrat. Auf Zypern gibt es armenische, maronitische und katholische Minderheiten. Etwa ein Fünftel der Gesamtbevölkerung der Insel sind Moslems, 1985 ca. 130 000.

Eugen Hämmerle

10.13. Die Griechische Orthodoxe Kirche

Nach dem Fall von Konstantinopel im Jahre 1453 und der nachfolgenden völligen Auflösung des byzantinischen Staates und seines Kaisertums war es der orthodoxen Kirche zu verdanken, daß die nationale griechische Identität während beinahe vier Jahrhunderten osmanischer Besetzung erhalten blieb und sogar noch eine Stärkung erfuhr. Unter der Gefahr für Leib und Leben von Lehrern und Schülern wurden geheime Klosterschulen eingerichtet, in denen außer Lesen und Schreiben auch die Botschaft des Evangeliums weitergegeben wurde.

Als sich im Jahr 1821 das griechische Volk erhob, um das Land von fremder Okkupation zu befreien, proklamierte die erste Nationalversammlung von 1821 in Epidauros, daß die in Griechenland herrschende Religion die der „morgenländischen orthodoxen Kirche Christi" sei. Der in den Plan für den Aufstand von 1821 eingeweihte Patriarch Gregorios V. von Konstantinopel war von den Türken hingerichtet worden – mit der nationalen Erhebung und der Befreiung eines Teiles der griechischen Gebiete rissen die Verbindungen zu dem noch „im Feindesland" befindlichen Patriarchat Konstantinopel zunächst ab.

Die kirchliche Organisation im neuen Griechenland sollte nach einem Gesetz von 1829 auf der Grundlage der heiligen Kanones der Kirche vollzogen werden. Nach der Einsetzung des Wittelsbachers Otto von Bayern als König von Griechenland wurde in Athen im Jahre 1837 die Universität gegründet, zu der nach dem Vorbild der in Fakultäten gegliederten deutschen Hochschulen auch eine theologische Fakultät gehört. Bereits vier Jahre vorher, 1833, war in einem einseitigen Akt die „Autokephale Orthodoxe Kirche des Königreiches Griechenland" ausgerufen worden. Die Autokephalie wurde vom Ökumenischen Patriarchat am 29. Juni 1850 feierlich durch einen synodalen Tomos „nicht anerkannt, sondern proklamiert".[1]

Die Griechische Orthodoxe Kirche hatte den Status einer Staatskirche. Zunächst war der König zum Verwalter der äußeren kirchlichen Angelegenheiten erklärt worden. Eine von der Regierung berufene Bischofssynode unter dem Vorsitz eines Prokurators regelte die innerkirchlichen Angelegenheiten. So stand die Kirche in starker Abhängigkeit vom Staat. Erst die Verfassung von 1923 gab der Kirche größere Freiheiten. Die Griechische Kirche wird geleitet von der heiligen Synode, an deren Spitze der Erzbischof von Athen und ganz Griechenland steht. Bis in die Gegenwart bestehen enge Verbindungen zwischen Kirche und Staat, was – je nach Regierung – zu mancherlei Auseinandersetzungen und Konflikten geführt hat. In der demokratischen Staatsverfassung Griechenlands von 1975 war festgeschrieben worden, daß die „vorherrschende" Religion in Griechenland die der Östlichen Orthodoxen Kirche von Christus ist (Art. 3). Im selben Artikel werden die Kanonische Ordnung und die Organisationsform der Kirche von Griechenland genannt.

Zwar wird die Religionsfreiheit für alle bekannten Religionen festgeschrieben (Art. 13), im selben Artikel jedoch der Proselytismus verboten. Erst 1982 wurde die Möglichkeit einer Ziviltrauung in Alternative zur vorher allein gültigen kirchlichen Trauung eingeführt. Mitte der 90er Jahre klagten einige Metropoliten, die während der Militärdiktatur eingesetzt worden waren und nach 1974 ihre Metropolitansitze wegen zu großer Nähe zum Regime verloren hatten, auf Wiedereinsetzung in ihre Ämter. Dies wurde vom Verfassungsgericht der Republik Griechenland abgelehnt. Formale Begrün-

---

[1] Konidaris, Gerasimos I.: Kirchengeschichte Griechenlands, Band 2, 2. Auflage, Athen 1970, (griechisch) 245.

dung: Die Ernennungsurkunden waren nicht, wie vorgeschrieben, vom Staatsoberhaupt, sondern lediglich vom Minister für Erziehung und Religion unterzeichnet gewesen und deshalb formal nicht gültig. Am 28. April 1998 wurde Metropolit Christodoulos (Volos) durch die Synode der 77 Metropoliten der Kirche von Griechenland zum neuen Oberhaupt der autokephalen Kirche gewählt.

Eine Besonderheit der griechischen Kirche besteht darin, daß ihrer Jurisdiktion nicht alle auf griechischem Staatsgebiet befindlichen Diözesen unterstehen. Dabei handelt es sich vor allem um jene Diözesen, die bei der Erklärung der Autokephalie im Jahr 1850 noch nicht befreit waren und somit nicht dem griechischen Staatsgebiet angehörten. Sie unterstehen auch heute weiterhin dem Ökumenischen Patriarchat (z. B. Kreta, Dodekanes, Nordgriechenland, Mönchsrepublik Athos). Gleichwohl gehören die Metropoliten der nordgriechischen Diözesen der Bischofssynode in Athen an. Die Griechische Orthodoxe Kirche hat heute 80 Diözesen mit 88 Bischöfen, über 8 000 Priestern und etwa neuneinhalb Millionen Gläubigen.

Klaus Schwarz

10.14. Die Polnische Orthodoxe Kirche

Die polnische Geschichte setzt mit der Stabilisierung westslawischer Stämme im 9. und 10. Jahrhundert im heutigen Großpolen ein. Christliche Einflüsse mögen auch aus dem großmährischen Raum, wo Kyrill und Method gewirkt hatten, und aus der südöstlichen Nachbarschaft eingeflossen sein; – durch die Heirat des Piastenfürsten Mieszko 1. mit der böhmischen Prinzessin Dumbravka im Jahre 966 wandte sich die christliche Entwicklung Polens in Richtung auf den kirchlichen Westen, auf Rom. Bei einem Besuch Kaiser Ottos III. in Gnesen versprach dieser im Jahre 1000 dem Sohne des Mieszko, Boleslav Chrobry, der 1024 König wurde, die Bildung einer eigenen Kirchenprovinz zuzulassen.

Nach der Vereinigung von Polen und Litauen durch die Fürstenhochzeit von Hedwig (Jadwiga) und Jagello (später Wladislaw 11.) in Krakau 1386 umfaßte das immer mehr nach Osten ausgreifende Jagellonenreich eine wachsende Zahl von orthodoxen Christen als seine Untertanen. Die von Jesuiten forcierte, von den Orthodoxen stets abgelehnte Union von Brest 1595 – 1596 unterstellte den Großteil der im polnischen Machtbereich lebenden Orthodoxen dem Papst. In der Zeit der polnischen Teilungen wurde in den an das Zarenreich gelangenden Gebieten die Brester Union wieder rückgängig gemacht.

Nach dem Ersten Weltkrieg befanden sich im neuerstandenen Polen 3,5 Millionen orthodoxe Ukrainer und 500 000 orthodoxe Russen. Patriarch Tychon (Belavin) von Moskau und ganz Rußland gewährte zunächst den in Polen lebenden Orthodoxen nicht die Autokephalle. Diese wurde der polnischen Orthodoxie erst am 13.11. 1924 durch das Ökumenische Patriarchat Konstantinopel zuerkannt.

Die Zeiten zwischen den beiden Weltkriegen waren für die Orthodoxen in Polen nicht einfach. Besonders in den dreißiger Jahren wurden zahlreiche orthodoxe Kirchen zerstört oder von der katholischen Kirche in Besitz genommen. Ein großer Teil der Gebiete mit orthodoxer Bevölkerung gelangte durch die Grenzverschiebungen zwischen Polen und der UdSSR 1945 an die Sowjetunion. Das ökumenische Klima in Polen ist noch immer durch das absolute Übergewicht der katholischen Kirche geprägt.

Im Jahre 1948 hat die Russische Orthodoxe Kirche die Autokephalie der Polnischen Orthodoxen Kirche anerkannt. Die Zahl der Orthodoxen in Polen liegt heute bei 850 000 Gläubigen. Die Polnische Orthodoxe Kirche ist Mitglied des ÖRK und der KEK. Sie gehört dem Polnischen Ökumenischen Rat an. Der Heilige Synod, dem ein Metropolitanrat zugeordnet ist, wird von Seiner Seligkeit, dem Metropoliten von Warschau und ganz Polen, geleitet.

Die Polnische Orthodoxe Kirche gliedert sich in fünf Diözesen in Warschau, Lublin, Bialystock und Gdansk, Lodz und Poznan, Wroclaw und Szczecin. Sie hat eine Ausbildungsstätte für Priester in Warschau mit 70 Seminaristen, ferner je ein Männer- und ein Frauenkloster und einen Verlag. 35 Studenten studieren an der christlichen Akademie in Warschau. Rund 400 Priester betreuen ca. 250 Gemeinden mit 350 Kirchen.

Eugen Hämmerle

10.15. Die Orthodoxe Autokephale Kirche von Albanien

Das romanisierte Küstengebiet Albaniens war im 4. bis 5. Jahrhundert von Süddalmatien aus missioniert worden, langsam drang die Christianisierung weiter ins gebirgige Hinterland vor. Scodra (Skutari) wurde zur Metropole einer organisierten Kirche mit mehreren Bistümern. Die slawische Landnahme im 6. Jahrhundert brachte das Ende dieser Entwicklung; die Gebirgsbewohner fielen, teilweise bis ins 11. Jahrhundert, ins Heidentum zurück. Durch Berührung mit Bulgaren und Serben im 12. Jahrhundert und durch die Wanderbewegung albanischer Siedler in den Bereich griechischen Volkstumbodens kamen die Albaner mit der orthodoxen Kirche in Berührung, während sie im albanischen Mutterland mit der Kirche des Westens, die von den Nordregionen her wirkte, zusammentrafen. Der ständige Einfluß aus dem Bereich benachbarter venezianischer Besitzungen führte dazu, daß das nördliche und mittlere Albanien im späten Mittelalter überwiegend katholisch war. Die Zentren waren Antivari (Bar) und Dyrrachium (Durazzo).

Nachdem die Türken 1389 Serbien überrannt hatten, geriet Albanien unter osmanische Gewalt, wenngleich der albanische Nationalheld Georg Kastriota, bekannt unter dem Namen Skanderbeg, den Widerstand noch zwischen 1443 und 1467 (gest. 1468) erfolgreich leiten konnte. 1521 wurde Albanien endgültig in das Osmanische Reich eingegliedert. Skanderbeg, von Papst Pius II. und Paul II. sowie von König Alfons von Neapel unterstützt, rief seine Anhänger zum Übertritt zur Kirche von Rom auf.

In der Osmanenzeit geschahen zahlreiche Übertritte zum Islam, um der den Christen auferlegten Kopfsteuer zu entgehen. Zu Ende der osmanischen Herrschaft 1912 gehörten zwei Drittel der albanischen Bevölkerung zum Islam.

Nach der Unabhängigkeitserklärung des Landes Albanien 1914 wurde auch die kirchliche Autokephalie angestrebt, die 1937 vom Ökumenischen Patriarchat verliehen wurde. Albanisch wurde Liturgiesprache. Das zahlenmäßige Verhältnis der Religionen zueinander war damals: Orthodoxe 20 %, Muslime 70 %, Katholiken 10 %.

Zwei religiöse Sonderformen bildeten sich auf diesem Hintergrund heraus: Einmal die Gruppierung der Kryptochristen, die bei äußerlicher Annahme des Islam christliche Bräuche insgeheim fortsetzten. Zum anderen entstanden die Bektaschiten, die als christenfreundlicher Derwischorden sich weithin im Land ausbreiteten und christliche wie moslemische Festtage gemeinsam feierten. In diesen Synkretismus flossen auch Elemente alten Aberglaubens ein.

Eine konfessionelle Statistik aus dem Jahre 1942 beschreibt die damaligen religiösen Verhältnisse im Lande folgendermaßen: Muslime (Sunniten) ca. 500000, Bektaschiten ca. 200000, Katholiken 116259, Orthodoxe 232320.

Die Errichtung der kommunistischen Herrschaft 1944/45 unter Enver Hoxha führte schrittweise zur Verdrängung der Religion aus dem öffentlichen Leben und zur Erklärung Albaniens zum ersten atheistischen Staat der Welt (1967), wobei Kirchen und kirchliche Einrichtungen zerstört oder zweckentfremdet wurden. Seit 1967 war ein öffentlich erkennbares Leben der Kirche in Albanien nicht mehr möglich. Die Verfassung von 1976 stellte fest, daß Albanien keine Religion anerkenne und die atheistische Propaganda zum Zwecke der Einpflanzung der wissenschaftlichen, materialistischen Weltanschauung unterstütze. Gleichzeitig wurde eine Verordnung in Kraft gesetzt, wonach vom politischen, ideologischen und moralischen Standpunkt aus unpassende Namen, darunter die christlichen, beseitigt werden sollten. Während des „Kalten Krieges" konnte das kleine unterentwickelte Land mit der kleinsten regierenden kommunistischen Partei in ideologischen und parteitaktischen Fragen eine überproportionale Bedeutung erlangen. Albanien brauchte dazu Protektoren, die allerdings geographisch in immer weitere Fernen rückten, von Belgrad nach Moskau und dann nach Peking. Albanien geriet so in eine schwierige Isolation. Heute sieht sich das Land auf einem Weg politischer und wirtschaftlicher Annäherung an die Europäische Union.

Das Ende der kommunistischen Ära hinterließ Orientierungslosigkeit. Heute strömen verschiedene Einflüsse ins Land. Zur Zeit wirken etwa 400 christliche Missionare in Albanien. Sekten und Sondergemeinschaften aller Richtungen versuchen Fuß zu fassen. Die Orthodoxe Autokephale Kirche von Albanien wird von einem Erzbischof mit Sitz in Tirana geleitet und hat beauftragte Diözesanvertreter in Berat, Argyrokastro (Gjirokaster) und Korytsa (Korce). Die Konsolidierung der Kirche vollzieht sich in dem verarmten Land sehr langsam. Zahlenangaben liegen nicht vor. Geschätzt wurde 1992 bei einer Bevölkerungszahl von rd. 3,4 Millionen: Muslime 65 %, Orthodoxe 20 %, Katholiken 13 %, Sonstige 2 %.

In den USA leben etwa 15 000 albanische orthodoxe Gläubige, die zum Teil zum Ökumenischen Patriarchat gehören; ein anderer Teil schloß sich der Orthodoxen Kirche in Amerika an.

Im 15. und 16. Jahrhundert waren Albaner auf der Flucht vor den Türken nach Italien gelangt. Ein Teil von ihnen nahm im 17. Jahrhundert den lateinischen Ritus an. Heute gibt es etwa 250 000 zweisprachige Italoalbaner in Süditalien und Sizilien. Sie haben als Unierte den eigenen Ritus beibehalten und sind in zwei Diözesen gegliedert.

Eugen Hämmerle

10.16. Die Orthodoxe Kirche in den Tschechischen Ländern und in der Slowakei

Die erste umfassende Missionsbemühung im Lande ist verbunden mit dem Namen der Gebrüder Kyrill und Methodius, die 863 ins Großmährische Reich gekommen waren. Die von ihnen geleistete altslawische Bibelübersetzung diente der späteren Bibelübersetzung ins Tschechische als Grundlage. Bereits um 885 waren Schüler der Slawenapostel gezwungen, in südslawische Länder auszuwandern; der katholische Einfluß nahm zu. Dennoch ist im böhmisch-mährischen Raum über Jahrhunderte hinweg die Erinnerung daran wachgeblieben, daß es einmal eine andere Gestalt des Christenglaubens im Lande gegeben hat als die inzwischen vertraute. In der zweiten Hälfte des 11. Jahrhunderts wurde auf Betreiben des orthodoxen Mönchs Prokopius (1033-1096) in der Nähe von Prag ein Kloster errichtet. Aus Kiew hatte man hierfür Reliquien der Heiligen Märtyrer Boris und Gleb überbracht. Die Hussitische Reformbewegung erwog die Möglichkeit eines Anschlusses an das Ökumenische Patriarchat. Lange nach dem Feuertod des Jan Hus, der 1415 in Konstanz geschehen war, verhandelte 1451, kurz vor der Eroberung Konstantinopels, eine Abordnung aus Böhmen um ihre Annahme. Die Gespräche fanden keinen Abschluß.

In Böhmen und Mähren hatte sich im 19. Jahrhundert im Zusammenhang mit der Ausbreitung der politischen Ideologie des Panslawismus eine gewisse Geneigtheit zur Orthodoxie ergeben. Im Jahr 1848 fand in Prag der Slawische Kongreß statt. Einige tschechische Politiker traten, auch unter dem Einfluß panslawistischer Ideen, zur Orthodoxie über und erhielten die St. Nikolaus-Kirche am Altstädter Ring in Prag für ihre Gottesdienste. Gläubige Zuwanderer aus der Ukraine, aus der Slowakei und aus Ungarn ergänzten diese orthodoxe Gemeinde, die 1883 der Diözese Czernowitz (heute Cernovzy in der Ukraine) angeschlossen wurde.[1] Auf einem Kongreß von Vertretern des Neoslawismus in Prag 1908 kamen die widersprüchlichen Interessen der einzelnen slawischen Gruppen zutage.

Nach der Gründung der Tschechoslowakischen Republik am Ende des Ersten Weltkrieges – die Verfassung der Tschechoslowakischen Republik wurde am 29.2.1920 von der Nationalversammlung beschlossen – trafen in einer vielfältigen Nationalitätenstruktur des neuen Staates auch die verschiedenen religiösen Traditionen neu aufeinander. In der Slowakei gab es neben Orthodoxen eine größere Zahl von Unierten.[2]

In der Tschechoslowakischen Republik waren bald durch die Gründung einer weiteren orthodoxen Kirche unter Leitung von Bischof Sawwati (Vrabec), Bischof seit 1923, verstorben in Prag 1959, zwei autonome Kirchen mit je eigener Hierarchie vorhanden. Die von Bischof Sawwati geleitete Kirche war dem Ökumenischen Patriarchen in Konstantinopel (Istanbul) unterstellt. Die andere orthodoxe Kirche mit Bischof Gorazd (Pavlik) an der Spitze war der Serbischen Orthodoxen Kirche zugeordnet. Bischof Gorazd, von 1921-1942 im Amt, hatte seine Bischofsweihe vom serbischen Patriarchen empfangen. Bei dem Bemühen um die Entstehung und geistliche Grundlegung einer tschechischen Nationalkirche (Hussitenkirche) um 1920 waren zeitweilig auch orthodoxe Vorstellungen wirksam. Bischof Gorazd (Pavlik) erlitt 1942 das Martyrium, nachdem in seiner Bischofskirche, der Kyrill und Method-Kathedrale in Prag, die Attentäter aufgefunden wurden, die den Reichsprotektor Reinhard Heydrich ermordet hatten.

---

[1] Bryner, Erich: Die Ostkirchen vom 18. bis zum 20. Jahrhundert, Leipzig 1997, 111.
[2] Beeson, Trevor: Discretion and Valour, 3. Aufl. Glasgow 1975.

Der Bischof wurde hingerichtet. Die ihm unterstehende Kirche wurde aufgelöst und verboten.

Nach dem Zweiten Weltkrieg wurde die Tschechoslowakische Orthodoxe Kirche in ein Exarchat des Moskauer Patriarchats umgewandelt. Nach Rücksiedlung von orthodoxen Tschechen aus Wolhynien (nördliche Ukraine) kam es zur Gründung einer orthodoxen Diözese Olomouc (Olmütz). Im Jahre 1951 wurde die Tschechoslowakische Orthodoxe Kirche vom Moskauer Patriarchat in die Autokephalie entlassen.

In der Slowakei wurden 1950 die Unierten in die Orthodoxe Kirche der Tschechoslowakei überführt. In Presov war darum eine Versammlung von Laien und Priestern veranstaltet worden, die entsprechend beschloß. Inzwischen hat sich nach dem Umbruch von 1989 die überwiegende Mehrzahl der so in die orthodoxe Kirche übernommenen Gläubigen wieder in unierten Gemeinden und Strukturen gesammelt. Das kirchliche Eigentum, das die Unierten 1952 den Orthodoxen überlassen mußten, wurde nach 1989 wieder zurückgegeben.

Die orthodoxe Kirche in den tschechischen Ländern und in der Slowakei hat eine theologische Fakultät in Presov.

Nach der Trennung des Staates in eine tschechische und eine slowakische Republik 1993 hat sich auch die orthodoxe Kirche in zwei entsprechende Teile gegliedert. Diese sind durch ein gemeinsames Oberhaupt verbunden. Metropolit Dorofej (Dimitry Filip) hat seinen Sitz in Prag. Als Erzbischof von Prag und Metropolit aller tschechischen Länder und der Slowakei leitet er die Orthodoxie in den beiden Republiken. In Tschechien bestehen die beiden Eparchien Prag und Olomouc (Olmütz), in der Slowakei die Eparchien Presov und Michalovce.[3]

Zusammengenommen liegt die Zahl der orthodoxen Gläubigen in beiden Republiken heute etwas über 50000. Gottesdienste werden nach Bedarf und Gemeindeordnung in kirchenslawisch, in der Landessprache und auf Ukrainisch gehalten.

Die orthodoxe Kirche in den tschechischen Ländern und in der Slowakei ist Mitglied des ÖRK und der KEK.

Eugen Hämmerle

---

[3] Wyrwoll aaO., 52 und 221.

10.17. Die Finnische Orthodoxe Kirche

Das Evangelium erreichte Finnland auf zwei Wegen. Einmal kam es aus dem Westen über Schweden und gelangte endgültig durch den Kreuzzug Eriks des Heiligen 1155 nach Finnland. 1284 wurde Finnland schwedisches Herzogtum. Zum andern gelangte christlicher Glaube in östlicher Gestalt über Nowgorod und über ein allmählich sich ausbreitendes, weitmaschiges Netz orthodoxer Mission im 16. Jahrhundert bis hinauf nach Petsamo ans Eismeer. Orthodoxes Christentum bewahrte sich nach Einführung der Reformation in Finnland weiter in den finnisch besiedelten Gebieten Kareliens und um den Ladogasee. Auf Inseln des Ladogasees entstanden dort früh bis ins 20. Jahrhundert fortwirkende Klöster. Der Friede von Hamina 1809 brachte Finnland als „Großfürstentum Finnland" unter russische Oberhoheit. Die Staatwerdung eines selbstständigen Finnland begann noch im Ersten Weltkrieg. Sie wurde möglich nach dem Friedensvertrag, den Vertreter der Sowjetmacht am 3. März 1918 in Brest-Litowsk unterzeichnet hatten und der dem Krieg mit den Mittelmächten ein Ende setzen sollte. Im Zusammenhang mit dem Prozeß der Herauslösung Finnlands aus dem Machtbereich des russischen Reiches kam es auch zu einer Neuorientierung des 1892 gegründeten orthodoxen Bistums – danach so genannt – von Finnland und Wyborg. Dieses Bistum trennte sich nun vom Moskauer Patriarchat und unterstellte sich dem Ökumenischen Patriarchen von Konstantinopel. Vom Ökumenischen Patriarchat empfing die finnische Kirche so im Jahre 1923 die Autonomie. Im Jahre 1957 bestätigte das Moskauer Patriarchat diesen Status der Sebstverwaltung der finnischen Kirche. Das angekündigte Panorthodoxe Konzil soll sich auch mit der Frage der Verleihung der Autokephalie an diese Kirche befassen.

Hatten die orthodoxen Finnen in der Zeit zwischen den Kriegen sich gegen den Vorwurf zu wehren, „russische" Kirche zu sein, während doch die echte Landesreligion das Luthertum sei, so wurde ihre Lage durch den Winterkrieg 1940 noch schwieriger. Schätzungsweise 70 % der finnischstämmigen Orthodoxen verließen das Gebiet, das nach 1945 endgültig an die UdSSR fiel. Zunächst ging die finnisch-orthodoxe Bevölkerung in Finnland zurück, allein in den Jahren 1958-1961 um etwa 5000. Inzwischen gibt es Anzeichen für Stabilisierung und geistlichen Neuanfang.

Der finnische Staat hat seit 1949 die orthodoxe Kirche in gleicher Weise wie die lutherische Kirche als Staatskirche anerkannt. Zwischen 1950 und 1960 wurden 13 Kirchen, 42 Kapellen und 14 Pfarrhäuser auf Staatskosten gebaut sowie 19 Friedhöfe errichtet. Der Staat hat die Bezahlung der Bischöfe, den Unterhalt des Priesterseminars und des theologischen Lehrstuhls an der Universität Helsinki übernommen. Die Gemeinden haben die Mittel für den Unterhalt der Priester und Chorleiter bereitzustellen sowie für die übrigen anfallenden Kosten der Gemeindearbeit aufzukommen. Heute erfolgt die Ausbildung von Priestern, Kantoren und Religionslehrern im Institut für Orthodoxe Theologie der Universität Joensuu. Beim Kloster (Neu) Valamo ist eine Volkshochschule der orthodoxen Kirche eingerichtet.

Der Sitz des Erzbischofs von Karelien und ganz Finnland ist Kuopio. Für Leitungsaufgaben steht dem Erzbischof neben der Bischofskonferenz eine Generalversammlung zur Seite, die aus 17 Geistlichen und 17 Laien besteht.[1] Seit 1982 ist Erzbischof Johannes (Rinne) in diesem Amt. Neben den Bistümern Helsinki und Joensuu besteht der erst 1979 gegründete Bischofssitz Oulu.

Im Männerkloster (Neu) Valamo werden seit einiger Zeit die Gottesdienste in finnischer Sprache gefeiert; inzwischen hat sich in vielen Gemeinden das Finnische als Liturgiesprache durchgesetzt. In einigen Gemeinden mit starkem Anteil an russischen Gemeindegliedern sowie im Frauenkloster Koneoitsa ist Kirchenslawisch auch weiterhin die Liturgiesprache.

In 42 Kirchen und 74 Kapellen dienen etwa 50 Priester. Die Finnische Orthodoxe Kirche zählt rund 60000 Gläubige. In Finnland hat das Zusammentreffen von lutherischer und orthodoxer Tradition zu einer besonders intensiven gegenseitigen Wahrnehmung und Kenntnisnahme geführt. Die Finnische Orthodoxe Kirche ist Mitglied des ÖRK und der KEK.

---

[1] Bryner, a.a.O., 113.

In der Ökumene wurde Erzbischof Paul (Olmari) – 1987 zurückgetreten – als besonnener, praxiserfahrener Reformer bekannt; seine Vorschläge gelten innerorthodox als Ausdruck eines klaren Sinns für das pastoral Mögliche.

Einige in Finnland eingeführte „Neuerungen"

1) Die meisten der bisher leise gesprochenen „Stillgebete", z.B. auch die Anaphora, werden jetzt laut gesprochen. Dadurch wird Gang und Sinn der Liturgie verständlicher.

2) Das „Volk" wird dazu erzogen, beim mehrstimmigen Gesang des Chores mitzusingen.

3) Die Liturgie wird von Anfang bis Ende bei geöffneter Königstür gefeiert.

4) Die Gemeinde wird zu häufigerem Empfang der Heiligen Kommunion aufgerufen. Ein übertriebenes Gefühl der Unwürdigkeit und die Schwierigkeit des Beichtens sollen nicht länger als Barrieren einen häufigeren Sakramentsempfang behindern.

5) Auch am Samstag kann gebeichtet werden. So kann Beichte und Kommunionsempfang zeitlich etwas auseinandertreten. Dadurch wird die Teilnahme am Altarsakrament erleichtert.

6) Die Abhaltung von Bußfeiern dürfte anstelle der Einzelbeichte gleichfalls den Zugang zum Altarsakrament erleichtern.

7) Alle Feste, auch Ostern, werden nach westlichem Kalender begangen. Damit wird im christlich geprägten Finnland ein Auseinandertreten der Festtermine unter den beiden Haupttraditionen im Lande vermieden.

Die Finnische Orthodoxe Kirche unterhält in Joensuu ein Institut für Orthodoxe Theologie und eine Volkshochschule für Erwachsenenbildung am Kloster Valamo.

Eugen Hämmerle

10.18. Das Erzbistum Sinai

Das Erzbistum Sinai umfaßt das Autonome Heilige Sinai-kloster mit etwa 30 Mönchen und die Bewohner des Met-ochions (Filiale) in Kairo unter Erzbischof Damianos (Samartsis). Ferner werden verstreute Christen aus der Umgebung dazugezählt. Einer Rivalität zwischen den Patriarchaten Alexandria und Jerusalem verdankte dieses Erzbistum die Autokephalie, die ihm 1585 auf der Synode in Konstantinopel zugesprochen wurde. Dieser Beschluß kam jedoch nicht zu gesamtorthodoxer Anerkennung. Heute wird daher auch vorgeschlagen, den Status des Erzbistums als „Ehrenautonomie" zu bezeichnen.

Die Anfänge des Klosters gehen bis in die Mitte des 6. Jahrhunderts zurück. In seinen Mauern birgt es mehr als 3000 kostbare Handschriften sowie Ikonen aus ältester Zeit. Einige dieser Ikonen stammen noch aus der Zeit vor dem Bilderstreit. Das Kloster erlangte im 19. Jahrhundert Berühmtheit durch die Forschungen des Leipziger Neutestamentlers Konstantin von Tischendorf (1815-1874), der dort zwischen 1844 und 1859 den sogenannten Codex Sinaiticus entdeckte. Dieser stammt aus dem 4. Jahrhundert. Er enthält unter anderem den Text des ganzen Neuen Testaments. Die Arbeiten Tischendorfs wurden grundlegend für die Erforschung des Textes des Neuen Testaments. Der Codex kam als Geschenk an den Zaren nach Rußland und befindet sich seit 1933 größtenteils im Britischen Museum.

Das Sinaikloster bemüht sich, seine Schätze zu sichten und zu sichern und sie für die Wissenschaft zugänglich zu machen.

Eugen Hämmerle

10.19. Orthodoxe Kirchen in den USA

Der orthodoxe Glaube betrat Nordamerika, nachdem Alaska 1741 von Russen entdeckt und 1794 von orthodoxen Mönchen aus St. Petersburg erreicht worden war. Unter den Aleuten entfalteten sie, unter ihnen der Märtyrer Juvenaly und der Hl. Herman, eine reiche Missionstätigkeit. Der Hl. Innocent, der 1840 zum Bischof eingesetzt wurde, hatte die Got-

Der hl. Tichon als „Enlighter of North America"

tesdienstordnung und das Matthäusevangelium in die Muttersprache seiner Gemeindeglieder übertragen. Die bekannteste Persönlichkeit unter den Gründervätern der amerikanischen Orthodoxie war Vasilij Bellavin aus der Provinz Pskov, der bei seiner Mönchsweihe 1891 den Namen Tichon annahm. Er wurde 1889 Bischof der Diözese von Nordamerika, deren Sitz nach San Francisco verlegt worden war. Tichon, der 1907 nach Rußland zurückgerufen wurde und 1917 auf dem Höhepunkt der Bolschewistischen Revolution zum ersten russischen Patriarchen der neueren Zeit gewählt wurde, gilt als Vordenker der Autokephalie der amerikanischen Orthodoxie.

Griechisch-orthodoxe Christen siedelten seit 1767 in Florida. Es kam 1864 zur Errichtung der ersten griechisch-orthodoxen Kirche und 1919 zur Gründung einer eigenen Erzdiözese von Nord- und Südamerika. Unter den Erzbischöfen dieser Diözese war auch Metropolit Athenagoras, der 1948 zum Ökumenischen Patriarchen erhoben wurde. Emigranten verschiedener orthodoxer Nationalkirchen gründeten ihre Gemeinden um die Jahrhundertwende Die Geschichte der albanischen Gemeinden begann 1908, der bulgarischen zwischen 1900 und 1902, der serbischen seit 1898. Ukrainische Gemeinden bildeten sich vor dem Ersten Weltkrieg. Dabei ist es von Bedeutung, daß in der Gründungszeit in Nordamerika in den osteuropäischen Mutterländern nationale Bewegungen aufblühten, bald danach aber durch das kommunistische System ausgeschaltet werden sollten. So kam es dazu, daß in Nordamerika sich Gemeinden zu Exilkirchen zusammenschlossen, die sich teilweise für autokephal erklärten. Neben den Exilkirchen wurden aber auch von den Patriarchaten aus dem kommunistischen Osteuropa eigene Strukturen errichtet, so daß es zu einem unübersichtlichen Dickicht von Jurisdiktionen kam und bis heute mehrere national geprägte Kirchen nebeneinander bestehen.

Auch die orientalischen orthodoxen Christen konnten eigene Kirchen in Nordamerika gründen, die Armenier 1898 eine Diözese. Syrische Christen leben seit 1920 in Nordamerika. Die erste Äthiopische Kirche wurde 1959 in New York errichtet. Koptische Christen emigrierten nach dem Zweiten Weltkrieg in die USA und gründeten 1965 eine Diözese. Die am stärksten wachsende Kirche ist die syro-indische, malankarisch-orthodoxe Kirche.

224

Die „Orthodox Church in America" (OCA) bildete sich 1924 nach einem konziliaren Treffen mehrerer Bischöfe in Detroit. Sie griff auf die Vorstellungen Tichons zurück und suchte eine bewußte Öffnung der Orthodoxie zur amerikanischen Kultur und führte die amerikanische Muttersprache in ihren Gottesdiensten ein. Sie ist heute neben der griechisch-orthodoxen Kirche die zweitgrößte Körperschaft und besteht aus russischen, weißrussischen, karpatho-russischen, ukrainischen, galizischen, rumänischen, bulgarischen und albanischen Bistümern. Der OCA wurde die Autokephalie 1970 einseitig von Moskau zugesprochen.

Die Vision einer geeinten orthodoxen Kirche Amerikas mit eigener Bischofssynode und einem eigenen Oberhaupt verfolgt seit 1960 die „Standing Conference of Canonical Orthodox Bishops in the Americas" (SCOBA), die verschiedene gemeinsame Aufgaben koordiniert. Neben den kanonischen Kirchen besteht weiterhin eine große Zahl anderer orthodoxer Kirchen, unter ihnen die Russische Orthodoxe Kirche im Ausland, die 1994 die Kanonisierung des heiligmäßigen Erzbischofs Johannes von San Francisco feierte. Neben anderen Exilkirchen bestehen auch Gemeinden der Altkalendarier, der Altgläubigen und der Erneuerer in eigenen Körperschaften.

Bemerkenswert ist, daß seit den sechziger Jahren eine Konversionsbewegung zur Orthodoxie aus evangelikalen, lutherischen, baptistischen, pfingstlerischen und unabhängigen Gemeinden entstanden ist. Sie begann mit dem Bemühen einer evangelikalen Missionsbewegung an den Universitäten, die u.a. von Peter E. Gillquist geleitet wurde. Diese hatte großen Erfolg, konnte aber den Bekehrten keine kirchliche Heimat bieten und machte sich auf der Suche nach der Kirche, die mit Recht den Anspruch erheben könne, die Kirche der Bibel zu sein. Sie gründeten die „Evangelikal-orthodoxe Kirche", deren siebzehn Gemeinden 1987 als „Antiochian Evangelical Orthodox Mission" in die Antiochenische Orthodoxe Kirche aufgenommen wurde, seitdem einen weiteren Zuwachs von Priestern und Gemeinden verzeichnete, aber ihre Strukturen änderte. Die Herausgabe der 1993 erschienenen „Orthodox Study Bible" ist nicht ohne den Hintergrund dieser Bewegung verstehbar.

Eine weitere Gruppe von konvertierten Priestern und Gemeinden sammelte sich im „Western-Rite Vicariate" der Antiochenischen Orthodoxen Kirche. Diese Gemeinden feiern ihre Gottesdienste in westlichen Liturgietraditionen, die für die Orthodoxie bearbeitet wurden. Die „Gregorianische Liturgie" ist eine Adaption der tridentinisch-katholischen Liturgie von 1570. Der „St. Tichon-Ritus" geht vom 1892 für die Episcopal Church herausgegebenen „Book of Common Prayer" aus. Einige orthodoxe Gemeinden feiern in Nordamerika ihren Gottesdienst auch nach der Ordnung der „Liturgie des Hl. German von Paris", einer altkirchlichen, im Westen verwurzelten sog. gallikanischen liturgischen Tradition. Es wird geschätzt, daß sich gegenwärtig etwa sechs Millionen Gläubige in Nordamerika zum orthodoxen Glauben bekennen. Die Gemeinden bieten ein vielfältiges Bild nationaler, liturgischer und kanonischer Identitäten. Die Bewegung „Orthodox People Together" (OPT) versucht, ein Netzwerk unter allen Kirchen und Gemeinden zu bauen.

Reinhard Thöle

10.20. Das Problem der
unkanonischen orthodoxen Kirchen

Die Gemeinschaft der kanonischen orthodoxen Kirchen besteht aus den dreizehn autokephalen (mit eigenständig gewähltem Oberhaupt) Kirchen von Konstantinopel, Alexandrien, Antiochien, Jerusalem, Rußland, Serbien, Rumänien, Bulgarien, Georgien, Zypern, Griechenland, Polen, Albanien und den zwei autonomen (selbständigen) Kirchen der Tschechoslowakei und Finnlands. Hinzu kommen Tochterkirchen, die halbautonom oder als Teil ihrer Mutterkirche mit den oben genannten Kirchen in Gemeinschaft stehen. Diese Kirchen stehen in einer gemeinsamen Lebens- und Rechtsordnung. In den Diptychen, den Gebetsordnungen zur Vorbereitung der Gaben für die Liturgie, werden die Namen der rechtgläubigen Oberhäupter kommemoriert. Diese kanonischen Kirchen können den Anspruch erheben, nach der gültigen Ordnung die rechtmäßigen und alleinigen Vertreter der Orthodoxie zu sein.

Aus verschiedenen Gründen kommt es aber immer wieder zur Bildung orthodoxer Kirchenkörperschaften, die nicht in

226

Gemeinschaft mit den kanonischen Kirchen stehen, sich aber trotzdem zur Orthodoxie zählen. Die kanonischen Kirchen bezeichnen diese Kirchen als unkanonisch, erkennen sie nicht an, sind aber bemüht, in Verhandlungen diese zur Kanonizität zu führen. Die kanonischen Kirchen erkennen auch eine gewisse pastorale Fürsorgepflicht ihrerseits gegenüber den Gemeindegliedern der unkanonischen Kirchen an. Meist unterscheiden sich die unkanonischen Kirchen weder in der Dogmatik noch in der Liturgie von den kanonischen Kirchen.

Unter den nichtkanonischen Kirchen kann man mehrere Gruppen unterscheiden. Es gibt die „Exilkirchen", die sich zur Zeit der kommunistischen Herrschaft in Osteuropa in den Ländern des Westens gebildet haben, wobei die kanonischen Beziehungen zu den Mutterkirchen abgebrochen wurden. Zu diesen Kirchen gehören die Russische Orthodoxe Kirche im Ausland, ukrainische, rumänische, serbische, antiochenische Exilkirchen. Im Laufe ihrer Geschichte erklärten sich bjelorussische und ukrainische Exilkirchen für autokephal. Das russische Erzbistum von Paris, auch rumänische Exilgemeinden in Westeuropa und die Ukrainische Autokephale Kirche in den USA unterstellten sich dem Ökumenischen Patriarchat, um dadurch sowohl ihre Unabhängigkeit von den Mutterkirchen wie auch einen kanonischen Status zu wahren.

Einige unkanonische orthodoxe Kirchen haben sich aufgrund von Autokephaliebewegungen gebildet. Komplizierte und langwierige Autokephalieprozesse hat es im Laufe der Geschichte orthodoxer Kirchen mehrfach gegeben. National geprägte Bistümer wollten nicht mehr in Abhängigkeit von den Mutterkirchen anderer Nationalität sein. Gegenwärtig gehören dazu die Mazedonische Orthodoxe Kirche, die 1967 in Ochrid ihre Autokephalie proklamierte. Auf dem Gebiet der Ukraine ist die Autokephaliebewegung in mehrere Gruppierung gespalten. Es bestehen die Ukrainische Orthodoxe Kirche (Patriarchat Kiew) unter ihrem Leiter Filaret Denisenko, die Ukrainische Autokephale Orthodoxe Kirche unter ihrem Leiter Dymytrij Jarema und eine Gruppe von Bistümern, die sich nach dem von Jarema 1996 angekündigten, aber nicht vollzogenen Rücktritt gebildet hat. In Bulgarien bildete sich nach der politischen Wende in Zusammenhang mit unübersichtlichen innenpolitischen Auseinandersetzungen neben dem kanonischen Patriarchat des Patriarchen Maxim ein Gegenpatriarchat unter Pimen Nedelcev Enev.

Traditionell als „orthodox" bezeichnen sich auch die Gemeinden der „Altgläubigen", die sich durch eine Kirchenspaltung im Rußland des 17. Jahrhunderts gebildet haben und die die Mehrzahl ihrer Gemeinden in Rußland, Rumänien und in den USA verzeichnen. Die „Altkalendarier" bildeten sich in Griechenland 1924 nach der Einführung des neuen Kalenders. Selbst in verschiedene Jurisdiktionen gespalten, zeichnen sie sich durch einen antiökumenischen Kurs aus. Wenige Gemeinden erheben auch den Anspruch, zur Orthodoxen Kirche der „Erneuerer", einer 1922 in Rußland erfolgten Abspaltung liberaler Theologen, zu gehören.

In Rußland beanspruchen einzelne Bischöfe mit kleinen Gemeinden, aus verfolgten Untergrundkirchen der kommunistischen Zeit zu kommen, und bezeichnen sich als „Wahre" oder als „Freie" Orthodoxe Kirche.

Da die neue Religionsgesetzgebung in den meisten Ländern Osteuropas im Rahmen der Religionsfreiheit die Registrierung vielfältiger Kirchen und Gemeinschaften zuläßt, ist auch unter der Bezeichnung „orthodox" dort jetzt ein größeres Spektrum zu finden als nur die kanonischen orthodoxen Kirchen.

Reinhard Thöle

11.0. ORTHODOXIE
IN ÖKUMENISCHER VERANTWORTUNG

11.1. Das Heilige und Große Konzil der
Orthodoxen Kirche

Geschichte – Verlauf – Beschlüsse – Perspektiven

Vorgeschichte

Das 20. Jahrhundert ist nicht nur das Jahrhundert der ökumenischen Bewegung, sondern auch das Jahrhundert der Wie-
derentdeckung und Pflege des synodalen Bewußtseins und der
orthodoxen Einheit unter den seit der klassischen Konzilszeit
im 1. Jahrtausend mehr oder weniger voneinander getrennt lebenden orthodoxen autokephalen Kirchen. Eine panorthodoxe Bewegung läuft parallel zur ökumenischen Bewegung:
Die Enzyklika des Ökumenischen Patriarchats von 1902[1] an
die orthodoxen autokephalen Kirchen und die auch für die
ökumenischen Beziehungen der orthodoxen Kirchen berühmt
gewordene Enzyklika desselben von 1920 „An alle Kirchen…"[2] stellen den Beginn des „panorthodoxen synodalen
Prozesses" in unserem Jahrhundert dar. Die Mitwirkung der
orthodoxen Kirchen an der ökumenischen Bewegung erwies
sich für diesen Prozeß als sehr hilfreich und hat ihn entsprechend beschleunigt. So kam es bereits 1923 in Konstantinopel
und 1930 auf dem Heiligen Berg Athos zu zwei panortho-
xen Treffen (Konsultationen). Ging es 1923 vor allem um die

---

[1] Enzyklika des Ökumenischen Patriarchats von 1902, in: Constantin
Patelos, The Orthodox Church in the Ecumenical Movement. Docu-
ments and Statements, 1902-1975, World Council of Churches, Geneva
1978, 27-33.
[2] Enzyklika des Ökumenischen Patriarchats von 1920, in: Constantin
Patelos, a.a.O. S. 34-39 und Hans-Ludwig Althaus, Ökumenische Dokumente. Quellenstudie über die Einheit der Kirche, Göttingen 1962,
139-142.

Kalenderreform innerhalb der Orthodoxie, so legte das Treffen von 1930 den ersten Themenkatalog eines künftig „einzuberufenden panorthodoxen Vorkonzils" fest. Der durch den 2. Weltkrieg unterbrochene synodale Prozeß der Orthodoxie wurde nach Kriegsende wieder aufgenommen, zunächst wiederum durch die Begegnung der orthodoxen Vertreter im Rahmen der ökumenischen Bewegung, insbesondere jedoch seit den 1961 eingeführten Panorthodoxen Konferenzen, zu denen wie auch zu den früheren panorthodoxen Treffen der Ökumenische Patriarch von Konstantinopel Athenagoras gemäß der ihm zukommenden kanonischen Ordnung die anderen orthodoxen autokephalen Kirchen einlud.

Von 1961 bis 1968 fanden vier Panorthodoxe Konferenzen statt: die ersten drei (24.9.-1.10.1961, 26.-29.9.1963, 1.-15.11.1964)[3] auf der griechischen Insel Rhodos, die vierte im Orthodoxen Zentrum des Ökumenischen Patriarchats in Chambésy/Genf. Die I. Panorthodoxe Konferenz legte zunächst den Themenkatalog eines künftigen Panorthodoxen Konzils fest. Wenn auch auf dieser Konferenz u.a. auch Fragen des Verhältnisses der Orthodoxie zur ökumenischen Bewegung im Sinne der Enzyklika von 1920 behandelt wurden, so spricht doch die Konferenz in ihrer Botschaft zu Recht davon, daß die Versammlung schon an sich von großer Bedeutung ist, weil zum ersten Mal seit einer langen Periode die Orthodoxie in einer für ihre Gesamtheit so repräsentativen Konferenz in Erscheinung getreten ist.

Die II. Panorthodoxe Konferenz befaßte sich hauptsächlich mit der Frage der Entsendung von orthodoxen Beobachtern zum II. Vatikanischen Konzil und beschloß die Aufnahme des theologischen Dialogs mit der römisch-katholischen Kirche *„unter gleichen Bedingungen"*. Die Entsendung orthodoxer Beobachter zum II. Vatikanischen Konzil wurde kontrovers diskutiert. Das Patriarchat von Moskau befürwortete sie, andere orthodoxe Kirchen lehnten sie unter Hinweis auf Probleme der Vergangenheit (Proselytismus, Unierte Kirchen des

---

[3] I. Panorthodoxe Konferenz, Rhodos 1961, in: Synodica II, Chambésy/Genf 1978; II. Panorthodoxe Konferenz, Rhodos 1963, in: Synodica VIII, Chambésy/Genf 1994; III. Panorthodoxe Konferenz, Rhodos 1963, IV. Panorthodoxe Konferenz, Chambésy, in: Synodica VI, Chambésy/Genf 1982.

Ostens) ab und wollten diese Entscheidung den einzelnen orthodoxen Kirchen überlassen wissen. Überhaupt war die Frage der Beziehungen zu Rom so wichtig, daß die orthodoxe Kirche von Griechenland aufgrund von Befürchtungen einiger ihrer führenden Persönlichkeiten, daß jeder bedingungslose Dialog unmöglich sei, auf dieser Konferenz nicht vertreten war. Sie akzeptierte jedoch später die Ergebnisse der Konferenz voll und ganz.

So kompliziert die III. Panorthodoxe Konferenz auch war, so ist sie doch als eine „ökumenische Konferenz" zu bezeichnen. Diese hat nicht nur den Vorschlag der II. Panorthodoxen Konferenz hinsichtlich des Dialogs mit der römisch-katholischen Kirche „unter gleichen Bedingungen" bekräftigt, sondern auch formuliert, daß eine angemessene Vorbereitung und die Schaffung entsprechender Voraussetzungen für einen fruchtbaren Beginn eines echten Dialogs notwendig sind. Dieselbe Panorthodoxe Konferenz regte auch die Bildung von je einer *Interorthodoxen Theologischen Kommission* für den Dialog mit der anglikanischen bzw. der altkatholischen Kirche an.

Von besonderer Bedeutung für den Fortgang der interorthodoxen Beziehungen und vor allem im Blick auf das geplante „Heilige und Große Konzil der Orthodoxie" ist zweifellos die IV. Panorthodoxe Konferenz. Sie beschloß eine Revision des Themenkatalogs der I. Panorthodoxen Konferenz von Rhodos, führte die Institution der *Panorthodoxen Vorkonziliaren Konferenzen* sowie der *Interorthodoxen Vorbereitungskommission* ein und bat das Ökumenische Patriarchat, ein Sekretariat zur Vorbereitung des Panorthodoxen Konzils im Orthodoxen Zentrum in Chambésy zu errichten. Die IV. Panorthodoxe Konferenz legte zugleich das Verfahren für die Auswahl und Ausarbeitung der Themen bzw. Vorlagen für das geplante Konzil fest: Jede der einzelnen orthodoxen autokephalen Kirchen erarbeitet eine Stellungnahme zu einem der Themen des Konzils. Diese werden an das Sekretariat des Konzils geschickt, das seinerseits diese an die übrigen orthodoxen Kirchen zur Kenntnisnahme weiterleitet. Sobald die Antworten aller Kirchen eingegangen sind, beruft das Ökumenische Patriarchat die Interorthodoxe Vorbereitungskommission ein, welche die Vorlagen zu den einzelnen Themen formuliert, die der jeweils nächsten Panorthodoxen Vorkonziliaren Konferenz zur Beratung und Beschlußfassung einer end-gültigen Vorlage für das Panorthodoxe Konzil vorgelegt wer-den.

Die IV. Panorthodoxe Konferenz wählte aus dem Themen-katalog von Rhodos folgende sechs Themen aus:

a) Die Quelle der göttlichen Offenbarung, b) Intensivere Teilnahme der Laien am liturgischen und sonstigen Leben der Kirche, c) Anpassung der kirchlichen Fastenvorschriften an die Anforderungen der heutigen Zeit, d) Ehehindernisse, e) Das Kalenderproblem (Osterdatum), f) Die Oikonomia in der or-thodoxen Kirche.

Die Konferenz befaßte sich weiterhin mit den Beziehungen und den Theologischen Dialogen zwischen der Orthodoxen Kirche einerseits und der römisch-katholischen, der anglikani-schen, der altkatholischen Kirche, den altorientalischen Kir-chen und den evangelisch-lutherischen Kirchen andererseits sowie mit den Beziehungen zwischen der Orthodoxie und dem Ökumenischen Rat der Kirchen.

Die Innerorthodoxe Vorbereitungskommission tagte erst-mals vom 16.-28.7.1971 in Chambésy und befaßte sich mit der Formulierung der „einheitlichen orthodoxen Auffassung" zu den sechs von der IV. Panorthodoxen Konferenz festgeleg-ten Themen.[4] Diese Themen bzw. Vorlagen wurden jedoch nicht in den endgültigen zehn Themen umfassenden Katalog des Panorthodoxen Konzils aufgenommen, wie dieser auf der I. Panorthodoxen Vorkonziliaren Konferenz 1976 beschlossen wurde.

Panorthodoxes Konzil –
Drei Panorthodoxe Vorkonziliare Konferenzen

Nach den Vorarbeiten der Interorthodoxen Vorbereitungs-kommission von 1971 fanden bis heute drei Panorthodoxe Vorkonziliare Konferenzen statt, die sieben Themen aus dem Zehn-Themen-Katalog von 1976 behandelten und entspre-chende Beschlußvorlagen für das Panorthodoxe Konzil verab-schiedeten. Im einzelnen:

---

[4] Die Vorlagen der Interorthodoxen Vorbereitungskommission, in: Una Sancta 28 (1973) 93-102; 182, 195, 269-277.

232

I. Panorthodoxe Vorkonziliare Konferenz, 21.-28.11.1976[5]

Die I. Panorthodoxe Vorkonziliare Konferenz befaßte sich hauptsächlich mit der Aufstellung des Themenkatalogs für das Panorthodoxe Konzil. Sie wählte aus der umfangreichen Themenliste der I. Panorthodoxen Konferenz von Rhodos (1961) folgende zehn Themen aus, die weitgehend pastoraler Natur sind:

1. Orthodoxe Diaspora.
2. Autokephalie und die Art und Weise, in der sie zu verkünden ist.
3. Autonomie und die Art und Weise, in der sie zu verkünden ist.
4. Diptycha (d.h. die Nennungsfolge der Kirchen beim liturgischen Gedenken).
5. Frage des neuen Kalenders.
6. Ehehindernisse.
7. Anpassung der kirchlichen Vorschriften über das Fasten.
8. Beziehung der orthodoxen Kirchen zur übrigen christlichen Welt.
9. Orthodoxie und ökumenische Bewegung.
10. Beitrag der Autokephalen und Autonomen Orthodoxen Kirchen zur Verwirklichung der christlichen Ideale des Friedens, der Freiheit, der Brüderlichkeit, der Liebe zwischen den Völkern und der Beseitigung der Rassendiskriminierung.

Daraus wird deutlich, daß es den Autokephalen Orthodoxen Kirchen darum geht, daß sich das künftige Panorthodoxe Konzil mit konkreten und für das orthodoxe Pleroma lebenswichtigen Fragen des orthodoxen Lebens und Zeugnisses in der Welt von heute befassen sollte. Diese sind:

– die innere Erneuerung des orthodoxen spirituellen Lebens und die Beziehung zwischen Kirche und Welt,

– die Regelung bzw. Lösung des Problems der orthodoxen Diaspora und die Festigung der Einheit der orthodoxen Kirche,

– die Regelung und Neubewertung der Beziehungen der Orthodoxen zu anderen Kirchen und kirchlichen Gemeinschaften und zur Ökumenischen Bewegung.

---

[5] Die Beschlüsse der I. Panorthodoxen Vorkonziliaren Konferenz, in: Synodica II, Genf 1978; s. auch KNA-Dokumentation Nr. 33/8.12.1976.

II. Panorthodoxe Vorkonziliare Konferenz, 3.-12.9.1982[6]

Die II. Panorthodoxe Vorkonziliare Konferenz behandelte folgende drei Themen aus dem oben genannten Zehn-Punkte-Katalog:

– Ehehindernisse,
– Anpassung der kirchlichen Fastenvorschriften an die Forderungen der heutigen Zeit,
– Kalenderfrage.

Zum Thema Ehehindernisse hat die Konferenz folgende Beschlüsse gefaßt:

„1. Bei Blutsverwandtschaft kann Dispens erteilt werden bis zum 5. Grad einschließlich der geraden Linie oder in der Seitenlinie (Kanon 54 des 5./6. Ökumenischen Konzils).

2. Bei Verwandtschaft durch Schwägerschaft kann Dispens erteilt werden bis zum 5. Grad einschließlich (Kanon 54 des 5./6. Ökumenischen Konzils).

3. Bei geistlicher Verwandtschaft durch Adoption oder Patenschaft kann Dispens erteilt werden bis zum 2. Grad einschließlich.

4. Ein Ehebündnis, das nicht unwiderruflich aufgelöst oder für nichtig erklärt ist, sowie ein drittes vorausgegangenes Ehebündnis bilden ein absolutes Hindernis, eine neue Ehe einzugehen gemäß der orthodoxen kanonischen Tradition, die Bigamie und ein viertes Ehebündnis kategorisch verbietet.

5. Für Mönche, die aufgrund der Mönchsweihe keine Ehe schließen können, schlägt die II. Vorkonziliare Panorthodoxe Konferenz vor, daß sie, nachdem sie freiwillig oder unfreiwillig oder durch höhere Gewalt ihre Mönchsidentität abgelegt haben – wodurch sie auf kirchlichen Beschluß hin in den Laienstand zurückversetzt werden –, die Möglichkeit haben, eine Ehe einzugehen.

6. Das Priestertum, welchen Grades auch immer, stellt nach der geltenden kanonischen Tradition ein Ehehindernis dar (Kanon 3 des 5./6. Ökumenischen Konzils).

---

[6] Die Beschlüsse der II. Panorthodoxen Vorkonziliaren Konferenz, auch in: Synodica VIII, Genf 1994; s. auch Una Sancta 38 (1987), 60-62.

7. Bezüglich Mischehen zwischen Orthodoxen und Nicht-Orthodoxen einerseits und Orthodoxen und Nicht-Christen oder Nicht-Gläubigen andererseits gilt folgendes:

a) Eine Ehe zwischen Orthodoxen und Nicht-Orthodoxen ist nach der kanonischen Akribeia nicht erlaubt. Sie kann jedoch aus Nachsicht und Menschenliebe geschlossen werden unter der ausdrücklichen Bedingung, daß die Kinder, die aus dieser Ehe hervorgehen, in der orthodoxen Kirche getauft und erzogen werden. Die lokalen orthodoxen Kirchen können unter Anwendung der Oikonomia – dem einzelnen Fall und den besonderen pastoralen Pflichten entsprechend – entscheiden.

b) Eine Ehe zwischen Orthodoxen und Nicht-Christen oder Nicht-Gläubigen ist nach der kanonischen Akribeia verboten. Was in diesem Fall die Anwendung der Oikonomia anbetrifft – in Rücksicht auf den orthodoxen Partner und entsprechend den besonderen pastoralen Pflichten –, so ist die Entscheidung den orthodoxen Lokalkirchen überlassen.

8. Bei der Anwendung der kirchlichen Tradition im Bereich der Ehehindernisse muß die kirchliche Praxis die Bestimmungen des jeweiligen Zivilrechts berücksichtigen, ohne dabei die Grenzen der kirchlichen Oikonomia zu überschreiten."

Zum Thema Fastenvorschriften hat die II. Vorkonziliare Panorthodoxe Konferenz nach reiflicher Überprüfung festgestellt, daß die Meinungsbildung, Haltung und Praxis in den einzelnen orthodoxen Kirchen zu diesem Thema uneinheitlich ist, so daß sich die Orthodoxie nicht in Einmütigkeit zu diesem Punkt äußern kann. Aus diesem Grund wurde es den orthodoxen Kirchen überlassen, in Treue zur Kontinuität der Tradition, das orthodoxe Volk auf künftige Änderungen in der Ausübung der Fastenpraxis vorzubereiten. Die Konferenz vertagte das Thema auf die nächste, III. Vorkonziliare Panorthodoxe Konferenz, so daß die bisherige Fastenpraxis in den einzelnen orthodoxen Kirchen in Kraft bzw. unverändert bleibt, bis das Panorthodoxe Konzil eine Entscheidung getroffen hat.

Der Klärung dieser Frage, insbesondere im Blick auf die Findung eines gemeinsamen Osterdatums, diente eine internationale Fachkonferenz in Chambésy (28.6.-3.7.1977).[7] Auf der Grundlage der Ergebnisse dieser Studienkonferenz und der Vorschläge der einzelnen orthodoxen Kirchen beschloß die II. Vorkonziliare Panorthodoxe Konferenz, „jegliche Prüfung dieser Frage der noch präziseren Bestimmung des Osterdatums, ... auf eine günstigere Zeit gemäß dem Willen Gottes aufzuschieben".[8] Als Gründe dafür wurden u.a. angegeben:

a) Dieses Problem ist nicht nur eine Frage der wissenschaftlichen Genauigkeit, sondern auch des kirchlichen Bewußtseins der einen und ungeteilten Orthodoxie, deren Einheit durch nichts erschüttert werden darf – man befürchtete also neue Schismen und Spaltungen innerhalb der Orthodoxie.

b) Dieses Thema ist eine Frage der verantwortungsvollen Würdigung durch die Kirche, ihrer pastoralen Fürsorge und der pastoralen Nöte ihrer Glieder.

c) Das orthodoxe Volk ist nicht vorbereitet oder jedenfalls nicht genügend informiert, um sich mit einer Änderung der Festsetzung des Osterdatums auseinanderzusetzen oder eine solche anzunehmen.[9]

III. Panorthodoxe Vorkonziliare Konferenz, 28.10.-6.11.1986[10]

Auf der Tagesordnung dieser Konferenz standen die Themen:

– „Die Bedeutung des Fastens und seine Einhaltung heute", d.h. die nochmalige Überprüfung der kirchlichen Fastenvorschriften,

– „Die Beziehungen der Orthodoxen Kirche zur gesamten, christlichen Welt", d.h. die Bewertung der bilateralen theologischen Dialoge mit den anderen Kirchen und Konfessionen,

---

[7] Synodica IV, Chambésy/Genf 1980.
[8] Synodica VIII, 198.
[9] Ebd. 197-198.
[10] Die Beschlüsse der III. Panorthodoxen Vorkonziliaren Konferenz, in: Una Sancta 42 (1987) 4-28.

236

III. Panorthodoxe Vorkonziliare Konferenz in Chambésy/Genf

– „Orthodoxie und die ökumenische Bewegung", d.h. die Beziehungen zum Ökumenischen Rat der Kirchen und die Bewertung der Beiträge der Orthodoxen Kirche im Rahmen der multilateralen Dialoge und
– der Beitrag der orthodoxen Kirche zur Verwirklichung der christlichen Ideale des Friedens, der Freiheit, der Brüderlichkeit und der Liebe zwischen den Völkern sowie zur Beseitigung der Rassen- und anderen Diskriminierungen.

Unter Verweis auf den vollen Wortlaut der Beschlüsse der Konferenz zu den oben genannten Themen sei an dieser Stelle nur folgendes angemerkt:

Fastenvorschriften

Angesichts der Tatsache, daß viele Gläubige heute nicht alle orthodoxen Fastenvorschriften einhalten, beschloß die Konferenz: „Es bleibt den orthodoxen Lokalkirchen überlassen, gemäß ihrer Entscheidung das Ausmaß barmherziger ‚Oikonomia' und Nachsicht festzulegen, das angewandt werden soll, um die ‚Härte' des heiligen Fastens für die zu mildern, die Schwierigkeiten bei der Einhaltung aller Fastenvorschriften haben, ..." Denn, wie Johannes von Damaskos sagt: „Alle Tage zu fasten ist gut, doch soll derjenige, der fastet, denjenigen nicht verurteilen, der nicht fastet".[11]

Bilaterale theologische Dialoge

Nach dem Beschluß dieser Konferenz befürwortet die Orthodoxe Kirche insgesamt den Dialog mit den anderen Kirchen sowohl aus theologischen als auch aus pastoralen Gründen. Nach orthodoxer Auffassung sind die bilateralen theologischen Dialoge, die von der orthodoxen Kirche geführt werden, authentischer Ausdruck des orthodoxen Glaubens-, Kirchen- und Einheitsverständnisses und bringen den einstimmigen Beschluß und das einstimmige Zeugnis aller orthodoxen Lokalkirchen zum Ausdruck. Ziel der Dialoge ist die Einheit im rechten Glauben und in der Liebe. Die Konferenz wertete die bis zu dieser Zeit zwischen der orthodoxen und den anderen Kirchen geführten offiziellen theologischen Dialoge aus (mit den Anglikanern, den Alt-Katholiken, den Lutheranern und den Reformierten), deren Führung und Fortsetzung sie empfahl, wobei sie für alle folgende gewichtige orthodoxe ekklesiologische Grundlage voranschickte:

„Die Orthodoxe Kirche, die Eine, Heilige, Katholische und Apostolische Kirche, ist sich der Verantwortung für die Einheit der christlichen Welt voll bewußt. Sie erkennt die faktische Existenz aller Kirchen und Konfessionen an und glaubt, daß all die Beziehungen, die sie mit ihnen unterhält, auf einer möglichst raschen und objektiven Klärung der ganzen ekklesiologischen Frage beruhen müssen, besonder aber auch die Lehre über die Sakramente, die Gnade, das Priesteramt und die apostolische Sukzession".[12]

ÖRK und Ökumenische Bewegung

Die Konferenz brachte in diesem Beschluß den orthodoxen Standpunkt zur Frage der Einheit der Kirche und ihr Verhält-

---

[11] Johannes von Damaskus, Vom Heiligen Fasten, 7. Siehe: Episkepsis Nr. 369/15.12.1986, S. 8. und Damaskinos Papandreou, Zur Vorbereitung des Panorthodoxen Konzils, in: Handbuch der Ostkirchenkunde Bd. III, 1997, S. 271.
[12] Nr. 2, in: Una Sancta 42 (1987) 7.

nis zum Ökumenischen Rat der Kirchen und zur ökumenischen Bewegung insgesamt deutlich zum Ausdruck. Sie stellte u.a. fest,

- daß die orthodoxe Kirche im Blick auf die Förderung der Einheit der Christen eine zentrale Stellung in der heutigen Welt einnimmt,
- daß die Einheit der Kirche in der Gemeinschaft in der Heiligen Dreieinheit, in den Sakramenten, in der Apostolischen Sukzession und in der Vätertradition zum Ausdruck kommt,
- daß ein untrennbares Band zwischen dem rechten Glauben und der eucharistischen Gemeinschaft besteht,
- daß die orthodoxe Kirche trotz ihrer Beteiligung am Ökumenischen Rat der Kirchen ihrer Ekklesiologie, der Identität ihrer inneren Struktur und der Lehre der ungeteilten Kirche treu bleibt,
- daß sie auf keinen Fall die Idee der „Gleichheit der Konfessionen" akzeptiert, und daß sie die Einheit der Kirchen als eine interkonfessionelle Anpassung nicht annehmen kann, und (in Aufnahme der Toronto-Erklärung von 1950)
- daß der Ökumenische Rat der Kirchen keine Überkirche ist und bzw. werden darf. Vielmehr steht er im Dienst seiner Mitgliedskirchen.

Unter diesem Thema legte die Konferenz die orthodoxe Auffassung zu grundlegenden Fragen der christlichen Ethik und zum Verhältnis von Kirche und Welt angesichts der Herausforderungen der Zeit dar. Im einzelnen behandelte sie folgende Themenbereiche:

- Die Würde der menschlichen Person – Fundament für den Frieden,
- der Wert der menschlichen Freiheit,
- Sendung und Auftrag der Orthodoxie in der Welt von heute,
- Frieden in Gerechtigkeit,
- der Frieden als Abwendung des Krieges,
- rassische und andere Diskriminierungen,
- Brüderlichkeit und Solidarität unter den Völkern und
- die prophetische Sendung der Orthodoxie – Zeugnis der Liebe in Diakonie.

Somit bleiben für die nächste, noch einzuberufende IV. Vorkonziliare Panorthodoxe Konferenz folgende vier Themen:
– Die orthodoxe Diaspora,
– Die Autokephalie und die Weise ihrer Proklamation,
– Die Autonomie und die Weise ihrer Proklamation,
– Die Diptychen.

Diese vier Themen bilden eine Einheit und weisen eine tiefe Abhängigkeit untereinander auf. Sie alle betreffen kanonische (kirchenrechtliche) Fragen und Probleme der Gesamtorthodoxie.

Zur Vorbereitung auf die IV. Vorkonziliare Panorthodoxe Konferenz haben die einzelnen orthodoxen autokephalen Kirchen dem Sekretariat des Konzils in Genf ihre Beiträge und Stellungnahmen zu den oben genannten Themen gesandt. Seitdem fand auf der Ebene der Interorthodoxen Vorbereitungskommission eine Auswertung statt, verbunden mit dem Versuch, zu einer einvernehmlichen Lösung zu gelangen. In diesem Sinne tagte die Interorthodoxe Vorbereitungskommission zweimal (1990 und 1993) und gelangte zu folgenden Ergebnissen und Vorschlägen an die IV. Vorkonziliare Panorthodoxe Konferenz:

1. Auf ihrer Sitzung vom *10.-17.11.1990* in Chambésy beschloß die *Interorthodoxe Vorbereitungskommission* auf der Grundlage der in den eingegangenen Stellungnahmen erkennbaren Konvergenzen und Divergenzen folgendes:

a) daß das Problem der orthodoxen Diaspora so schnell wie möglich gelöst werden soll und daß die Diaspora in einer mit der orthodoxen Ekklesiologie, der Tradition und der kirchenrechtlichen Praxis der orthodoxen Kirche übereinstimmenden Weise organisiert werden soll;

b) daß es in der gegenwärtigen Phase aus historischen und pastoralen Gründen nicht möglich ist, sofort zur genauen kanonischen Ordnung der Kirche in diese Frage überzugehen. Aus diesen Gründen kam sie zu dem Schluß, die Schaffung einer Übergangslösung vorzuschlagen, die den Boden für eine genaue kanonische Regelung des Problems vorbereiten soll und die auf den folgenden Prinzipien und Anweisungen aufbaut.

Die Kommission schlug vor:

a) „... daß während dieser Übergangsphase, in der die kanonische Lösung der Frage vorbereitet wird, in jeder Region *‚Bischofsversammlungen‘* geschaffen werden sollen, die alle kanonisch anerkannten Bischöfe dieser Region zusammenführen sollen, die weiterhin denselben kanonischen Jurisdiktionen unterworfen sind wie heute.

b) Diese Versammlungen sollten sich zusammensetzen aus den Bischöfen jeder Region, die sich in kanonischer Gemeinschaft mit allen Heiligen Orthodoxen Kirchen befinden; sie sollen unter dem Vorsitz des ersten unter den Prälaten der Jurisdiktion der Kirche von Konstantinopel stehen, im Falle seiner Abwesenheit entsprechend der Ordnung der Diptychen. Sie sollen einen Exekutivausschuß bilden, der sich aus den ersten Hierarchen der verschiedenen Jurisdiktionen, die in der Region bestehen, zusammensetzt.

c) Die Arbeit und die Verantwortung dieser Bischofsversammlungen sollen die Einheit der Orthodoxie zum Ausdruck bringen und für die Entwicklung einer gemeinschaftlichen Tätigkeit aller Orthodoxen in jener Region Sorge tragen, um den pastoralen Bedürfnissen der dort wohnenden orthodoxen Gläubigen zu genügen, um die Orthodoxen gemeinsam gegenüber anderen Konfessionen und die Gesamtheit der Gemeinschaft in der Region zu vertreten, um die theologischen Wissenschaften und die kirchliche Ausbildung zu pflegen usw. Die Entscheidungen über diese Gegenstände sollen mehrheitlich getroffen werden. Die Interorthodoxe Vorbereitungskommission diskutierte die Frage der Bestimmung der Verwaltungsbezirke der Diaspora und der Prinzipien für das Vorhaben einer endgültigen Lösung des Problems der orthodoxen Diaspora auf der Basis der im Rahmen der Kommissionsarbeit formulierten Vorschläge und überwies sie dann an die nächste Interorthodoxe Vorbereitungskommission, die sich im Herbst 1991 zur vollständigen Ausarbeitung treffen."[13]

2. Eine zweite Sitzung der *Interorthodoxen Vorbereitungskommission* fand *vom 7.-13.9.1993* ebenfalls im Orthodoxen Zentrum des Ökumenischen Patriarchats in Chambésy statt, dem Sitz des Sekretariats des Panorthodoxen Konzils, dessen Sekretär der Metropolit von der Schweiz, Damaskinos, ist.

---

[13] Damaskinos Papandreou a.a.O. S. 282-283.

Wie Metropolit Damaskinos schreibt: „Aufgabe der Kommission war einerseits die Erzielung einer einmütigen Haltung der orthodoxen Ortskirchen in der Frage der orthodoxen Diaspora und andererseits die Suche nach einer einmütigen Haltung über die Fragen der Autokephalie und Autonomie und der Weise ihrer Proklamation."[14] Doch die Kommission konnte sich auf dieser Sitzung nur mit noch nicht gelösten Aspekten der orthodoxen Diaspora sowie mit einer detaillierten Einführung, Darstellung und Auswertung des Themas der Autokephalie und der Weise ihrer Proklamation befassen, so daß die Behandlung der Frage der Autonomie und der Weise ihrer Proklamation auf die nächste Sitzung der Interorthodoxen Vorbereitungskommission verwiesen wurde.

Die Kommission kam auf ihrer Sitzung zu folgenden *Ergebnissen und Empfehlungen:*[15]

– Sie bestimmte die Regionen, in denen in einem ersten Stadium Bischofskonferenzen errichtet werden sollen: Nord- und Mittelamerika, Südamerika, Australien, Großbritannien, Frankreich, Belgien, die Niederlande, Österreich, Italien und Deutschland. Das Sekretariat des Konzils wurde mit der Ausarbeitung einer *„Ordnung"* zur Funktion der neuen Bischofskonferenzen beauftragt, wobei dem Ökumenischen Patriarchat von Konstantinopel eine koordinierende Rolle zukommt.

– Die einzelnen orthodoxen Kirchen haben sich dazu verpflichtet, keine Aktionen zu unternehmen, die dem von der Kommission beschriebenen und festgelegten Weg zur kanonischen Lösung des Diaspora-Problems schaden könnten, einschließlich der Schaffung neuer, neben den schon bestehenden Bistümern in der Diaspora.

– Bezüglich der Regelung des Problems der Autokephalie wurde völlige Übereinstimmung auch bezüglich der notwendigen kanonischen Bestimmungen für die Proklamation der Autokephalie einer lokalen Kirche festgestellt.

---

[14] Ebd. S. 283.
[15] Ebd. S. 284-285.

Gemäß dieser Übereinstimmung gilt:

a) Die Mutterkirche nimmt das Verlangen einer ihr unterstellten Kirchenregion an und würdigt so die bestehenden ekklesiologischen, kanonischen und pastoralen Voraussetzungen zur Verleihung der Autokephalie. Wenn die lokale Synode als das höchste kirchliche Organ ihre Zustimmung dazu gegeben hat, unterbreitet sie einen entsprechenden Vorschlag an das Ökumenische Patriarchat zur Feststellung der panorthodoxen Zustimmung und informiert diesbezüglich die übrigen lokalen autokephalen Kirchen.

b) Das Ökumenische Patriarchat teilt gemäß den panorthodoxen Gepflogenheiten durch ein Patriarchalschreiben alles hierzu Relevante mit und bemüht sich um die panorthodoxe Zustimmung. Die panorthodoxe Zustimmung wird durch die Einmütigkeit der Synoden der autokephalen Kirchen ausgedrückt.

c) Indem der Ökumenische Patriarch die Zustimmung der Mutterkirche und die panorthodoxe Zustimmung zum Ausdruck bringt, proklamiert er durch die Herausgabe des entsprechenden Patriarchaltomos offiziell die Autokephalie der Kirche, die diese erbeten hat. Dieser Tomos wird unterzeichnet vom Ökumenischen Patriarchen. Es ist erwünscht, daß dieser auch von den Vorstehern der autokephalen Kirchen, auf jeden Fall vom Vorsteher der betreffenden Mutterkirche unterzeichnet wird.

Synodalität und Rezeption – Perspektiven für die Zukunft

„Wann wird das Panorthodoxe Konzil stattfinden? Wird es überhaupt stattfinden?" Mit solchen oder ähnlich lautenden Fragen werden orthodoxe Bischöfe, Theologen und Christen bei ökumenischen Begegnungen und Gesprächen konfrontiert, nachdem vor mehr als zwanzig Jahren auf der I. Panorthodoxen Konferenz auf Rhodos (1961) der Plan eines solchen Konzils aufgeworfen wurde. Vier Panorthodoxe Konferenzen dieser Art (1961-1968), mehrere Sitzungen der Interorthodoxen Vorbereitungskommission und drei Panorthodoxe Vorkonziliare Konferenzen (1976, 1982 und 1986) waren die bisherigen Hauptstationen auf dem Weg zu jenem ins Auge gefaßten „Heiligen und Großen Konzil der Orthodoxen Kirche".

Die o.a. Fragestellung ist aus orthodoxer Sicht unberechtigt und unverständlich, weil man hier mit westlichen Kategorien an die Sache herangeht und westliche Maßstäbe setzt, wenn man etwa ein Orthodoxes Konzil im Sinne des II. Vatikanum erwartet. Solche Maßstäbe sind für das geplante Orthodoxe Konzil jedenfalls nicht anwendbar und werden auch seiner Problematik nicht gerecht.

So sehr also ein mehr oder weniger panorthodoxer Konsens über die Notwendigkeit einer solchen Synode heute besteht, so wenig wird man den Termin der Einberufung im voraus festlegen können. Denn die Panorthodoxe Synode wird erst dann einberufen werden, wenn die Orthodoxie insgesamt zu einem Konsens im voraus in allen Themen angelangt ist, wie diese 1976 von der I. Panorthodoxen Vorkonziliaren Konferenz festgelegt worden sind, und wenn der dafür vorgesehene Vorbereitungsmodus eingehalten wurde.

Am Ende der in den zurückliegenden zwei Jahrzehnten innerhalb der Gesamtorthodoxie sehr engagiert und z.T. auch kontrovers geführten Diskussion über das Für und Wider eines Panorthodoxen Konzils, seiner Thematik und Problematik sind folgende zwei überaus wichtige Elemente festzuhalten:

1. Durch den so begonnenen innerorthodoxen synodalen Prozeß ist es den orthodoxen Kirchen selbst gelungen, näher zueinander zu finden, einen neuen Anfang in ihren Beziehungen zu machen und so den Geist der Synodalität neu zu entdecken und diese in die Wirklichkeit umzusetzen. Die von der Orthodoxie so gepriesene Synodalität wurde in der Tat sehr lange, vielleicht zu lange nicht mehr praktiziert. Daß die ökumenische Bewegung unseres Jahrhunderts einen wesentlichen Beitrag dazu geleistet und den innerorthodoxen synodalen Prozeß z.T. vorbereitet bzw. begleitet hat, darf sicherlich nicht in Frage gestellt werden.

2. Durch die verschiedenen Stationen auf dem Wege der Vorbereitung des Konzils konnten nicht nur Sachfragen und Themen, welche das künftige Konzil beschäftigen sollen, eingehend diskutiert und behandelt werden, sondern zugleich Einsichten gewonnen werden, z.B. hinsichtlich des Selbstverständnisses eines solchen Panorthodoxen Konzils im Zeitalter der ökumenischen Bewegung, seiner Zielsetzung und vor allem der Frage der *„Rezeption im voraus"* eines solchen Konzils, d.h. der Frage der Vorbereitung und vor allem Einbezie-

hung des orthodoxen Volkes in den synodalen Prozeß der Orthodoxie und im Hinblick auf die zu erwartenden Beschlüsse.

Dieses Verfahren macht also deutlich und gibt nichtorthodoxen Christen eine verständliche Antwort auf die anfangs gestellte Frage, nämlich, daß bis zur Einberufung des Panorthodoxen Konzils mehrere Vorkonziliare Konferenzen und Vorbereitungstagungen in höchster kirchlicher Verantwortung und Verbindlichkeit stattfinden müssen, so daß von daher nicht im voraus gesagt werden kann, wann das Konzil stattfinden wird.

Mehr als je zuvor wurde auf dem bis heute zurückgelegten Weg zur Vorbereitung des Panorthodoxen Konzils deutlich, daß eines der schwierigsten Probleme auf dem Wege zum Panorthodoxen Konzil die Einbeziehung des orthodoxen Volkes in die Vorbereitungsarbeit und Thematik des Konzils ist, damit das, was panorthodox beschlossen wird, auch Ausdruck des gemeinsamen Bewußtseins der Orthodoxen ist. Erinnert sei an dieser Stelle insbesondere an die 1971 auf der „Interorthodoxen Vorbereitungskommission" für das künftige Konzil verabschiedete, später jedoch in den Themenkatalog des Konzils nicht aufgenommene Vorlage über die „Göttliche Offenbarung und die Formen ihrer Ausdruckweisen zum Heil des Menschen".[16] Diese Vorlage behandelt u.a. auch diese Problematik und stellt folgendermaßen den Zusammenhang und das Verhältnis zwischen Klerus und Volk, zwischen Konzil und gemeinsamem Bewußtsein im Hinblick auf die Formulierung der Lehre und die Verbindlichkeit der Aussagen von Synoden dar:

Die Kirchengeschichte lehrt uns mahnend, daß Beschlüsse von Synoden, die den Glauben und die Meinung des Volkes nicht wiedergeben, oder Aussagen von Konzilien, die nicht im voraus vom Pleroma der Kirche rezipiert wurden, im nachhinein schwer vermittelbar, undurchsetzbar, unakzeptabel und als die Einheit der Kirche gefährdend anzusehen sind. Das Beispiel des Konzils von Florenz und Ferrara (1438/1439) ist exemplarisch für diesen Sachverhalt. Ähnliche Beispiele aus der neueren Kirchengeschichte, und gewiß nicht nur der orthodoxen, können ebenfalls aufgeführt werden. Die größte Sorge

---

[16] S. o. Anmerkung 4.

der orthodoxen Kirchen bestand und besteht offensichtlich darin, daß das orthodoxe Volk die angestrebten Reformen nicht mitträgt, weil die orthodoxen Kirchen selbst es versäumt haben, dieses hinreichend zu informieren und auf solche Änderungen vorzubereiten. Denn anders ist der in den Beschlußtexten immer wiederkehrende Hinweis auf die ungenügende Vorbereitung des Volkes nicht zu verstehen.

Deshalb wird man die Worte des Vorsitzenden der II. Vorkonziliaren Panorthodoxen Konferenz von 1982, des Metropoliten von Chalcedon, Meliton, in seiner Schlußpredigt nur als Ausdruck seiner Sorge um die Einheit der Orthodoxie insgesamt verstehen und als Zugeständnis der Tatsache, daß man nichts beschließen wollte, was das Volk nicht akzeptieren würde und schließlich als Mahnung, Beherzigung und Entschlossenheit, den Dialog mit dem Volk auf allen Ebenen endlich aufzunehmen, das Volk zu informieren und vorzubereiten und mit ihm gemeinsam die Probleme der Zeit anzugehen und zu lösen. Wörtlich sagte Metropolit Meliton: „Unsere Hauptsorge war zu allererst, die Einheit der Orthodoxie zum Ausdruck zu bringen, und zwar mit Ihnen gemeinsam, so wie wir hier (in dem Gottesdienst) mit Ihnen zusammen sind, nicht ohne Ihre Einsicht und Meinung und nicht außerhalb Ihrer Wirklichkeit und Ihrer Probleme ... Was ich jetzt sage, wurde in der kirchlichen Sprache als Einheit und Bewußtsein der Orthodoxen Kirche formuliert ... Hier, mehr als je zuvor, ist uns als pastorale und leitende Kirche deutliche Gewißheit geworden, daß es einen Fortschritt auf dem Wege zur Heiligen und Großen Synode ohne Wahrung der unverrückbaren Einheit der Orthodoxie und ohne Ihren Rat und Ihre Meinung zu hören und zu haben, nicht möglich ist. Hier ... machten wir die gewichtige Entdeckung, daß es auch Sie, das Pleroma gibt, das Pleroma nicht im Sinne jener wenigen gläubigen Menschen, denen Ehrfurcht, Ehre und Lob gebührt, sondern daß es auch Sie gibt, das Pleroma im vollen Sinne des Wortes. Sie alle, die wir zwar im Namen des Vaters und des Sohnes und des Heiligen Geistes im Taufbecken des orthodoxen Glaubens getauft, nach der Taufe jedoch im Glauben nicht unterrichtet (Katechese) haben, indem wir uns auf das ‚Glaubensbekenntnis‘ des Taufzeugen (Taufpaten) verlassen und Sie Ihrem Schicksal überlassen haben. Und wir sagen, nicht ich sage es, der Geist der Konferenz sagt es, daß wir Sie um Verzeihung bitten. Dies aber ist eine wichtige Entdeckung und ein wichtiger Anlauf. Aber dies allein reicht nicht aus. Deshalb sagen wir auch, daß ein Dialog mit Ihnen begonnen werden muß. Nicht ein allgemeiner und abstrakter Dialog, sondern ein Dialog zwischen den Hirten und der Herde, in jedem Ort, in jeder Gemeinde, in jedem Dorf, in jeder Stadt, in jeder Diözese und in jeder autokephalen orthodoxen Kirche, ein Dialog von den Wurzeln nach oben. Wir haben anerkannt, daß dies unsere Verantwortung ist, die Verantwortung der Hirten und der Bischöfe."[17]

Der Sekretär zur Vorbereitung des Panorthodoxen Konzils, der Metropolit von der Schweiz, Damaskinos, faßte in seinem jüngsten Beitrag „Zur Vorbereitung des Panorthodoxen Konzils" für das Handbuch der Ostkirchenkunde wie folgt den Stand der Vorbereitungen und die Perspektiven des Panorthodoxen Konzils zusammen:

„Das eher langsame Verfahren für die Vorbereitung des Heiligen und Großen Konzils steht in Einklang mit der orthodoxen synodalen Praxis und Gewohnheit. Es bringt wiederum das Bewußtsein zum Ausdruck, daß die Gemeinschaft zum Wesen der orthodoxen Kirche gehört. Das periodische Treffen der Vorkonziliaren Panorthodoxen Konferenzen entspricht der Gemeinschaft der Orthodoxie, denn durch sie werden die Erfahrungen der einzelnen orthodoxen Lokalkirchen, die zu allen Themen unterschiedlich ausfallen, ausgedrückt, so wie sie von der ganzen orthodoxen Kirche, dem ‚Pleroma', gelebt werden.

Die Themenwahl und das Verfahren, nach dem die Studien und ihre Vorbereitungen befolgt werden, entsprechen der Ekklesiologie und der synodalen Tradition der Orthodoxie. Da in der Lokalkirche das ganze Heilsmysterium in Christus gelebt wird, ist sie in Raum und Zeit die eine, heilige, katholische und apostolische Kirche und steht in fester Einheit mit jeder anderen Lokalkirche. Das ist der Grund, weshalb die Meinung jeder einzelnen Lokalkirche zu jedem Thema berücksichtigt wird; die gemeinsame Erfahrung aller orthodoxen Lokalkirchen soll nämlich zum Ausdruck kommen. Die orthodoxe

---

[17] Ansprache am Ende der Arbeiten zur II. Panorthodoxen Vorkonziliaren Konferenz von 1982, in: Akten der Konferenz, Sekretariat des Konzils, Chambésy/Genf 1982.

Lehre über die Identität der Lokalkirche bestimmt auch die vorkonziliaren Vorbereitungsarbeiten. Ferner liefert die orthodoxe synodale Tradition das Kriterium für die Wahl der Themen, welche mit den konkreten Problemen der meisten oder aller orthodoxen Lokalkirchen zusammenhängen."[18]

Die *„Botschaft der Vertreter der Heiligen Orthodoxen Kirchen"*[19] vom März 1992 formuliert deshalb zutreffend, wenn sie die über die ganze Welt verbreitete orthodoxe Kirche zu einer tieferen geistlichen und kanonischen Einheit und somit zur Überwindung der innerorthodoxen Spaltung und zu einer Rückkehr der schismatischen Gruppen in die kanonische Gemeinschaft aller orthodoxen Kirchen auffordert (Nr. 3).

Auswirkungen für Deutschland

a) *Bildung einer Orthodoxen Kommission*

Anders als z.B. in den USA oder in Frankreich gab es bisher in Deutschland keine Versuche zur Bildung einer orthodoxen Struktur, die einer orthodoxen Bischofskonferenz ähnlich wäre. Hingegen bestehen seit vielen Jahren verschiedene Formen der Begegnung von Bischöfen bzw. bevollmächtigten Vertretern der kanonischen orthodoxen Kirchen in Deutschland, die ihren sichtbaren Ausdruck in der gemeinsamen Feier der orthodoxen Liturgie u.a. am *Sonntag der Orthodoxie* findet. Ähnliche Formen der Zusammenarbeit unter den orthodoxen Kirchen gibt es auch auf regionaler und lokaler Ebene.

Die Beschlüsse der Interorthodoxen Vorbereitungskommission von 1993 und die zunehmend wachsende Erkenntnis für einen engeren Zusammenschluß der orthodoxen Kirchen auch in Deutschland sowie die Notwendigkeit eines gemeinsamen panorthodoxen Zeugnisses und Dienstes sowohl nach innen (orthodoxe Kirchen) als auch nach außen in die innerdeutsche Ökumene haben dazu geführt, daß 1994 eine *„Kommission der orthodoxen Kirchen in Deutschland",* zunächst auch unter Einschluß der nichtkanonischen orthodoxen Kirchen, also auch

---

[18] Damaskinos Papandreou, a.a.O. S. 285.
[19] Botschaft der Vorsteher der Heiligen Orthodoxen Kirchen vom 15.3.1992, in: Ökumenische Rundschau 41 (1992) 305-309.

der russischen Auslandskirche, gebildet werden konnte. Die Kommission, die von einer Delegiertenversammlung und einem Vorstand geleitet wird, entspricht organisatorisch der inneren Einheit und Struktur der orthodoxen Kirche und hat sich zur Aufgabe gesetzt, gemeinsame Anliegen der Orthodoxen Kirche in Deutschland nach innen und außen, zu den anderen Kirchen und zur Ökumene, zu beraten, zu vertreten und nach Möglichkeit mit einer Stimme zu sprechen. Die Kommission ist nicht auf der Bischofebene installiert, sie ist also keine Bischofskonferenz, aber entsprechend dem orthodoxen Kirchenverständnis ist sie auch keine parakirchliche Einrichtung, sondern ein Organ, welches im Dienste der Diözesen steht bzw. im Kollegium der orthodoxen Bischöfe in Deutschland verankert ist. Diese stimmten der Satzung der Kommission ausdrücklich zu. Es kann also durchaus gesagt werden, *daß die Kommission eine Vorstufe auf dem Weg zur Bildung einer orthodoxen Bischofskonferenz in Deutschland* ist.

b) *Orthodoxe Kirchen und Ökumene in Deutschland*

Mit der Bildung der oben genannten orthodoxen Kommission in Deutschland eröffnen sich nicht nur für die innerorthodoxe Gemeinschaft, sondern auch für das gemeinsame orthodoxe Zeugnis in Deutschland, d.h. in der innerdeutschen Ökumene, verheißungsvolle Perspektiven, die in das 3. Jahrtausend positiv hineinwirken düften: Während nämlich die einzelnen orthodoxen Kirchen in Deutschland bis heute ihre Beziehungen zu den hiesigen Kirchen mehr oder weniger in eigener Verantwortung regeln, z.B. durch gesonderte Mitgliedschaft in der Arbeitsgemeinschaft Christlicher Kirchen in Deutschland (Griechisch-Orthodoxe Metropolie von Deutschland, Russische Orthodoxe Kirche, Syrische Orthodoxe Kirche und demnächst vielleicht andere orthodoxe Kirchen) und in den meisten regionalen Arbeitsgemeinschaften Christlicher Kirchen, durch die Bildung von bilateralen Kommissionen (Deutsche Bischofskonferenz/Griechisch-Orthodoxe Metropolie von Deutschland) oder durch die Abhaltung von gemeinsamen Pastoralkollegs zwischen zwei Kirchen, kann es künftig durchaus zu einem stärkeren gemeinsamen orthodoxen Zeugnis in Deutschland und damit zu einer stärkeren panorthodoxen Zusammenarbeit mit den anderen Kirchen hierzulande kommen. Ein erster Schritt in dieser Richtung ist z.B. der jährliche *Fastenbrief* aller Kanonischen Orthodoxen Bischöfe in Deutschland am Sonntag der Orthodoxie sowie gemeinsame Liturgiefeiern.

Auf der Ebene der bilateralen Ökumene in Deutschland könnte es zu einer panorthodoxen Regelung von diakonischen, pastoralen und karitativen Problemen und Aufgaben kommen, z.B. Überführung der diakonisch/pastoralen Aufgaben in die Zuständigkeit der orthodoxen Kirchen selbst. Eine stärkere orthodoxe Gemeinschaft in Deutschland würde sich sicherlich auch theologisch positiv auf die Beziehungen zu den anderen Kirchen auswirken. Theologische Gespräche und Kommissionen, wie sie mit jeweils einer orthodoxen Kirche geführt werden (z.B. theologische Gespräche zwischen der EKD und dem Ökumenischen Patriarchat von Konstantinopel, der Russischen Orthodoxen Kirche, der Rumänischen Orthodoxen Kirche oder auch zwischen der orthodoxen und der römisch-katholischen Kirche [Regensburger Symposien]), werden gewiß auch in der Zukunft ihre Berechtigung haben. Doch die Priorität und das Hauptgewicht sollten einer panorthodoxen Gesprächs- und Dialogführung auch in Deutschland gegeben werden. Ansprechpartner der anderen Kirchen hierzulande sollten demnach nicht die einzelnen nationalen orthodoxen Kirchen, sondern die Orthodoxe Kirche in Deutschland in ihrer Gesamtheit sein, die durch die Bildung der oben genannten orthodoxen Kommission bzw. der noch zu gründenden Bischofskonferenz Gestalt anzunehmen beginnt. Auf dieser Ebene könnten dann ein sinnvolles Gespräch und eine engere Zusammenarbeit auch mit den evangelischen Freikirchen in Deutschland geführt werden.

Damit soll der Weg zur Sichtbarmachung der einen Orthodoxen Kirche in der genannten Region vorbereitet und dem an sich anormalen Zustand der Existenz von mehreren, parallel und voneinander unabhängig existierenden nationalen orthodoxen Kirchen ein Ende gesetzt werden. Denn es widerspricht der orthodoxen Ekklesiologie gänzlich, wenn in ein und demselben Land mehrere, voneinander unabhängige orthodoxe Nationalkirchen existieren, wie dies auch in Deutschland der Fall ist. Die orthodoxe Kirche ist, unbeschadet der Vielfalt ihrer nationalen Herkunft, Sprache und Kultur, die zum Wesen der Orthodoxie gehören, *Eine Orthodoxe Kirche.*

Selbst wenn eine Reihe weiterer Fragen noch geklärt werden müssen, so kann schon jetzt als äußerst positiv bewertet werden, daß der Beschluß der Interorthodoxen Vorbereitungskommission vom November 1993, auch wenn er nicht mehr als nur ein Vorschlag an die IV. Panorthodoxe Vorkonziliare Konferenz ist, einen historischen Durchbruch oder gar einen Meilenstein auf dem Weg zur konziliaren bzw. ekklesiologischen Selbstfindung der Orthodoxie in unserer Zeit bedeutet.

Athanasios Basdekis

11.2. Orthodoxe Kirchen im ökumenischen Dialog

Die Orthodoxe Kirche gehört zu den Impulsgebern für die ökumenische Bewegung. Bereits 1902 findet sich in der Enzyklika des Patriarchen von Konstantinopel der Wunsch, Beziehungen „zu den beiden großen gewachsenen Formen des Christentums ... d.h. zur Westkirche und zur Kirche der Protestanten" anzubahnen. Das Sendschreiben des Ökumenischen Patriarchates „An die Kirchen Christi überall", das 1920 unter dem Eindruck des eben beendeten furchtbaren Ersten Weltkrieges ergeht, schlägt vor, in Analogie zum „Völkerbund" einen „Bund der verschiedenen christlichen Kirchen" zu gründen. Vertreter einzelner orthodoxer Kirchen beteiligten sich fortan an allen Konferenzen und Zweigen der ökumenischen Bewegung. Die politischen Verhältnisse im kommunistischen Ostblock beschränkten bis nach dem Ende des Zweiten Weltkrieges die ökumenischen Möglichkeiten der dortigen Kirchen. Unter der Führung des Moskauer Patriarchates spielten kirchenpolitische Wertungen und der Vorwurf, der 1948 in Amsterdam sich gründende Ökumenische Rat der Kirchen (ÖRK) würde das Ziel der dogmatischen Einigung hintansetzen, eine so entscheidende Rolle, daß die orthodoxen Vertreter der Ostblockländer nicht zur Gründungsversammlung erschienen. Nach Verhandlungen führte dann die trinitarische Erweiterung der Basisformel des ÖRK zu erster Mitarbeit dieser Kirchen. Die Situation der Koexistenz zwischen den politischen Blöcken machte 1961 auf der Vollversammlung in Neu Delhi den Beitritt der osteuropäischen orthodoxen Kirchen möglich. Dokumente des ÖRK, so auch die „Lima-

Konvergenzerklärung", tragen in machen Teilen deutlich die Handschrift orthodoxer Theologie. Doch ist eine deutliche Reserviertheit der orthodoxen Kirchen gegenüber dem ÖRK nicht überwunden. Zum fünfundzwanzigjährigen Bestehen des ÖRK im Jahr 1973 erhob Patriarch Dimitrios I. in seiner Botschaft die Forderung, die Programme des Rates sollten mehr theologisch und weniger sozialpolitisch sein. Gegen Ende der Vollversammlung von Canberra 1991 formulierten die östlich- und orientalisch-orthodoxen Teilnehmer ihre Kritik an bestimmten Äußerungen kontextueller und feministischer Theologie, am Dialog mit den Religionen und an voreiliger eucharistischer Gemeinschaft.

Nachdem am 20. Mai 1997 die Georgische Orthodoxe Kirche aus dem ÖRK ausgetreten war, kam es im Vorfeld der geplanten Vollversammlung zum fünfzigjährigen Bestehen des ÖRK 1998 in Harare zu weiteren Distanzierungen. Auf dem „Interorthodoxen Treffen" von Thessaloniki wurde Anfang Mai in einer Auswertung bekanntgegeben, daß die orthodoxen Kirchen zwar Vertreter nach Harare entsenden sollten, diese sich jedoch nicht an gemeinsamen Gebeten und an Abstimmungen, die die Orthodoxie nicht beträfen, beteiligen sollten. Es wurde die Forderung nach einer gründlichen Strukturreform des ÖRK aufgestellt. Die Bulgarische Orthodoxe Kirche bestätigte im Juni 1998 ihren im Mai 1998 gefaßten Beschluß, ebenfalls den ÖRK zu verlassen.

Man kann den Stand dieser Krise der ökumenischen Dialoge mit orthodoxen Kirchen nur dann gerecht beurteilen, seine Chancen und Schwierigkeiten nur dann angemessen bewerten, wenn man über einige Grundvoraussetzungen nicht hinwegsieht.

1. Historische Entfremdungen

Die Entfremdung zwischen der westlichen und östlichen Kirche hat seit dem Ausbruch des photianischen Schismas im Jahr 867 ein solches Ausmaß angenommen, daß die östliche Kirche im Geschichtsbewußtsein des Abendlandes kaum mehr eine Rolle spielte. Über Jahrhunderte hinweg wurde im Westen kein Versuch unternommen, dem Abendland ein gerechtes Bild vom Leben und der Geschichte der Ostkirchen zu vermitteln. Unterschwellig ging man davon aus, daß der Fall

Konstantinopels 1453 eigentlich die gerechte Strafe für das Schisma zwischen Ost und West war, an dem aus westlicher Sicht die griechische Kirche schuld war. Aus römischer Sicht wurde dann die Ostkirche als so minderwertig betrachtet, daß man der im Jahre 1622 gegründeten Propaganda-Kongregation die Aufgabe zuwies, neben der Heidenmission die Häretiker und Schismatiker des Ostens zu bekehren und zurückzuführen. Die unter dem Halbmond in bedrückenden Verhältnissen lebende Ostkirche schob aber die Schuld am Untergang Konstantinopels Rom zu. Dies geschah aus der Erfahrung, daß die Eroberung Konstantinopels durch die Kreuzfahrer des 4. Kreuzzuges im Jahre 1204 die politische Macht Ostroms so sehr geschwächt hatte, daß es seiner Aufgabe, den Sturm des Islams abzuwehren, nicht gewachsen war.

In der Reformation war zwar zu Beginn ein ökumenisches Bewußtsein vorhanden, daß die Kirchen des Ostens und Westens die eine Christenheit bildeten, und der Hinweis auf die Kirchen des Ostens wurde als Argumentationshilfe verwendet gegenüber den Machtansprüchen des päpstlich-kirchlichen Systems. Aber das protestantisch-konfessionelle Sonderbewußtsein von der reineren Form des Christentums bewerteten die Ostkirchen schon bald unter dem Aspekt des Verfallsgedankens. So hinterließ die peinliche Bewertung der Orthodoxie durch den Vertreter des theologischen Liberalismus Adolf von Harnack (1851-1930) noch lange Zeit negative Spuren bei ganzen Generationen von evangelischen Theologen. Die Orthodoxie erfaßte ihrerseits die Kirchen der Reformation in ihren Darstellungen als diejenigen, die auf der Flucht vor dem römischen Verderben in noch tiefere Abgründe der Häresie stürzen mußten und zur Brutstätte für die Anpassung der Theologie an den Zeitgeist wurden. Evangelische Kirchen schienen der Orthodoxie aus der Tradition herausgefallen zu sein und jeweils eigene Akzente zur Tradition zu erheben. Man muß sich all diese Ausgangspositionen vor Augen halten, um zu ermessen, welche großen theologischen und psychologischen Gräben in der ökumenischen Begegnung auf beiden Seiten warteten.

Allerdings führten Auswanderungs- und Fluchtbewegungen in den letzten ein bis zwei Jahrhunderten dazu, daß die orthodoxe Christenheit nun nicht mehr wie früher mehrheitlich in kulturell getrennten Gebieten zu den Westkirchen lebt, sondern ihrerseits ein weltweites Netz von Bistümern – ausgehend von den einzelnen Patriarchaten – gezogen hat. Ostkirchen und Westkirchen sind in ganz Europa, so auch in Deutschland, zu Nachbarn geworden.

2. Die Neubewertung der Ökumene nach der politischen Wende

Die politische Wende in Osteuropa hat für das Leben der dortigen Kirchen, besonders aber der Orthodoxie, eine neue Phase des kirchlichen Lebens eingeleitet. Die Kirchen leisten in einer wirtschaftlichen und politisch schwierigen Zeit eine Aufbauarbeit, die fast über ihre eigenen Kräfte geht, und gleichzeitig die Arbeit einer Selbstfindung und Neubesinnung, die die eigene Theologie vor große Herausforderungen stellt. In dieser Situation werden die ökumenischen Bemühungen und Dialoge der Vergangenheit vielfach neu bewertet oder in einem anderen Licht gesehen. Die seit Anfang der 60er Jahre von staatlicher Seite zugelassene Öffnung der Orthodoxie Osteuropas zur ökumenischen Bewegung wird heute als zu sehr von staatlichen politischen Interessen abghängig und geleitet gesehen. Ökumenische Dialoge wurden nicht selten in einer Ghetto-Situation geführt, waren aber notwendig.

Es wächst in den Ländern Osteuropas ein Mißtrauen gegenüber der Arbeit der Kirchen des Westens, die in den Ländern Osteuropas eine Missionstätigkeit entfalten, als ob es sich um völlig säkularisierte und heidnische Staaten handeln würde. Die Orthodoxie weist aber darauf hin, daß die Christianisierung dieser Länder durch die Orthodoxie bereits erfolgt war und es eine gewachsene Einheit von Volk und Konfession gibt, die zu respektieren ist. Das Stichwort dazu heißt „Kanonisches Territorium".

Die Aktivitäten der Kirchen des Westens können auch von orthodoxer Seite nicht leicht unterschieden werden von den missionarischen Aktivitäten religiöser Sondergemeinschaften und neoreligiöser Kulte und Konzerne, die oft mit verschleierten Bezeichnungen, mit viel Geld- oder Sachprämien und mit Psychotechniken arbeiten, um Leute für sich zu gewinnen. Die vatikanische Ernennungspolitik von Bischöfen und die Wiederorganisation der katholischen Ostkirchen, der sog. „Unierten", belasten ebenfalls das ökumenische Miteinander.

All diese Faktoren führen vielerorts zu einer antiökumenischen Stimmungslage und zu einer Spaltung innerhalb der orthodoxen Kirchen in Gegner und Befürworter des Ökumenismus. Der Austritt der Orthodoxen Kirche Georgiens aus den ökumenischen Gremien ist ein Symptom für diese Konstellation. Die Orthodoxie sucht vor Harare nach neuen Formen der Repräsentanz und Mitarbeit innerhalb der Gesamtökumene und wird auf ihrem Weg zum „Großen und Heiligen Konzil" versuchen, eine gemeinsame Linie zu finden, mit dem Ökumenismus der Gegenwart umzugehen.

3. Unterschiedliche Zugänge

Die Orthodoxie ist in die Ökumenische Bewegung seit 1902 und 1920 eingetreten in dem Bewußtsein, den anderen Kirchen Zeugnis zu geben von der Fülle der Orthodoxie und von der Substanz ihres Glaubens, der sich an den Leitlinien der Glaubensüberlieferung der ungeteilten Alten Kirche orientiert und das Modell ihrer Kirchlichkeit als Einigungsmodell mit anderen Kirchen sieht. Diese Leitlinie geht davon aus, daß die Orthodoxie keiner Ergänzungen und Korrekturen in der Glaubenstradition bedarf. Trotzdem ist die Orthodoxie bemüht, die Wahrheit, die sie in den anderen Konfessionen erkennt, zu schätzen und in theologischen Einzelfragen Lernprozesse nicht auszuschließen. Es treffen in der Begegnung zwischen orthodoxer und westlicher Theologie zwei in vielen Grundvoraussetzungen verschiedene Ansätze aufeinander, die sich gegenseitig in ihren Konsequenzen noch mehr verstehen und durchdringen müssen.

Da ist zuerst der Unterschied in der Erkenntnistheorie. Vereinfachend dargestellt: In der westlichen Theologie setzt sich von der bekannten Kurzformel Augustins (†430) „Intellige ut credas, crede ut intelligas" (Arbeite mit deiner Vernunft, damit du zum Glauben kommst, glaube, damit du zur Einsicht gelangst) die Betonung des ersten Teils der Formel durch. Das aristotelische Denken gewinnt an Macht. Das Verstehen der göttlichen Offenbarung setzt den Gebrauch der Vernunft voraus. Östlich-orthodoxe Theologie (so die russische Religionsphilosophie und die orthodoxe Theologie nach der patristischen Wende) betont die religiöse Glaubenserfahrung und -praxis als Grundlage der Welterkenntnis und bevorzugt den platonischen Zugang.

Da ist zweitens – etwas plakativ dargestellt – der Ansatz, daß im Westen der Gottesdienst und seine Gestaltung als Konsequenz aus oder als Antwort auf die Dogmatik gesehen wird; in der Ostkirche wird Theologie als Konsequenz des liturgischen Geschehens angesehen. Darum wird auch mit Fragen des Gottesdienstes bei ökumenischen Anlässen von orthodoxer Seite anders umgegangen, als es für viele westliche Gemeinden auf Anhieb verständlich ist.

4. Entdeckung einer großen Nähe

Bedenkt man die eben geschilderten Voraussetzungen, muß man die Dialoge mit den orthodoxen Kirchen als sehr erfolgreich ansehen, auch wenn es auf den ersten Blick scheint, als wenn sie wenig spektakuläre Ergebnisse (vielleicht mit Ausnahme der christologischen Übereinstimmungen mit den Orientalischen Orthodoxen Kirchen) hervorgebracht haben. Vielmehr ist es so, daß alle diese Dialoge auf vielen Ebenen erstaunliche Annäherungen und Übereinstimmungen ergeben haben. Das ist bei so gegensätzlichen Ansätzen ein großer Erfolg und bei vielen eigentlich als kontrovers erwarteten Aussagen eine Überraschung. Die Annäherung in den Prolegomena der Theologie könnte unübersehbare positive Konsequenzen nach sich ziehen.

Die vorliegenden Dialogdokumente tragen nicht den Charakter dogmatischer Übereinkünfte mit auf dem Fuße folgenden kirchenpolitischen Konsequenzen. Sie tragen den Charakter von theologisch-spirituellen Beschreibungen des Glaubenslebens. Die Nähe in grundsätzlichen theologischen Fragen verlangt nach Rezeption und nach spiritueller Begegnung der Kirchenfamilien auf allen Ebenen des kirchlichen Lebens.

Der katholisch-orthodoxe Dialog begann offiziell 1980 und brachte vielversprechende Dokumente über Fragen der Eucharistie (1989), Trinität und Eucharistie (1982), Sakramente und Einheit der Kirche (1997) und das Weihesakrament (1988). Als die komplizierte Frage des „Uniatismus" 1990 in Freising auf der Tagesordnung stand, hatte die aktuelle politische Situation dieses Thema eingeholt. Im Zusammenhang mit der Reorganisation der katholischen Ostkirchen kam es vor Ort zu massiven Auseinadersetzungen um Besitz und Ein-

Die Ikone der hll. Apostel Petrus und Andreas stellt die Einheit zwischen Ost- und Westkirche dar.

fluß und stürzte den Dialog in eine Krise. 1993 wurde in Balamand/Libanon der Dialog fortgesetzt, wobei „die Methode des Uniatismus" als eine überholte Methode zur Gewinnung der kirchlichen Einheit dargestellt und verworfen wurde; beide Kirchen, da sie sich als Schwesterkirchen anerkennen würden, müßten einen anderen Weg zur Einheit gehen. Dieser Ansatz von Balamand wird bis heute heftig diskutiert. Strittig ist bei Theologen beider Seiten, ob die römisch-katholische Kirche und die orthodoxe wirklich schon so formulieren können, daß sie sich gegenseitig als Schwesterkirchen anerkennen können.

Der Dialog des Lutherischen Weltbundes mit der panorthodoxen Gemeinschaft begann 1981 mit dem Ziel der „vollen Kirchengemeinschaft" und beschäftigte sich in seinen Dokumenten mit der göttlichen Offenbarung (1985), Schrift und Tradition (1987) und Inspiration und Kanon (1989). Hier ist es zu einer großen Annäherung im Verständnis der gegenseitigen Begrifflichkeit gekommen. Lutheraner sagen, daß es immer die Intention der Formulierung „sola scriptura" gewesen sei, auf die göttliche Offenbarung, auf das Heilshandeln Gottes in Jesus Christus in der Kraft des Heiligen Geistes hinzuweisen. Dieses Heilshandeln Gottes beschreibt die orthodoxe Seite als Tradition, die sich gegen falsche menschliche Traditionen richtet, die die authentische Lehre der Kirche verdunkeln.

Im Dialog der Orthodoxie mit dem Reformierten Weltbund, der seit 1986 geführt wird, wurde 1990/91 formuliert, daß man sich auf dem Weg zu einer theologischen Übereinstimmung in der Lehre der Heiligen Dreifaltigkeit befinde.

Orthodox-altkatholische Kontakte sind seit 1874/75 lebendig. In verschiedenen Verhandlungsphasen wurden Unionsverhandlungen und dogmatische Gespräche geführt. Der Dialog von 1966 bis 1973 gilt von der Dokumentenlage als abgeschlossen und eine künftige Interkommunionvereinbarung schien vorstellbar. Allerdings wurden die Dokumente dieses Dialoges nicht von den Kirchenleitungen oder den Kirchenmitgliedern rezipiert. Die Frage, ob die Wirklichkeit des kirchlichen Lebens auch den ausgehandelten Dokumenten entspräche, wurde laut. Die Öffnung einiger altkatholischer Kirchen für Ordination von Priesterinnen sorgt für weiteren Gesprächsbedarf.

Der frühere Dialog zwischen der Orthodoxen und der Anglikanischen Kirche wurde 1976 in einer gemeinsamen Konsenserklärung von Moskau zusammengefaßt, Unterkommissionen wurden eingerichtet, um verschiedene Themenbereiche zu bearbeiten. Deren Arbeitsergebnisse mündeten in die Konsenserklärung von Dublin (1984) ein, in der in vielen bedeutenden Punkten (Mysterium der Kirche, Heilige Dreifaltigkeit, Gebet, Heiligkeit, Gottesdienst und Überlieferung) Übereinstimmungen formuliert wurden. Seit 1978 empfiehlt die Lambeth-Konferenz ihren Mitgliedskirchen, die „Filioque-Klausel" aus den liturgischen Texten zu entfernen. Die Entscheidung der Lambeth-Konferenz für die Ordination von Priesterinnen (1988) sorgte für weitere Probleme, aber auch für weitere ehrliche Gespräche. Die Anglikanisch/Lutherischen Gespräche über den Unterschied in der praktischen Anwendung des Bischofamtes und die Begrifflichkeit der apostolischen Nachfolge beeinflußten den Fortgang der Gespräche, sie führten aber nicht zur Unterbrechung der weiteren theologischen Arbeiten der gemischten theologischen Kommission. Eine vollkommenere Vision für die Einheit der Kirchen bleibt ihr Ziel.

Der Dialog zwischen der Finnischen Lutherischen Kirche und der Russischen Orthodoxen Kirche begann 1989. Bis 1995 fanden zehn theologische Gespräche statt, bei denen auch die Finnische Orthodoxe Kirche beteiligt war und eine Fülle von Themen behandelt wurde. Der Dialog hatte auch positive Auswirkungen auf die Stärkung der Finnischen Lutherischen Kirche im Ingermannland in der Nähe St. Petersburgs. Die Finnische Lutherforschung, die den Begriff der „deificatio" bei Luther im Zusammenhang mit der „iustificatio" zur Geltung bringen wollte, stellt eine besondere Bereicherung in der orthodox-evangelischen Diskusion der Soteriologie dar. Die Entfaltung des Gedankens des „im Glauben gegenwärtigen Christus" bildete eine Brücke zwischen den Ansätzen Theosis und Rechtfertigung. Die Russische Orthodoxe Kirche betonte, sie hätte gelernt, daß Luthertum nicht gleichzusetzen sei mit dem Begriff „Protestantismus".

An dieser Stelle sollen noch einmal mit Blick auf die am Anfang genannten Voraussetzungen die Begegnungen als äußerst erfolgreich und lehrreich für beide Seiten bezeichnet werden, auch wenn es zu klaren und deutlichen zwischenkirchlichen Konsequenzen noch nicht gekommen ist. Demjenigen, der dieses als defizitär anprangert, muß entgegengehalten werden, daß der Weg, zu einer schrittweise ausgesprochenen Anerkennung von kirchlicher Gemeinschaft und zu abgestuften Modellen von Kommuniongemeinschaft zu kommen, der Orthodoxie nicht möglich ist.

Sie versteht sich ja nicht primär als juristische Gemeinschaft oder Bekenntnisgemeinschaft, sondern findet ihr eigenes Einheitsmodell in der vollständigen Identität der einzelnen Ortskirchen in der eucharistischen Versammlung. Ein Eingehen auf westliche Modelle von abgestuften Konsensen für sie zu fordern, hieße, den ureigenen ekklesiologischen Beitrag der Orthodoxie zur Einheit nicht zu verstehen.

Wenn man den ekklesiologischen Status der Gemeinschaft der orthodoxen Kirchen mit den anderen Kirchen definieren will, müßte er zunächst einmal als Dialog- und Agape-Gemeinschaft dargestellt werden. Das ist schon viel. Besonders die Agape-Gemeinschaft wird von den Orthodoxen immer wieder auf den Konferenzen durch die gottesdienstliche Feier des Brotbrechens, die Artoklasia (so in Rhodos 1987, wo der evangelische Präses Linnemann zusammen mit dem orthodoxen Metropoliten Augoustinos das Agapebrot verteilte), zum Ausdruck gebracht. Selbstverständlich ist für sie auch, daß den nichtorthodoxen Christen zwar nicht die Kommunion gereicht, aber doch das Antidoron ausgeteilt wird.

Die Anerkennung der Hl. Taufe in anderen Kirchen wird von dem Ökumenischen, Russsischen und anderen Patriarchaten, aber noch nicht von allen byzantinisch-orthodoxen Kirchen ausgesprochen. Damit ist allerdings keine ekklesiologische Bewertung der anderen Kirchen ausgesagt. Hier sollte man den Orthodoxen einfach zubilligen, in ihrer Weise zu sprechen, denn Fragen offen zu lassen, kann auch hilfreich sein. Ein klares Aussprechen der gegenseitigen Anerkennung der Hl. Taufe sollte ein Ziel sein für die europäischen Kirchen. Eine Zweittaufe sollte bei Konversionen vermieden werden.

Als nächsten Schritt muß man pastorale Vereinbarungen für den Einzelfall im ökumenischen Miteinander vor Ort z.B. in Sachen konfessionverschiedener Ehen anstreben, in der Schweiz und in Deutschland gibt es Schritte dazu.

Wenn in den nicht immer einfachen gegenwärtigen ökumenischen Stimmungslagen klar ist, daß die Taufe in den Kirchen gegenseitig anerkannt ist und daß die Kirchen sich gegenseitig die Agape-Gemeinschaft gewähren, kann dieses für das gemeinsame Zeugnis der Kirchen förderlich sein. Es ist zu wenig, daß die Kirchen nebeneinander her leben, wobei jede Kirche sich selbst genug ist.

Natürlich müssen die theologischen Dialoge und der Austausch von Stipendiaten weitergehen. Die festgestellte theologische Nähe muß Eingang finden in die theologischen Lehrpläne und in die Darstellungen der Religionsbücher. In die Gesangbücher der westlichen Kirchen wurden in letzter Zeit vermehrt Stücke aus ostkirchlicher Tradition aufgenommen. Eine gründliche konfessionskundliche Informationsarbeit soll helfen, daß theologische Kontroversen vor Ort nicht mit auf Unkenntnis basierender falscher Polemik geführt werden.

Reinhard Thöle

11.3. Die Dialoge der EKD mit den orthodoxen Patriarchaten

Bilaterale theologische Dialoge der Evangelischen Kirche in Deutschland mit orthodoxen Kirchen

1. Anknüpfungspunkte

Ziel der Wittenberger Reformation war die Rückkehr zur unverfälschten apostolischen Lehre, wie sie in den Schriften des Neuen Testamentes überliefert ist. Von daher war es nur folgerichtig, daß sich reformatorische Theologen um Kontakt und theologischen Austausch mit der alten Kirche des Ostens bemühten. Sie vermuteten, daß in ihr die apostolische Überlieferung durch die Zeiten weit treuer bewahrt worden war, als sie dies von der Theologie der mittelalterlichen lateinischen Kirche kannten. Bereits im Frühjahr 1559 hatte Melanchthon versucht, ein Exemplar des Augsburger Bekenntnisses auf griechisch nach Konstantinopel zu senden (das dort nie angekommen ist). Reformatorische Theologen der Universität Tübingen nahmen dann Ende des 16. Jahrhunderts einen Briefwechsel mit dem Ökumenischen Patriarchat von Konstantinopel auf. Ziel des Austausches sollte sein, zu einem besseren Verständnis für das Anliegen der Reformation und womöglich zur Überwindung der spätestens seit 1054 besiegelten Spaltung zwischen Ost- und Westkirche zu kommen. Dem zwischen 1573 und 1581 geführten Briefwechsel war in dieser Hinsicht allerdings kein Erfolg beschieden. Es gelang den württembergischen Theologen nicht, die Konstantinopolitaner davon zu überzeugen, daß in der Reformation nicht eine neue Lehre eingeführt werden sollte, sondern die Quelle der apostolischen Tradition wieder neu in den Mittelpunkt gestellt worden war, wie es die Tübinger 1583 in der Vorrede der gedruckten Ausgabe des Briefwechsels mit Patriarch Jeremias II. formuliert hatten: „... dies war die Lehre und der Glaube der Apostel, ... dies ist auch unser Glaube und unsere Religion und keine andere. Im übrigen gibt es Neues bei uns aber nicht. Wir haben keine neue Bibel, haben auch keine neue erdacht, sondern jene Alte ...“[1]

Die Kommunikationsmöglichkeiten waren im ausgehenden 16. Jahrhundert zu beschränkt und die gegenseitige Kenntnis zu gering, als daß diesem ersten Versuch eines theologischen Dialoges ein nachhaltiger Erfolg hätte beschieden sein können. Mit Ausnahme von Rußland standen die alten orthodoxen Patriarchate alle unter osmanischer Besatzung. Das Festhalten an der vertrauten, althergebrachten Liturgie war deshalb für die orthodoxen Christen oft die einzige Möglichkeit, ihren Glauben und ihre sprachliche Identität zu bewahren und am Leben zu erhalten. Das für die Reformatoren existentielle Bedürfnis, Theologie und Kirche erneuern zu *müssen*, lag für die Theologen des Ökumenischen Patriarchates in der gegebenen Situation wohl außerhalb des Vorstellungshorizontes.

Im Westen nahm die Entwicklung in Kirche und Theologie in den folgenden Jahrhunderten eine andere Richtung als im Osten. Die Gedanken der Aufklärung durchdrangen und beeinflußten die Theologie ebenso wie das kirchliche und öf-

---

[1] Nach H. Schaeder: Wort und Mysterium, Witten (Ruhr), 1959, S. 114.

fentliche Selbstverständnis. Der Graben zwischen Ost- und Westkirche wuchs um so mehr, da beide Entwicklungslinien unabhängig voneinander verliefen und nicht kommuniziert werden konnten. Diese gegenseitige Unkenntnis führte zu beidseitigen groben Fehleinschätzungen und Mißdeutungen, die durch ihre Fortschreibung in konfessionskundlichen Lehrbüchern bis in die Gegenwart wirksam sind. Ein Gutteil der neueren ökumenekritischen Entwicklung in den Ländern des früheren kommunistischen Machtbereiches ist unter anderem auch darauf zurückzuführen, daß allein solche alten konfessionskundlichen Werke im Druck vorhanden waren und jetzt teilweise sogar wieder neu aufgelegt worden sind.

Das Ökumenische Patriarchat von Konstantinopel mußte im Zuge der Befreiung des Balkans von der osmanischen Herrschaft und des Entstehens einer Reihe von Nationalstaaten auf dem befreiten Territorium nach und nach auch die in diesen Staaten bestehenden orthodoxen Eparchien in die Autokephalie entlassen. Zumeist unter westlichem Einfluß wurden die Ausbildungssysteme in diesen Staaten neu aufgebaut; davon abhängig war auch die Einrichtung theologischer Fakultäten nach dem Beispiel des westlichen Fächerkanons. Erst in neuerer Zeit wird diese Entwicklung von orthodoxen Theologen kritisch reflektiert. Sie beurteilen dieses System der orthodoxen Theologie (und ihrer antischolastischen Denkweise) für nicht angemessen. Das Ökumenische Patriarchat hat im Verlauf der politischen und territorialen Entwicklung einen Großteil seines unmittelbaren jurisdiktionellen Einflusses verloren, doch blieb ihm innerhalb des Ganzen der autokephalen orthodoxen Kirchen eine gewichtige Stellung durch den ihm zukommenden Ehrenprimat. Es übt weiterhin einen nicht zu unterschätzenden Einfluß aus. Die Diözesen des Ökumenischen Patriarchates sind weltweit in der Diaspora zerstreut. Dies – und die Lage des Patriarchats inmitten einer islamischen Umwelt – haben gewiß wesentlich dazu beigetragen, daß die Haltung des Ökumenischen Patriarchates von großer ökumenischer Offenheit und Dialogbereitschaft geprägt ist. Im Jahr 1920 gab es durch eine Enzyklika „an die Kirchen Christi überall" einen entscheidenden Anstoß für die ökumensiche Bewegung. Damit war erneut die Frage gestellt, wie eine erneuerte Gemeinschaft und Einheit zwischen den in Zertreuung lebenden Kirchen erreicht werden kann.

Die Russische Ortodoxe Kirche (Moskauer Patriarchat) blieb von dieser Entwicklung aufgrund der politischen Verhältnisse in der nach 1917 neu entstandenen Sowjetunion für lange Zeit ausgeschlossen. Als 1948 in Amsterdam der Ökumenische Rat der Kirchen (ÖRK) gegründet wurde, war für die Kirchen im Einflußbereich der Moskauer kommunistischen Führung ein Beitritt nicht möglich gewesen, obwohl im Vorfeld besonders vom Moskauer Patriarchat (ROK) großes Interesse an den Gründungsverhandlungen und an einer Mitgliedschaft gezeigt worden war. Schon bald nach Kriegsende suchte es Kontakt zu der neu gegründeten Evangelischen Kirche in Deutschland (EKD), um nach den Schrecken des Zweiten Weltkrieges mit all seinen von deutschem Boden ausgehenden Verbrechen dem deutschen Volk die Hand zur Versöhnung zu reichen. Die Kontakte zur EKD stellten für die ROK eine wichtige Verbindung zur ökumenischen Bewegung dar, von der die ROK vor ihrem Beitritt zum ÖRK im Jahr 1961 zumindest partiell isoliert war. In den 50er Jahren kam es zwischen der EKD und der ROK zu einer Reihe von Besuchen und Gegenbesuchen hochrangiger Kirchenführer, die dann 1959 in die Aufnahme des offiziellen bilateralen theologischen Dialoges zwischen beiden Kirchen einmündeten. Die Bedeutung dieses Dialoges war zugleich immer auf dem Hintergrund der ideologischen Auseinandersetzungen des „Kalten Krieges" zwischen NATO und Warschauer Pakt zu sehen. So waren der Dialog und seine Teilnehmer immer auch des Drucks und der Versuche der Einflußnahme von staatlicher Seite ausgesetzt, die den Dialog für ihre eigenen Zwecke zu instrumentalisieren versuchten. Aus dem Rückblick kann festgestellt werden, daß diese Versuche keinen Erfolg zeigten. Im Gegenteil: das „kleine Fenster", das mit staatlicher Duldung von der ROK für den Dialog geöffnet werden durfte, ermöglichte große Einblicke in das System und die Praxis der sowjetischen Religionspolitik mit all ihren Unterdrückungs- und Einschüchterungsmechanismen.

Auch die übrigen Dialoge sind – jeweils in ihrem Kontext – immer auch auf dem Hintergrund der herrschenden politischen Großwetterlage zu sehen. Theologie und theologischer Austausch können nicht abgehoben von der alltäglichen kirchlichen Wirklichkeit der Gesprächspartner betrieben werden. Die Dialoge der EKD sollten vom Grundsatz her nie wirklichkeitsferne dogmatische Lehrgespräche im theologischen Elfenbeinturm sein. Sie sind *kirchliche* Dialoge. Dasselbe galt für die beiden Dialogreihen des Bundes der Evangelischen Kirchen in der damaligen DDR (BEK). Ziel der bilateralen Dialoge war immer, Schritte auf dem Weg zur kirchlichen Einheit zu gehen. Aus diesem Grunde sind die bilateralen theologischen Dialoge thematisch und über Personen mit den Dialogen auf Weltebene verzahnt, die zwischen der Gesamtheit der orthodoxen Kirchen und dem Lutherischen Weltbund bzw. dem Reformierten Weltbund mit dem erklärten Ziel der Kirchengemeinschaft geführt werden. Dieses Ziel ist im übrigen mit den orthodoxen Kirchen nur auf Weltebene und nie bilateral zu erreichen, da es undenkbar ist, daß einzelne Partner Kirchengemeinschaft erklären, ohne diese Erklärung in der Lehre mit den anderen Kirchen abgestimmt zu haben. Bei den Orthodoxen bedarf es dazu einer Ratifizierung durch die einzelnen orthodoxen Landeskirchen bzw. des Beschlusses eines Panorthodoxen Konzils. Bei den reformatorischen Kirchen bedarf es ebenfalls eines Rezeptionsprozesses und Ratifizierungsverfahrens unter den Mitgliedern der dialogführenden Weltbünde.

In der EKD entspricht das Berufungsverfahren für die Mitglieder der dialogführenden Kommission der Bedeutung der Dialoge mit den orthodoxen Kirchen als kirchliche Gespräche auf dem Weg zur Einheit. Die Mitglieder der Kommission werden deshalb unmittelbar vom Rat der EKD berufen. Um gegenüber den orthodoxen Kirchen sowohl Kontinuität als auch ein möglichst breites theologisches Spektrum aus der EKD zu erhalten, legt der Rat der EKD selbst die Zusammensetzung der vier Dialogausschüsse innerhalb der Kommission fest. Der Berufungszeitraum entspricht der Amtszeit des Rates. Die Ausschüsse berichten dem Rat der EKD über die Ergebnisse der jeweiligen Gespräche.

Für die einzelnen Begegnungen innerhalb der jeweiligen Dialogreihen hat sich ein gewisses Schema herauskristallisiert. Der Gesprächs*ort* alterniert zwischen den beiden Partnern. Das Lehrgespräch über ein vorher gemeinsam festgelegtes Thema wird durch Koreferate von beiden Seiten eingeleitet und durch ein Programm von Besuchen und Begegnungen mit Kirchengemeinden, kirchlichen Einrichtungen und staatlichen Gesprächspartnern in die Lebenswirklichkeit der gastgebenden Kirche eingebunden. Hinter diesem Verfahren steht die Einsicht, daß kirchlich relevante Theologie und Dogmatik ihren Platz nur aus dem unmittelbaren Zusammenhang von Forschung, Lehre und historisch gewachsener kirchlicher Wirklichkeit erschließen kann. Der Dialog ergibt nur ein vollständiges Bild, wenn er neben dem Austausch über dogmatische Lehraussagen auch ihre Umsetzung und Wirkungsgeschichte in der kirchlichen Praxis einschließt. Diese Einsicht hat bereits die Anfänge der Dialoggeschichte geprägt. Im Jahr 1956 überreichte Professor Parijskij/St. Petersburg einen Fragenkatalog, der nach einem Besuch in der Westfälischen und der Rheinischen Landeskirche verfaßt worden war. Dieser Katalog hat den Dialog zwischen der EKD und der ROK wesentlich beeinflußt. Parijskij benennt unter der Hauptfragestellung „welche Grundunterschiede bestehen zwischen der Orthodoxie und dem Protestantismus?" drei Fragenkreise, die zur Klärung anstehen:

– „Die Beziehung der Protestanten zu den Quellen der göttlichen Offenbarung."

– „Die Ablehnung der kirchlichen Hierarchie durch den Protestantismus."

– „Die protestantische Lehre von den Bedingungen der Rechtfertigung des Menschen."

Parijskij stellt nach der treffsicheren Benennung der Kontroversthemen zwischen Orthodoxie und Protestantismus aufgrund seiner bei Begegnungen in der kirchlichen Praxis gewonnenen Anschauung jedoch fest: „daß, bei richtigem Verständnis in der Praxis, der Unterschied nicht so tief ist, wie es scheinen mag".[2] Gleichzeitig formuliert Parijskij eine weitere, grundlegende Erkenntnis des Dialoges: Die apologetische Auseinandersetzung der Reformatoren mit bestimmten dogmatischen Lehraussagen richtet sich allein gegen die mittelalterliche lateinische Theologie. Ziel dieser Auseinandersetzung war, „der westlichen Kirche ihre ursprüngliche Lehre und ihren Aufbau wiederbringen" zu wollen. Das heißt vom Grundsatz her: Diese Auseinandersetzung darf nicht auf den

---

[2] Der Fragenkatalog ist dokumentiert in: „Tradition und Glaubensgerechtigkeit", das Arnoldshaingespräch zwischen Vertretern der EKD und der ROK vom Oktober 1959, Witten 1961, S. 76-79.

Dialog mit der Orthodoxie übertragen werden, weil sie die dort herrschende dogmatische Wirklichkeit und Praxis nicht trifft. Umgekehrt müssen daraufhin aber auch etliche, bis in die heutige Zeit immer wiederholte, orthodoxe Fragestellungen und antireformatorische Verdächtigungen einer kritischen Prüfung unterzogen werden, da sie sich oft an einem Bild von der Reformation orientieren, wie es in älteren römisch-katholischen konfessionskundlichen Darstellungen gezeichnet wird.

2. Ebenen des Dialoges

Bereits bei den ersten Begegnungen, die nach dem Zweiten Weltkrieg zwischen Vertretern aus der EKD und dem Ökumenischen Patriarchat ebenso wie der ROK möglich geworden waren, ist deutlich geworden, daß sich das Gespräch auf verschiedenen Ebenen bewegt. Im Verlauf der Dialoggeschichte haben sich vier eng miteinander verbundene Ebenen herauskristallisiert. Innerhalb der einzelnen Dialogreihen konnte es zwar zu Verschiebungen im Akzent kommen, durch die eine Ebene eher in den Vordergrund gehoben worden ist. Der Dialog insgesamt ist jedoch nur angemessen zu bewerten, wenn alle vier Ebenen im Blick bleiben.[3]

a) Das theologisch-dogmatische Lehrgespräch

Die Partner versuchen, bislang strittige oder mißverständliche theologische Fragestellungen zu klären. Der Weg zu gegenseitigem Verständnis bzw. zur Erklärung von Übereinstimmungen ist zumeist verbunden mit der Klärung hermeneutischer Fragen. Es gilt, eine gemeinsame Sprache zu finden, *nicht* eine neue Theologie zu formulieren. Es gilt zu erkennen, daß manche gleichlautenden Begriffe inhaltlich unterschiedlich gefüllt sein können; ebenso gilt die Erkenntnis, daß unterschiedliche – vielleicht sogar aus der Auseinandersetzung der Reformationszeit im westlichen Kontext strittige – Termini inhaltlich in orthodoxer und reformatorischer Theologie übereinstimmend sein können.

---

[3] Siehe zum Gesamtkomplex auch: Klaus Schwarz, Artikel „II – 1.1.3 Die Evangelische Kirche in Deutschland (EKD) im Gespräch mit Orthodoxen Kirchen", in: Klöcker/Tworuschka Hg., Handbuch der Religionen, Landsberg 1997.

*b) Das Offenlegen unterschiedlicher historischer Entwicklungs-
linien*

Die Gesprächspartner aus reformatorischen und orthodoxen Kirchen haben an vielen Punkten feststellen müssen, daß
sie – aus ihren jeweiligen Traditionen heraus – Geschichte unterschiedlich erfahren; ebenso, daß das gegenwärtig sichtbare
Bild der kirchlichen Wirklichkeit Ergebnis eines längeren Ent-
wicklungsprozesses ist. Nur dann kann beispielsweise für die
orthodoxen Gesprächspartner einsichtig werden, wieso sich
die EKD mit ihren Landeskirchen in Struktur und liturgi-
schem Ausdruck so uneinheitlich zeigt, wenn sie wissen, daß
sich die einzelnen Landeskirchen aus den verschiedenen Kir-
chenregimenten der deutschen Kleinstaaten entwickelten, und
diese durchaus unterschiedlichen Wurzeln im Bekenntnis
haben. Für die evangelischen Gesprächspartner war der ganzheitliche Zugang der Orthodoxie zu ihrer eigenen Geschichte
für ein tieferes Verständnis aufschlußreich. Die Orthodoxie
kann Vergangenes und Zukünftiges so auf die Gegenwart pro-
jizieren, daß die verschiedenen Zeitdimensionen jeweils für
den einzelnen als präsentisch neu erlebbar werden. Die Geschichte der Kreuzzüge (12./13. Jh.) und die damit verbundene Bedrohung durch die „westlichen Lateiner" sind auf
diese Weise bis in die Gegenwart lebendig geblieben. Aussagen
von Kirchenvätern des 3. Jh. zeigen sich harmonisch in einer
Reihe mit denen der späteren Kirchenlehrer, ohne daß einer
Entwicklungsgeschichte nachgespürt werden muß.

c) Die Begegnung in und mit Gemeinden

Auf dieser Ebene zeigt sich, wie unterschiedliche dogmatische Ansätze in der kirchlichen Praxis, im Leben und Handeln
der Gemeinden wirksam sind. Es wird deutlich, wie z. B. das
Kirchenverständnis, die Diakonie und die Spiritualität einer
Gemeinde wichtige Elemente zum tieferen Verständnis ihrer
dogmatisch-theologischen Grundlagen darstellen. Diese
Ebene der Begegnung wird in jüngerer Zeit verstärkt in das je-
weilige Programm der einzelnen Gesprächsbegegnungen einbezogen.

d) Liturgie und Gebet

Im Verlauf der Dialoggeschichte trat immer deutlicher hervor, daß die Möglichkeit der liturgischen Begegnung – auch
vor bereits bestehender voller Kirchengemeinschaft – eine

wichtige Klammer bildet, in der die bereits unter a) bis c) beschriebenen Ebenen zusammengefaßt sind. Die Dialogteilnehmer konnten feststellen, daß es trotz der jahrhundertelangen Trennung gemeinsame, in die Alte Kirche zurückreichende liturgische Traditionen in Gebeten, Texten und Hymnen gibt. Das evangelische Gesangbuch als „gesungene Dogmatik" tritt neu ins Blickfeld – besonders da die evangelischen Teilnehmer erkannten, wie sich in der Orthodoxie alles theologische Denken aus der Mitte des gottesdienstlichen Vollzuges entwickelt.

3. Die vier Dialoge der EKD mit orthodoxen Kirchen im Querschnitt

a) Der Dialog mit der Russischen Orthodoxen Kirche (Moskauer Patriarchat)

Die ROK hatte bald nach dem Ende des Zweiten Weltkrieges erste Kontakte zu Vertretern der Evangelischen Kirche in Deutschland geknüpft. Der Leiter der Berliner Stelle der EKD und damalige Professor an der Humboldt-Universität, Karl Rose, hatte eine Einladung der ROK zu einem Besuch der Sowjetunion erhalten – aber kein sowjetisches Einreisevisum erteilt bekommen. Daraufhin lud die ROK ganz kurzfristig Pastor Martin Niemöller ein. Er war während der Nazidiktatur als Regimegegner und „persönlicher Gefangener" Hitlers im KZ Dachau inhaftiert gewesen – daher für die Sowjets unverdächtig. Zur Zeit der Einladung war er u. a. Leiter des Kirchlichen Außenamtes der EKD und Mitglied im Exekutivausschuß des 1948 gegründeten Ökumenischen Rates der Kirchen. Niemöller reiste zu Beginn des Jahres 1952 nach Rußland. Damit begann eine Reihe von gegenseitigen Besuchen (z. B. 1954 unter der Leitung des Präses der EKD-Synode und späteren Bundespräsidenten Gustav Heinemann). 1956 überreichte Prof. Parijskij den bereits genannten Fragenkatalog, der zur Grundlage des 1959 aufgenommenen offiziellen bilateralen theologischen Dialoges zwischen der EKD und der ROK geworden ist. Nach dem ersten Dialogort wird dieser Dialog „Arnoldshain-Dialog" genannt. In 12 Begegnungen zwischen 1959 und 1990 war neben der Hauptabsicht einer theologischen Annäherung und der Formulierung theologischer Übereinstimmungen immer auch als ostpolitisches Interesse die Frage der Aussöhnung mit der ROK im Spiel.

Obwohl die hermetische Abschottung zwischen beiden deutschen Staaten erst mit dem „Mauerbau" im Jahre 1961 seinen Abschluß gefunden hatte und die EKD zumindest de jure sogar noch bis zum Jahr 1969 ohne Trennung in östliche und westliche Landeskirchen bestand, hatten weder bei den gegenseitigen Besuchen zwischen EKD und ROK in den 50er Jahren noch zu dem 1959 aufgenommenen Dialog jemals Vertreter der Landeskirchen auf DDR-Gebiet von staatlicher Seite eine Reise- und Teilnahmeerlaubnis erhalten. Im Jahr 1969 wurde – Folge der politischen Realität – der BEK gegründet. Bereits 1974 nahm der BEK einen eigenen Dialog mit der ROK auf. In diesem „Sagorsk-Dialog" fanden bis 1990 sieben Begegnungen statt. Durch persönliche und offizielle Kirchenkontakte waren Arnoldshain- und Sagorsk-Dialog eng miteinander verzahnt und koordiniert, auch wenn vor 1989 nicht abzusehen war, daß die Herstellung der kirchlichen Einheit zwischen EKD und BEK so schnell möglich werden würde. Der Schwerpunkt des Sagorsk-Dialoges lag auf dem Austausch von Kirchen, „die im gleichen Kontext einer sozialistischen Gesellschaft leben. „(...) Ebenso wurde klar, daß die Botschaft vom Reich Gottes uns ermächtigt, mit Menschen, die sich aufgrund anderer Entwürfe für die Gestaltung einer menschenwürdigen Zukunft verpflichtet wissen, verantwortlich zusammen zu arbeiten."[4]

Arnoldshain- und Sagorsk-Dialog waren dezidiert kirchliche Dialoge mit allen dazugehörigen Elementen (gottesdienstliche Begegnung, Besuche in Gemeinden und kirchlichen Einrichtungen). Die politischen Veränderungen in Europa führten dazu, daß nach der Wiedervereinigung Deutschlands im Jahre 1990 dann 1991 auch die kirchliche Einheit zwischen EKD und BEK wiederhergestellt werden konnte. Die beiden, getrennt mit der ROK geführten, Dialoglinien wurden in der Folge zu einem gemeinsamen Dialogstrang zusammengeführt, dessen erste Begegnung 1992 im Einkehrhaus der Evang. Landeskirche in Württemberg in Bad Urach stattfand. Die zweite Begegnung des Bad Urach-Dialoges fand nach einer

---

[4] Kommuniqué des 2. bilateralen theologischen Dialoges (Sagorsk II) zwischen dem BEK und der ROK vom 21. Sept. 1976, in: Christoph Demke (Hg.): Sagorsk I – III, Evang. Verlagsanstalt, Berlin 1982, S. 30 und 32.

längeren Pause vom 23.-28. Mai 1998 in Minsk statt. Thematisch war die Zusammenfassung, Auswertung und Sicherung der Ergebnisse aus den Arnoldshain- und Sagorsk-Dialogen schon in Bad Urach I angelegt. Es war jedoch beiden Seiten bewußt, daß dies nur der Anstoß für ein gründliches und längerfristig angelegtes gemeinsames Arbeitsvorhaben sein konnte. Der Besuch des russischen Patriarchen Alexij II. in Deutschland (Nov. 1995) bot Gelegenheit, bei einem Treffen mit den Mitgliedern der evangelischen Dialogkommission einen ersten gemeinsam erarbeiteten Text vorzulegen,[5] der später von den Kirchenleitungen der ROK und der EKD angenommen worden ist. Der Besuch von Patriarch Alexij II. in Deutschland – wohl nur auf dem Hintergrund des mehr als drei Jahrzehnte andauernden Dialoges, des 1993 vorangegangenen Deutschlandbesuches des Ökumenischen Patriarchen von Konstantinopel und der grundlegenden politischen Veränderungen in Europa möglich geworden – zeichnet sich noch durch eine grundsätzliche Erklärung des Patriarchen im Rahmen eines ökumenischen Gebetsgottesdienstes im Berliner Dom aus: Alexij II. bat das deutsche Volk um Vergebung für das von russischer Seite verschuldete Unrecht bei und nach der Besetzung des östlichen Teils von Deutschland. Für den Dialog war von großer Bedeutung, daß seit 1984 die lutherischen Kirchen aus den Baltischen Republiken als Gäste einbezogen waren, später dann die heutige, aus den deutschstämmigen lutherischen Gemeinden hervorgegangene Evangelisch-lutherische Kirche in Rußland und anderen Staaten (ELKRAS). Seit dem Jahr 1983 findet in losen Abständen ein Besuchsgruppenaustausch von jüngeren Theologen und Theologinnen statt, bei dem nach dem Vorbild der Dialoge theologische Themen diskutiert und Praxiserfahrungen gesammelt werden.

Themen der Dialogbegegnungen seit 1959 in Auswahl:

Arnoldshain-Dialog
Zwischen 1959 und 1990 fanden zwölf Begegnungen statt zu Themen wie:

---

[5] Dokumentiert in: Klaus Schwarz (Hg.), Bilaterale theologische Dialoge mit der Russischen Orthodoxen Kirche, Herrmannsburg 1996, S. 382ff, (= Studienheft 22).

„Taufe – Neues Leben – Dienst";
„Versöhnung";
„Die Eucharistie";
„Das Opfer Christi und das Opfer der Christen";
„Das kirchliche Amt und die apostolische Sukzession";
„Der bischöfliche Dienst in der Kirche";
„Das königliche Priestertum der Getauften und das apostoliche Amt in der heiligen Kirche";
„Das Leben der Kirche und ihr Zeugnis als Ausdruck der Heiligkeit und Katholizität".

Sagorsk-Dialog
Zwischen 1974 und 1990 fanden sieben Begegnungen statt zu Themen wie:
„Tradition und Situation";
„Das Reich Gottes als gegenwärtige und zukünftige Wirklichkeit";
„Einschätzung der Limadokumente" (bes. in bezug auf das Amt);
„Gegenwärtige Friedensaufgabe der Kirche";
„Die Rolle der Kirche in der sich erneuernden Gesellschaft".

Bad Urach-Dialog
„Die Kirche als Gemeinschaft der Heiligen und ihr Zeugnis in der Welt";
„Die Kirche, das Volk und der Staat in Europa".

b) Der Dialog mit dem Ökumenischen Patriarchat von Konstantinopel (ÖPK)
Die ersten wissenschaftlichen Kontakte der EKD mit orthodoxen Theologen nach dem Zweiten Weltkrieg kamen mit russischen Professoren des renommierten St. Sergius-Institutes in Paris zustande, die bis in die Gegenwart der Jurisdiktion des ÖPK unterstehen. In den fünfziger Jahren kamen neben Studenten und Kaufleuten vermehrt auch Arbeitnehmer aus Griechenland nach Deutschland. Ungeachtet der verschiedenen jurisdiktionellen Zugehörigkeit im Heimatland (ÖPK und Erzbistum von Athen) unterstehen alle Griechen im Ausland dem ÖPK, das so zum unmittelbaren Nachbarn und – über die Nutzung evangelischer Kirchengebäude – Partner der EKD geworden war. Erste griechisch-orthodoxe Gemeinden bildeten sich; im Jahr 1963 wurde die Griechisch-Orthodoxe

Agape-Feier mit den Mitgliedern der EKD-Delegation und den Vertretern des Ökumenischen Patriarchates auf Rhodos 1997

Metropolie von Deutschland gegründet, die heute mit etwa 400000 Mitgliedern drittgrößte Kirche in Deutschland ist. Hinzu kam, daß in jenen Jahren mit Patriarch Athenagoras eine der herausragenden ökumenischen Gestalten dieses Jahrhunderts an der Spitze des ÖPK stand. So konnten in den sechziger Jahren Sondierungsgespräche zwischen der EKD und dem ÖPK aufgenommen werden, die in den 1969 aufgenommenen „Konstantinopel-Dialog" mündeten. Dieser Dialog zeichnet sich nicht nur durch seine Praxisnähe aus den unmittelbaren Berührungspunkten zwischen beiden Partnern aus. Die besondere Lage des Sitzes des ÖPK in einer mehrheitlich islamisch geprägten Umwelt, mit allen darin angelegten Konflikten, gibt dem Dialog eine zusätzliche Qualität.

Bereits bei der 9. Begegnung im Jahr 1990 auf Kreta waren Aspekte gemeinsamen kirchlichen Handelns und der gemeinsamen Verantwortung für Europa angesprochen worden. Der Deutschlandbesuch des Ökumenischen Patriarchen von Konstantinopel, Bartholomaios I., im Jahr 1993 verstärkte diese Aufgabenstellung. Man will versuchen, sich einander in der Vermittlung von kirchlicher Lehre und Glaubenspraxis anzunähern durch den Austausch von akademischen Lehren, den

Austausch von Stipendiaten und der gemeinsamen Auslegung der Hl. Schrift in der Kirche. Deshalb war nur folgerichtig, daß die 10. Begegnung in Iserlohn (1994) das „Handeln der Kirche in Zeugnis und Dienst" zum Thema hatte. Zugleich wurde vereinbart, die Ergebnisse der bisherigen Begegnungen auszuwerten und in der Zusammenfassung den Kirchenleitungen vorzulegen. 1997 fand auf Rhodos (Hauptinsel des griechischen Dodekanes; in unmittelbarer Jurisdiktion des ÖPK) die elfte Begegnung des Dialogs zum Thema der gemeinsamen Verantwortung für Schöpfung und Umwelt statt.

Themen der Dialogbegegnungen seit 1969 in Auswahl:
„Das Bild vom Menschen in Orthodoxie und Protestantismus";
„Die Anrufung des Hl. Geistes im Abendmahl";
„Evangelium und Kirche";
„Die Verkündigung des Evangeliums und die Feier der heiligen Eucharistie";
„Leben aus der Kraft des Heiligen Geistes";
„Das Handeln der Kirche in Zeugnis und Dienst";
„Der Kosmos als Schöpfung Gottes. Die Kirchen vor dem ökologischen Problem".

c) Der Dialog mit der Bulgarischen Orthodoxen Kirche (BOK)

Die damalige DDR hatte innerhalb der Staatengemeinschaft des Warschauer Paktes einen regen Austausch mit der Volksrepublik Bulgarien, der Wirtschaft und Kultur mit einschloß. Dadurch war es möglich geworden, daß auch Beziehungen zwischen den Kirchen geknüpft werden konnten. Hinzu kam, daß mit Hans-Dieter Döpmann ein ausgewiesener Kenner der BOK an der Sektion Theologie der Humboldt-Universität, Berlin-Ost, lehrte, der über viele Kontakte nach Bulgarien verfügte. So nahm der BEK im Jahr 1978 einen Dialog mit der BOK auf, der – wie der Sagorsk-Dialog – neben dem theologischen Gespräch auch den Austausch über die Bedingungen kirchlichen Lebens in einer sozialistischen Gesellschaftsordnung umfaßte. Nach dem ersten Dialogort wird er „Herrnhut-Dialog" genannt. Der Akzent war allerdings, wohl durch die besonderen Kontakte auf Hochschulebene und die interne Struktur der BOK, von einem umfassenden kirchlichen Dialog eher zu einem dogmatisch-theologischen Lehrgespräch verschoben, wenngleich der kirchliche Aspekt der Begegnungen nie aus dem Blickfeld geriet. Nach

274

den politischen Veränderungen in Europa, der deutschen Wiedervereinigung und der kirchlichen Einheit zwischen EKD und BEK wurde der Dialog 1992 mit der fünften Begegnung in Reinhardsbrunn fortgesetzt. In der BOK kam es nach der Ablösung der kommunistischen Regierung zu erheblichen Schwierigkeiten. Das alte Regime hatte verhindert, daß vakant gewordene Bischofssitze wiederbesetzt werden konnten. Die Hierarchie war überaltert, die Kirche in sich gespalten. Deshalb fand seit 1992 bislang keine neue Dialogbegegnung mehr statt, obwohl von beiden Seiten die feste Absicht besteht, den Dialog weiterzuführen. Im Oktober 1998 ist eine Konsultation geplant, zu der eine kleine EKD-Delegation nach Bulgarien reist, um Möglichkeiten für die Fortsetzung der Gespräche zu prüfen. Die durch den Dialog geknüpften Beziehungen bleiben bestehen; aus der BOK sind ständig einige Stipendiaten als Gäste der EKD in Deutschland.

Themen der Dialogbegegnungen seit 1978:
„Verkündigung heute" (Liturgie – Liturgisches Handeln – Predigt);
„Die Quelle des Glaubens" (Tradition – Bekenntnisse);
„Taufe und Eucharistie";
„Das geistliche Amt in der Kirche";
„Beichte und Buße in ihren dogmatischen und sozialen Aspekten".

d) Der Dialog mit der Rumänischen Orthodoxen Kirche (RumOK)

Der rumänische Diktator Ceaucescu führte in den 70er Jahren sein Land auf einen mehr eigenständigen Kurs gegenüber der Moskauer Zentralmacht. Damit verbunden war der Versuch, sich gegenüber dem Westen auch auf kulturellem und religiösem Gebiet offener und liberaler als die übrigen Ostblockländer darzustellen (was im Inneren durch verschärfte Überwachungsmaßnahmen und umfassende Spitzeltätigkeit kompensiert worden ist!). Auf diesem Hintergrund war man bereit, der RumOK eine ständige Gesprächsreihe mit einer reformatorischen Kirche im Westen zuzulassen. Dieser, nach mehreren Anläufen, endlich 1979 in Goslar aufgenommene Dialog war von Anbeginn durch drei Faktoren bestimmt, die ihn von den übrigen beschriebenen Dialogen der EKD und des BEK mit orthodoxen Kirchen unterschied.

In Rumänien gibt es zwei Volksgruppen, die durch ihre Zugehörigkeit zu reformatorischen Kirchen geprägt sind. Die RumOK hatte aus diesem Grunde in ihrer Geschichte immer wieder Berührungspunkte zu reformatorischem Gedankengut. Die reformierte Kirche in Rumänien (Ungarischstämmige) und die lutherische Kirche der deutschstämmigen Siebenbürger Sachsen waren von Anfang an durch Beobachter aktiv am Dialog beteiligt. Diese reformatorischen Theologen aus Rumänien konnten durch ihre Sprachkenntnisse viele Mißverständnisse im Dialog ausgleichen. Besonders zu nennen ist der Hermannstädter Theologieprofessor Hermann Pitters, der als Übersetzer der Orthodoxen Dogmatik von Dumitru Staniloae bei den Vertretern der RumOK als ausgewiesener Kenner beider Traditionen großes Vertrauen genießt.

Die rumänische Sprache ist weder slawischen noch griechischen Ursprungs. Als romanische Sprache bildet sie ein wichtiges Bindeglied zwischen reformatorischer und orthodoxer Frömmigkeit.

Die RumOK mit nach eigener Zählung ca. 18 Mio Angehörigen führt als zweitgrößte orthodoxe Landeskirche den Dialog mit entsprechendem Selbstbewußtsein gegenüber den übrigen Kirchen des orthodoxen Lagers. Im Dialog ist dies mehrfach deutlich geworden, wenn rumänische Partner zum Ausdruck brachten, daß es ihnen um zukunftsweisende, tragfähige theologische Lösungen gehe, statt um ängstliches Beharren.

Diese Voraussetzungen haben den Dialog beeinflußt und zu einer Reihe von Ergebnissen geführt, die für die übrigen Dialoge der EKD und auch für die Dialoge auf Weltebene fruchtbar werden können. Der Dialog steht gegenwärtig vor einer wichtigen Neubestimmung. Bei der siebten Begegnung in Selbitz (1995) verständigten sich die Dialogpartner auf eine Vertiefung des bereits bestehenden Austausches. Seit 1994 besteht ein eigener „Jugenddialog", der bislang in jährlichem Wechsel zwischen Deutschland und Rumänien stattfindet. Ebenfalls in Selbitz war beschlossen worden, daß die Ergebnisse der bisherigen Begegnungen zusammengefaßt und ausgewertet werden sollen. In beiden Kirchen arbeiten bereits kleine Kommissionen an dieser Aufgabe. Die RumOK hat 1993 dem Wunsch der Gläubigen zur Gründung einer eigenen Metropolie für die Gemeinden in Deutschland zugestimmt. Für den Dialog bedeutet dies eine unmittelbare Nachbarschaft zur EKD. Die Gemeinden der RumOK in Deutschland teilen einen Großteil der Fragen und Probleme der EKD in der pluralistischen Gesellschaft Deutschlands, als Teil der zusammenwachsenden Europäischen Union. Es war deshalb folgerichtig, daß Metropolit Serafim (Joanta) von Deutschland zum neuen Leiter der rumänischen Dialogkommission ernannt worden ist. Die achte Begegnung im Dialog findet 1998 in Bukarest statt.

Themen des Dialogs seit 1979 in Auswahl:

„Die Hl. Schrift, die Tradition und das Bekenntnis";

„Die Sakramente der Kirche im Augsburger Bekenntnis und in den orthodoxen Lehrbekenntnissen des 16./17. Jahrhunderts";

„Rechtfertigung und Verherrlichung (Theosis) des Menschen durch Jesus Christus";

„Die Taufe als Aufnahme in den Neuen Bund und als Berufung zum geistlichen Kampf in der Nachfolge Jesu Christi (Synergeia)";

„Gemeinschaft der Heiligen – Berufung unserer Kirchen und ihre Erfüllung in der säkularisierten Welt";

„Dienen und Versöhnen. Europäische Integration als Herausforderung an unsere Kirchen".

4. Die Zukunft der bilateralen EKD-Dialoge mit vier orthodoxen Kirchen

Im Verlauf der Dialoggeschichte konnten einige offene Fragestellungen von zentraler Bedeutung geklärt werden, wie z. B. die Frage nach dem Verhältnis von Rechtfertigung und Heiligung (Theosis), oder die Frage nach der Zuordnung von Gnade, Nachfolge und Synergeia.

Die EKD hat während der zurückliegenden Jahrzehnte eine Basis des Vertrauens und des Verständnisses in der bilateralen Zusammenarbeit mit orthodoxen Kirchen gebildet, die es jetzt einzusetzen gilt, wo auf internationaler Ebene im Ökumenischen Rat der Kirchen (ÖRK) die orthodoxen Kirchen nicht nur vermehrt kritische Anfragen an die Arbeit und die Ziele der ökumenischen Bewegung stellen, sondern überdies ihre Mitarbeit und Mitgliedschaft im ÖRK grundsätzlich in Frage stellen. Die Ergebnisse der bilateralen Dialoge müssen auch verstärkt in die Arbeit der Dialoge auf Weltebene einfließen, um sie so kirchenrechtlich wirksam werden zu lassen.

Im bilateralen Bereich wird es in Zukunft darauf ankommen, daß die Rezeption der Ergebnisse gefördert wird und vorankommt. Der Prozeß der europäischen Integration und die Öffnung der Grenzen in Europa nach der politischen Wende haben es möglich gemacht, daß bis zur Ebene der Gemeinden unmittelbare Partnerschaften aufgenommen werden konnten. Zugleich wächst die Zahl orthodoxer Gemeinden in unserem eigenen Lande. In der direkten Zusammenarbeit gilt es, die Ergebnisse der Dialoge umzusetzen und die aus der praktischen Zusammenarbeit erwachsenden neuen Fragestellungen in die Dialoge zurückzuspiegeln. Dies wird Auswirkungen auf die Wahl der Dialogthemen haben. Die klassischen Kontroversthemen zwischen reformatorischer und orthodoxer Theologie sind bereits meistenteils gründlich diskutiert. Nun wird es darauf ankommen, die noch offengebliebenen Fragen erneut zu prüfen – diesmal auf dem Hintergrund einer säkularisierten Gesellschaft in Europa und der daraus erwachsenden gemeinsamen Herausforderungen auf missionarischem und pastoralem Gebiet. Was gilt mehr: ein „scholastisches" *kat'akribeian*, das den Erhalt der reinen Lehre um der Lehre willen ins Zentrum aller Bemühungen stellt, oder ein an den Maßstäben der göttlichen Liebe und Versöhnung orientiertes Prinzip der seelsorgerlichen Zuwendung *kat'oikonomian?* Die Zukunft der Dialoge wird auch von der Beantwortung dieser Frage abhängen und ob es gelingen wird, den pastoralen Fragen einen angemessenen Platz einzuräumen und das gemeinsame christliche Zeugnis und den gemeinsamen christlichen Dienst zu stärken.

Klaus Schwarz

11.4. Die katholischen Ostkirchen und das Problem des Uniatismus

Nach dem Scheitern der Versuche, eine Gesamtunion von Ost- und Westkirche durch die Konzile von Lyon (1245) und Florenz (1439) zu erreichen, verstärkte der Fall von Konstantinopel (1453) den Riß zwischen beiden Kirchenzweigen. Die westlich-römische Kirche setzte die universale Kirche praktisch mit der lateinischen gleich. Nach früheren Unions-

bemühungen erhielt die im Jahre 1622 gegründete Propaganda-Kongregation neben der Heidenmission die Aufgabe,
die Häretiker und Schismatiker des Ostens zu bekehren und
zur römischen Kirche zurückzuführen. Dabei spielten die sub-
versiven „Unionsmethoden" eine goße Rolle. In der ersten
Phase waren besonders ausgebildete Ordensleute bemüht, einzelne Gläubige, Priester und Bischöfe zu einer Geheimkonver-
sion unter Beibehaltung der bisherigen Kirchengemeinschaft
zu gewinnen, um dann zu gegebener Zeit, wenn es die politischen Umstände erlaubten, eine öffentliche Union zu erreichen. Hinzu kam, daß der mit Rom unierte Teil einer Ostkirche dann einer Latinisierung unterworfen wurde. Die westliche Ekklesiologie wurde in die unierten Kirchen eingepflanzt.
Die ostkirchliche eucharistische Liturgie wurde den Rubriken
der lateinischen Liturgie angeglichen. Die Patriarchen und
Ersthierarchen der katholischen Ostkirchen wurden in die
Hierarchie der Westkirche eingebunden. Die unierten Kirchen
konnten die Identität mit den Kirchen ihrer Ahnen nur noch
schwer aufrecht erhalten. Demütigungen mußten die unierten
Kirchen vor allem auch von römischer Seite erfahren. Der Versuch, das römische Papstamt vom Patriarchenamt ostkirchlichen Verständnisses her zu deuten, führte immer wieder zu
Konflikten mit dem Papstamt. Der Widerstand mehrerer
unierter Patriarchen gegen die Festschreibung des Jurisdikti-
ons- und Unfehlbarkeitsprimates während des Ersten Vatikanischen Konzils 1871 wurde mit Zwangs- und Strafmaßnah-
men gebrochen.

Neubewertung durch Rom

Eine Wende im Verhältnis Roms zu den eigenen Ostkirchen
zeichnete sich schon unter Papst Leo XIII. ab, der in seiner
Enzyklika „Orientalium dignitas" eine neue Vision von der
Einheit mit den orientalischen Kirchen vortrug und deren eigenes Charisma würdigte. Unter Papst Benedikt XV. wird
1917 die „Heilige Kongregation für die Morgenländische Kirche" gegründet und das „Päpstliche Institut für Orientalische
Studien" errichtet. Es wird der Weg weg von der Latinisierung
der Ostkirchen hin zur Anpassung an die örtlichen kulturellen
Gegebenheiten beschritten. Ein eigenes „Orientalisches Kanonisches Recht" wird erarbeitet und 1949 veröffentlicht. Doch

erst das Zweite Vatikanische Konzil brachte einen Durchbruch in der ekklesiologischen Neubewertung der eigenen Ostkirchen. Im „Dekret über die katholischen Ostkirchen" wird die Hochschätzung ihrer Lebensordnung zum Ausdruck gebracht und ihrer Überlieferung apostolischer Wert zuerkannt. Ausdrücklich wird die Gleichheit der Würde und des Wertes der ostkirchlichen Liturgien mit der westlichen festgestellt. Alle Ostkirchen genießen nun dieselben Rechte unter der Oberhoheit des römischen Papstes. Die Grundsätze des Zweiten Vatikanischen Konzils wurden in eine neue Rechtsordnung umgesetzt, die 1990 als „Codex Canonum Ecclesiarum Orientalium" erschien.

Die Unierten in Osteuropa

In den orthodoxen Kirchen wurde die Abspaltung der mit Rom unierten Ostkirchen als Unrecht und als Raub empfunden. Die „Unionsmethoden" wurden als einziges Ausnutzen der orthodoxen Großzügigkeit und Wehrlosigkeit angesehen, zumal mit dem Entstehen der unierten Kirchen oft auch nationale Empfindlichkeiten mitbetroffen waren. Das Bewußtsein, durch die unierten katholischen Ostkirchen am eigenen Leib verwundet worden zu sein, war so stark, daß Vertreter orthodoxer Kirchen nichts Unrechtes darin sahen, mit Hilfe der kommunistischen Herrschaft nach dem Zweiten Weltkrieg die unierten Kirchen mitsamt ihren Kirchengütern zu sich zurückzuführen. Es wurden „Rückkehr-Synoden" durchgeführt, bei denen Vertreter der Unierten erklärten, mit ihren Gläubigen zur Orthodoxie zurückkehren zu wollen. Es mag dahingestellt bleiben und historisch nur schwer zu klären sein, wie weit die orthodoxe Seite diese Maßnahmen wirklich gebilligt hat oder unter Zwängen auf sich nehmen mußte. Jedenfalls kam der Schachzug dieser Kirchenpolitik nationalen und auch orthodoxen Auffassungen in den Ländern Osteuropas entgegen und war fortan „offizielle Linie". Es darf aber auch nicht verschwiegen werden, daß in der stalinistischen Periode unliebsame orthodoxe Theologen verfolgt und verhaftet wurden und die orthodoxen Patriarchate sich schwersten Pressionen von außen und von innen ausgesetzt sahen. In der Gefangenschaft jedoch konzelebrierten und kommunizierten orthodoxe und unierte Priester mancherorts miteinander. Die zwar offiziell nicht existierenden unierten Kirchen blieben in kleinen Zellen als „Katakombenkirchen" weiter bestehen. Priester feierten in Privaträumen oder Wäldern die Liturgie. Ordensleute mit Zivilberufen hielten an ihrer Spiritualität fest. Verfolgte Geistliche wurden als „Verwandte" in Familien aufgenommen. Bischöfe versuchten, durch geheime Bischofs- und Priesterweihen das Fortbestehen des Klerus zu sichern.

Die Lage nach der Wende

Die Legalisierung der katholischen Ostkirchen nach der politischen Wende in Osteuropa berührte alle erdenklichen Empfindlichkeiten der Vergangenheit aufs tiefste. Vor Ort kam es zu Auseinandersetzungen um Kirchengebäude und -eigentum zwischen orthodoxen und unierten Gemeinden. Da die sich schnell reorganisierenden unierten Kirchen Hilfe von ihren Glaubensgeschwistern im Westen und Finanzen aus den katholischen Hilfswerken bekamen, konnten sie ihren Aufbau erfolgreicher betreiben als ihre orthodoxen Nachbargemeinden. Die Einsetzung von Bischöfen für Osteuropa durch Rom ohne Absprache mit orthodoxen Kirchen wurde von diesen als Affront angesehen und ließ das Gespenst des Uniatismus wieder wach werden. Die Unierten stellten sich zudem auch als die durch den Kommunismus nicht korrumpierte Kirche dar und verwiesen auf ihre eigene Märtyrertradition. Ein Teil des unierten Klerus konnte die theologischen Entwicklungen, die sich seit dem Zweiten Vatikanischen Konzil abzeichneten, nicht mitverfolgen. So blieb deren Haltung sowohl gegenüber den Orthodoxen wie auch gegenüber der eigenen Tradition vorkonziliar.

Die Konflikte vor Ort brachten den theologischen Dialog zwischen der römisch-katholischen Kirche und den orthodoxen Kirchen fast völlig zum Erliegen. Das Dokument des siebten Treffens der orthodox/katholischen Dialogkommission von 1993 in Balamand/Libanon bekennt sich klar dazu, daß die Methode des Uniatismus zur Gewinnung der kirchlichen Einheit von katholischer Seite verworfen worden ist und daß die bisher geschlossenen Teilunionen zur Quelle von Auseinandersetzungen und Leiden geworden seien. Missionierungen unter den Mitgliedern der jeweils anderen Kirche werden verworfen. Beide Schwesterkirchen suchen einen Weg zur Einheit, bei denen sich die Kirchen weder vermengen noch aufsaugen. Von orthodoxer Seite wird das Existenzrecht der unierten Ostkirchen anerkannt. Trotz dieses Dokumentes scheinen die Schwierigkeiten im Verhältnis von Orthodoxie und Katholizismus im Hinblick auf die unierten Ostkirchen in Osteuropa noch nicht überwunden.

Das Schema der katholischen Ostkirchen

Als „katholische Ostkirchen" werden die Kirchen bezeichnet, die, in Treue zu ihren eigenen Wurzeln, ostkirchliche Traditionen in Gottesdienst und Leben pflegen, im Gegensatz zu den orthodoxen Ostkirchen jedoch in voller Gemeinschaft mit der Kirche von Rom stehen. Jede katholische Ostkirche kann auf ihre eigene „Unionsgeschichte" zurückblicken, bei der es dazu kam, daß ein Teil einer orthodoxen Kirche aus unterschiedlichsten Gründen den Anschluß an die Kirche von Rom suchte. In ihrem ekklesialen Status gelten diese Kirchen als gleichberechtigte „Teilkirchen" innerhalb der katholischen, vom Papst geleiteten Universalkirche. Die katholischen Ostkirchen können auch von ihrer gottesdienstlichen Tradition als katholische Kirche des betreffenden „Ritus" definiert werden. Diesen Ritus teilen sie mit den orthodoxen Kirchen derselben Tradition, aber in ihrem ekklesiologischen Konzept gehen sie über den orthodoxen Ansatz hinaus. Die folgende Übersicht gliedert die katholischen Ostkirchen zuerst nach ihrem „Ritus", dann nach ihrer Herkunft.
Vermieden wird dabei die Bezeichnung „griechisch-katholisch", die seit der Zeit der Habsburger Monarchie, durch die Verwaltung eingeführt, auch für katholische Ostkirchen außerhalb griechischer Tradition verwendet wurde.

Die Kirchen der byzantinisch-slawischen Gottesdiensttradition

Zur „Melkitischen Griechisch-Katholischen Kirche" gehören nach längerer Zeit der Mission durch westkirchliche Orden und nach Auseinandersetzungen um die Besetzung des Patriarchenstuhles von Antiochien seit 1772 Katholiken aus den Gebieten der drei alten orthodoxen Patriarchate Alexandrien, Antiochien und Jerusalem. Das Wort „melkitisch" kommt von der syrisch/arabischen Bezeichnung „König" und

Byzantinisch-katholische Liturgie in der Ukraine in der Zeit des Wiederaufbaus

bezeichnet die Treue zur vom byzantinischen Kaiser übernommenen Christologie von Chalzedon. Das osmanische Reich erkannte die Kirche 1848 an, und der „Patriarch von Antiochien und dem ganzen Orient, von Alexandrien und von Jerusalem" verlegte seinen Sitz seit der Zeit nach Damaskus. Mit 1,1 Millionen Gläubigen ist die melkitisch-katholische Kirche die zweitgrößte Kirche des Mittleren Ostens mit einer großen Zahl von Gemeinden im Ausland.

Die „Ukrainisch-katholische Kirche" entstand im katholisch dominierten Litauisch-Polnischen Großreich durch die Union von Brest-Litovsk 1595. Nach der Teilung Polens konnte diese Kirche nur außerhalb der russischen Herrschaft in Galizien existieren, kam dann 1722 zum Habsburgerreich. Zur Zeit des Kommunismus existierte diese Kirche fast ausschließlich im Ausland, besonders in den USA und in Kanada. Der Großerzbischof von Lemberg, Kardinal Slipyi, und sein Nachfolger mußten im römischen Exil residieren. Die Kirche zählt 4,2 Millionen Mitglieder in der Ukraine und 1,6 Millionen Mitglieder im Ausland.

Die „Ruthenisch-katholische Kirche" entstand durch die Union von Uzhorod 1646 und betraf die Bevölkerung der Ostslowakei. Heute gehören zu dieser Kirche 520 000 Gläu-

bige, die auf dem Territorium der Ukraine lebenden Ost-Slo-
waken und vier Diözesen in den USA.

Die „Slawische katholische Kirche von Križevci für das ehemalige Jugoslawien" ist für die 49 000 ostkirchlich-katholi-
schen Christen auf dem Gebiet Exjugoslawiens zuständig und
kann ihre Wurzeln auf die 1611 erfolgte Ernennung eines Bischofs zurückführen.

Die „Rumänisch-katholische Kirche" festigte sich, als 1698
der Metropolit von Transsylvanien, das zu den Habsburger
Erblanden gehörte, die Gemeinschaft mit Rom in der Union
von Alba Julia einging. Nach dem Ersten Weltkrieg wurde
Transsylvanien an Rumänien angeschlossen, und die Kirche
konnte als nationale Kirche Anerkennung finden und sich entfalten. Die Machtübernahme durch die Kommunisten er-
zwang das offizielle Ende der Kirche. 1990 setzte Papst Johannes Paul II. für die etwa 1,5 Millionen Gläubigen eine neue
Hierarchie ein.

Die „Bulgarisch-katholische Kirche" entstand aus dem Versuch, im 19. Jahrhundert der Hellenisierung der orthodoxen
Kirche im osmanischen Reich entgegenzuwirken. Heute gehören
20 000 Christen zum Apsotolischen Exarchat von Sofia.

Die „Griechisch-katholische Kirche" umfaßt nur ca. 2 300
Gläubige und entstand aus der Missionstätigkeit lateinischer
Priester seit Mitte des letzten Jahrunderts in Griechenland.
1975 wurde unter Protest der Griechisch-orthodoxen Kirche
ein Bischof für diese Kirche mit Sitz in Athen ernannt.

Die „Slowakisch-katholische Kirche" entstammt wie die
ruthenische Kirche der Union von Uzhorod von 1646. Die
Diözese von Presov wurde 1937 direkt dem Papst unterstellt.
Ihr mußten sich alle Katholiken byzantinischer Tradition innerhalb der Tschechoslowakei anschließen. Die kommunistische Machtübernahme führte zur Auflösung der Diözese, die
erst in der Zeit des Prager Frühlings (1968) wieder zugelassen
wurde. Die 245 000 Gläubige zählenden Kirche konnte nach
1993 ihr Eigentum wieder zurückerhalten.

Die „Ungarisch-katholische Kirche" zählt 280 000 Mitglieder, meist aus nichtungarischen Nationalitäten, die sich in Ungarn niederließen. Im 18. Jahrhundert schlossen sich auch un-
garische Protestanten dieser Kirche an. Lange Zeit wurde die
slawische Liturgiesprache neben der ungarischen verwendet.

Zu weiteren katholischen Ostkirchen des byzantinischen Ritus gehören die „Apostolische Administratur von Südalbanien" mit 1 400 Gläubigen und die „Apostolische Visitatur von Bjelorußland" mit 8 000 Gläubigen. Russische Katholiken des byzantinischen Ritus haben seit 1917 Gemeinden in den USA und Australien, wenige Gemeinden existierten seit 1928 in China.

Zur „Italo-albanischen Kirche" von Süditalien und Sizilien gehörte der griechische Bevölkerungsanteil, der den byzantinischen Ritus pflegte, sich aber im Bereich des lateinischen Patriarchates von Rom befand. Die byzantinischen Christen wurden im 8. Jahrhundert Konstantinopel unterstellt, aber im 11. Jahrhundert wieder in die Westkirche eingegliedert. Einwanderungen von Albanern im 15. Jahrhundert verstärkten die Gemeinden. Diese 62 000 Gläubige umfassende katholische Kirche ist die einzige des byzantinischen Ritus, die nicht durch eine Union mit Rom entstanden ist.

Die Kirchen der ostsyrischen Gottesdiensttradition

Die Kontakte zur ostsyrischen „Kirche des Ostens" wurden durch katholische Missionare seit dem 13. Jahrhundert gepflegt. Die „Chaldäisch-katholische Kirche" entstand im Zusammenhang mit Protesten gegen die erbliche Patriarchensukzession in der „Kirche des Ostens", die das Patriarchenamt dort an den Neffen des Patriarchen weitergibt. Der römische Papst setzte 1552 einen Patriarchen für die Chaldäer ein, der aber in heftige Auseinandersetzungen mit dem ostsyrischen Patriarchen geriet. 70 000 chaldäische Christen gehörten zu den Opfern der türkischen Christenverfolgung während des Ersten Weltkrieges. Etwa 600 000 Gläubige leben heute im Irak, im Iran und in den USA.

Die „Syro-malabarische katholische Kirche" ist mit 3 Millionen Gläubigen die größte katholische Kirche der Thomas-Christen in Indien. Nach der Landung der Portugiesen 1498 an der südindischen Küste wurde die ostsyrische Gottesdiensttradition der Kirche Indiens von der westlichen Kirche nicht akzeptiert und latinisiert. Als sich daraufhin viele Christen dem syrisch-orthodoxen Patriarchat von Antiochien zuwandten, versuchte Rom, die syrischen Christen Indiens wieder zurückzugewinnen. Bis in die Gegenwart versucht Rom, die ursprüngliche ostsyrische Liturgie gegen den Widerstand der latinisierenden Kräfte wiederherzustellen. Der Sitz des Großerzbischofs dieser Kirche ist Ernakulam in Kerala.

Die Kirchen der orientalischen Gottesdiensttradition

Eine Sonderstellung nimmt die „Syrisch-maronitische Kirche" ein. Sie führt ihre Bezeichnung auf die Mönchsgemeinschaft zurück, die sich um den Einsiedler Maron in der Nähe des antiken Apamea im 5. Jahrhundert bildete. Die Maroniten waren Verfechter der Christologie von Chalzedon. Während der Kreuzzüge nahmen sie Verbindungen zur Kirche von Rom auf, von der sie sich nach ihrem Selbstverständnis auch nie getrennt gesehen hatten. Die maronitische Kirche ist somit nicht durch eine Union oder Teilunion entstanden. Ihre syrische Liturgietradition wurde im Laufe der Zeit allerdings zwangsweise verwestlicht und latinisiert, gegenwärtig erfolgt eine Rückbesinnung auf ihre ost- und westsyrischen Wurzeln. Die Liturgiesprache der 3,3 Millionen Gläubigen ist heute das Arabische.

Die „Syrisch-katholische Kirche" pflegt die westsyrische Liturgietradition. Es wurde schon 1444 von Rom aus versucht, eine Union mit westsyrischen Christen einzugehen, aber diese wie auch andere Verbindungen, hatten keinen langen Erfolg. Erst seit 1774 gibt es mit dem Sitz des Erzbischofs von Aleppo eine ununterbrochene Verbindung mit Rom. 1781 wurde das syrisch-katholische Patriarchat von Antiochien errichtet, das heute in Beirut seinen Sitz hat. Zu ihm gehört 1 Million arabisch sprechender Christen.

Die „Syro-malankarische katholische Kirche" entstand 1930 in Südindien durch eine Trennung der Anhänger des Bischofs Mar Ivanios von der Malankarischen Syrischen Orthodoxen Kirche. Die Gemeinden der 280 000 Gläubigen feiern die westsyrische Liturgietradition in ihrer Muttersprache Malayalam. Der Sitz ihres Erzbischofs ist in Trivandrum.

Die Versuche, eine Union mit koptischen Christen zu erreichen, kann man bis 1442 zurückverfolgen. Mehrere Versuche schlugen fehl. Erst seit 1947 wurde ein Patriarch für die 180 000 Gläubigen der „Koptisch-katholischen Kirche" gewählt, die in der alexandrinischen Liturgietradition steht.

Feier der westsyrischen katholischen Liturgie in einem Dorf der indischen Diözese Trivandrum

Die Geschichte der Unionsversuche Roms mit äthiopischen Christen läßt sich bis ins 13. Jahrhundert zurückverfolgen. Im 16. Jahrhundert wurde im Zusammenhang mit einer portugiesischen militärischen Operation gegen den Islam in Äthiopien ein katholischer Patriarch für Äthiopien ernannt, der das Land aber niemals betrat. Zum Erzbistum von Addis Abeba der „Äthiopisch-katholischen Kirche" gehören 120 000 Christen, von denen die Hälfte in Eritrea wohnt. Diese Kirche pflegt die äthiopische Liturgietradition.

Die „Armenisch-katholische Kirche" entstand dadurch, daß der Westen mit seinen Kreuzrittern 1097 zur Schutzmacht des armenisch geprägten, an der Küste des östlichen Mittelmeeres gelegenen Fürstentumes von Kilikien wurde. 1197 ging der dortige armenische Katholikos eine Union mit Rom ein, die jedoch von vielen Armeniern nicht akzeptiert wurde. Für die katholischen Armenier in Konstantinopel wurden 1759 eigene kirchliche Strukturen errichtet. Der türkischen Christenverfolgung im Ersten Weltkrieg fielen auch 100 000 armenische Katholiken zum Opfer. Der 1701 in Konstantinopel gegründete „Mechitaristen-Orden" spielte für den inneren Zusammenhalt der katholischen Armenier eine wesentliche Rolle. Der Sitz des armenisch-katholischen Patriarchates ist heute in Beirut/Libanon. Zu ihm gehören 140 000 Christen im Libanon, in Syrien und in der Diaspora.

Innerhalb der westlichen römisch-katholischen Kirche ist es manchen Geistlichen und Ordensgemeinschaften erlaubt, zusätzlich zum westlich-lateinischen Gottesdienst auch die byzantinische Liturgie zu feiern. Dieses geschieht in Deutschland, um katholische Christen byzantinischer Tradition besser pastoral betreuen zu können oder um westlichen katholischen Christen eine tiefere Kenntnis der Kirchen des Ostens zu vermitteln. Beispielhaft dafür ist die Byzantinische Dekanie der Benediktiner-Abtei Niederaltaich/Bayern, in der ein Teil der Mönche des Klosters nach ostkirchlicher Tradition lebt. Umgekehrt können Priester, die aus katholischen Ostkirchen kommen, bei uns Dienste in den deutschen katholischen Gemeinden übernehmen. Sie halten sich dann an die hier übliche westliche gottesdienstliche Tradition.

Reinhard Thöle

11.5. Die orthodoxen Kirchen im Dialog mit dem Islam

„Der akademische Dialog zwischen Christen und Muslimen war eine gewagte Vision, besonders in einer Zeit, die trotz der Dynamik ernsthafter Dialoge unbewegt bleibt und keinen Platz für eine von Visionen getragene Hoffnung übrig läßt, nämlich daß der Alptraum heutiger nationalistischer, religiöser und sozialer Konflikte überwunden werden kann." So beginnt Metropolit Damaskinos[1] seinen Rückblick auf eine Serie von christlich-muslimischen Dialogen. Einige Begriffe in diesem Satz regen zum Nachdenken über diese Dialog-Konstellation an.

Die Spannung in dem Begriffspaar Vision und Konflikt wird in dem Artikel dann gleich aufgelöst: „Die Vision unseres interreligiösen Dialogs entstand auf Grund der verzweifelten Situation dieser Konflikte." Wenn Konflikte dem Dialog zugrunde gelegt werden, gar zum Ausgangspunkt genommen

---

[1] Damaskinos Papandreou, Auswertung eines zehnjährigen Dialogs zwischen Christen und Muslimen, in: UNA SANCTA 3/96, S. 239ff.

Die bedeutendste Kirche von Konstantinopel, die Hagia Sophia wurde 1453 in eine Moschee verwandelt.

werden, dann ist das kein blauäugiges, sondern ein realistisches Unternehmen. Schließlich wissen auch wir im westlichen Christentum von der besonderen Lage der orthodoxen Christen: Vor allem im Nahen Osten, aber auch in Südosteuropa, haben sie über lange Zeiträume hin mit Muslimen zusammengelebt, gar unter muslimischer Herrschaft gelebt. Bei dieser Ausgangslage wundert es ein wenig, daß solch ein interreligiöser Dialog dann auf den akademischen Bereich eingegrenzt wird. Es mag sein, daß das auch wieder eine realistische Einschätzung des Erreichbaren ist: Für einen rein theologischen Dialog scheinen beide Seiten noch nicht gerüstet zu sein. Patriarch Bartholomaios betonte in seinem Grußwort zur Eröffnung des 1997er Treffens in Istanbul: „Es ist einleuchtend, daß der Zweck unserer Zusammenkunft nicht darin liegt, einander von der Wahrheit unseres Glaubens, sondern vielmehr von der Möglichkeit, miteinander zu leben zu überzeugen und praktikable Wege ausfindig zu machen, um gegenseitiges Verständnis, Toleranz und die Zusammenarbeit zu verbessern."[2] Das bedeutet jedoch nicht, daß es nur um theo-

---

[2] Vgl. Orthodoxes Forum 1997/2, S. 277.

retische Auseinandersetzungen geht. Die Zielsetzung geht klar auf die Ermöglichung des friedlichen Zusammenlebens hinaus. Darum werden besonders Themen der Erziehung und der Wertebildung behandelt, um so „die grundlegenden Richtungen unserer gemeinsamen Pflicht zu umschreiben". Deutlich stellt Damaskinos fest: „Wenn wir es aber nicht wagen, öffentlich zu unserer gemeinsamen Feststellung zu stehen, daß gewisse grundlegende geistige Werte bezüglich Mensch und Welt in unseren religiösen Traditionen gemeinsam sind, dann müssen wir uns nicht wundern oder ärgern, wenn wir von den internationalen Organisationen oder von den Staaten nicht anerkannt und übergangen werden."[3]

Es geht also um anspruchsvolle Dialoge. Da verwundert es denn, daß die Partner allgemein als Christen und Muslime beschrieben werden und die Betonung nicht auf orthodoxe Christen gelegt wird. Das mag eine Besonderheit gerade dieser Dialogreihe sein, die Metropolit Damaskinos zu verantworten hat. Seit 1986 ist er in diesem Dialog mit der Al Albait-Stiftung engagiert, der jordanischen Königlichen Akademie zur Erforschung islamischer Zivilisationen. Da ist immer darauf gesehen worden, daß auf der christlichen Seite neben den Orthodoxen auch andere christliche Konfessionen vertreten waren, wenn dies eigentlich auch ein spezieller orthodoxer Dialog ist, der von Patriarch Bartholomaios unterstützt wird. Achtmal hat er von 1986 bis 1997 stattgefunden: in Chambésy, Amman, Genf, Istanbul, Athen. Die Themen betrafen die Bereiche Autorität und Religion, Modelle historischer Koexistenz von Christen und Muslimen, Frieden und Gerechtigkeit, religiöser Pluralismus und immer wieder die Frage der Erziehung. Besonderer Wert wurde darauf gelegt, daß auch die Jugend aktiv einbezogen wurde. Der jordanische Kronprinz Hassan ist immer ein Förderer dieser Dialogreihe gewesen und hat oft persönlich teilgenommen, auch Referate gehalten. Andererseits ist in den Grußworten von Patriarch Bartholomaios das theologische Verständnis dieses Dialoges zum Ausdruck gebracht worden: Grundlage ist für ihn die Einsicht, „daß wir alle gleichermaßen Kinder Gottes sind".[4] Schon 1994 hatte

---

[3] A.a.O., S. 243.
[4] Grußwort vom 3.6.97, zitiert nach Orthodoxes Forum 1997/2, S. 279.

der Ökumenische Patriarch die Konferenz in Athen in seinem Grußwort so angeredet: „Verehrte Teilnehmer an dieser akademischen muslimisch-christlichen Konsultation, Geschwister und geliebte Kinder in dem einen Gott." Daß das nicht nur als Begrüßungsfloskel zu verstehen ist, wird aus dem weiteren Text des Grußwortes deutlich, wenn es heißt: „Wir segnen diese neue Bemühung, die von den beiden großen Abrahamstraditionen unternommen wird. Wir Christen und Muslime als Kinder des einen, des einzigen Gottes, die wir die Einheit des Menschengeschlechts als grundlegenden Glauben haben, sind aufgerufen, uns besser kennenzulernen und näher zusammenzurücken, indem wir den Dialog zwischen uns auf jede Weise fördern."

Es könnte sein, daß orthodoxe Theologen und Kirchenführer in ihren Aussagen hier weiter gehen, als es sich Protestanten getrauen. In den verschiedenen protestantischen Strömungen ist es umstritten, ob man bei Christen und Muslimen von dem gleichen Gott, von dem einen Gott sprechen kann. Hier ist eine andere Blickrichtung gewählt, und Muslime wie Christen werden als Kinder Gottes gesehen. Aber Patriarch Bartholomaios kann auch von der Seite der Glaubenden aus argumentieren und feststellen, daß Muslime und Christen auf dem Weg sind, „der zu Gott führt, ... obwohl sie auf ihrer Suche verschiedenen Wegen folgten". Er begründet das so: „denn Gott ist Einer, und wenn wir ihn erreicht haben, werden wir uns mit den anderen zusammen finden. Das Problem liegt dann nicht in der Verschiedenartigkeit des Glaubens, sondern in der unterschiedlichen Art und Weise der Suche."[5]

Diese theologische Begründung läßt nicht aus dem Blick, was in der Geschichte geschehen ist. Auch die Realitäten werden benannt, aber nicht als einseitige Schuldzuweisung, sondern als nüchterne Beobachtung: Es „ist die Zeit gekommen, tief in unsere Gefühle zu blicken, um herauszufinden, ob unsere Konflikte und Differenzen ihnen und nicht den Befehlen des barmherzigen Gottes zuzuschreiben sind. Und wenn wir einander nicht bis zum Punkt des Selbstopfers lieben können, laßt uns wenigstens einander ertragen. Und wenn wir einander nicht völlig ertragen können, laßt uns zumindest nicht un-

---

[5] Ebenda.

sere Schwäche dadurch rechtfertigen, daß wir sagen, sie sei das Gebot Gottes. Und laßt uns unter den gegenwärtigen Umständen brauchbare Mittel zur Zusammenarbeit und zum Zusammenleben finden."[6]

Zusammenleben und Zusammenarbeit, das kann man aus den bisher behandelten Themen entnehmen, ist das eigentliche Ziel des christlich-muslimischen Dialogs. Das entspricht natürlich der Ausgangslage, die mit Konflikt und Vision bezeichnet worden war. Solch ein Dialog braucht eine theologische Begründung, aber die Theologie selbst steht nicht zur Diskussion.

Patriarch Bartholomaios, bekannt für sein Eintreten in ökologischen Prozessen, hat auch in Istanbul ein Trialog-Treffen als „Konferenz für Frieden und Toleranz" initiiert und die sogenannte Bosporus-Erklärung unterschrieben, in der es z.B. heißt: „ Wir wiederholen, daß der Krieg im früheren Jugoslawien kein Religions-Krieg ist und daß die Berufung auf religiöse Symbole und die Ausnutzung religiöser Symbole, um dadurch die Sache des aggressiven Nationalismus voranzubringen, ein Verrat an der Universalität des religiösen Glaubens ist. Wir betonen die unbedingte Notwendigkeit der Gewissens- und Religionsfreiheit für jede Minderheit. Wir fordern ein Ende der Beschlagnahme, Entweihung und Zerstörung der Gebetsstätten und heiligen Stätten welcher religiösen Tradition auch immer. Gänzlich verabscheuen und verdammen wir ethnische Säuberungen sowie Vergewaltigungen und Mord von Frauen und Kindern. Wir verlangen die Beseitigung von Hindernissen, die humanitäre Hilfe diejenigen nicht erreichen lassen, die leiden."

Daneben gibt es andere Dialoge der Orthodoxen mit Muslimen. Ziemlich unbekannt ist, daß zwischen der griechischen Orthodoxie und dem schiitischen Islam in Teheran ein Dialog geführt wird. Das ist ein ausgesprochen wissenschaftlicher Dialog, der vor allem von Professoren geführt wird, aber mit dem Segen des Athener Erzbischofs und des Patriarchen geschieht. Auch hier hat der Patriarch durch schriftliche Grußworte seine Unterstützung ausdrücklich unterstrichen. Viermal ist man da seit 1990 in Athen und Teheran schon zu-

---

[6] A.a.O., S. 280.

sammengekommen. Themen waren Gemeinsamkeiten in Islam und Christentum, Philosophie und Kunst in Christentum und Islam, die Beziehungen zwischen gegenwärtigem Leben und Jenseitsglauben sowie Ehe in Islam und Christentum.

Zu erwähnen ist weiterhin, daß Orthodoxe selbstverständlich in der „Islam in Europa-Arbeitsgruppe" der Konferenz Europäischer Kirchen mitarbeiten und in die Dialogbegegnungen des Ökumenischen Rates der Kirchen eingebunden sind, ja daß der derzeitig im ÖRK für den Islam-Dialog Zuständige, Tarek Mitri, ein griechisch-orthodoxer Christ aus der antiochenisch-orthodoxen Kirche ist. In diesem Zusammenhang wäre auch zu berichten von den internen Dialogen etwa der antiochenisch-orthodoxen Kirche. Patriarch Ignatios IV. Hazim hat bei seinem Deutschlandbesuch im September 1997 immer wieder auch die Notwendigkeit des Dialogs mit den Muslimen betont. „Im Nahen Osten sprechen wir mit allen Kirchen, mit allen anderen Religionen, und besonders mit unseren Brüdern, den Muslimen. Das sagen wir ganz offen, weil das der Herr gewollt hat, weil wir alle seine Schöpfung sind. In unseren Augen ist jede negative Charakterisierung von anderen Menschen keine christliche Ausdrucksweise."[7] Das wird auch praktiziert. Die vom Patriarchen gegründete Universität in Balamand ist auch für Muslime offen und wird von ihnen auch besucht. Bei dem Empfang durch die Kirchenleitung von Kurhessen-Waldeck sagte Ignatios IV.: „Heute bemüht unser Patriarchat sich, trotz aller Risse, Schwächen und Ängste die christliche Einheit wiederherzustellen und dem Islam in Tiefe zu begegnen, einem Islam, der sich selbst sucht in Gesellschaften, die ihrerseits von einer sich ängstigenden Modernität bestimmt sind." Von diesen Aussagen her ist es verständlich, daß sich die orthodoxen Kirchen in einer speziellen Islamarbeitsgruppe des Mittelöstlichen Kirchenrates (MECC) engagieren.

Die Einschätzung, daß Orthodoxe aus leidvollen Erfahrungen Gespräche mit Muslimen ablehnen, stimmt also nicht. Durch das Zusammenleben mit Muslimen, durch das Leben unter muslimischer Herrschaft haben die Kontakte eine andere Bedeutung. Nachrichten, daß Christen den Mittleren

---

[7] Orthodoxie aktuell, 10/1997, S. 6.

Osten verlassen, betreffen mehr orthodoxe Christen als Christen westlicher Tradition. Wo es dann aber zu offiziellen Begegnungen kommt, wo autorisierte Dialoge geführt werden, da wird von den Erfahrungen der Vergangenheit die gegenwärtige Situation mit anderen Augen gesehen. Da wird die Herausforderung des Zusammenlebens auch vom Glauben her aufgenommen.

Heinz Klautke

12.0. DIE ORIENTALISCHEN ORTHODOXEN KIRCHEN

Die von Chalzedon (451 n.Chr.) her kommenden und sich zu den sieben ökumenischen Konzilien bekennenden Kirchen gehören zur einen großen Familie der orthodoxen Kirchen. Zur zweiten Familie orthodoxer Kirchen gehören eine Anzahl Kirchen, die nur die drei ersten Konzilien (Nicäa 325; Konstantinopel 381 und Ephesus 431) als glaubensverbindlich ansehen. Es handelt sich um folgende, im Orient beheimatete Kirchen: die Syrische Orthodoxe Kirche, die Indische Orthodoxe Syrische Kirche, die Koptische Orthodoxe Kirche, die Armenische Apostolische Kirche und die Äthiopische Orthodoxe Kirche, die in Kerala (Südindien) beheimatet ist.

In der neueren Literatur wird meist von der früheren Bezeichnung „Jakobiten" für die Syrische Orthodoxe Kirche abgegangen. Hin und wieder finden sich die beiden Begriffe „Vorchalzedonenser" und „Altorientalen". Exakter ist für die genannten Kirchen die Bezeichnung „Orientalische Orthodoxe Kirchen", denn damit werden zwei Sachverhalte beschrieben: erstens, daß diese Kirchen orthodox sind und zweitens, daß sie ihre Heimat im Orient haben.

Nur noch vereinzelt, und wenn, dann aus Unkenntnis und aus mangelndem Feingefühl, wird der Begriff „monophysitische Kirchen" benutzt. Für diese Kirchen hat der Vorwurf des Monophysitismus, also die Behauptung, sie würden nur die eine Natur in Christus, nämlich die göttliche bekennen, viel Leid in der Geschichte bis hinein in die Gegenwart gebracht. Auf die beiden Naturen in Christus bezogen ist der theologische Begriff „Diplophysitismus" sachlich richtiger, der überdies schon 1905 vom Syrologen Francois Nau eingeführt wurde. Die „Doppelung der Natur" zeigt die Verzahnung der göttlichen und menschlichen Natur in Christus an. Wie nah wirklich die Christologie der Orientalischen Orthodoxen Kirchen zu den Orthodoxen der Sieben Ökumenischen Konzilien ist, wie einst das Bekenntnis zu Christus als Gott und Mensch ist, zeigen die Dialoggespräche und die Vereinbarungen zur Christologie zwischen beiden orthodoxen Familien und zwischen den Orientalischen Orthodoxen und Rom und der EKD.

Einer Kirche des Orients, die nur die beiden ersten Konzilien 325 und 381 anerkennt, soll hier der gleiche Raum zugemessen werden. Sie ist heute die kleinste der Orientkirchen, wenngleich sie einmal zahlenmäßig die größte war und über Jahrhunderte hinweg von allen orthodoxen Kirchen gemieden wurde. Es ist die „Heilige Apostolische und Katholische Assyrische Kirche des Ostens", die auch „Assyrische Kirche des Ostens" abgekürzt genannt wird. In der wegweisenden Vereinbarung von Chambésy vom 28. September 1990 zwischen den Orthodoxen der Sieben Ökumenischen Konzilien und den Orientalischen Orthodoxen wurde die Christologie der Assyrischen Kirche des Ostens erneut als ketzerisch gebrandmarkt. Mittlerweile fanden seit 1994 jedoch Begegnungen mit dieser Kirche auf höchster Ebene statt, die große Hoffnung wecken, daß auch diese einstmals so bedeutsame Kirche in die Großfamilie der Orthodoxie aufgenommen wird.

12.1. Die Syrische Orthodoxe Kirche

Etwa 5 Millionen Gläubige gehören zu dieser Kirche, die verstreut im Mittleren Osten, in Europa, in Amerika, Australien und im südindischen Bundesstaat Kerala leben. Als „Syrische Kirche" wird sie bezeichnet, weil ihre bis heute gebrauchte Liturgiesprache das Syrische ist, ein ostaramäischer Dialekt, der in Edessa (heute Sanili-Urfa im Südosten der Türkei) seit dem 4. Jahrhundert als Literatursprache gebräuchlich war und im Mittelalter zum Latein des Orients wurde. „Syrisch-Orthodoxe Kirche von Antiochia und dem ganzen Osten" ist ihre Selbstbezeichnung. Sie beruft sich damit auf den alten Patriarchalsitz Antiochia (heute die türkische Stadt Antakiya), ein sehr frühes Zentrum der Christenheit, das in der Apostelgeschichte immer wieder genannt ist und in der östlichen Christenheit durch eine herausragende Theologenschule berühmt und gefürchtet war.

Die Kirche verdankt ihre Entstehung einem syrischen Asketen namens Ja´qob Burd´ana (d.h.: der in Lumpen gehüllte;

latinisiert: Jakobus Baradäus), der mit Unterstützung der Kaisergemahlin Theodora 542 in Konstantinopel durch den alexandrinischen Patriarchen Theodosios zum Bischof von Edessa geweiht wurde. In dieser Funktion zog er, im Untergrund lebend, durch Kleinasien und Syrien bis nach Ägypten und weihte Priester und Bischöfe (von 533-566 insgesamt 27) und organisierte somit für die syrisch-sprachige Bevölkerung eine eigene Kirche. Rasch wuchs die Kirche auch über ihr Stammland hinaus. Im 12./13. Jahrhundert gab es über 100 Bistümer, die von Zypern, Jerusalem bis ins heutige Afghanistan reichten.

Während ihrer Blüte vom 7. bis ins 13. Jahrhundert – der letzte große Theologe Barhebräus starb 1286 – brachte diese Kirche herausragende Theologen hervor, die ihre theologischen und philosophischen Erkenntnisse auch zum Gespräch mit dem Islam nutzten. Heute hat sich der Schwerpunkt der Kirche aus dem Stammland Orient nach Westeuropa, den USA und nach Kerala verlagert. In der Türkei gibt es noch circa 15 000 Gläubige, 12 000 davon leben in Istanbul, im einstigen Kernland Tur Abdin im Südosten der Türkei gab es im September 1995 noch 2 374 Personen oder 436 Familien. In Syrien mit dem Patriarchalsitz Damaskus versteht die Kirche sich als Nationalkirche mit circa 250 000 Gläubigen.

Die Liturgiesprache ist auch heute noch das Syrische, wenngleich in den westlichen Ländern und in Kerala vermehrt auch die Landessprachen das Syrische ersetzen. Die Marienverehrung nimmt eine besondere Position ein. Sieben Sakramente werden verehrt: Taufe, Myronweihe, Eucharistie, Beichte, Krankenölung, Weihesakrament und Ehe (freilich ist eine Scheidung unter bestimmten Bedingungen möglich). Die Liturgie wird in der Regel nach der Jakobusliturgie gefeiert, die auf die Gottesdienstordnung von Antiochia im 4. Jahrhundert zurückgeht. In den Gottesdiensten zu den hohen Festtagen wie Christfest, Taufe Jesu, Palmsonntag, Gründonnerstag, Karfreitag und Ostern wird die Heilsgeschichte sehr eindrucksvoll nachgespielt, was eine intensive Verkündigung ermöglicht. Die Kirche hat eine strenge Fastentradition. Neben den längeren Fastenzeiten (Ninivitisches Fasten) gibt es den Mittwoch und den Freitag als wöchentliche Fastentage (Ausnahme: die Zeit von Ostern bis Pfingsten, in der der Sieg Christi gefeiert wird). Beim Fasten wird auf jegliche Nahrung

Das dreifache Altartuch der westsyrischen Liturgietradition weist
auf die Universalität des eucharistischen Geschehens hin. Rot
steht für das glühende Universum, grün für die fruchtbare Erde,
weiß für das in der Kirche gegenwärtige Christusgeschehen.

verzichtet, die vom Tier kommt. Zur Eucharistie wird nur zugelassen, wer zuvor gebeichtet hat.

Die Gaben Brot und Wein, im Kelch vereint, werden den Gläubigen mit einem Löffel gereicht. In der hierarchischen Struktur der Kirche steht der Patriarch (Residenz seit 1959 Damaskus) an der Spitze, zu seiner Seite eine Heilige Synode (seit 1913 auch mit Laien). Einer Diözese steht ein Metropolit bzw. ein Bischof vor, der aus dem Mönchtum kommen muß. Ein Metropolit hat unter sich Pfarrer, die verheiratet sind. Deren Arbeit wird unterstützt vom sog. Kirchenrat, der die Gemeinde leitet. Im Gottesdienst stehen dem Pfarrer Diakone und Subdiakone zur Seite sowie häufig auch ein Chor. Die Gemeinden haben in der Regel auch sog. Kulturvereine, die die Sprache und das Heimaterbe pflegen. In einzelnen Ländern der Bundesrepublik hat die Kirche das Recht, einen eigenen Religionsunterricht an den staatlichen Schulen abzuhalten. Die Syrische Orthodoxe Kirche ist Mitglied in der ACK und im ÖRK.

Seit September 1996 besitzt die Kirche in Sednaya bei Damaskus eine eigene Ausbildungsstätte für die Geistlichen. In Deutschland mit zur Zeit 41 Pfarrern und circa 35 000 Gläubigen und seit 18.5.97 mit einem eigenen Bischof ist eine rege Kirchenbautätigkeit sichtbar. Die Kirche steht in der deutschen Diaspora vor großen Aufgaben. Neben dem Bau eigener Kirchen ist die Ausbildung der Pfarrer in einer eigenen deutschen Ausbildungsstätte vordringlich. Zunehmend bewegt die Gemeinden die Frage nach der eigenen Nation und die Frage, wie das Erbe der Väter der nachkommenden Generation vermittelt werden kann in einer religionslos gewordenen Gesellschaft.

12.2. Die Indische Orthodoxe Syrische Kirche

Als am 24. November 1996 Paulos Mar Grigorios 74jährig überraschend starb, rückte die Malankarische Orthodoxe Syrische Kirche durch die vielen Würdigungen des Metropoliten von Neu-Delhi erneut in die kirchliche Öffentlichkeit. Mit bürgerlichem Namen in der Wissenschaft als Paul Verghese bekannt, zählte dieser Gelehrte und indische Kirchenmann zu den herausragenden Persönlichkeiten in Indien und in der

Ökumene. Seit der Gründung des Ökumenischen Rats der Kirchen 1948 vertrat er die Idee einer weltweiten Christenheit in vielerlei Aufgabenbereichen, so von 1983-1991 als einer der Präsidenten des ÖRK.

Die Geschichte der Kirche reicht ins Jahr 1912 zurück, in welchem sie sich vom syrisch-orthodoxen Patriarchat löste und sich für autokephal erklärte. Seit 1991 leitet Moran Baselios Mar Thoma Mathews II. als 89. Nachfolger auf dem Stuhl des Apostels Thomas von Kottayam aus seine Kirche, die 1,5 Millionen Gläubige vorwiegend in Indien hat. 20 Bischöfe unterstehen[1] dem „Katholikos des Ostens".

Die Selbstbezeichnung der Kirche als Malankara Orthodox Syrian Church oder Orthodox Syrian Church of the East (frz.: Eglise malankare orthodoxe syrienne) hebt diese ab von ihrer Schwesterkirche, der Malankara Syrian Orthodox Church (Malankarische Syrische Orthodoxe Kirche, Eglise malankare syroorthodoxe), die mit 700 Tausend Mitgliedern dem syrisch-orthodoxen Patriarchat in Damaskus zugeordnet ist und deren „Katholikos des Ostens" in Muvattupuzha/Kerala residiert.

Dogmatisch und liturgisch unterscheidet sich die Malankarische Orthodoxe Syrische Kirche nicht wesentlich von der Syrischen Orthodoxen Kirche. Sie hat mit der Jakobusliturgie die gleiche Gottesdiensttradition, die Gottesdienstsprache ist jedoch in Kerala, dem Hauptverbreitungsgebiet, fast ausschließlich die Regionalsprache Malayalam. Die Kirche ist in Indien sozial und karitativ mit eigenen Krankenhäusern und Sozialeinrichtungen sehr aktiv, ebenso in der Missionsarbeit. In Kottayam unterhält sie ein eigenes theologisches Seminar.

Die Kirche gehört zu den Gründungsmitgliedern des Ökumenischen Rates und trägt heute durch ihre Erfahrungen mit der Religions- und Kulturvielfalt in Indien und ihrer Aufgeschlossenheit den anderen indischen Kirchen gegenüber fruchtbar und wesentlich zum weltweiten ökumenischen Gespräch bei.

12.3. Die Koptische Orthodoxe Kirche

1996, am 14. November, konnte das Oberhaupt der Koptischen Orthodoxen Kirche, Papst und Patriarch Schenuda III., sein silbernes Inthronisationsjubiläum feiern. Ein großes Ereignis war dieses 25. Jahrjubiläum für die koptischen Gemeinden in der ganzen Welt und die Zeitungen berichteten ausführlich darüber. Papst „baba" Schenuda ist schon zu Lebzeiten eine Legende, denn mit ihm verbindet sich die innere Stärke und die Ausstrahlung seiner Kirche auf die Bevölkerung Ägyptens und des Sudans wie auch Eritreas, das zur Zeit eine eigene Kirchenstruktur sucht.

Als der 117. Nachfolger des Heiligen Markus, des Evangelisten, dem die Evangelisierung Agyptens in der zweiten Hälfte des 1. Jahrhunderts zugeschrieben wird, zählt sich das Oberhaupt der koptischen Kirche, der in den offiziellen Listen als „Papst von Alexandria und Patriarch des Stuhles des Heiligen Markus" geführt wird. Wieviele Gemeindeglieder die Koptische Orthodoxe Kirche in Ägypten genau hat, ist nicht bekannt, vermutlich um 5 Millionen, ein Mittelwert zwischen der niederen staatlichen Schätzung und einer höher angenommenen kirchlichen. Hinzu kommen mehrere hunderttausend im Ausland mit anwachsender Tendenz. Auch Deutschland hat mit Bischof Damian (Bischofsweihe 11.6.1995), der vordem als Radiologe in Stuttgart tätig war, einen eigenen Bischof, der von Brenkhausen-Höxter aus sein Bistum Deutschland betreut. Ein bedeutendes geistliches Zentrum der koptischen Kirche ist das St. Antonius-Kloster in Waldsolms-Kröffelbach, das am 18. November 1990 von Papst Schenuda III. geweiht wurde.

In Ägypten gehören die etwa 5 Millionen Gläubigen nach neuesten Zahlenangaben zu 41 Metropolien und Bistümern mit circa 1000 Pfarreien, außerhalb Ägyptens sind 12 Bistümer bzw. Metropolien in Kenia, dem Sudan, in Frankreich, Großbritannien, Deutschland und vor allem in den USA.

Die Koptische Orthodoxe Kirche hat ihre Wurzeln im ägyptischen Mönchtum, und von hier aus nimmt sie auch heute ihre Kraft für die zahlreichen Reformen. In den Klöstern des Wadi Natrun, der sketischen Wüste und Oberägyptens bildete sich eine am Evangelium orientierte Frömmigkeit aus. Die Einsiedlerkolonien eines Antonius (gest. 356), die Klosteranlagen eines Pachomius (gest. 346) und eines Schenute (gest. 451) wurden im 4. und 5. Jahrhundert zu Wallfahrtsstätten von suchenden Menschen aus dem ganzen Orient und aus Europa. In den schwierigen theologischen Auseinandersetzungen der ersten Konzilien fanden Bischöfe wie Athanasius,

Die Kirche des ägyptischen St. Bischoi-Klosters

Cyrill und Dioskur in den Klöstern und bei den Mönchen ihren geistlichen Rückhalt und ihre Unterstützung. Das ägyptische Mönchtum und die Theologenschule von Alexandria, die in Clemens von Alexandria und Origines ihre herausragenden Vertreter hatte, formten die Christenheit Ägyptens. Unter einem Patriarchen Dioskur I. (444-454), der die Beschlüsse des Konzils von Chalzedon 451 ablehnte, wurde die Kirche Ägyptens schon früh zu einer von der Mehrheit der christlichen Bevölkerung getragenen Gegenkirche. Der eigentliche Bruch mit der Reichskirche geschah jedoch während der Kaiserzeit Justinians I. unter Patriarch Theodosius von Alexandria, der vom Kaiser wegen seines Widerstandes gegen die Reichstheologie verbannt wurde. Eine bedeutsame Rolle spielte in dieser Zeit seit 543 der Syrer Jakobus Baradäus, der durch seinen unermüdlichen Einsatz zum Wiederaufbau der Kirche beitrug.

Die Leidenszeit der koptischen Kirche, die mit der Ablehnung von Chalzedon begonnen hatte, fand erst mit der arabischen Eroberung Ägyptens in den Jahren 639-642 ihr vorläufiges Ende. Die Ablehnung von Chalzedon und das von Justinian eingerichtete kaisertreue griechische Patriarchat in Alexandria ließ aus der Kirche Ägyptens die koptische Kirche werden, eine Bezeichnung, die gesichert freilich erst mit der ara-

302

bischen Eroberung in Gebrauch ist. Durch die Jahrhunderte hindurch hat die Kirche Ägyptens diese Benennung mit Stolz getragen, wird mit ihr doch ihr Wesen als ägyptische Volkskirche zum Ausdruck gebracht.

Die Bezeichnung „koptisch" ist nichts anderes als das arabisierte (qubti/qibti) griechische „aigyptios", also ägyptisch. Von den Arabern wurde diese Bezeichnung benutzt, um die angestammte ägyptische Bevölkerung von den „Römern" (den Rumis), also den Griechen und damit den Kaisertreuen und Feinden, zu unterscheiden. Auch als eigene Sprache wurde das Koptische, welches eine stark gräzisierte Form des Ägyptischen ist, in der Christenheit Ägyptens gesprochen und wurde schon im 5. Jahrhundert zur christlichen Literatursprache. Im Mittelalter wurde es jedoch nach und nach vom Arabischen verdrängt. Heute noch werden Teile der Liturgie koptisch gesungen und gesprochen.

Die Geschichte der Kirche unter muslimischer Herrschaft bis zur Gegenwart ist eine äußerst wechselvolle. In Gegnerschaft zu Byzanz erlebte die Kirche die Muslime als Befreier. Unter den Fatimiden (969-1171) – 969 wurde Kairo gegründet – bestanden relativ gute Beziehungen, unter deren Herrscher al-Hakim (996-1021) wurden die Christen – Kopten wie Byzantiner – jedoch blutig verfolgt.

In die Zeit der Ayyubidendynastie (1171-1250) fallen die Kreuzzüge und es versteht sich von selbst, daß die Christen zunächst als Parteigänger der christlichen Eindringlinge angesehen wurden. Der eigentliche Niedergang der koptischen Kirche geschah während der Mamelukendynastie (1250-1517). Massenübertritte zum Islam sind seit dem 12. Jh. bezeugt, verursacht durch Verfolgungen und Zerstörungen von Kirchen und Klöstern, freilich erlebte die Kirche im 13. Jh. eine Glanzzeit der arabisch verfaßten theologischen Literatur. Im 14. Jh. fiel die Zahl der Bistümer auf die heutige Zahl, in der Folgezeit auf 25.

Die Erneuerung der Kirche leitete Patriarch Kyrill IV. (1854-1861) ein. Durch soziales Engagement und durch die Einrichtung von Schulen und von Druckereien setzte er einen Prozeß in Gang, der durch das Reformwerk des heutigen Oberhauptes Schenuda einen gewissen Höhepunkt erreicht hat. Die Klöster, die einen großen Zustrom an gebildeten jungen Menschen erleben, sind heute wieder das, was sie früher sein wollten: Stätten der Einkehr und der Erneuerung des einzelnen wie der Kirche und der Gesellschaft.

Eine herausragende Bedeutung haben die Laien, die den Patriarchen, den über 80 Mitglieder zählenden Heiligen Synod und die Bischöfe unterstützen. Die erfolgreiche Sonntagsschularbeit der Kirche, ohne das Engagement der Laien nicht denkbar, ist wegweisend auch für andere Orientkirchen. Unter Papst Schenuda III. wurde der Episkopat stark verjüngt und die Einrichtung von Bistümern ohne Diözese mit funktionalen gesamtkirchlichen Aufgaben wie Jugend, kirchliche Erziehung, höhere Studien, koptische Kultur und wissenschaftliche Forschung, soziale Dienste und Ökumene und afrikanische Angelegenheiten stark vorangetrieben.

In Liturgie und Lehre sind einige Besonderheiten erwähnenswert. Im Eucharistiegottesdienst sind drei Formulare in Gebrauch: die Basiliusliturgie an den normalen Sonntagen, die Liturgie des Kyrill – entstanden aus der alten alexandrinischen Markusliturgie – in der Fastenzeit und im Advent und die Gregoriusliturgie an den hohen Christusfesten. Zum Kirchengebäude, das mit einer Ikonostase versehen ist, gehört ein besonderer Raum, in dem der Priester für jeden Gottesdienst das gesäuerte fingerdicke und mit 13 Kreuzen versehene Brot frisch backt. Das koptische Kirchenjahr, das nach der Ära der Märtyrer mit dem Regierungsantritt von Diokletian am 29. August 284 gerechnet wird, ist reich an zusätzlichen eigenen Festen. Einige gehen auf die hohe Wertschätzung der Gottesmutter Maria zurück, was die Nähe zur syrischen Schwesterkirche anzeigt. Zwei Offenbarungsquellen werden gelehrt: die Schrift mit 81 Büchern, zu denen auch das 3. Makkabäerbuch und die Einteilung der Proverbien in zwei Bücher gehören, und die kirchliche Überlieferung. In der Ekklesiologie haben die vier alten Patriarchate Rom, Alexandria, Ephesus (!) und Antiochia (Tetrarchie) eine besondere Bedeutung, wobei der Primat des römischen Papstes anerkannt wird, jedoch nicht seine Unfehlbarkeit im Lehramt. Die Eschatologie enthält neben altchristlichen auch altägyptische Vorstellungen und ist volksnah veranschaulicht durch eine ausgeprägte, vorstellungsreiche Engellehre.

Auf ökumenischem Feld ist die koptische Kirche, die seit 1954 Mitglied im Ökumenischen Rat der Kirchen ist, unter den Orientalischen Orthodoxen Kirchen wegweisend.

12.4. Die Armenische Apostolische Kirche

Die Wahl des Katholikos des Großen Hauses von Kilikien am 4. April 1995 und seine am 9. April erfolgte Inthronisation als Karekin I. zum 131. Patriarchen-Katholikos für alle Armenier mit Sitz in Etchmiadzin/Armenien war ein wichtiges Ereignis für diese Kirche. Die an der Wahl beteiligten 45 Bischöfe und mehr als 300 Priester und Laien als Vertreter der Diözesen setzten damit ein Zeichen, um die in der Geschichte gewachsenen Rivalitäten zwischen den beiden Katholikaten Kilikien und Etchmiadzin beizulegen. Gegenwärtig gehören etwa 6 Millionen Armenier zur Armenischen Apostolischen Kirche, von diesen leben 4 Millionen in der weltweiten Diaspora.

Der Tradition nach geht das Christentum in Armenien auf die Missionstätigkeit von Bartholomäus und Thaddäus (dem syrischen Addai) zurück, die zu den 70 Jüngern Jesu zählen. Als eigentlicher Gründer der armenischen Kirche wird jedoch Gregor der Erleuchter verehrt, der um 301 durch die Taufe des Königs Tiridates III. die älteste christliche Staatskirche schuf.

Um 407, so die armenische Tradition, schuf der Mönch Mesrop für seine Kirche und sein Volk eine eigene Schrift. Auf dem Konzil von Chalzedon war die armenische Kirche nicht vertreten, sie verwarf jedoch im Jahre 506 auf einer Synode deren christologische Formulierungen.

Vom 7.-13. Jahrhundert herrschten die Araber, Seldschuken und Mongolen über Armenien, was einen häufigen Wechsel des Patriarchensitzes mit sich brachte. Ab 1293 residierte das Oberhaupt in Sis, der Hauptstadt des 1080 gegründeten armenischen Fürstentums Kilikien am östlichen Mittelmeer.

1441 wurde die Residenz wieder nach Etchmiadzin verlegt, Sis blieb aber Katholikatsresidenz, so daß es seitdem zwei Katholikatssitze gibt. Der Katholikatssitz Sis wurde 1930 nach Antelias bei Beirut verlegt. Am 28.6.1995 wurde der bisherige Erzbischof von Beirut, Aram Keshishian, zum Katholikos des Großen Hauses von Kilikien gewählt und am 1. Juli 1995 als Aram I. inthronisiert. Neben den beiden Katholikaten Etchmiadzin und Kilikien bestehen in der Armenischen Apostolischen Kirche noch zwei Patriarchate, Jerusalem seit 1311 und Konstantinopel seit 1461, die beide Etchmiadzin zugeordnet sind. Den schweren Verfolgungen armenischer Chri-

sten durch die Osmanen in den Jahren 1894-96 und vor allem
durch die Jungtürken im Jahre 1915, in welchem fast 2 Millionen Christen den Tod fanden, ist es zuzurechnen, daß heute
in der Türkei nur noch 70 000 armenisch-apostolische Christen leben, die zum Patriarchat Konstantinopel gehören (Sitz
Istanbul). Unter den noch 110 000 Christen, die es gegenwärtig insgesamt noch in der Türkei gibt, stellen sie in ihrer hohen
Gelehrsamkeit und ökumenischen Aufgeschlossenheit eine
wichtige christliche Gruppe in der türkischen Gesellschaft dar,
die auch durch den Lausanner Vertrag wahrgenommen wird.

In keiner anderen orthodoxen Kirche wird den Laien eine
so herausragende Bedeutung zugemessen wie in der armenischen Kirche. Die Mitwirkung bei der Priesterwahl, bei der
Wahl der Bischöfe sowie der Katholikoi macht deutlich, daß
diese Kirche sich bis heute als Kirche des armenischen Volkes
versteht. Ebenso bedeutsam ist, daß die theologische Bildung

306

der Geistlichen wie der Laien eine herausragende Rolle spielt. Die Kirche verfügt gegenwärtig über vier angesehene theologische Seminare in Etchmiadzin, Bikfaya (Libanon), Jerusalem und New Rochelle (New York).

Die Armenische Apostolische Kirche vertritt einige erwähnenswerte Besonderheiten. In der eucharistischen Liturgie, die in Altarmenisch gefeiert wird, werden die eucharistischen Gaben als ungesäuertes Brot und mit Wein gereicht, der nicht mit Wasser vermengt ist. Das Weihnachtsfest wird zusammen mit Epiphanias am 6. Januar gefeiert. Wohl auf den Einfluß der syrisch-orthodoxen Kirche, mit der die armenische Interkommunion hat, gehen die zahlreichen Fastenzeiten zurück.

Zum geistlichen Stand des Vardapet, des theologischen Lehrers in der armenischen Kirche, wird der Priestermönch mit einer eigenen Weihehandlung geweiht. Die Heraushebung durch einen eigenen Weihegrad zeigt die hohe Wertschätzung der theologischen Bildung in der Kirche.

Mit Katholikos Aram I. hat die Armenische Apostolische Kirche einen der Geistlichen an der Spitze, der als Moderator des Zentralausschusses des ÖRK auch in der Ökumene seine Kirche repräsentiert. Neben den Dialoggesprächen mit den orthodoxen Kirchen ist die armenische Kirche auch um ein besseres Verhältnis zur römisch-katholischen Kirche bemüht. Die Rombesuche von Karekin I. vom 10.-14.12.1996 und von Aram I. vom 23.-26. Januar 1997 wurden als gutes Zeichen der Annäherung gewertet. Seit 28.2.1996 ist die Armenische Apostolische Kirche Mitglied in der Arbeitsgemeinschaft Christlicher Kirchen in Deutschland (ACK).

12.5. Die Äthiopische Orthodoxe Kirche

Etwa 18 Millionen Mitglieder gehören in Äthiopien zur Äthiopischen Orthodoxen Tewahedo Kirche, bei einer Gesamtbevölkerung von fast 59 Millionen (Mitte 1997). Für eine orientalische Kirche der Gegenwart ist eine solche christliche Präsenz, vor allem nach den vorausgegangenen Wirren von 1974-1991, bislang unerreicht. Die Äthiopische Kirche nimmt auch durch zwei Besonderheiten in ihrer jüngsten Geschichte eine Sonderstellung unter den gegenwärtigen Orientkirchen ein. So war sie durch die Verfassung vom 4. November 1955 bis zum Sturz des Kaisers Haile Selassie am 12. September 1974 Staatskirche. Ferner erlangte die äthiopische Kirche erst sehr spät am 28. Juni 1959 und wohl erst als Folge der Verfassungserklärung die Autokephalie und damit einen eigenen Patriarchen. Als 5. Patriarch wurde am 12.7.1992 Abuna Paulos, geb. 1935, in der Heiligen Dreieinigkeitskirche in Addis Abeba inthronisiert.

Mit der Erlangung der Eigenständigkeit endete eine von Beginn der Kirchwerdung an bestehende kirchenrechtliche Verbindung zur Koptischen Orthodoxen Kirche. Die enge Beziehung, die auch in der Glaubenslehre und in der Liturgie sichtbar ist, erklärt sich aus den Anfängen des Christentums in Äthiopien. Mitte des 4. Jahrhunderts trat das Königshaus von Aksum mit den Brüdern ʹEzana und Seʹazana durch die Missionstätigkeit des Frumentios und Aidesios, die am Hofe dienten, zum Christentum über. Der Tradition nach wurde Frumentios später von Athanasios, dem Oberhaupt von Alexandria, zum Bischof geweiht und mit Priestern nach Äthiopien geschickt.

In der Folgezeit prägte die sich entwickelnde koptische Glaubenslehre die Kirche Äthiopiens, wenngleich sich in der afrikanischen Tochterkirche auffallende Eigenheiten in der Lehre und in der Liturgie entfalten konnten.

Ihrem Selbstverständnis nach reichen die Wurzeln der äthiopischen Kirche in die alttestamentliche Zeit. Der legendäre König Menilek I. von Aksum soll, so die äthiopische Tradition, aus der Verbindung von König Salomon mit der Königin von Saba hervorgegangen sein, die nach 1. Könige 10 Jerusalem besucht hatte. Durch Menilek und Zacharia soll die Bundeslade mit den Gesetzestafeln nach der Königsstadt gebracht worden sein. Diese Legende hat in der äthiopischen Frömmigkeit große Bedeutung, denn in jeder äthiopischen Kirche ist auf dem Altar eine vom Patriarchen geweihte Nachbildung der Bundeslade, Tabot genannt, zu finden, die mit zahlreichen christlichen Symbolen versehen ist und ohne die keine Eucharistie gefeiert werden kann.

Die besondere Wertschätzung alttestamentlicher Traditionen zeigt sich auch in der weit verbreiteten zusätzlichen Sabbatheiligung, im Brauch der Beschneidung und in der reichen musikalischen Ausgestaltung der Liturgie mit Chorgesang, Flöten, Trommeln und dem sakralen Priestertanz.

Die eucharistische Liturgie geht auf die koptische zurück. Wenngleich mindestens 14 Liturgieformulare in Gebrauch sind, ist doch die „Liturgie der 12 Apostel", die auf die alte alexandrinische Markusliteratur zurückgeht, am häufigsten in Brauch. Die Liturgie wird in der altäthiopischen Sprache Ge´ez gefeiert, doch gewinnt das Amharische, die heutige Regierungs- und Verkehrssprache, auch in der Liturgie immer mehr an Bedeutung. Auffallend ist die Kreuzesdarstellung ohne Korpus. Das Kirchenjahr ist wie in der koptischen Kirche durch zahlreiche Feste und durch eine große Zahl von Fasttagen geprägt. Die 33 Marienfeste zeigen an, welche Wertschätzung der Gottesmutter zuteil wird.

Die Äthiopische Orthodoxe Kirche, die zu den Gründungsmitgliedern des Ökumenischen Rates der Kirchen gehört, durchlitt nach dem Sturz des christlichen Kaisers im September 1974 durch das nachfolgende Mengistu-Regime eine schwere Zeit. Die Trennung von Staat und Kirche 1975 brachte Enteignung und Verstaatlichung von Kirchenbesitz, etwa ein Drittel des Landes, mit sich, gefolgt von Christenverfolgungen und Terrorakten ab 1977. Abuna Paulos, der derzeitige Patriarch, war während der Mengistu-Herrschaft selbst sieben Jahre in Haft. Nach dem Sturz von Mengistu Haile

309

Maryam im Mai 1991 vermag die Kirche sich zur Zeit wieder zu reorganisieren.

Im Frühjahr 1993 wurde die Theologische Fakultät zur Heiligen Dreieinigkeit in Addis Abeba der Kirche wieder zurückgegeben, das Sonntagsschulwesen konnte wieder verstärkt gefördert werden, ebenso wie die Ausbildung von Laien. Die traditionell guten Kontakte zur Griechischen Orthodoxen Kirche wurden durch den Besuch von Abuna Paulos beim Ökumenischen Patriarchen Bartholomaios I. vom 6.-9. Dezember 1993 und durch dessen Gegenbesuch vom 11.-21. Januar 1995 in Addis Abeba verstärkt. Das durch die Missionsgeschichte bedingte zunächst schwierige Verhältnis zur römisch-katholischen Kirche wurde durch den Besuch von Abuna Paulos im Vatikan vom 8.-14. Juni 1993 verbessert, ebenso durch den Besuch von Kardinal Achille Silvestrini bei Abuna Paulos im Februar 1997.

Auch im Dialoggeschehen zwischen den Orientalischen Orthodoxen Kirchen, in welchem die Äthiopische Kirche seit 1965 durch die Ausrichtung der ersten Konferenz dieser Kirchen in Addis Abeba beteiligt ist, nimmt diese Kirche zur Zeit eine wichtige Stellung ein.

Einen gewaltigen Einschnitt in die ehemals gemeinsame Landes- und Kirchengeschichte bewirkte die Loslösung Eritreas von Äthiopien. Im Referendum vom 23.-25. April 1993 entschieden sich die Einwohner Eritreas nach vorausgegangenem Bürgerkrieg für eine eigene Republik, die dann am 24. Mai 1993 gegründet wurde.

Die Bevölkerung Eritreas ist zu 48% muslimisch und zu 48% christlich, wobei mit 1,7 Millionen Gläubigen (Stand 1994) die (äthiopisch) orthodoxen Christen bestimmend sind. Der politischen Unabhängigkeit folgten Bestrebungen, auch kirchlich sich von Äthiopien zu lösen und eine eigene orthodoxe Kirche zu gründen. Hierbei wirkte die Koptische Orthodoxe Kirche entscheidend mit. Am 19. Juli 1993 richtete der für die eritreische Diaspora zuständige, als äthiopisch-orthodoxer Bischof geweihte Abuna Philipos an Patriarch Schenuda die Bitte um Mithilfe bei der Errichtung einer selbständigen eritreischen Kirche. In einer Sondersitzung des Heiligen Synods der Koptischen Kirche am 28. September 1993 wurde über die Gründung einer orthodoxen Kirche in Eritrea verhandelt. Vorausgegangen war am 26. Mai 1991 die Weihe zweier eritreischer Mönche zu Bischöfen für die „eritreische Diaspora" durch Papst Schenuda. Am 19. Juni 1994, dem orthodoxen Pfingstfest, folgten fünf weitere Bischofsweihen in Kairo für die „Orthodoxe Kirche von Eritrea".

Der grundsätzlichen Zustimmung auch zur Weihe eines Patriarchen für Eritrea, in der Sondersitzung am 28. September 1993, folgte am Festtag des Evangelisten Markus, am 8. Mai 1998, die Weihe des 93 Jahre alten Bischofs Philipos zum neuen Patriarchen Abuna Philipos I. für die Eritreische Orthodoxe Kirche. Bei der Patriarchenweihe in Kairo nahmen sechs eritreische und 53 koptische Bischöfe teil. Durch den Einfluß der Kopten auf Eritrea ist das Verhältnis zwischen der Äthiopischen und Koptischen Orthodoxen Kirche nicht ohne Spannung.

12.6. Die Heilige Apostolische und Katholische Assyrische Kirche des Ostens

Sie ist die kleinste orientalische orthodoxe Kirche, die ihre Anfänge auf die Missionierung durch Jünger Jesu zurückführen kann. Etwa 400 000 Mitglieder weltweit zählt die Kirche, die auch „Assyrische Kirche des Ostens" oder „Alte Apostolische Kirche des Ostens" genannt wird und bis in jüngste Zeit in der Literatur als „Nestorianische Kirche" vorkommt, eine Bezeichnung, welche die Kirche selbst ablehnt. Die Assyrische Kirche des Ostens hat gegenwärtig 90 Gemeinden, verteilt auf Länder des Mittleren Ostens wie Irak, Iran, Syrien und Libanon sowie auf Indien, Australien, Europa, Rußland und Nordamerika. Obwohl sie seit 1950 Mitglied im Ökumenischen Rat der Kirchen ist, wurde sie noch 1990 in der Vereinbarung von Chambésy als ketzerisch verurteilt. In den zurückliegenden Jahrzehnten des ökumenischen Aufbruchs wurde in der assyrischen Kirche der neue alte Feind gesehen, ein Sachverhalt, den die ehemals blühende und größte orientalische Kirche bedeutungslos werden ließ.

Auf die Jünger Thomas und Addai (=Thaddäus) und dessen Schüler Mari führt die Kirche ihre Anfänge zurück. Im Verlaufe des 2. Jahrhunderts sind syrische Christen schon in der südiranischen Provinz Khuzistan, dem alten Elam, nachweisbar. Sehr rasch breitete sich östlich der römischen Reichsgrenze im Partherreich und ab 224 im Sasanidenreich das Christentum syrischer Prägung aus und wurde im Sasanidenreich die bestimmende christliche Gruppierung, die unter Schapur II. (309-379) um 340 vor allem im Zweistromland und in Khuzistan schwere Verfolgungen erlitt.

Im Jahre 410 wurde der Kirche auf der ersten eigenen Synode ermöglicht, sich in Diözesen zu organisieren, die dem Katholikos in der Reichshauptstadt Seleukeia-Ktesiphon unterstanden. Auf dieser Synode von Seleukeia-Ktesiphon wurden die Beschlüsse der ersten beiden gesamtkirchlichen Synoden von Nicäa 325 und Konstantinopel 381 angenommen. 424 folgte auf Druck des Sasanidenherrschers die Unabhängigkeitserklärung von der westlichen Christenheit, der dann – ebenfalls auf politischen Druck hin – auf den Synoden der Jahre 484 und 486 die Formulierung einer bis heute mißverstandenen eigenen christologischen Erklärung folgte. Die Feindschaft zwischen dem römisch-byzantinischen Reich und den Sasaniden trug wesentlich dazu bei, daß die ostsyrische Kirche im Sasanidenreich sich unabhängig von westlicher Theologie entwickelte. Die Geistlichkeit der Assyrischen Kirche des Ostens wurde in den Theologenschulen von Edessa, Nisibis, Seleukeia-Ktesiphon und Gondeschapur am Sitz des Metropoliten von Khuzistan umfassend wissenschaftlich ausgebildet. Während der Zeit des Katholikos-Patriarchen Timotheos I. (780-823) erreichte die Kirche mit 200 Diözesen, die vom Mittelmeer bis nach Indien und China reichten, ihre größte Ausdehnung. Mehrere 10 Millionen Gläubige gehörten beim Tode von Timotheos I. zu seiner Kirche.

Die Eroberung Bagdads 1258 durch die Mongolen, die 1552 erfolgte Union eines Teils der Kirche mit Rom und die Verfolgungen der Assyrer Ende des 19. und Anfang des 20. Jahrhunderts trugen zum langsamen Verfall dieser Kirche bei.

Interne Auseinandersetzungen um die Person des Katholikos-Patriarchen Mar Shimun XXIII. (ermordet am 6.11.1975), der durch die seit 1450 bestehende Erblichkeit des Amtes vom Onkel auf den Neffen mit 12 Jahren Katholikos-Patriarch wurde und 1964 die Einführung des Gregorianischen Kalenders für seine Kirche verfügte, führten in der Folgezeit zur Opposition im Irak. Die dortigen Altkalendarier weihten Mar Thomas Darmo, Metropolit von Indien, 1968 zum Gegenpatriarchen in Bagdad. Freilich war die Kalenderfrage nur vordergründig. Im Hintergrund schwelte der seit langem bestehende Konflikt zwischen der orientalischen Fraktion der Kirche und der amerikanischen sowie der Konflikt um das Problem der Erblichkeit des Titels. Gegenwärtig gibt es noch beide Patriarchate, Morton Grove, Illinois (USA) mit Mar Dinkha IV. (seit 1976) und in Bagdad mit Mar Addai II. (seit 1972).

Der Kirchenbau der Assyrischen Kirche des Ostens ist schlicht und bilderlos. Der Verehrung des Kreuzes ohne Korpus, dem einzigen bedeutenden Symbol im Kirchenraum, wird hohe Bedeutung zugemessen. Dem Kreuz ist als „Tag des heiligen Kreuzes" ein eigenes großes Kirchenfest gewidmet.

Im Vorbereitungsteil der eucharistischen Liturgie werden in einem der Seitenteile des Kirchenraums vom Priester die eucharistischen Brote gebacken. In drei Formularen kann die Liturgie auf altostsyrisch gefeiert werden, nach der „Liturgie der Apostel (Addai und Mari)", der „Liturgie des Theodor von Mopsuestia" und der „Liturgie des Nestorius". Ein verwitweter Priester darf in der Assyrischen Kirche wieder heiraten, auch Witwen.

Das ostsyrische Alte Testament enthält nicht die Chronikbücher, Esra, Nehemia und Esther.

Der neutestamentliche Kanon enthält nicht den 2. Petrusbrief, den 2. und 3. Johannesbrief, den Judasbrief und nicht die Offenbarung des Johannes. Zum Schriftkanon gehört aber Jesus Sirach.

In der Christologie gilt das auf der Synode des Jahres 612 offiziell angenommene Bekenntnis zu zwei Naturen und zwei Hypostasen in der einen Person von Christus, dessen Formulierung nichts anderes sagen wollte, als was das Chalzedonense 451 zum Ausdruck brachte, nämlich das Bekenntnis zur vollkommenen Gottheit und vollkommenen Menschheit von Jesus Christus.

Wie in den anderen orientalischen orthodoxen Kirchen findet sich auch bei der Assyrischen Kirche des Ostens eine tiefe, in der Volksfrömmigkeit verwurzelte Marienverehrung, die auch in der Weihe vieler Kirchen als Marienkirche zum Ausdruck kommt. Die Erbsündenlehre in der Ausprägung des lateinischen Kirchenvaters Augustin lehnt die Assyrische Kirche ab.

In der Ausbreitung des Christentums in den asiatischen, indischen und ostasiatischen Raum war die Kirche wegweisend. Ihre großen Erfolge lagen in der umfassenden theologischen Bildung der Missionare und deren Fähigkeit, ostsyrische Frömmigkeit und Glaubensinhalte mit anderen Kulturen fruchtbar zu verbinden. Wegweisend wurde die Kirche ferner als Vermittlerin des griechischen naturwissenschaftlichen und philosophischen Erbes an den Islam und über diesen an das westliche Mittelalter.

12.7. Die Orientalisch Orthodoxen Kirchen und die Ökumene

Zwei Ereignisse markieren Herausragendes in der Beziehung ehemals getrennter Kirchen. Das erste Ereignis war die zweite übereinstimmende Erklärung zur Christologie zwischen den Orthodoxen Kirchen der Sieben Ökumenischen Konzilien und den Orientalischen Orthodoxen Kirchen vom 28.9.1990 in Chambésy bei Genf. Das zweite Ereignis war die christologische Erklärung zwischen Papst Johannes Paul II. und dem Katholikos-Patriarchen der Assyrischen Kirche des Ostens, Mar Dinkha IV. vom 11.11.1994 im Vatikan.

Die Chambésy-Erklärung, das Second agreed Statement als Ergebnis einer Konferenz der genannten Kirchen vom 23.-28.9.1990 schüttete den Graben zu, der über 500 Jahre zwischen den byzantinisch geprägten orthodoxen Kirchen und den orientalischen Kirchen der drei ersten Konzilien bestanden hatte. Der Übereinstimmung in der Christologie und in der Aufhebung der Verurteilungen der Vergangenheit folgen in dem Dokument „Empfehlungen zu pastoralen Fragen", also Hinweise zur praktischen Umsetzung der neu gewonnenen Erkenntnis eines gemeinsamen Christuszeugnisses in den beiden Kirchenfamilien. So sollen die Kirchenführer, Priester und Laien sich gegenseitig besuchen, eine Dokumentation der Übereinkunftsdokumente mit Erklärungen soll erstellt werden, ferner sollen Publikationen Auskunft geben über die jeweiligen Kirchen. Die gegenseitige Anerkennung der Taufe soll in Zukunft praktiziert und keine Wiedertaufe vorgenommen werden. Empfohlen wird den Kirchen, gemeinsame Konsultationen mit der römisch-katholischen Kirche und mit den protestantischen Kirchen zu veranstalten.

Freilich hat dieses Dokument, so wegweisend es ist, auch eine dunkle Seite. Gleich zu Beginn wird festgehalten: „Beide Familien verurteilen die nestorianische Irrlehre". Der alte Feind aller Orthodoxen wurde erneut an den Pranger gestellt: die Assyrische Kirche des Ostens, die kleinste und schwächste der orientalischen Kirchen. Eine bedrückende und beschämende Haltung in diesem bedeutsamen Dokument, vor allem angesichts der so großen Herausforderungen, vor welchen alle orientalischen Christen im Orient und in der Diaspora stehen.

Die praktische Umsetzung der gewonnenen Einheit ist auch Gegenstand der Beratungen der Gemeinsamen Kommission, die vom 1.-6.11.1993 wieder in Chambésy tagte. Wichtig ist der Kommission, die Art und Weise der Aufhebung der Verurteilungen festzulegen. „Die Aufhebung der Anathema sollte einstimmig und gleichzeitig und auf beiden Seiten von den Oberhäuptern aller Kirchen vollzogen werden, indem eine entsprechende kirchliche Akte unterzeichnet wird; sie wird zum Inhalt haben, daß jede Seite der anderen zuerkennt, daß sie in jeder Beziehung orthodox ist" (Una Sancta 1/94, S. 54). Das Dokument stellt freilich auch die vielfältigen und schwierigen Fragen heraus, die mit einer solchen Aufhebung der Verurteilungen verbunden sind.

Die Einigung von Chambésy vom 28.9.1990 ist das Ergebnis einer längeren Reihe von Begegnungen zwischen der Orthodoxen Kirche und den Orientalischen Orthodoxen Kirchen. So fanden vier inoffizielle Dialogbegegnungen in Aarhus 1964, Bristol 1967, Genf 1970 und Addis Abeba 1971 statt und zwei offizielle Dialogbegegnungen in Chambésy 1985 und im Kloster Amba Bishoy (Ägypten) 1989.

Die Beziehungen zwischen der Äthiopischen Orthodoxen Kirche und dem Ökumenischen Patriarchat wurden jüngst durch zwei Begegnungen verstärkt, durch den Besuch von Patriarch Abuna Paulos vom 6.-9.12.1993 im Phanar und durch den Gegenbesuch vom Ökumenischen Patriarchen Bartholomaios I. vom 11.-21.1.1995 in Addis Abeba. Karekin I., Patriarch-Katholikos für alle Armenier, besuchte vom 8.-11.5.1996 das Ökumenische Patriarchat und am 10.6.1996 Metropolit Damaskinos in Chambésy. Die Aufzählung möge genügen, um deutlich zu machen, daß die Oberhäupter beider Familien aufeinander zugehen.

Auf evangelischer Seite fanden zwei bemerkenswerte evangelisch/orientalisch-orthodoxe theologische Konsultationen statt, vom 21.-23.11.1991 im Kloster Wennigsen bei Hannover und vom 7.-10.12.1994 in Herrenberg bei Stuttgart. Ein wichtiges Ergebnis der beiden Konsultationen war die Einrichtung einer ständigen gemischten Kommission, bestehend aus EKD-Vertretern und Repräsentanten der fünf Orientalischen Orthodoxen Kirchen.

Vom 2.-5.5.1993 fand im Kloster Amba Bishoy/Ägypten ein 1. Theologisches Treffen zwischen Vertretern des Reformierten Weltbundes und der Orientalischen Orthodoxen Kirchen statt. Das 2. Treffen in Driebergen/Holland führte am 13.9.1994 zu einer christologischen Übereinkunft.

Vom 15.-21.5.1993 trafen sich in Wimbledon Repräsentanten der Orientalischen Orthodoxen Kirchen und Delegierte der Anglikanischen Kirche.

Mehrere Dialoggespräche fanden zwischen der Lutherischen Kirche von Schweden und der Koptischen Orthodoxen Kirche statt, so vom 7.-8.11.1994 im Kloster Amba Bishoy, am 13.6.1995 in Karlstad, vom 7.-9.12.1995 in Ägypten und vom 21.-27.5.1996 in Schweden.

Seit 1971 gibt es Gespräche zwischen der römisch-katholischen Kirche und den orientalisch-orthodoxen Kirchen, die als inoffizielle Dialoggespräche gewertet sind und auf die Initiative von PRO ORIENTE zurückgehen, einer Stiftung, die vom Wiener Alterzbischof Franz Kardinal König am 4.11.1964 ins Leben gerufen wurde. Die im September 1971 beim ersten Wiener Treffen zu Wege gebrachte „Wiener christologische Formel" ermöglichte auf der Basis des gemeinsamen Christuszeugnisses vier weitere Wiener Konsultationen in den Jahren 1973, 1976, 1978 und 1988. Spezielle Fragen wurden danach auf den fünf Wiener Studienseminaren 1991, 1992, 1994, 1996 und 1998 behandelt. Darüber hinaus wurden Regionalsymposien 1991 in Ägypten, 1993 in Indien, 1994 im Libanon und vom 29.8.-2.9.1997 in Waldsolms-Kröffelbach abgehalten, um auch interessierten Laien die jeweiligen Dialogergebnisse nahezubringen. Ein Verdienst der Stiftung PRO ORIENTE unter ihrem seit 1993 amtierenden Präsidenten Alfred Stirnemann ist es, die Ergebnisse der Symposien auch in den Sprachen der beteiligten orientalischen Kirchen zu publizieren, um das Gespräch an der kirchlichen Basis zu ermöglichen.

Offizielle Begegnungen zwischen Papst Johannes Paul II. und Oberhäuptern einzelner orientalisch-orthodoxer Kirchen gibt es seit 1967. Große Beachtung fanden in jüngster Zeit die Rombesuche von Karekin I., dem Oberhaupt der Armenischen Apostolischen Kirche vom 10.-14.12.1996 und die gemeinsame Erklärung vom 13.12.1996 und von Katholikos Aram I., ebenfalls von der armenischen Kirche, vom 23.-26.1.1997. Als Schritt zur Annäherung wurde auch der Rombesuch des athiopisch-orthodoxen Patriarchen Abuna Paulos vom 8.-14.6.1993 gewertet und der Gegenbesuch von Kardinal Achille Silvestrini bei Abuna Paulos in Addis Abeba und in Eritrea vom 6.-14.2.1997.

Doch die wohl bedeutsamste Begegnung war die zwischen Papst Johannes Paul II. und dem Oberhaupt der Assyrischen Kirche des Ostens, Katholikos-Patriarch Mar Dinkha IV. vom 8.-12.11.1994 in Rom und die gemeinsame christologische Erklärung vom 11.11.1994. Das, was den Orientalischen Orthodoxen Kirchen bislang nicht gelang, wurde hier verwirklicht. Die Erklärung ist das Ergebnis langjähriger Vorbereitungsgespräche und auch die Frucht der Arbeit der Stiftung PRO ORIENTE. Wichtiges sei aus dieser Erklärung zitiert: „Beide (erg.: Papst u. Katholikos-Patriarch) betrachten diese Begegnung als grundlegenden Schritt auf dem Weg zur Wiederherstellung der vollen Gemeinschaft zwischen ihren Kirchen. Sie können von nun an in der Tat zusammen vor der Welt ihren gemeinsamen Glauben an das Geheimnis der Menschwerdung bekennen ... Was immer unsere christologischen Unterschiede gewesen sind, wissen wir uns heute geeint im Bekenntnis des gleichen Glaubens an den Sohn Gottes, der Mensch wurde, damit wir durch seine Gnade Kinder Gottes werden konnten. Wir möchten von nun an gemeinsam diesen Glauben an den Einen bezeugen, der der Weg, die Wahrheit und das Leben ist, und ihn in entsprechender Weise unseren Zeitgenossen verkünden, damit die Welt an das Evangelium vom Heil glaube." (L`Osservatore Romano, dtsch. Ausgabe Nr. 47 vom 25. November 1994, S. 6)

Bemerkenswert ist, daß im März 1995 ein offizieller Dialog zwischen der Syrischen Orthodoxen Kirche und der Assyrischen Kirche des Ostens beschlossen wurde. Der syrisch-orthodoxe Metropolit von Aleppo, Gregorios Yohanna Ibrahim, ständiger Gesprächsteilnehmer bei den PRO ORIENTE-

Veranstaltungen, betonte in einem 1995 erschienenen Beitrag, daß Gespräche zwischen beiden syrischen Kirchen schon seit 1988 bestünden.

Am 29.11.1996 fand in Southfield, Michigan (USA) ein erstes offizielles Treffen zwischen Mar Dinkha IV. und dem Chaldäischen Patriarchen Mar Raphael Bidawid statt. Ziel des Treffens war – so die gemeinsame Verlautbarung –, Schritte zu überlegen, wie beide syrischen Kirchen wieder vereinigt werden könnten. Ein weiteres Treffen fand am 15.8.1997 in Roselle, Illinois (USA) statt.

Es ist dem Wirken des Heiligen Geistes zuzuschreiben, daß ehemals getrennte Kirchen zueinanderfinden und damit die Bitte Jesu an seinen Vater erfüllt wird „damit sie alle eins seien. Wie du, Vater, in mir bist und ich in dir, so sollen auch sie in uns sein, damit die Welt glaube, daß du mich gesandt hast" (Johannes 17,21).

Wolfgang Schwaigert

13.0. FREMDWÖRTERVERZEICHNIS

Acheiropoieten, acheiropoietos „nicht von Händen gemacht"; Bezeichnung von Bildern, deren Entstehung ohne Zutun von Menschenhand auf wunderbare Weise erklärt wird; siehe Abschnitt Ikonen.

Agape frühchristliches Liebesmahl; siehe Abschnitt Liturgie.

Akathistos Großer Hymnus zu Ehren der Gottesmutter.

Akribie Genauigkeit, kat´akribeian: Strenge Anwendung von kirchlichen Regeln; Gegensatz: kat´oikonomian; siehe Stichwort Oikonomie.

Anachorese Einsiedlerleben; Anachoret: Einsiedler.

Anamnese Gedächtnis; Vergegenwärtigung der Glaubensmysterien Passion, Auferstehung, Himmelfahrt und Wiederkunft; in der eucharistischen Liturgie: Teil der Anaphora.

Anaphora Darbringung der Gaben, Kernstück der Liturgie.

Anastasis Auferstehung.

Antidoron Segensbrot, das am Ende der Liturgie an alle verteilt wird.

Antimension Altartuch, in das Reliquien eingenäht sind. Ohne Antimension auf dem Altar darf keine Liturgie gefeiert werden.

Antiphon Liturgischer Wechselgesang.

Apolytikion Hauptlied eines Festtages.

Artoklasia Brotbrechen.

Autokephalie Uneingeschränkte Selbständigkeit orthodoxer Ortskirchen.

Autonomie Selbstverwaltung und eingeschränkte jurisdiktionelle Selbstandigkeit einiger orthodoxer Kirchen.

Cheirotonie „Handausstreckung"; Weihe von Bischof, Priester oder Diakon; siehe Abschnitt Sakramente.

Chrisma Salbung; siehe Abschnitt Sakramente.

Diakonikon Sakristei, südlicher Teil des Altarraumes.

Diptycha, Diptychengebete Fürbittenliste und Gebete; die Reihenfolge der Namensnennung der Hierarchen in liturgischen Gebeten ist Ausdruck der kirchlichen Gemeinschaft und des Ranges der genannten leitenden Bischöfe.

Diskos   Flache Schale für das eucharistische Brot.

Doxologie   Lobpreis der Trinität (kleine und große Doxologie).

Einzug, Kleiner und Großer   Feierliche Prozession der Zelebranten durch die nördliche Pforte in das Schiff und zurück durch die Königliche Tür in den Altarraum.

Ekphonesis   Laut gebeteter, trinitarischer Schluß eines sonst stillen Gebetes des Zelebranten.

Enkaustik, enkaustisch   Maltechnik, bei der mit heißem Bienenwachs gebundene Farbe verwendet wird; siehe Abschnitt Ikonen.

Eparchie   Sprengel eines Bischofs, kirchliches Verwaltungsgebiet.

Epiklese   „Anrufung", tem. techn. für die Bitte um den Heiligen Geist. Die Epiklese ist Höhepunkt der Eucharistie; siehe Abschnitt Liturgie.

Episkopat   Gesamtheit der Bischöfe.

Epitaphion   Reich besticktes Tuch mit der Darstellung der Grablegung Christi; Karfreitag; siehe Abschnitt Liturgie.

Ethnarch   Volksführer.

Exapostilarion   Ein den Kanon abschließender Gesang.

Exorzismus   Beschwörung und Austreibung böser Geister. Akt der Vorbereitung auf die Heilige Taufe; siehe Abschnitt Sakramente.

filioque   Später, im kirchlichen Westen entstandener Zusatz zum Nizänischen Glaubensbekenntnis; siehe Abschnitt Trinität.

Gerontas   Erfahrener Mönch und Beichtvater (slawisch: Starez); siehe Abschnitt Frömmigkeitsformen.

Heilige Gaben   Brot und Wein, die zur Eucharistie vorbereitet sind.

Heiliger Tisch   Hagia Trapeza, Thron/Altar; siehe Abschnitt Liturgie.

Hesychasten, Hesychasmus   Mönche, die auf dem Wege der Kontemplation die Schau des göttlichen Lichtes suchen; siehe Abschnitt Frömmigkeitsformen.

homoousios   „wesensgleich", theologischer Begriff zur Bezeichnung der wahren Gottheit des menschgewordenen Logos Jesus Christus, seiner Wesensgleichheit mit dem Vater.

Hypostase   „Person"; Ausdruck zur Bezeichnung der drei göttlichen Personen in der Dreifaltigkeit.

Idiorrhythmie Ordnung des mönchischen Lebens, welche die Eigenständigkeit des einzelnen Mönchs betont; siehe dagegen Koinobitentum, koinobitisch.

Ikonen Heilige Bilder der Orthodoxie, nach besonderen Überlieferungen gemalt; siehe Abschnitt Ikonen.

Ikonostase Bilderwand in der orthodoxen Kirche; siehe Abschnitt Kirchenraum.

Inklination Neigen des Hauptes, begleitet vom Bekreuzigen der Gläubigen; Antwort auf die Beräucherung.

Jesusgebet Herzensgebet, auch ständiges Gebet; siehe Abschnitt Frömmigkeitsformen.

Kanones a) Kirchenrechtlich festgelegte Regelungen b) Hymnendichtungen mit Leitstrophe; siehe Abschnitt Liturgie.

Katechumenen Taufanwärter, die in Lehre und Lebensformen der Kirche eingeführt werden; siehe Abschnitt Liturgie.

Kathisma Abschnitteinteilung der Psalmen.

Kenosis Selbsterniedrigung und Selbstentäußerung Christi.

Koinobitentum, koinobitisch Einrichtung des mönchischen Lebens und Gottesdienstes nach einer gemeinsamen, für alle gleichen Regel.

Kollyva Süßspeise aus Weizenkörnern für das Totengedächtnis; siehe Abschnitt Frömmigkeitsformen.

Kontakion Mehrstrophige, liturgische Hymnendichtung mit sich wiederholenden Zwischenversen.

Lamm Teil des Opferbrotes, dem das Siegel aufgeprägt ist und das zur Kommunion verwendet wird; siehe Abschnitt Liturgie.

Latreia Die allein Gott zukommende Anbetung; im Unterschied zur Proskynesis, der Verehrung, die auch den Engeln, der Gottesmutter, den Heiligen bzw. deren Ikonen gebührt.

Lektor/in Meist ein Laie; dem Lektor/der Lektorin sind gottesdienstliche Lesungen, ausgenommen die Evangeliumslesung, übertragen.

Litanei, Litia Prozession während der Vesper, wobei Troparien gesungen und Fürbittgebete gesprochen werden.

Liturgie Der eucharistische Gottesdienst.

Liturgie der vorgeweihten Gaben Wird in der Fastenzeit gefeiert. Dabei werden schon vorher geweihte Gaben verwendet.

Metropolit Titel für den Bischof des Zentrums einer Region (Metropolis); wird nicht einheitlich gebraucht.

Myron Salböl; darf von autokephalen Kirchen selbständig geweiht werden.

Myronsalbung „Chrisma", wird gleich nach der Taufe vollzogen. Entspricht der westlichen Firmung; siehe Abschnitt Sakramente.

Narthex Vorhalle des orthodoxen Kirchengebäudes; siehe Abschnitt Kirchenraum.

Ökumenischer Patriarch Titel des Patriarchen von Konstantinopel.

Oikonomie Siehe Akribie. Oikonomie bedeutet die bewußte, zeitweilige Nichtanwendung der Akribie kirchlicher Vorschriften aus seelsorgerlichen Erwägungen.

Opferbrot (Prosphora) Für die Eucharistie bestimmtes Brot aus reinem Weizen mit Sauerteig, im Unterschied zum ungesäuerten Brot des Westens („azyma").

orthodox recht gläubig, recht (Gott) verherrlichend, recht (Gott) lobend, recht (Gott) preisend.

Ortssynode Versammlung der Bischöfe einer Orts- (Lokal-) kirche unter dem Vorsitz ihres Ersthierarchen.

Ousia Wesen.

Panhagia Allheilige; Ehrenname der Gottesmutter; Brustmedaillon eines Bischofs.

Pentekostarion Liturgisches Buch für die österliche Zeit bis Pfingsten.

Pentekoste Pfingsten, 50 Tage nach Ostern.

Prokimenon Ein oder zwei Psalmverse, die im Wechsel zwischen Lektor/in und Chor vor der Epistellesung gesungen werden.

Proskomidie Bereitung von Brot, Wein und Wasser für die Eucharistie.

Proskynesis Siehe Latreia.

Prosphora Siehe Opferbrot.

Prothesis Rüsttisch für die Zurüstung der Gaben im nördlichen Teil des Altarraums.

Psaltis Vorsänger, Kantor.

Schisma Kirchenspaltung, oft in Bezug auf die große Spaltung zwischen Ostkirche und Westkirche 1054 gebraucht.

Starez Siehe Gerontas.

Symphonie „Zusammenklang", Grundmodell des Verhältnisses von Kirche und Staat im byzantinischen Reich.

Synapte Großes Fürbittgebet.

Synaxarion Einleitende Notiz zur Vorlesung einer Heiligenvita. Verzeichnis von Heiligenviten und Lebensgeschichten der Märtyrer.

Synaxis Versammlung der Gläubigen zur Feier der Liturgie.

Synod(e) Kirchenleitendes Gremium.

Theosis Vergöttlichung, Rechtfertigung und Heiligung des Menschen. Durchdringung des Menschen mit göttlichen Kräften; siehe Abschnitt Frömmigkeitsformen.

Theotokion Dem Troparion folgt ein Theotokion zu Ehren der Gottesmutter; Ausnahme: große Herrenfeste.

Theotokos Gottesgebärerin, Ehrenname Mariens seit 431.

Trapeza Speisesaal eines Klosters.

Trishagion Gebet nach Jes 6,3: Heiliger Gott, heiliger Starker, heiliger Unsterblicher, erbarme Dich unser.

Troparion Rhythmischer Gesang von unterschiedlicher Länge, die Lebensgeschichte eines Heiligen zusammenfassend.

Typikon Liturgisches Buch, das detaillierte Regeln für die Feier des Gottesdienstes beinhaltet.

Zeon „Heißes Wasser", das vor der Kommunion kreuzförmig in den Kelch gegossen wird; siehe Abschnitt Liturgie.

14.0. LITERATURVERZEICHNIS

Die folgende Zusammenstellung gibt Hinweise auf einführende Literatur zu Leben und Lehre der Ostkirchen:

Erich Bryner, Die Ostkirchen vom 18. bis zum 20. Jahrhundert, Leipzig 1996

Hans-Dieter Döpmann, Die orthodoxen Kirchen, Berlin 1991

Karl Christian Felmy, Die Orthodoxe Theologie der Gegenwart, Darmstadt 1990

Reinhard Frieling/Erich Geldbach/Reinhard Thöle, Konfessionskunde, Stuttgart 1999.

Ferdinand R. Gahbauer, Der orthodox-katholische Dialog, Paderborn 1997

Anastasios Kallis, Liturgie. Die Göttliche Liturgie der Orthodoxen Kirche. Deutsch – Griechisch – Kirchenslawisch, Mainz ²1993

Frank S. Mead, Handbook of Denominations in The United States, New Tenth Edition revised by Samuel S.Hill, Nashville 1995

Johann-Adam-Möhler-Institut (Hg.), Kleine Konfessionskunde, Paderborn 1996

Wilhelm Nyssen/Hans-Joachim Schulz/Paul Wiertz (Hgg.), Handbuch der Ostkirchenkunde I, II und III, Düsseldorf 1984, 1989 und 1997

Konrad Onasch, Lexikon Liturgie und Kunst der Ostkirche, Berlin/München 1983

Andreas Rössler, Kleine Kirchenkunde, Stuttgart 1997

Risto Saarinen, Faith and Holiness, Lutheran-Orthodox Dialogue 1959-1994, Göttingen 1997

Michael Schneider, Leben in Christus, St.Ottilien 1996

Reinhard Thöle, Orthodoxe Kirchen in Deutschland, Göttingen 1997

Nikolaus Thon, Quellenbuch zur Geschichte der Orthodoxen Kirche, Trier 1983

Dietmar W. Winkler/Klaus Augustin, Die Ostkirchen, Graz 1997

Über aktuelle Entwicklungen in den Ostkirchen informieren folgende Periodika:

„Orthodoxie Aktuell", hg. im Auftrag der Kommission der Orthodoxen Kirchen in Deutschland, Bochum/Wuppertal

„Orthodoxie in der Gegenwart", Bern

„Orthodoxes Forum", Zeitschrift des Instituts für Orthodoxe Theologie, München

„Stimme der Orthodoxie", hg. v. Erzpriester Vladimir Ivanov, Verlag der Berliner Diözese der Russischen Orthodoxen Kirche (Moskauer Patriarchat)

„Antiochia", hg. v. Rat der Orthodoxen Kirche von Antiochien in Deutschland Rum-Orthodox, Berlin

„Der Bote" der deutschen Diözese der Russischen Orthodoxen Kirche im Ausland, München

„Der christliche Osten", hg. v. den Landessekretariaten der Catholica Unio, Würzburg

„Hermeneia", Zeitschrift für ostkirchliche Kunst, Schriftleiter: Dipl.-Theol. Nikolaus Thon, Bochum

„Ostkirchliche Studien", hg. vom Ostkirchlichen Institut, Würzburg

„Internationale Kirchliche Zeitschrift", hg. v. Hans Frey, Ch-Solothurn

„Glaube in der 2. Welt", hg. vom Institut Glaube in der 2. Welt, Ch-Zollikon

„Materialdienst des Konfessionskundlichen Instituts Bensheim", hg. v. Konfessionskundlichen Institut des Evangelischen Bundes. Arbeitswerk der EKD, Bensheim

15.0. INSTITUTIONEN UND ANSCHRIFTEN

Auskünfte können erteilen:

Kommission der Orthodoxen Kirchen in Deutschland
Pastorsesch 12
48159 Münster
Tel.: 02 51 - 21 24 01

Der Referent der Orthodoxen Kirchen in der
Ökumenischen Centrale der Arbeitsgemeinschaft
Christlicher Kirchen in Deutschland
Ludolfusstr. 2-4
60487 Frankfurt
Tel.: 0 69 - 24 70 27

Das Institut für Orthodoxe Theologie
der Universität München
Ludwigstr.29
80539 München
Tel.: 0 89-21 80 - 21 89

Das Kirchenamt der EKD, Hauptabteilung III,
Ökumene und Auslandsarbeit
Orthodoxiereferat
Herrenhäuser Str. 12
30419 Hannover
Tel.: 05 11 - 2 79 64 35

Konfessionskundliches Institut
des Evangelischen Bundes
Referat für Ostkirchenkunde
Postfach 1255
64602 Bensheim
Tel.: 0 62 51 - 84 33 21

Ostkirchliches Institut
Ostengasse 29-31
93047 Regensburg
Tel.: 09 41 - 5 70 09

Ökumenisches Institut der Abtei
Niederalteich
Mauritiusstr. 1
94557 Niederalteich
Tel.: 0 99 01 - 20 80

PRO ORIENTE
Hofburg, Marschallstiege II
A-1010 Wien
Tel.: 5 33 - 80 - 21

Das Verzeichnis „Orthodoxe Bistümer und Gemeinden in Deutschland" ist bei der „Kommission der Orthodoxen Kirchen in Deutschland" erhältlich.

Ein Anschriften-Verzeichnis findet sich auch in: Bensheimer Hefte 85 „Orthodoxe Kirchen in Deutschland"

16.0. BILDQUELLENNACHWEIS

Constantine Cavarnos, Anchored in God. Life, Art and Thought on the Mountain of Athos, Athen 1959: Abb. S. 18/19.

Otto Demus, Byzantine Mosaic Decoration, London 1948, Abb. S. 159.

Neophytos Edelby (Hg.), Liturgikon. „Meßbuch" der Byzantinischen Kirche, Recklinhausen 1967: Abb. S. 41; 62/63.

Karl Christian Felmy/Leonide Ouspensky/Peter Hauptmann/Werner Küppers/Ferdinand Hermann, Symbolik des orthodoxen Christentums und der kleineren christlichen Kirchen in Ost und West. Tafelband, Stuttgart 1968: Abb. S. 154.

V. N. Lasarev, Die Mosaiken der Kiewer Sofienkathedrale, Moskau 1960 (russisch): Abb. S. 158.

V. Lossky/L.Ouspensky, The Meaning of Icons, New York 1982: Abb. S. 103.

Johannes Peterfalvy, Orthodoxe Katechese, München 1975: Abb. S. 64; 66.

Tausend Jahre Kirche in Rußland. Katalog zur Ausstellung, hg. von der Evangelischen Akademie Tutzing 1987: Abb. S. 12; 44/45; 77; 78; 185; 189.

Archiv des Konfessionskundlichen Institutes, Bensheim: Abb. S. 23; 49; 51; 71; 86; 89; 116; 147; 223; 257; 302; 306; 309.

Archiv der Berliner Diözese der Russisch-Ortohodoxen Kirche, Berlin: Abb. S: 170.

Privataufnahmen:
Athanasios Basdekis: Abb. S. 237.
Karl-Heinz Goj : Abb. S. 79.
Eugen Hämmerle: Abb. S. 289.
Reinhard Kees: Abb. S 273.
Karl Kruschel: Abb. S. 136.
Heinz Ohme: Abb. S. 177; 200.
Gisela-Athanasia Schröder: Abb. S. 174.
Klaus Schwarz: Abb. S. 110; 130; 203.
Reinhard Thöle: Abb. S. 283.
Sabu Varghese. Abb. S. 287; 298 und Umschlagbild: Evange-
lienbuch aus der Russischen Kapelle Darmstadt/Mathilden-
höhe

17.0. DIE MITARBEITERIN UND DIE MITARBEITER DIESES HEFTES:

Bischof Dr. Rolf Koppe, ev.,
Leiter der Ökumene und Auslandsarbeit
im Kirchenamt der EKD
Postfach 21 02 20
30402 Hannover

Dr. Athanasios Basekis, orth.,
Referent der Orthodoxen Kirchen
in der Ökumenischen Centrale
Ludolfusstr.2 - 4
69487 Frankfurt

Pfarrer z.A. Roland Fritsch, ev.,
Wiss. Mitarbeiter
im Konfessionskundlichen Institut
Postfach 12 55
64602 Bensheim

Pfarrer Kirchenrat Eugen Hämmerle, ev.,
Adlerstr.19
71032 Böblingen

Pfarrer Oberkirchenrat Heinz Klautke, ev.,
Orthodoxiereferent und Islamreferent
im Kirchenamt der EKD
Postfach 21 02 20
30402 Hannover

Pfarrer Prof. Dr. Heinz Ohme, ev.,
Humboldt-Universität zu Berlin
Theologische Fakultät
Seminar für Kirchengeschichte
Waisenstr. 28
10179 Berlin

Dr. Gisela-Athanasia Schröder, orth.,
Wiss. Mitarbeiterin im Ostkirchen-Institut
der Evangelisch-Theologischen Fakultät
Westfälische Wilhelms-Universität Münster
Kreuzstr.2 - 4
48143 Münster

Pfarrer Dr. Wolfgang Schwaigert, ev.,
Lehrbeauftragter der Pädagogischen Hochschule
in Schwäbisch-Gmünd
Herrlinger Str.11
89143 Blaubeuren-Asch

Pfarrer Klaus Schwarz, ev.,
Orthodoxiereferent im Kirchenamt der EKD von 1985-1995
Vogelsangstr. 60
70197 Stuttgart

Pfarrer Kirchenrat Reinhard Thöle, ev.,
Wiss. Referent für Ostkirchenkunde,
Lehrbeauftragter der Universität Heidelberg
Konfessionskundliches Institut
Postfach 1255
64602 Bensheim

Bensheimer Hefte, Band 85

Reinhard Thöle

Orthodoxe Kirchen in Deutschland

1997, 112 Seiten mit 32 Abbildungen, kartoniert
DM 24,80 / ÖS 181,– / SFr 23,–
ISBN 3-525-87174-0

Die Orthodoxie ist mit über einer Million Christen in Deutschland zur drittstärksten Konfession geworden.
Die Geschichte ihrer mehr als 15 orthodoxen Kirchen in Deutschland, ihrer Herkunft, ihr Selbstverständnis und ihre ökumenischen Verbindungen werden dargestellt.

Inhalt
Geleitwort von S. E. Metropolit Augoustinos von Deutschland / Einführung / Die Griechisch-Orthodoxe Metropolie von Deutschland / Das Orthodoxe Erzbistum von Westeuropa / Die Griechisch (Rum)-Orthodoxe Kirche von Antiochien / Die Russische Orthodoxe Kirche / Die Serbische Orthodoxe Kirche / Die Rumänische Orthodoxe Kirche / Die PolnischeAutokephale Orthodoxe Kirche / Die Koptische Orthodoxe Kirche / Die Äthiopische Orthodoxe Kirche / Die Syrische Orthodoxe Kirche / Die Indische Orthodoxe Kirche von Malabar / Die Armenische Apostolische Kirche / Die Heilige Apostolische Katholische Kirche des Ostens.
Gemeinsame Wege: Kommissionen der orthodoxen Kirchen in Deutschland / Orthodoxe Theologie an Hochschulen / Orientalische Orthodoxe Kirchen
Getrennte Wege: Die Makedonische Orthodoxe Kirche – Patriarchat Kiew (UOK-PK) / Die Ukrainische Autokephale Orthodoxe Kirche (UAOK) / Die Orthodoxe-Katholische Kirche Frankreichs / Altkalendarier / Anschriften

Interessenten
Pfarrerinnen und Pfarrer, Religionslehrerinnen und -lehrer, Kirchenvorstände, orthodoxe und evangelische ökumenische Kreise.